Kohlenberg: Die Inseln der Täuschung

Karl F. Kohlenberg

Die Inseln der Täuschung
Jan Pieterszoon Coen erobert Java für die
Niederlande

CIP-Kurztitelaufnahme der Deutschen Bibliothek
Kohlenberg, Karl F.
Die Inseln der Täuschung : Jan Pieterszoon Coen erobert Java für d. Niederlande. — 1. Aufl. — Balve/Sauerland : Engelbert, 1978.
ISBN 3-536-00449-0

ISBN 3 536 00449 0
1. Auflage 1978
Umschlaggestaltung: Kurt Wendlandt
Kartenskizzen: Ute Kohlenberg
(c) 1978 beim Engelbert-Verlag, Gebr. Zimmermann GmbH,
5983 Balve/Sauerland, Widukindplatz 2
Nachdruck verboten — Printed in Germany
Satz, Druck und Einband:
Grafischer Betrieb Gebr. Zimmermann GmbH, Balve

Fremdling im Land der Träume	11
Der Würfel fällt	29
Der Kampf beginnt	42
Va banque	62
Van Raay traut dem Frieden nicht	71
Alles ward ihm — nur kein Herz	79
Unheil in Djakatra	90
Zeitenwende	100
Narrenspiel um Batavia	110
Der Tiger schlägt zu	122
Britische Ränke	136
Wie Lonthor zugrunde ging	148
Heimkehr — wohin?	167
Brautfahrt nach Hoorn	178
Der Ambon'sche Mord	191
Vorboten des Sturmes	207
Die Macht hinter den Dingen	215
Heimliche Ausfahrt	220
Nur der Mensch vergeht	228
Das Janusgesicht der Macht	239
Ein Anschlag	250
Die erste Schlacht um Batavia	260
Die zweite Schlacht	270
Ach, ihr Männer mit den blutigen Händen!	280
Enttäuschung	286
Ein Bluturteil	295
Schatten des Todes	302
Der Tiger stirbt	312
Und das Leben währt fort	319
Quellenverzeichnis	322
Geschichtliche Daten	324

Fremdling im Land der Träume

Der Tag war grau und still, zu grau und zu still für diese Jahreszeit. Dicke, dunkle Wolkenkissen schoben sich, tief herabhängend, langsam über den Himmel. Jan Pieterszoon Coen, Generaldirektor aller Kontore der Niederländisch Ostindischen Compagnie in der Sunda-See, blinzelte, als er ins Freie trat. Das grelle Grün der Waringin- und Datibäume hob sich schmerzhaft ab von den brennendroten Hibiskusblüten, von dem leuchtenden Goldbraun der nackten Leiber, von dem tiefen Schwarz der geteerten Boote und Schaluppen, die unterhalb der Faktorei im Kali Gede lagen. Es roch nach Fäulnis, nach Moder, nach frisch umbrochener Erde, nach faulender Kopra und nach tropischen Gewürzen.

Anno Domini 1618 war Bantam, die einstige Hauptstadt des Sultanats Banten, der bedeutendste Handelsplatz Javas. Kaufleute aller Nationen, vor allem Chinesen und Inder, aber auch Portugiesen, Spanier, Niederländer, Franzosen, Briten und Araber hatten hier ihren Stapelplatz. Mehrere Millionen Pfund Pfeffer, Nelken und Muskatnüsse wurden an den Ufern des Kali Gede umgeschlagen. In unaufhörlichen Machtkämpfen hatten sich die Herrscher des Banten-Reiches — der im Krieg gegen das hinduistische Palembang 1596 gefallene Sultan Maulana Muhamad, auch Seda ning Rana genannt, sein Nachfolger, der Ki Patih oder Reichsverweser Djajanagara und dessen Mörder Ki Patih Rana Manggala — ihre Unabhängigkeit zu bewahren gewußt, obwohl die hinduistischen Fürsten von Demak als Erben des einstigen javanischen Großreiches Madjapahit sowie auch die islamischen Herrscher von Mataram, welche samt und sonders nach der Oberhoheit über ganz Java strebten, ebenso hartnäckig versuchten, Bantam mit List oder Gewalt zu unterwerfen.

Als die ersten niederländischen Schiffe der Van-Verre-Flotte unter Cornelis de Houtman 1596, kurz nach dem Tode Maulana Muhamads, in der weiträumigen Bai von Bantam zu Anker gingen, wurden sie zunächst vom Ki

Patih Djajanagara freudig begrüßt, hatte er sich doch der hier seit drei Jahrzehnten um Macht und Einfluß ringenden Portugiesen wie auch des Sultans Agung von Mataram bisher nur mit Mühe erwehren können, indem er beide Parteien listig gegeneinander ausspielte. Der rechtmäßige Thronfolger Abdullah Kadir, einziger Sohn Maulana Muhamads und Neffe Djajanagaras, wurde durch dessen Nachfolger Rana Manggala von allen Regierungsgeschäften ferngehalten. Seither hatte sich das von Anbeginn fragwürdige Verhältnis zwischen der Krone von Bantam und den Niederländern, die — nunmehr in der Ostindischen Compagnie zusammengeschlossen — mit jedem Tag mehr Macht gewannen, sehr getrübt. Dies nicht zuletzt deswegen, weil der Generaldirektor Jan Pieterszoon Coen seit nahezu einem Jahrzehnt unbeugsam und skrupellos die Interessen der Compagnie vertrat, sie in sich festigte und ihren Besitz in blutigen Kämpfen zu erweitern trachtete; schon wehte Niederlands rot-weiß-blaue Flagge über einigen Banda- und Molukkeninseln. In fast allen bedeutenderen Häfen der Sunda-See unterhielt die O. I. C. Faktoreien. Die Spanier und Portugiesen waren nahezu aus dem Feld geschlagen. Und nur die Engländer, obwohl zur Zeit noch Verbündete der Niederländer, stellten eine ernst zu nehmende Konkurrenz und für die Zukunft eine tödliche Bedrohung dar.

Das Schiff TER THOOLEN hatte ziemlich weit draußen bei Pulu Padjang Anker geworfen. Es entsprach nicht den Gepflogenheiten des hochmögenden Generaldirektors, sich in eigener Person an Bord eines aus der Heimat ankommenden Schiffes zu bemühen. Manch neugieriger Blick folgte ihm, als er nun mit raschen Schritten der Bootslände zustrebte. Aber sie kamen nicht auf ihre Kosten, die Gaffer; nichts in seinen festen, beherrschten Zügen verriet die Gedanken, die ihn bewegten.

In gewisser Hinsicht ähnelte die Fahrt zum THOOLEN hinaus jener vor nunmehr vier Jahren. Damals hatte ihn eine kaum zu ertragende Spannung beherrscht. Säuerlich lächelnd gedachte er jener Augenblicke, da die Konturen der AMSTERDAM aus dem Dunkel hervorgetreten waren, da er vor den Stufen der Schanztreppe unter Herzklopfen gezögert hatte. Damals war schicksalhafte Entscheidung gewesen, was heute und hier nur als das Ergebnis unermüdlichen Strebens betrachtet werden konnte. Damals hatte der Augenblick, als der neue Generalgouverneur Reynst ihm entgegengetreten war und ihn mit Herr Generaldirekteur angesprochen hatte, Duft und Farbe gehabt, das Einmalige des großen, leidenschaftlich ersehnten Erfolges. Nun lauschte er in sich hinein, um einen Nachhall jener einstigen Hochstimmung zu vernehmen. Umsonst! Es blieb still; nichts war in ihm als jene beklemmende Ruhe, wie man sie in verlassenen Kirchen findet.

In den Dollen knirschten die Riemen. Tropfen fielen wie Perlenschnüre von den Ruderblättern auf das ölglatte Wasser. Nur wenige Eingeborenenboote belebten die Bucht. Schwarz und regungslos lagen Dschunken, Kathirs, Balange und Tingans vor dem giftigen Grün der Küstenwälder. Die Stadt mit ihren dunkelroten Ziegelmauern, weißen Minaretts und goldgelb leuchtenden Reisstrohdächern, überragt von Kokospalmen, schien einem Märchenbild zu entstammen. Weiter draußen, querab von Pulu Padjang, der Langen Insel, schwebten die dunklen Rümpfe der beiden niederländischen Indienfahrer TER THOOLEN und ZEEWOLFF über rauchigem Dunst. Jan Pieterszoon fühlte, wie eine unbestimmte Trauer von ihm Besitz ergriff, eine Betrübnis der Seele, so daß es ihm in den Augen und in der Kehle brannte.

Die Jahre waren dahingegangen wie der Wind. Alles hatte er dem hohen Ziel geopfert, seinem Ehrgeiz, seinem Traum vom Gottesreich des Friedens und Glückes. Er entsann sich jenes herrlichen Morgens, da sein Blick zum ersten Mal auf die anmutigen Inselküsten der Straße von Sunda Kalapa gefallen war. Dieser Tag, der 8. Januar 1609, sein zweiundzwanzigster Geburtstag obendrein, hatte sein ganzes weiteres Leben bestimmt, hatte ihm Richtung und Ziel gewiesen. Gleich einer Vision war es vor seinen inneren Augen aufgestiegen, das Bild vom künftigen Gottesreich, vom neuen Jerusalem, in dem fleißige, redliche, fromme Menschen eine neue Heimat und den Frieden des Leibes und der Seele finden sollten, den ihnen das von religiösen Querelen und schrecklichen Kriegen zerrissene, durch fanatische Eiferer, gewinnsüchtige Krämer und Bankiers bedrückte, in Standesvorurteilen und Zunftzwängen erstarrende Abendland nimmermehr zu bieten vermochte. Dieses Traumreich würde er verwirklichen. Ein Anruf des Höchsten sei es gewesen, wähnte der im calvinistischen Glauben herangewachsene Jüngling; die Compagnie, der er als Untercommis diente, sollte in seiner Hand nichts anderes sein als ein Werkzeug, mit dessen Hilfe er den Riesenbau seiner Träume verwirklichen würde. Und hatte Gott der Herr ihn und sein Werk nicht sichtbar gesegnet? Macht hatte er gewonnen, Einfluß, Ansehen; den „Tiger" nannte man ihn oder freundlicher — den „Eisernen Jan". Jenes Schiff, TER THOOLEN, barg die endgültige Bestätigung seines Triumphes, er wußte es. Gewiß gab es jetzt viele, die ihn beneideten. Ein König war er, sein Wort Gesetz! Und doch — bedachte man's recht, so war all dies zu teuer erkauft. Es gab kein Menschenherz, das sein Glück mit ihm hätte teilen mögen. Wo waren die Freunde der Jugendzeit? Wo war Specx, wo Saro Sangi, wo Weintje Gris? Wie sehr verlangte ihn, Venthorsts ruhige, tiefe Stimme zu hören. Der Doktor, ein alter Mann nun, verwettert von allen Stürmen der Zeit, hatte es ja an Mahnungen nicht fehlen lassen. „Was nützt es", hatte er aus der Schrift zitiert, „wenn du die ganze Welt gewinnst und nimmst doch Schaden an deiner Seele?" Rasch wandte er den Kopf. Tränen? Das fehlte noch, daß man sich gehen ließe wie ein gewöhnlicher Mensch. Was würden die Ruderer von ihm denken, diese Arbeitstiere, diese Enterbten des Lebens? Er blickte in ihre bärtigen, stumpfen Gesichter, die sich im Takt der Riemenschläge hoben und senkten. Fand in ihren wüsten Schädeln überhaupt ein Gedanke Platz? Auch für sie wollte er sein Reich schaffen. Würden sie ihn verstehen? Als er sie so betrachtete, dämmerte ihm, ohne jedoch klar in sein Bewußtsein zu dringen, der Verdacht, man habe die Sache vielleicht beim verkehrten Ende angefaßt.

Kommandeur Swammerdam erschrak, als sein Steuermann meldete, wer sich in dem nahenden Boot befinde. Der allmächtige Herr Generaldirektor in eigener Person! Eigentlich hätte man sich dies ja denken können, hätte entsprechende Vorkehrungen treffen müssen. Obwohl die gewichtigen Schreiben, die er für Mijnheer Coen aus der Heimat mitgebracht, streng geheim und zwölffach versiegelt waren, gab es bereits Gerüchte an Bord. Trafen diese Gerüchte zu, so mußte es als ein Glücksfall sondergleichen betrachtet werden, daß man der erste war, der Seiner Exzellenz gratulieren durfte. Eilends wurde in der Großen Kajüte die Tafel gedeckt. Für einen angemessenen Ehrensalut war es leider zu spät. Indessen bewahrte der Kommandeur noch einige Flaschen erlesenen Burgunders auf, die seiner Karriere zu opfern er, wiewohl nicht ganz ohne Bedauern, für angebracht hielt.

Mijnheer Swammerdam sah sich bitter enttäuscht. Coen durchschritt das Ehrenspalier der auf dem Kuhldeck angetretenen Mannschaften, ohne der Aufmerksamkeit überhaupt gewahr zu werden. Kurz angebunden erwiderte er den untertänigen Gruß des Kommandeurs, achtete der aufgetischten Leckereien nicht und verlangte statt dessen barsch die Übergabe der an ihn gerichteten Briefschaften. Ohne sich um den ebenso verlegenen wie erbosten Swammerdam zu kümmern, fetzte er den Umschlag auf, überflog die verschnörkelten Schriftzüge. Danach schnaubte er spöttisch, faltete das geheiligte Papier und schob es respektlos in die Tasche.

Swammerdam faßte sich: „Darf ich Eurer Exzellenz meine von Herzen kommenden..."

Jan Pieterszoon erwachte zur Wirklichkeit. Angewidert betrachtete er den beleibten Kommandeur, der sich aufs lächerlichste immer wieder verneigte. „Wie?" schnappte er. „Was geht's Euch an, Mijnheer Swammerdam?"

„Ich meine nur... Man sprach daheim in Middelburg..."

Coen ließ ihn nicht ausreden. „Spart Euch das Gerede! Was immer Ihr vermuten mögt, die Sache ist nicht für fremde Ohren, verstanden! Noch ist Seine Exzellenz Doktor Reael der Generalgouverneur. Und so, wie die Dinge stehen, wird er's noch ein Weilchen bleiben."

„Aber — gratulieren, das darf man doch?" fragte der vor Neugierde schier berstende Swammerdam.

„Wozu?" entgegnete Jan Pieterszoon eisig. „Weil man mir ein Amt aufgehängt hat, für das die Herren, Gott sei's geklagt, keinen anderen wissen?"

Ende Juni schrieb er im gleichen Sinne an das Collegium der Siebzehn, das zu Amsterdam die Geschicke der Compagnie lenkte: „Um dann noch zu sprechen von der Ehre und der Verantwortung des Oberlandvogtamtes, womit mich zu ehren und zu beladen den Herren gefallen hat... Wir danken Euer Ehren höchlichst dafür und bitten den Allmächtigen, uns Seine Gnade und Seinen Segen zu geben, auf daß es gedeihen möge zu Seines Namens Ehre, zu des Landes Wohlfahrt und zum Nutzen der Compagnie!" In einem an Reynier Pauw, den Oberbürgermeister von Amsterdam und Präsidenten des Collegiums, gerichteten persönlichen Schreiben fügte er dem noch hinzu, das Gehalt von sechshundert Gulden im Monat scheine weder der Stellung noch der Verantwortlichkeit eines Generalgouverneurs zu entsprechen; er müsse daher bei allem Respekt doch um eine angemessene Aufbesserung seiner Bezüge ersuchen.

Jan Pieterszoon zerbrach drei Federkiele, bevor er jene Worte niederschrieb. In der Tat stellte seine Ernennung zum Generalgouverneur ja nur die offizielle Anerkennung des Zustandes dar, den er selbst herbeigeführt hatte. Was bedeutete ein Reael schon oder ein Van der Haghen? Dutzendmenschen! Mochten sie sich in Gottes Namen auf den Molukken herumschlagen. Java war der Schlüssel zum Inselreich! Wer auf Java die Herrschaft an sich riß, dem fiel der ganze Osten wie eine reife Frucht in den Schoß. Das wußten die javanischen Fürsten natürlich auch; sie waren ja keineswegs blind. Ihre Freundschaftsbeteuerungen durfte man deshalb nicht auf die Goldwaage legen. Nach wie vor versuchten sie, die gefährlichen Orang blanda, wie sie die Europäer nannten, gegeneinander aufzuhetzen, indem sie sich stets auf die Seite des im Augenblick Schwächeren schlugen. Eines Tages freilich würden sie sich doch für den einen oder anderen entscheiden müssen, und das bedeutete dann einen Kampf um Sein oder Nichtsein. Der Ausgang des unvermeidlich erscheinenden Ringens entschied dann auch — man durfte sich nicht darüber hinwegtäuschen — über die Zukunft der Vereinigten Niederlande.

Den Leuchter hebend, trat Jan Pieterszoon vor die Karte, die eine Wand seines Kontors fast völlig bedeckte. Das Kerzenlicht flackerte über Länder und Meere hin. Schwarze Punkte an den Küsten bezeichneten Faktoreien oder Festungen der Compagnie; farbige Fähnchen auf den Meeren deuteten den jeweiligen Standort unterwegs befindlicher Schiffe an; — ein gewaltiges Netz, das sich über diesen Teil der Erde spannte, von der Malabarküste bis nach Neuguinea, vom Kap der Guten Hoffnung bis zum Lande der aufgehenden Sonne. Unerschöpflich waren die Reichtümer, die der Osten barg, entsetzlich die Laster, verwirrend die Vielgesichtigkeit seiner Bewohner. Der Leuchter schwankte in Coens Hand. Ihn schwindelte. Was hatte er sich damals nur gedacht, als ihn der Ruf aus dem Unendlichen erreichte? Blind und taub, der reine Tor, so hatte er sich an das zu schaffende Werk gemacht, ohne Ahnung davon, wie titanenhaft sein Vorhaben sei. Nun erst, da er nach Meinung der Urteilslosen einen Gipfel erklommen hatte, begriff er und sah, wie sich neue Höhen dahinter auftürmten.

Bedachtsam stellte er den Leuchter auf das Pult zurück. Einen Augenblick verharrte er, ohne zu denken. Treibholz im Meer der Verlassenheit... Dann schob er den Degen ins Gehenk, griff nach Umhang und Hut, drückte die Kerzenflamme mit dem Daumen aus und wandte sich zur Tür. Nicht sein Wille war es, der den Fingern gebot, den Schlüssel im Schloß zu drehen; nicht sein eigener Wille wies den

Füßen die Richtung. Er fühlte sich fortgetragen wie im Traum, von unsichtbarer Hand geführt durch eine phantastische Landschaft dunkelglänzender Blätter, tiefschwarzer Schatten. Da und dort im Gestrüpp flimmerten Funken auf, smaragdene oder rubinrote — Glühkäferchen, Tigeraugen, Nachtgespinste... Was auch immer! Er schritt rascher aus. Es geschah nicht oft, daß ein so hochgestellter Herr in Bantam zu so später Stunde ohne Begleitung angetroffen wurde, ein Orang blanda zudem, ein Mann, der zahlreiche Feinde besaß. Indes hätten diese seine Feinde wohl eher den Einsturz des Himmels erwartet, als den Herren Generaldirektor Coen ohne Leibwache zu finden.

Unangefochten gelangte er über den Fluß. Die hohe, rote Ziegelmauer, die das Stadtgebiet zur Zeit Cornelis de Houtmans umgeben hatte, lag in Trümmern. Gärten und Höfe hatten die steinerne Umklammerung gesprengt, drängten mit grünem Laubgewoge, mit Hecken, Zäunen, Stallungen und Hütten ins Land hinaus. Pfade schlängelten sich kreuz und quer durch das Gewirr. Wer hätte solch Labyrinth zu überwachen vermocht? Bisweilen hörte Jan Pieterszoon einen leisen Ruf, das Klatschen und Trappeln nackter Sohlen; dann blieb er stehen, lauschte, bis das Geräusch verklang. Über tief eingekerbte Bachbetten, Balkenstege, schwingende Bambusbrückchen, durch Dickichte, Gärten, Plantagen, Hecken, vorbei an sandigen Kualas, an verschwiegenen Hütten, morschen Schuppen schwang sich der Pfad im Bogen der Küste zu. Die Luft schien noch drückender als am Tag zu sein. Reglos, in anmutigen Gruppen, standen die Klapperbäume vor der Meeresweite. Dumpf und tönend wie ein Choral klang das Rauschen der Brandung.

Unter den Palmen machte Jan Pieterszoon halt. Was am Tage verspielt wirkte, diese allzu farbenprächtige Szenerie von Berg, Wald und Meer, diese allzu liebliche Landschaft, in der er nicht heimisch zu werden vermochte — unter dem Sternenlicht gewann sie erhabene Schönheit. Unendlich weit und tief war der Himmel und so erfüllt von Glanz, man wagte kaum, den Blick zu erheben. Aus der mattsilbernen, ins Grenzenlose verschwimmenden Meeresfläche hoben die Wogen sich als lange, schmale schwarze Schattenstriche; kaum einen Büchsenschuß vom Ufer entfernt krönten sie sich mit weißem Gischt, brachen zusammen und verebbten unter gläsern klirrendem Rauschen am Strand. Verwesungsgeruch stieg aus dem Tangstreifen auf, den die Flut auf dem reinen Sande hinterlassen hatte. Irgendwo in den Kampongs am Rande der bewässerten Reisfelder heulten Hunde, die struppigen Gladakker der Hirten und Bauern. War Harimau, der Tiger, um den Weg? Ich träume, dachte Jan Pieterszoon unwillig, was suche ich hier? Dennoch wanderte er weiter am Strande hin.

Hinter geriffelten Palmenstämmen glühte Feuerschein. Tanis — Reisbauern? Oder waren es Fischer? Er wurde neugirig. Heiden — nun ja! Man mußte für gute Predikanten und Lehrer sorgen, dann würden sie bald keine Heiden mehr sein... Weithin war das Meer vor dem Strande mit merkwürdigen Pfahlnetzreusen bedeckt. Was sie damit wohl fingen? Viel mochte es nicht sein, sie wären sonst nicht so arm. Einige der Fische, die in der Bai von Bantam gefangen wurden, hatte er auf dem Markt gesehen — die kleinen, sprottenähnlichen Tembangs, die heringsartigen Lajangs und Bandengs. Der einzige Fisch, den er genießbar fand, war der Kakap, ein ziemlich großer, wohlschmeckender Seebarsch. Neben Bauern und Krämern mußte man also auch Fischer ins Land ziehen; die Kolonisten konnten sich dann aus eigenen Mitteln ernähren. Warum wohl hatte daheim noch niemand daran gedacht?

Sinnend blieb er am Rande einer Reihe von künstlichen Teichen stehen, die sich gleich den Stufen einer Riesentreppe vom Meere heraufzogen. Bis vor seine Füße hin züngelte der Widerschein des Feuers über die Wasserfläche. Und dann flüsterte eine sanfte, unterwürfige Stimme dicht neben ihm? „Hier geht der Weg, Capitan, hier — über diesen Damm!"

Er konnte nicht verhindern, daß er zusammenzuckte, so unvermutet war die Stimme aufgeklungen. Die nur mit einem Sarong bekleidete Gestalt eines Mannes schob sich ins Licht, glitt vor ihm her den Damm zwischen zwei Teichen entlang. Woher wußte der Bursche, wen er vor sich hatte? Im Rund der Fischer, die, nach ihrer Weise auf den Fersen hockend, das Feuer in weitem Kreis umgaben, bemerkte Jan Pieterszoon einige Personen von Stand. Sein Herz tat ein paar raschere Schläge — Kjai Ronggo, — der Doktor! Was mochten die hier zu suchen haben? Venthorst war kaum noch als Europäer zu erkennen. Seit eh und je hatte er auf Kleidung oder Aussehen wenig Wert gelegt, hatte die Commisen in ihren dunklen Tuchröcken, gefältelten Halskrausen, hohen Hüten und Schnallenschuhen als geleckte Affen verspottet. Hier nun, unter den braunhäutigen Fischern, erschien er trotz seiner helleren, rot verbrannten Haut und den zerfurchten, von grauen Haarsträhnen umflatterten Zügen auf unerfindliche Weise als einer der ihren. An einen der alten Seekönige aus dem Rangga Lawe erinnerte er. Ein kindhaftes, dunkelhaariges Mädchen kniete an seiner Seite und hob ihm von Zeit zu Zeit eine Teeschale aus hauchdünnem chinesischem Porzellan an die Lippen. Weiter hinten, über rötlich beschienenen Leibern schattenhaft hervortretend, ahnte man mehr, als daß es deutlich zu erkennen war, die Umrisse eines auf Pfählen errichteten Langhauses sowie mehrere Bootsschuppen. Jetzt wußte Jan Pieterszoon, wo er sich befand. Der Zufall — oder war es etwas anderes — hatte ihn nach Tana-arah geführt, zu dem Fischerkampong, in dem Doktor Venthorst sich nach seiner Beurlaubung aus den Diensten der Compagnie niedergelassen hatte.

Venthorst zeigte sich durchaus nicht erstaunt über den späten Besuch. Er winkte ... Der Penglipur Lara, der seine Geschichten zum Klang einer kleinen zweisaitigen Zupfgeige vorgetragen hatte, verstummte. Kjai Ronggo erhob sich mit der ihm angeborenen Höflichkeit. In seinen glatten Zügen stand nicht zu lesen, ob Coens Erscheinen ihn freue. Um so herzlicher begrüßte der Arzt seinen jungen Freund. „Hallo, mein Junge! Oder muß man jetzt Euer Gnaden sagen, Exzellenz, Hochmögender, Allergnädigster? Komm her, Jan! Mach dir's bequem ... Ich wußte, du würdest den Weg zu mir finden ... Ich hatte das Gefühl ... Nun, ich hoffte es jedenfalls ... Man braucht ja im Leben bisweilen einen Freund, nicht wahr? Einen Freund, der nicht schwindelt, nicht schmeichelt ... Wahrheit ist die beste Medizin!"

Man brachte Matten, breitete sie neben dem Doktor aus. Scheue Blicke streiften Coen, den Mächtigen, Gefürchteten. „Harimau Jan" wurde er hinter vorgehaltener Hand genannt. Seltsame Geschichten erzählte man sich über ihn. Seine Härte, seine Strenge, sein unbeugsamer Starrsinn hatten die Phantasie des einfachen Volkes erregt und zu so mancher dichterischen Übertreibung Anlaß gegeben. Und es war Jan Pieterszoon, der die Gedanken anderer so gut zu erraten meinte, dennoch entgangen, daß die braunen Heiden ihn täglich beobachteten, umlauerten, in seinen tiefsten Regungen zu ergründen trachteten und oftmals durchschauten. Er wußte von ihnen so gut wie nichts; sie aber spürten neugierig seinem Tun und Denken nach, lästerten ihn, verwünschten ihn, spotteten über ihn, und bei allem bewunderten sie ihn doch insgeheim, während er ahnungslos an ihren geneigten Stirnen vorüberging.

„Medizin?" griff Jan Pieterszoon des Doktors Bemerkung auf. „Ich wüßte wirklich nicht ... Übrigens, Doktor, wie kommt Ihr dazu, mich Exzellenz zu nennen — ein Scherz?"

„Stimmt's etwa nicht?"

„Ich wünsche zu wissen, woher Ihr ..."

Venthorst zuckte lächelnd die Achseln: „Chabar angin — ein Gerücht, das mit dem Winde fliegt! Ich bin mir nicht sicher, ob ich dir dazu gratulieren soll ..."

„Laßt's immerhin bleiben, Doktor! Der Rang macht den Mann nicht, wie Ihr wohl wißt."

Tee wurde in henkellosen Schalen gereicht. Man aß geröstete Udangs, eine Art großer Garnelen. Der Arzt stopfte umständlich seine langstielige weiße Tonpfeife, ohne ein Wort zu entgegnen. Als das Schweigen drückend zu werden begann, sagte Kjai Ronggo leise: „Der Capitan ist verstimmt! Gefällt es dir bei uns nicht? Wir wünschten dir einen Dienst zu erweisen, indem wir die Götter baten, deine Schritte hierher zu lenken. Kein Zufall ist's, daß du unter uns weilst..."

Unwirsch wandte Jan Pieterszoon sich dem Edelmann zu. „Kein Zufall —? Was wäre es sonst wohl? Du weißt, ich verabscheue dunkle Reden. Und was nennt Ihr — einen Dienst: Weshalb wünscht Ihr mir nicht Glück zu meinem Amt, Doktor?"

Auch weiterhin schweigend, hüllte Venthorst sich in eine Wolke von Tabakrauch.

„Man erzählt", sagte Kjai Ronggo statt dessen, „wie dem König Suddhodano durch Kaladewalo, einen Büßer, geweissagt wurde: Wahrlich, dieses dein Kind wird einst ein höchster, vollendeter Buddha werden und die Menschheit auf den Weg zur Befreiung führen. Das gefiel dem König der Sakyas wenig. Er hatte den Prinzen zu seinem Nachfolger bestimmt; und Macht — ob geübt oder erduldet — verträgt sich mit der Freiheit nicht. Auf Suddhodanos Befehl wurde dem Prinzen das Elend der Menschen vorenthalten. Krüppel, Arme, Sieche oder Greise durften ihm nicht unter die Augen treten. Hingegen bemühten die besten Lehrer sich, ihn in allen Künsten, Wissenschaften und in den ritterlichen Fertigkeiten zu unterweisen. Doch dann, Capitan, geschah es, daß Prinz Siddattho einmal durch einen Park fuhr und einem alten, mühsam am Stock daherhumpelnden Manne begegnete. Was ist das? fragte er bestürzt seinen Wagenlenker. Und Tschanno antwortete: Ein Greis! — Wurde er in diesem Zustand geboren? — Nein, Herr, er war jung und kraftvoll wie du! — Was hat ihn dann so elend gemacht? — O Herr, so ist es in der Natur; alle Menschen müssen alt und gebrechlich werden, sofern sie nicht in jungen Jahren sterben. — Auch ich, Tschanno? — Auch du, Herr! — Verstimmt kehrte der Prinz heim in seinen mit schönen Dingen und lachender Jugend angefüllten Palast.

Als er bei einer zweiten Ausfahrt einen Aussätzigen sah und Tschanno darüber befragte, verlor er die Freude an allen leichtherzigen Lustbarkeiten. Er begann über das Leben der Menschen und über ihr Elend nachzugrübeln. Am tiefsten aber erschütterte ihn der Anblick eines Leichnams, den er bei einer drtten Fahrt am Wege liegend fand. Weh mir, rief er aus, was nützen Glanz und Pracht und Macht des Königtums, wenn sie mich nicht vor Krankheit, Alter und Tod bewahren können? Wie unglücklich sind wir Menschen! Gibt es denn kein Mittel, dem Leiden und dem Tod, die sich mit jeder neuen Geburt wiederholen, für alle Zeit ein Ende zu machen?"

„Warum erzählst du mir das?" Jan Pieterszoon fühlte sich unangenehm berührt; jählings aufgeschreckt aus seinen allzu diesseitigen Gedanken, war ihm, als spüre er einen eisigen Hauch aus der Himmelsferne. Er verschanzte sich hinter seinem Unwillen.

Kjai Ronggo lächelte nachsichtig: „Hör mich zu Ende, Capitan! Die Legende berichtet weiter: Prinz Siddhattho, von dieser Frage zutiefst beunruhigt, traf einen gelbgewandeten Büßer, der sagte zu ihm: Entledige dich deiner Macht; tue von dir die goldenen Fesseln; enthalte dich hochfliegender Träume, vermessener Wünsche; sei gut; sei hilfreich; besiege dich selbst und du wirst sicher auf dem Pfade der Freiheit gehen! — In jener Stunde wurde der Buddha geboren, der Erleuchtete, der aus eigener Kraft die höchste einem Wesen aus Fleisch und Blut erreichbare Erkenntnis gewonnen hat. Er ging in die Wildnis, um über die Ursachen menschlichen Elends nachzudenken und Mittel zu finden, durch die es sich ändern läßt..."

Jan Pieterszoon lachte; sein Lachen fand indes keinen Widerhall in der andachtsvollen Stille. Er selbst empfand es als häßlich und wurde von Trauer erfaßt. „Ach, Unsinn, Ronggo! Ihr mutet mir doch nicht zu, in die Wildnis zu gehen — oder?"

„Dir?" brummte der Doktor und hob die buschigen Brauen. „Wer spricht denn von dir? Das wäre in der Tat wohl ein wenig zu viel verlangt, noch dazu jetzt, wo du erlangt hast, wonach dich gelüstete."

„Mich gelüstete —? Hört, Doktor, Ihr mißversteht mich durchaus. Die Rangerhöhung bedeutet mir selber nichts, die Macht aber brauche ich, um das Ziel zu erreichen, das mir gewiesen ist. Was soll mir das alte Märchen da? Dergleichen Gedanken sind schön und gut, mit der Wirklichkeit des Lebens haben sie nichts gemein; diese Wirklichkeit will von uns gestaltet werden. Das ist der Auftrag, den der Mensch von Gott erhielt!"

„Ist es so, Jan? Welche Wirklichkeit —? Und wer sieht die Dinge so, wie du sie siehst? Millionen Menschen denken ganz anders darüber als wir, die Orang blanda. Wir sollten bescheidener sein, meine ich. Du stößt den Stein vom Hang, doch die Lawine nimmt ihren eigenen Weg. Was dir als Wildnis und Wirrnis erscheint, ist gewachsene Ordnung, auch sie von Gott! Wer in Tana-arah lebt wie ich, sich selbst genug, im Einklang mit der Natur und ihren Geschöpfen, der hat das Glück innerer Ruhe gefunden. Tana-arah heißt Wildnis, wußtest du das?"

Alle schwiegen. Jan Pieterszoon sann dem Vernommenen nach. Beinahe wünschte er nun, der Last seines Amtes und mehr noch seiner Wünsche ledig zu sein. Zuletzt seufzte Venthorst, nachdem er Coen lange betrachtet hatte, und sagte: „Die Moslimin glauben, ein jeder Mensch müsse denken und tun, wie ihm von Anbeginn bestimmt worden ist. Ähnlich lehrte es Calvin. Jan, mein Junge, vielleicht verstehe ich dich, auch wenn ich nicht billigen kann, was du tust... Wie geht es mit dem chinesischen Streit? Ich hörte, du seiest jetzt mit den Söhnen des Himmlischen Reiches einig."

„Es scheint so", brummte Jan Pieterszoon. „Ich lasse das Hauptkontor nach Djakatra verlegen."

Venthorst wechselte einen Blick mit dem Kjai. „Warte ein wenig damit", sagte er bedeutungsvoll.

„Warten? Weshalb? Aus welchem Grund?"

„Und warum nicht? Was drängt dich... Seit die Engländer jene beiden Dschunken aufgebracht haben — aus Rachgier, vermut' ich, weil du dich mit den Chinesen eingelassen —, dürfte Rana Manggala, der Spitzbube, geneigter zum Unterhandeln sein. Ha-ja, man soll den Wind nutzen, wann und wie er weht. Du traust Seiner Hoheit nicht... Gut! Aber — denk an den Prinzen. Man sagt, Abdullah Kadir schätze dich sehr. Eines Tages ist er der Herr hier. Und ein Spatz in der Hand... Nun, ich würde Bantam nicht aufgeben. Wo fändest du eine bessere Reede? Und wenn schon, so solltest du dein Augenmerk auf Djapara richten..."

„Djapara!" fuhr Jan Pieterszoon auf.

Die einst durch Admiral Both und Van der Haghen geknüpften Beziehungen zum Regenten von Djapara hatten ein jähes Ende gefunden. Dies hatte seinen Grund in den politischen Wirren des Landes wie auch in der Ungeschicklichkeit der Unterhändler, die von Generalgouverneur Reael an den Hof zu Karta entsandt worden waren. Nachdem Seda Krapjak vor nunmehr fünf Jahren verstorben war, wurde das Reich Mataram durch seinen jüngeren Sohn Marta Pura verwaltet, oder vielmehr von der höfischen Kamarilla, die sich des minderjährigen, unerfahrenen Prinzen bediente. Kaum anzunehmen, daß Raden Mas Rangsang, der rechtmäßige Thronerbe, sich auf die Dauer damit abfinden werde. Gegenwärtig lebte er — wenn er noch lebte — irgendwo im Verborgenen. Allem Anschein nach legte die Regierung Marta Puras wenig Wert auf ein Bündnis mit den Niederländern; vielmehr schien man zu Karta darauf bedacht, den Krieg — gegen wen auch immer — fortzusetzen. Ein bewährtes Mittel, wenn man der Schwierigkeiten im eigenen Lande nicht Herr zu werden vermag.

Vor kurzem erst hatte ein Mataramsches Heer die Regentschaft Padjang verwüstet. Die Bevölkerung war teils getötet, teils gefangen fortgeführt worden, um als Ziegelstreicher und Lastträger beim Aufbau der neuen Residenz zu dienen. Reael hatte daraufhin den Ratsherren Cornelis van Maseyck mit Geschenken nach Karta entsandt. Van Maseyck sollte eine Herabsetzung der Gewürzzölle sowie Handelsfreiheit für Reis und andere Lebensmittel erwirken. Das war, wie so oft bei Reael, übereilt und unbedacht gehandelt. Erhielt der ewig wache Argwohn der durch den Panembahan bedrohten Fürsten von Bantam und Djakatra hierdurch nicht neue Nahrung? Mußten sie nicht glauben, ein Bündnis zwischen der Krone von Mataram und der Compagnie werde sich letzten Endes gegen sie richten und ihnen Verderben bringen? Ki Patih und Amba Raja handelten jedenfalls demgemäß. Ihre Boten durchstreiften die Insel. Nachrichten, dazu bestimmt, ein solches Bündnis zu verhindern, wurden ausgetauscht — zwischen Bantam und Grisse, zwischen Arosbaja, Balambangan und Djakatra. Das Gespinst von Verleumdungen und Lügen — Coen bemerkte es mit Verdruß — wuchs sich um die landfremden Orang blanda zu einem undurchdringlichen Dickicht aus. Nur so erklärte sich der merkwürdige, den Frieden und alle Zukunftspläne des Generaldirekteurs bedrohende Zwischenfall von Djapara.

Jan Pieterszoons Augen verengten sich. Die Kunde von jenem Geschehnis hatte ihn erschreckt, keineswegs aber überrascht. Was Wunder auch, wenn diese hochmütigen, trägen, den Träumen eher als zur Tat geneigten Fürsten bisweilen wie Irre handelten; lebten sie nicht mit ihrem Fühlen und Denken in einer anderen und, wie er meinte, eingebildeten Welt? Woher sollten ihnen Vernunft und Zielstrebigkeit kommen, wie konnten sie sich verantwortlich fühlen, da in ihren Augen diese Erde, auf der sie gleich Träumenden wandelten, ihnen nicht Wirklichkeit, sondern nur ein Scheingebilde war? Wie leicht fühlten sie sich verletzt. Mit sanftem Lächeln, mit dem inneren Hochmut ihrer alten Kultur nahmen sie die vermeintlichen Kränkungen hin, aber sie vergaßen nichts.

Van Maseyck, überzeugt, in Karta eine günstige Aufnahme gefunden zu haben, war gleich nach seiner Rückkehr nach Djapara zum Amba Raja entboten worden. Kaum hatten er und der Obercommis Van Eyndthoven den Kraton betreten, wurden sie auch schon festgenommen und in den Kerker geworfen. Während sie noch rätselten, was dies zu bedeuten habe, griffen Truppen des Panembahan von Mataram überraschend die Loge an. Drei

Niederländer wurden bei diesem Überfall getötet, drei weitere schwer verletzt, siebzehn als Gefangene ins Innere des Landes verschleppt. Die in der Faktorei lagernden Güter mußten als verloren gelten. Die Packhäuser waren geplündert worden und niedergebrannt.

„Djapara!" bestätigte der Doktor gelassen. „Nicht heute, nicht morgen, versteht sich. Aber — gesetzt den Fall, Raden Mas Rangsang bemächtigte sich des Thrones von Mataram?"

Coens Lippen zuckten. Er atmete tief. „Doktor!" sagte er mit abweisender Gemessenheit. „Hätte der Zufall mich nicht hierher geführt, ich müßte glauben, dies sei ein abgekartetes Spiel. Ihr erzählt mir Geschichten, die mich in meinem Urteil beirren, meine Willenskraft lähmen sollen. Du fandest schöne Worte, Kjai Ronggo, allein, sie überzeugen mich nicht. Nur Worte sind es — und weiter nichts, bestenfalls Träume, die sich wohl kaum je erfüllen werden. Ich hingegen habe es mit Tatsachen zu tun. Bei Gott, seit eh und je habe ich mir ein Bündnis mit Mataram gewünscht. Solange Seda Krapjak lebte, lag ein solches durchaus im Bereich des Möglichen. Viel Blut und manch einen Gulden hätten wir uns damit erspart. Indes, Seda Krapjak ist tot, Marta Pura nichts anderes als eine falsche Schlange — wie die meisten hier. Was Raden Mas Rangsang einmal sein wird, muß sich erst noch erweisen. Nicht ich bin es, der das Schwert gezogen hat..."

Venthorst hob die Schultern und ließ sie mit unwilligem Brummen fallen. Der Kjai hielt den Kopf gesenkt.

Mit rascher Bewegung, die seinen inneren Zorn verriet, stand Jan Pieterszoon auf; graue Blässe fleckte seine Wangen. „Behaltet also Eure Ratschläge für Euch, Doktor! Ich bin kein Tor, den man beschwatzen kann. Für Euch bin ich hinfort der Gouverneur — verstanden!"

Venthorst starrte ihn mit betrübter Miene an.

Der javanische Edelmann erhob sich nun ebenfalls. „Das unbedachte Wort, Capitan, ist wie ein ins Dunkle geworfener Stein; wer weiß, wen es trifft? Und wer in der Nacht des Unwissens geboren wurde, der kennt nicht das Licht.

Ich bin dein Freund nicht, Capitan, noch bin ich dein Feind. Der getreue Diener meiner Herrin bin ich, die Euch liebt, obwohl Ihr's, meine ich, nicht verdient. Mögen die Götter Euch vor argem Rat und falschen Freunden behüten. Die Chinesen sagen: Der Weise achtet den Feind, doch er nimmt sich vor jenen in acht, die sich Freunde nennen!"

„Gott befohlen!" verabschiedete Jan Pieterszoon sich frostig. Die Nacht, die den Schein des Feuers als blauschwarze Kuppel umwölbte, nahm ihn auf. Während er unter den Palmen dahinschritt, empfand er seine Verlassenheit, seine Fremdheit in diesem Land stärker denn je. Was war es nur, das ihn trieb? Einen Freund hatte er verloren, vielleicht sogar zwei... Und warum? Was hatte er dafür gewonnen? Wohin führte der Weg? Erschauernd schlug er den Mantel noch fester um sich. Die Nacht war still und dennoch mit Lauten erfüllt. Von den Höhen herab kam ein feuchtheißer Hauch, der giftige Atem des Rimbu. Leise raschelnd wogte das dürre Lalanggras.

Der Würfel fällt

Unvermittelt war der Wind nach Nordosten umgesprungen; er hatte den Himmel blankgefegt. Auf den englischen Schiffen, die leewärts von Poutri Eiland vor Djakatra auf Reede lagen, trabten Teerjacken zum rauhen Klang ihrer Shanties um die Ankerspills. Gott mochte wissen, wohin die Briten versegeln wollten! Jedenfalls kam der Wind ihnen eben recht. Ob er durchstehen würde, blieb jedoch ungewiß, ungewiß wie alles und jedes in diesem Affenland. Ein Verrückter, dachte Jan Pieterszoon, mochte dies Gefühl beständigen Auf-der-Hut-seins kennen, diesen fortwährenden jähen Wechsel von Licht und Schatten, von Verrat und Treue, von Lüge und Wahrheit, dieses kaleidoskopische Spiel der Wirrungen und Leidenschaften. In der Natur, die ihn mit erdrückender Fülle umgab, prägte es sich nicht anders aus als in den Menschen.

Pangeran Gabang etwa! Dem gesunden Verstand zufolge gab es kaum einen Grund, ihm — dem Kjai Sempati des Bantamer Marktes — zu mißtrauen. Selbst in den kritischsten Zeiten, die das Verhältnis zwischen den Niederländern und der Krone von Bantam durchgemacht, war keinerlei Zweifel an seiner freundlichen Gesinnung aufgekommen. Was also hatte Kjai Ronggos Warnung zu bedeuten? Zielte sie auf Mas Demang, den Statthalter von Djakatra? War es denkbar, daß der Kjai log? Jan Pieterszoon runzelte die Stirn. War Ronggos Zuneigung in Haß umgeschlagen? Konnte Freundschaft so leicht verspielt werden — durch ein unbedachtes Wort? War sein Wink ehrlich gemeint oder am Ende doch nur geheime Gegnerschaft? All das war so verworren, so undurchsichtig und voller Gefahr wie der düstere Urwald hinter den Sümpfen.

Dieser Pangeran Gabang hatte sich, von Bantam kommend, mit seinen Frauen und Kindern und einem Gefolge von dreihundert Bewaffneten auf Pulu Poutri niedergelassen. Er wollte abwarten, ob Mas Demang, der Amba Raja, ihn in die Stadt einlade, ließ er sagen. Geschähe dies, so werde er — wie versprochen — auch der niederländischen Loge einen Besuch abstatten. Dagegen lasse sich nichts einwenden, fand Jan Pieterszoon.

Nun aber war der Obercommis Pieter de Carpentier soeben mit der ganz unglaublichen Meldung gekommen, die Bevölkerung der Stadt stehe unter Waffen; es gehe ein Gerücht, Niederländer und Bantamer, die bis vor kurzem noch erbitterte Feinde gewesen waren, hätten sich verschworen, das Land Djakatra zu besetzen und unter sich aufzuteilen; Pangeran Gabang sei anstelle Mas Demangs als Statthalter vorgesehen. Zum Beweis diene den Leuten, sagte De Carpentier, daß die niederländische Faktorei unlängst noch stärker befestigt und die neu errichtete Schanze mit schwerem Geschütz bestückt worden sei.

Die Geschichte klang einfach absurd. Man hätte darüber lachen können, wäre nicht der Pferdefuß einer niederträchtigen Absicht gar so deutlich erkennbar gewesen. Ihr eigentlicher Zweck blieb vorerst für Jan Pieterszoon im Dunkeln. Welch ein Aberwitz! Offenbar die Frucht kindischer Verstimmung. Aber — welch eine Arglist auch, welch krankhafte Verschlagenheit! Um ihr begegnen zu können, mußte man alle anerzogenen, für jeden Abendländer verbindlichen Moralbegriffe über Bord werfen, mußte sich, wohl oder übel, der gleichen Mittel bedienen wie ein asiatischer Despot. Das allein verbürgte hier den Erfolg. Jan Pieterszoon nahm nicht wahr, wie fremdes Denken und fremde Art auf ihn einzuwirken begannen, wie sie sein Wesen formten, während er noch wähnte, der eigenen Einsicht zu folgen.

Ein Bote Gabangs wurde vor den Generaldirektor geführt — der Pangeran begehre mit Seiner Exzellenz zu reden. Das kam Coens Wünschen entgegen. Schon am folgenden Tag, am 20. August, begab er sich auf der Yacht CLEEN HOLLANDIA noch vor Sonnenaufgang nach der Insel hinüber. De Carpentier suchte unterdes den Raja auf, um die Loyalität der Niederländer wie auch ihre Schuldlosigkeit an dem Klatsch zu beteuern. Mas Demang empfing den Obercommis zuvorkommend. Er überging das Anerbieten, die Befestigungsarbeiten vorläufig einstellen zu wollen, mit nachsichtigem Lächeln und sagte, die Orang blanda möchten nur immer fortfahren, er vertraue ihnen; er sei weise genug, um dem Geschwätz arger Zungen nicht Gehör zu schenken; er bitte nur, man möge ein Gleiches tun.

Als Jan Pieterszoon den Strand von Pulu Poutri betrat, kam ihm Pangeran Gabang voller Freude entgegen. Nachdem die üblichen Komplimente ausgetauscht worden waren, rief er lebhaft: „Ich gehe nach Djakatra! Seine Hoheit hat mich eingeladen. Nun werde ich mir auch euer Haus ansehen." Mit solchem Eifer drängte er noch vor dem Aufkommen des Seewindes zur Abfahrt, daß Jan Pieterszoon seine Verwunderung kaum verhehlen konnte. Was war nur in den ernsten, sonst stets auf Würde bedachten Mann gefahren? Er betrug sich wie ein ausgelassener Junge, rieb sich die Hände, lachte ohne erkennbaren Grund und eilte beschwingten Schrittes zum Strand, um mit seinem Gefolge an Bord zu gehen. Jan Pieterszoon folgte ihm langsamer und sehr nachdenklich. Die Sache gefiel ihm nicht! Wiederum war da das Ungreifbare, das Unbegreifliche... Weshalb besuchte der Pangeran Djakatra? Welcher Art waren die Absichten, die Mas Demang verfolgte, indem er den Bantamer Kjai Sempati einlud? Und was versprach Gabang sich von dem Besuch? Der heftigen Eifersucht, des untergründig fortschwelenden Mißtrauens ungeachtet, waren die Verbindungen zwischen den Höfen von Bantam und Djakatra niemals ganz abgerissen; der Zustand unentwegter, wenn auch tatenloser Gegnerschaft wurde hierdurch jedoch nicht berührt. War eine Übereinstimmung jetzt plötzlich erzielt worden — und was konnte Pangeran Gabangs Reise anderes bedeuten? —, so stellte sich die Frage nach den Gründen und Zwecken. Wer würde am Ende die Zeche zu bezahlen haben?

Die kleine Flottille erreichte den Tji Liwong am späten Vormittag. Am Landeplatz schieden die Herren voneinander. Coen blieb in der Faktorei zurück; der Pangeran fuhr mit seinen Parahus den Fluß hinauf zum königlichen Palast. Nicht ohne Besorgnis blickte Jan Pieterszoon den Booten nach. Die Stadt summte wie ein Bienenstock. Frauen, Kinder, Greise — so wurde ihm gemeldet — verließen mit Hausrat und Vieh die Gehöfte. Bewaffnete sammelten sich auf dem Paseban des Kratons, in den Hauptstraßen und vor der Moschee. Entferntes Geschrei, das Brüllen der Rinder mengten sich mit dem eintönigen Tong-tong-tong der Gongs. Bei den Briten im Englischen Hause, drüben auf der anderen Seite des Flusses, beobachtete man ebenfalls ein unablässiges Kommen und Gehen.

Jan Pieterszoon, an der Brüstung lehnend, verlor sich in Gedanken. Ein Schatten fiel über die Steine — De Carpentier! Leise trat der junge Mann näher, schweigend in dem Bemühen, sich dem Generaldirektor nicht aufzudrängen. Coen bemerkte es mit Wohlgefallen. Er genoß diese Rücksichtnahme von Seiten eines Mannes, den er vor allen anderen als seinesgleichen schätzte. Dabei hätte De Carpentier sein Zartgefühl keineswegs so weit treiben müssen; es war wichtig, was er zu berichten hatte. Aber der Obercommis paßte sich ja stets den Umständen an. Freundlich zu jedermann, soweit sich dies mit seinen Pflichten vereinbaren ließ, fromm in der Kirche, war er hart wie Flint und ohne jede Humanitätsduselei, wo es galt, Notwendiges durchzusetzen. Mit seiner verbindlichen Art fiel es ihm nicht schwer, selbst die Engländer für sich einzunehmen. Sie gewahrten es immer erst nachher, wie wenig sie bei ihm ausgerichtet hatten.

„Was haltet Ihr davon?" Coens Arm beschrieb einen Kreis über den Fluß hin und über die Stadt.

„Weiß der Himmel!" sagte der Obercommis.

„Wir sollten uns vorsehen; ich traue den Heiden nicht!"

„Ich habe die Posten verdoppeln lassen. Die Mannschaft hält sich alarmbereit in den Quartieren. Befehlt Ihr, daß Pulver ausgegeben wird?"

„Warten wir ab... Die wagen keinen offenen Überfall. Besser, wir machen uns auf einen ihrer tückischen Schliche gefaßt. Was mich beschäftigt — welche Rolle spielt Pangeran Gabang hier? Hatten wir nicht Ursache, ihn für unseren Freund zu halten?"

De Carpentier schüttelte den Kopf. „Diese Menschen sind keine Menschen, Exzellenz! Sie begreifen zu wollen, lohnt nicht die Mühe. Wir werden sie niemals zu unserer Art des Denkens, Handelns und Glaubens bekehren können; es sei denn..."

„Es sei —?" Ein Ausdruck von Spannung trat in Coens Augen.

De Carpentier klopfte bedeutungsvoll gegen den Degengriff.

Jan Pieterszoon nickte. Es schien, als atme er freier; und so war es auch in der Tat. Er fühlte sich in seiner Auffassung auf angenehme Weise bestätigt. „Gott, der Herr", sagte er langsam, jedes Wort abwägend, „erwartet viel von uns! Wir müssen tun, was in unseren Kräften steht, um diese Elenden aus der Finsternis ihres Irrglaubens zu erlösen. Notfalls muß man sie zu ihrem Glücke zwingen. Ich hatte gehofft, Zwang werde sich vermeiden lassen; die Erfahrung hat mich eines anderen belehrt. Steht nicht geschrieben, wer sein Kind lieb hat, der züchtige es?"

„Auf keinen Fall dürfen sie sich selbst überlassen bleiben!"

„Nein, natürlich nicht! Hundertmal habe ich die Herren Bewindhebber daheim ersucht, Predikanten und Lehrer hierher zu schicken. Zu Middelburg sieht man offenbar nicht, daß der höhere Aufwand sich, wenn auch nicht sogleich, tausendfältig verzinsen wird. Nicht darum geht's, jetzt im Augenblick so viel Gewinn wie möglich aus diesen Ländern zu ziehen; es geht um ihren unanfechtbaren Besitz. Vor allem Java müssen wir unter unsere Herrschaft bringen oder..."

„Oder —?" flüsterte De Carpentier mit belegter Stimme.

„Ihr wißt's so gut wie ich! Anderes wird uns auch kaum übrigbleiben. Was die Methoden betrifft... Nun, wir werden ja sehen."

„Darüber hab' ich schon nachgedacht, Exzellenz!"

Jan Pieterszoon lächelte. Dieser De Carpentier! Er ließ

das Gras wahrlich nicht wachsen unter seinem Fuß.

„Na, und? Was schlagt Ihr vor?"

„Um es leichter zu leiten, müßte man das Volk von seinen gegenwärtigen Bedrückern befreien. Seine Fürsten, seine Priester, die Wajangspieler, die Geschichtenerzähler vor allen anderen, sind zu vertreiben oder auf andere Art unschädlich zu machen. Nur so wird es möglich sein, die Menge für uns und für das Evangelium zu gewinnen. Die gänzlich Unbelehrbaren aber müssen daran gehindert werden, das Land zu verlassen, wie es auf Ambon zu unserem Schaden geschehen ist und auf den Bandas."

„Sehr gut!" lobte Coen.

„Wir müssen die Kontrolle über den Kleinhandel mit Kleidern und Nahrungsmitteln in die Hand bekommen. Danach wird es ein leichtes sein, das Volk durch Hunger gefügig zu machen. Wir können dann die Gewürzpreise nach Gutdünken selbst bestimmen. Zu überlegen wäre noch, ob es nicht nützlich ist, die einheimische Bevölkerung mit unseren eigenen Leuten zu untermengen. Unsere niederländischen Siedler würden nicht nur die Heiden durch ihre beständige Gegenwart in Schach halten, sie werden ihnen auch ein Beispiel an christlicher Tugend geben..."

„Ha-ha!" rief Jan Pieterszoon erbittert. „Eure Gedanken sind gar nicht so übel, Pieter! Nur — Eure Meinung über unsere Landsleute, die teile ich nicht. Hättet Ihr nur erlebt, wie diese christliche Tugend auf Amboina geübt worden ist. Gott steh' mir bei! Eine derartige Bande von verlotterten Sklaventreibern ist mir bis dahin nicht vorgekommen. Ihr Betragen war's, wodurch die Heiden gegen uns aufgebracht wurden; es schrie zum Himmel! Nein, Pieter, da gibt's nur eines... Unser Meister Calvin hat recht gehabt — der Mensch ist von Natur ein armseliges, unzulängliches Geschöpf. Will man ihn auf den Weg zum Guten führen, so müssen Gesetze geschaffen, Grenzen gezogen werden. Nichts darf dem eigenen Ermessen überlassen bleiben. Ob weiß, ob braun, wir müssen die Menschen anleiten und belehren; wir müssen ihnen vorschreiben, was sie zu tun oder zu lassen haben. Nur so mag es uns gelingen, ihnen ein gewisses Maß an Ordnung, Wohlstand und Glück zu verschaffen."

Hierauf entgegnete De Carpentier kein Wort.

Endlich einmal wieder fühlte Jan Pieterszoon jene Ergriffenheit, wie sie ihn damals am Anfang seines beschwerlichen Weges erhoben und fortgerissen hatte. Vor seinen Augen verwandelten sich Fluß, Stadt und Land. Wo gegenwärtig noch die großen rotbraunen Büffel in wüsten, mit Krüppelbusch bestandenen Morästen weideten, würden sich, eines neben dem anderen, bewässerte Reisfelder, Sawahs, ausbreiten. Die sumpfigen Flußufer, Brutstätten für Moskitos und Krokodile, würden zu festen Deichen begradigt, das unüberschaubare Gewirr der weitläufigen Gehöfte, der verschlungenen Pfade, der Plätze, Gärten und Gehege durch ein Netzwerk gerader, reinlicher Straßenzüge geordnet werden, die pagodenartigen Minaretts durch schlanke Kirchtürme ersetzt. Nicht das monotone, barbarisch dumpfe Summen der Kentongans — nein, ein heller Glockenklang sollte die Gläubigen zum Gebet rufen...

Bis zum Abend hin geschah weiter nichts — wenn man die immer dichter gegen das Tor herandrängende Menge farbigen Volkes nicht rechnen wollte oder gar das Erlebnis eines Adelborstes, der mit einer Meldung zum PFEFFERHAUS geschickt worden war. Noch atemlos vom gehetzten Lauf, berichtete er, wie ihn, der bereits auf dem Rückweg gewesen sei, eine sehr vornehme, tief verschleierte javanische Dame auf holländisch angesprochen habe. Nur wenige Worte habe sie in dem Gedränge — und dies auch nur flüsternd — zu äußern gewagt: „Gefahr heute nacht — Verrat! Sagt dem Capitan maior: Die Winde wehen, mit ihnen Blatt, Feder und Rauch — wer kann wissen, wohin!"

Es durchschauerte Jan Pieterszoon, als er dies vernahm. Ein längst vergessen geglaubter Morgen stieg aus der Erinnerung herauf, ein Frühlingsmorgen. Der Selong hatte die Wolken vom Himmel geweht. Spatzen lärmten vor einer mit Blüten berankten Bambuswand. Und an den Pfeiler gelehnt, der die Voliere trug, stand Saro Sangi, die Ratu von Mataram. Liebe und Hoffnung sprachen aus ihren schönen Augen, deren Blick ihn zu halten, für sich zu gewinnen suchte. Er aber war davongegangen — ohne Abschied, ohne Gruß. Er hatte das Fünklein Liebe in seinem Herzen zu töten vermocht, hatte sich an die Kälte und Leere seines Machttraumes verloren, hatte das schmerzlich-süße Erinnern in sich ausgelöscht. Und nun dieser Anruf aus der Vergangenheit...

Das Dunkel der Nacht hatte sich über die aufgestörte Stadt gesenkt, da schwoll das unaufhörliche Summen der vielen Stimmen draußen vor dem Tor zu eregtem Brausen an. Fackelschein näherte sich schwankend, flackerte hinter schwarzen, gekrümmten Stämmen, zeichnete verschlungene Schattenrisse auf die gekalkte Ziegelwand. Von der Galerie des festen Hauses NASSAU herab beobachtete Jan Pieterszoon das Herannahen eines langen festlichen Zuges. Man war vorbereitet; die Warnung der Ratu hatte keineswegs taube Ohren gefunden. Ein Höfling des Amba Raja wurde zu Coen geführt. Pangeran Gabang komme, die Faktorei zu besichtigen, meldete er.

„Zu recht später Stunde, dünkt mich!" versetzte Jan Pieterszoon trocken. Auf seinen Wink hin ließ De Carpentier zwei große, in der Mitte des Hofplatzes bereitgestellte Pechpfannen entzünden. Der Flammenschein tauchte die Fassaden der beiden hohen steinernen Packhäuser in düsterrot flackerndes Licht, enthüllte die Bewaffneten auf den Galerien wie auch jene, die mit glimmenden Lunten an den Geschützen auf der Schanze standen. Zu gleicher Zeit hoben sich auf dem ZEEWOLFF, der im Fluß vor Anker lag, rasselnd die Stückpforten. Das Murmeln und Schwatzen der Menge wich gespanntem Schweigen.

Pangeran Gabang und die Männer, die ihn begleiteten — Höflinge, Beamte, Offiziere, Leibwächter und Sklaven, alle zusammen an die fünfhundert —, wurden durch das Tor eingelassen. Mit flinken, verstohlenen Blicken erfaßte der Pangeran, wie sorgsam die Niederländer sich auf den Besuch vorbereitet hatten. Nichts in seiner Miene deutete auf Erstaunen oder gar Enttäuschung hin. Vielmehr gab er sich das Ansehen, als wären dergleichen Vorkehrungen ganz der Ordnung gemäß. Er betrachtete alles, lobte, fragte, befühlte die ausgelegten Stoffe, flocht dann und wann ein passendes Scherzwort ein und schied zum Schluß, vom Generaldirektor reich beschenkt, unter herzlichen Freundschaftsbeteuerungen und Segenswünschen: Er gedenke noch in der Nacht nach Bantam unter Segel zu gehen.

„Ha-hm..." hüstelte Jan Pieterszoon. Er sah die vom Fackelschein märchenhaft beleuchteten Parahus den Fluß hinabgleiten und trocknete sich aufatmend den Schweiß von der Stirn. „Das wäre überstanden! Was meint Ihr, Pieter, hat man uns zum Narren gehabt?"

De Carpentier schüttelte die Haare aus der Stirn. Sein jungenhaftes Gesicht war blaß. „Sechshunderttausend Flämische Pfunde sind in der Truhe. Kein Pappenstiel, Exellenz! Dafür wagt selbst ein Minister den Kopf."

„Den er ohnedies in der Schlinge hat... Mich wundert, welche Ausflüchte unser Raja finden wird. Pieter, wir haben Glück gehabt! Lacht nicht! Auch hierin meine ich Gottes Finger zu sehen..."

„Amen!" murmelte De Carpentier.

„Und Saro Sangis schirmende Hand —!" dachte Jan Pieterszoon. Mißmutig und matt von der durchwachten Nacht stand er am Fenster. Das altgewohnte Leben und Treiben, das Handeln, das Feilschen, das Wiegen und Messen spielte sich in gewohnter Weise auf dem Hofplatz ab. Er bewunderte die Gelassenheit, mit der sich die Commisen und Schreiber der Compagnie, umdrängt von dem braunen Volk, unter Waren und Münzen zurechtfanden, wie sie aus tausend kleinen Profiten den unerhörten Gewinn zusammenscharrten. Der Hofplatz der Faktorei glich einem Heerlager. Da standen japanische Söldner am Tor, kontrollierten die Ein- und Ausdrängenden, schlenderten zwischen den Bänken und Ständen umher — kleine, grimmig dreinblickende Kerle. Die javanischen Tanis gingen ihnen scheu aus dem Weg. Diese Reisbauern sahen so sanft, so friedfertig aus, blumenhaft zart wie träumende Kinder, doch trug ein jeder von ihnen seinen Kris im Lendenschurz; ehe man sich's versah, konnten sie sich in rasende Amokläufer verwandeln. Erfreulicher waren da schon die gelbgesichtigen Söhne des Himmlischen Reiches. Von ihnen hatte man nichts dergleichen zu besorgen. Scharfe Rechner waren sie, stets auf ihren Vorteil bedacht, aber zuverlässig und gewissenhaft, fleißig, strebsam, in mancher Hinsicht den Niederländern geistig verwandt.

Jan Pieterszoon sah einen Javanen höheren Standes an den aufsichtsführenden Mandur herantreten. Flüsternd steckten die beiden die Köpfe zusammen. Der Mandur nickte, winkte dem javanischen Herren und wand sich durch das Gewimmel der Leiber dem Verwaltungsgebäude zu. Coen trat vom Fenster zurück. Die Gestalt des Javanen kam ihm bekannt vor. War es möglich, daß ein Würdenträger von Mataram sich nach Djakatra wagte? Gleich darauf betrat Kjai Ronggo das Kontor.

Jan Pieterszoon mußte sich Gewalt antun, um den Freund nicht in die Arme zu schließen. Der Kjai, steif und zurückhaltend wie nur je, ermunterte ihn auch durchaus nicht dazu; im Gegenteil, die Starrheit, die maskenhafte Undurchdringlichkeit seiner Miene hätte zu Argwohn Anlaß geben können. Und doch konnte sein Besuch nichts anderes als ein Freundschaftsdienst sein.

Was ihn hierher führe, erkundigte Jan Pieterszoon sich, indem er den Blick freundlich, wenn auch nicht ohne Verwunderung auf dem schlichten Gewand des Gastes ruhen ließ.

Ob er wisse, was vorgehe, fragte der Kjai dagegen.

Jan Pieterszoon schüttelte wortlos den Kopf.

Nun denn — die von Djakatra und Bantam hätten gemeinsam den Plan gefaßt, die Loge zu erobern und alle Niederländer umzubringen. Nicht, um dies auszuplaudern, sei er hierher gekommen — die Spatzen pfiffen es ja bereits von allen Dächern; es gehe ihm vielmehr darum, zu verhindern, daß der Verdacht auf Schuldlose falle. Rana

Manggala, dessen Bruder Aria sowie auch die meisten Orang Kjai von Bantam und Djakatra wären an der Verschwörung beteiligt. Mas Demang und sein Sjahbandar, der zum Unglück schwer erkrankt sei, hätten sich den Absichten der Ränkeschmiede widersetzt. Der Amba Raja habe sogar spottend geäußert, ganz Bantam und Djakatra seien nicht imstande, solches zu vollbringen; er selbst werde sich hüten, den Unfug mitzumachen, doch möge ein jeder nur tun, wozu er Lust verspüre ...

Die Stirn in Falten, hörte Jan Pieterszoon zu. Und selbst, nachdem der Kjai längst gegangen war, verharrte er noch in finsterem Grübeln. War es die Warheit, was er da vernommen hatte? Oder war es wiederum nur ein Teil der Wahrheit, dazu bestimmt, ihm Sand in die Augen zu streuen? Er entsann sich der Versuche Mas Demangs, ihn zu einem Jagdausflug ins Innere des Landes zu überreden, sowie auch der in Bantam ausgestreuten Gerüchte, Pangeran Gabang trachtete danach, mit Hilfe der Niederländer Fürst von Bantam zu werden. Wer konnte wissen, ob nicht und wo für ihn schon der Mordstahl geschliffen werde? Genug davon! Man durfte den Heiden nicht trauen. Wie Röhricht im Winde, so bogen und wendeten sie sich; ihr Leben war Lüge, ihr Lächeln Mord. Haß schwelte untergründig zwischen den Bekennern des Propheten und jenen, die noch die alten Götter verehrten. Hinter den Sprüchen des Korans drohten Wischuns und Schiwas Schatten. Je länger er darüber nachdachte, desto mehr festigte sich die Überzeugung in ihm, es müsse sich um ein Komplott handeln, an dem alle Fürsten der Insel ohne Ausnahme teilhatten. Versuchten sie, sich in letzter Stunde der fremden Eindringlinge zu erwehren? Wie auch immer, es war zu spät! Den Niederländern freilich mochte ein solcher Versuch zum Verhängnis werden.

Nicht von der Hand zu weisen war also auch der Verdacht, daß selbst der Panembahan von Mataram an diesem Anschlag mitbeteiligt sei. War Kjai Ronggo aus eigenem Antrieb gekommen? Und woher hatte Saro Sangi um die Verschwörung wissen können? Ob Mas Demang imstande war, seine Unabhängigkeit im Widereinander der Mächte zu bewahren? Wohl kaum! Selbst ein Diamant mußte zwischen den Mühlsteinen zerrieben werden. Wer hielt zu wem? Unentwirrbar erschien das Geflecht der Interessen, Beziehungen und Verpflichtungen, ganz zu schweigen von den unbegreiflichen Traditionen, religiösen Vorstellungen, Sitten und Leidenschaften, die sich auf das Denken und Verhalten der Heiden auswirkten. Wer aber hatte den ersten Anstoß gegeben? Die Engländer —? Eine derartige Engstirnigkeit war ihnen ja durchaus zuzutrauen. Es freute sie, wenn der Konkurrenz das Licht ausgeblasen wurde, obschon sie sich eigentlich sagen mußten, nach geglückter Tat werde die Reihe an ihnen sein.

Jan Pieterszoon ballte die Faust. Kein Augenblick war zu verlieren. Die Art und Weise, wie man den Anschlag ins Werk gesetzt, bewies ja zum Glück, wie wenig sicher die Verschwörer ihrer Sache waren. „Schmieden wir das Eisen, solange es glüht!" dachte er grimmig. Welch ein prächtiger Vorwand! Mas Demang mußte ja nunmehr den Bau der Festung gestatten, ob er es ratsam fand oder nicht; er vermochte die Niederländer weder zu schützen noch zu vertreiben, das hatte sich ja gezeigt. Gab der Raja nicht gutwillig nach, so brauchte man eben Gewalt. Der Schein guten Rechtes wehrte zugleich auch den bösen Zungen, die — so war es vorauszusehen — in England und Spanien, aber auch daheim mit dreister Stirn behaupten würden, wieder einmal habe Tiger Coen Recht und Gesetz mit Füßen getreten.

Diese Narren! War es ihnen denn unmöglich, einzusehen, wie wenig sich die Grundsätze der Moral, so schön und erhaben sie immer sein mögen, auf Politik oder Handel anwenden lassen? Nicht wenige unter ihnen gehörten zu den Anhängern jenes süßlich-weichen Jacobus Arminius und dessen verschwommenen Idealen. Das war bezeichnend, nicht wahr? Jan Pieterszoon schnaubte zornig. Was immer diese läppischen Friedensfreunde und Gerechtigkeitsfanatiker gegen ihn vorbringen mochten, er jedenfalls würde dafür sorgen, daß Djakatra von Niederländern besetzt und zum Rendezvousplatz der O. I. C.-Schiffe ausgebaut wurde. Kostete es Blut — nun gut! Gott der Allmächtige war ein gestrenger Herr; er hatte es so gefügt, indem er die Heiden verblendete, so daß sie die höhere Gerechtigkeit im Trachten und Tun der Niederländer nicht erkennen wollten. Wie viele Jahre war es nun her, seit ihn über den Plänen des trunkenen Theunemans jene Eingebung überkommen hatte? Mit aller Schärfe sah er das Bild wieder vor sich — die trotzigen Wälle, blinkende Kartaunen, flatternde Fahnen... Macht! Macht! Schauer überrieselten ihn. Heftig erhob er sich, trat an das Pult und begann, mit fliegender Feder Befehle, Anordnungen, auf den Festungsbau bezügliche Vorschriften auf das Papier zu werfen. „Alea iacta est!" fuhr es ihm durch den Sinn. Doch er sprach es nicht aus. Seine Lippen schlossen sich zu schmalen Strichen.

Der Kampf beginnt

Nebel rauchten über dem Fluß. Mit Rotankörben beladene Kulis — Javanen, Chinesen und schwarzhäutige, abschreckend häßliche Wandan von den papuanischen Inseln — schritten wie Schemen durch das treibende Gewölk. Ihre Leiber hoben sich mit matten Farbtönungen ab von dem düsteren Grau dieses tropischen Dezembertages. Manche von ihnen schleppten gleich zwei der schweren, mit Erde gefüllten Behälter an der Tragstange, dem Pikulan. Während die Javanen stumm und ergeben einhertrotteten, lachten und schnatterten die Chinesen, als handele es sich hier nicht um harte Arbeit, sondern um eine Lustbarkeit — und das, obwohl sie des Lebens nicht sicher waren.

Der Amba Raja, wutentbrannt über Coens Eigenmächtigkeit, hatte verkünden lassen, ein jeder, der den Orang blanda diene, sei des Todes. Keine leere Drohung, bei Gott! Zwei chinesische Kaufherren, die sich nicht an das Gebot der Krone gekehrt und den Niederländern Holz und Steine für den Festungsbau geliefert hatten, waren tags zuvor auf offener Straße niedergestoßen worden. Dies freilich hatte eine ganz andere Wirkung hervorgebracht, als Mas Demang erhofft haben mochte. Die vielen hundert Söhne des Himmlischen Reiches, die in Djakatra lebten, hatten sich empört, hatten sich rundweg geweigert, mit Hand an die Befestigung zu legen, die der Raja nun seinerseits in aller Eile rings um das Stadtgebiet aufführen ließ. Viele von ihnen hatten sich spontan den Niederländern zur Verfügung gestellt. Ja, selbst die Javanen und Papuas waren aus freiem Willen zur Arbeit angetreten. Coen bezahlte sie regelmäßig und gut, obwohl die Geldzuwendungen aus der Heimat, auf die er mit Sicherheit gerechnet hatte, ausblieben.

Während er auf der neuerrichteten Schanze zwischen den beiden Häusern MAURITS und NASSAU stand und kein Auge von den Arbeitenden ließ, gedachte Jan Pieterszoon voller Unmut der Herren Bewindhebber. Die saßen daheim in ihren sicheren Kontoren, verzehrten den Reichtum, den andere ihnen unter Einsatz von Gesundheit und Leben erwarben, und nur ungern dachten sie daran, daß auch ihrerseits Opfer gebracht werden mußten, sollte die Compagnie bestehen. In einer Hinsicht durfte er freilich zufrieden sein, war es ihm doch im Laufe seiner Amtszeit immerhin gelungen, eine verschworene Gemeinschaft von Männern heranzubilden, die die Grundsätze eines gottgefälligen Daseins — Pflichttreue, Fleiß, Sittsamkeit und Nüchternheit — nicht nur anerkannten, sondern auch guten Willen zeigten, nach ihnen zu leben. Viel tat — und hierauf hielt er sich etwas zugute — das eigene Beispiel. Achtzehn Stunden hatte der Tag für ihn — und keine darunter, die nicht der Pflicht gehörte.

Nein, die Männer taten ihr Bestes, obschon sie es mit der Moral noch immer nicht so genau nahmen, wie es wünschenswert erschien. Die Schuld mußte auch hier den Herren Bewindhebbern beigemessen werden. Trotz zahlloser Eingaben, Bitten, Ermahnungen und Proteste verabsäumten sie es nach wie vor, Frauen und Mädchen in die Kolonien zu schicken. Und das Mannsvolk, das sie letzthin in Dienst genommen, war keinen Schuß Pulver wert — desertierte Soldaten, Invaliden, Landstreicher sowie einige Lakenweber, denen daheim als Folge ihres letzten Aufstandes der Boden in Amsterdam zu heiß geworden war. Auf die hatte man hier gerade gewartet! Sie verbreiteten ihre aufrührerischen Ideen, wie etwa die verrückte Forderung nach einem gleichen Lebensrecht für alle, nun auch unter seinen Beamten und Kolonisten. Was jene Burschen sich dachten, war einfach nicht zu begreifen. Zugegeben, der gemeine Mann war in der glanzvollen Amstelstadt nicht eben auf Rosen gebettet, wurde er doch von den reichen Patriziern schamlos ausgenutzt. Oft durfte er froh sein, wenn er für sein Tagewerk ein Stück trockenen Brotes erhielt. Auch mußten die Kinder des geringen Volkes schon vom achten Lebensjahr an in den Zuckerkochereien und Glasbläsereien schuften. Viele von ihnen starben; das brachten die Verhältnisse eben so mit sich. Aber — war das ein Grund, gegen die vom allmächtigen Gott für gut befundene Ordnung aufzubegehren, noch dazu mit Mord und Brand, wie es unlängst zu Amsterdam geschehen war? Hier würde es dergleichen nicht geben — nicht, solange er, Jan Pieterszoon Coen, das Regiment führte. Doch sollten sie alle, sofern sie sich gehorsam und gottesfürchtig betrugen, in seinem künftigen Staat ihr gutes Auskommen finden.

Sein scharfer Blick, rasch über die gebeugten Rücken hingleitend, blieb auf einem rötlichen Haarschopf haften. Ja, natürlich — Van Loon! Nur in Hemd und Kniehose, stand er barfüßig mitten unter den kannibalisch grinsenden Wandans; gleichmäßig hob und senkte sich ein gewichtiger Hammer in seinen Fäusten. Gedämpft klang das Krachen des niederwuchtenden Eisens herüber. Er rammte Pfähle ein, die die Trasse der neuen Bastion markieren sollten. In der Tat, dieser Van Loon hatte sich glänzend bewährt, nachdem man ihn aus dem Sündenpfuhl seines Lotterbettes buchstäblich an den Haaren hatte herauszerren müssen. Jan Pieterszoon entsann sich mit sündigem Vergnügen jenes schummerigen Raumes, in dem ihre erste Begegnung stattgefunden hatte, und ganz besonders der anmutigen, schamlos entblößten Mädchenleiber, die das Lager des Schreibers geteilt hatten. Nein, es war nicht gut, wenn die Männer hier ohne Frauen ihrer eigenen Art leben mußten. Abhilfe tat not! Van Loon zum Beispiel würde ein ausgezeichneter Hausvater sein. Die Spanier hatten das schon viel früher erkannt. Ihre Schiffe, die sie in die fernsten Weltgegenden aussandten, ähnelten Archen; sie führten nicht nur allerlei Viehzeug an Bord, sondern auch Kinder und Frauen, vornehme Damen sowohl als auch geringe Mägde, welche klaglos und mit erstaunlicher Tapferkeit alles Ungemach der Männer teilten.

De Carpentier kam raschen Schrittes herbei, ohne Rock; sein bubenhaft glattes Gesicht wies Spuren von Erde auf; das dünne Blondhaar klebte ihm an den Schläfen.

„Nun, Pieter?" fragte Coen.

„Ein Segel, Exzellenz — dort, hinter Onrust!"

„Die CLEEN HOLLANDIA, wie?" Jan Pieterszoons Miene verdüsterte sich. War es die Yacht, so befand sich der Kommandeur Hendrick Janszen an Bord. Man würde nun endlich Näheres über diesen ganz unglaublichen Vorfall in Bantam erfahren; bisher war in Djakatra nur wenig darüber bekannt geworden.

Am 14. Dezember, gegen Abend, hatten die Schiffe ZWARTE LEEUW und OUDE SONNE, mit Gewürzen und Reis beladen von Patani kommend, bei Pulu Padjang auf der Reede von Bantam Anker geworfen. Ein Engländer, ein gewisser Adam Denton, kam in einer Ruderschaluppe zum LEEUW. Er schwatzte den Kommandeur wunder was vor von der neuen Freundschaft zwischen Briten und Niederländern und beredete ihn, in seinem Boot mit an Land zu fahren. Janszen, dem Denton von früher her kein Fremder war, folgte arglos der Einladung. Um so überraschter war er, als man ihn mit Gewalt an Bord eines englischen Schiffes brachte.

Kurz zuvor war Sir Thomas Dale mit fünf Schiffen von England eingetroffen, so daß die englische Macht in Bantam nunmehr aus fünfzehn see- und kampftüchtigen Fahrzeugen bestand. Unter dem Schutze der Dunkelheit ließ Sir Thomas vier seiner besten Schiffe klarmachen und in früher Morgenstunde den ZWARTE LEEUW umzingeln. Wie durch ein Wunder entrann die OUDE SONNE. Die Besatzung des LEEUW hingegen wurde unsanft aus dem Schlaf geschreckt. Sir Thomas forderte sie zur Übergabe auf; gehorche sie, solle niemandem ein Haar gekrümmt werden; gehorche sie nicht — drohte er —, werde er sie Mann für Mann an ihren eigenen Rahen aufknüpfen lassen. Die Matrosen schienen keineswegs geneigt, sich zu ergeben, aber Commis und Pilot sahen ein, daß man mit dem schwerbeladenen Schiff und ohne ausreichenden Vorrat an Pulver keine Aussichten gegen die Übermacht der Briten habe. Sie handelten klug, indem sie es auf einen so ungleichen Kampf gar nicht erst ankommen ließen; sie ergaben sich. Der Mannschaft wurde freier Abzug zugestanden. Auch Kommandeur Janszen wurde mit allen Bordpapieren und seiner persönlichen Habe bald danach freigelassen. Sir Thomas durfte sich gestatten, großmütig zu handeln, hatte er doch an die hundert Lasten Reis, neuntausend Sack Pfeffer sowie hundertzweiundfünfzigtausend Goldgulden erbeutet.

Ein Bubenstreich! Aber er hatte sein Gutes gehabt, eine Wirkung, die Sir Thomas nicht vorausgesehen haben mochte: der Hof von Bantam war daraufhin auf die Seite der Niederländer getreten. Rana Manggala hatte schon längst mit wachsendem Verdruß die sich fortwährend mehrende Zahl der englischen Schiffe beobachtet. Und als nun die Javanen und Chinesen in der Nachbarschaft der niederländischen Loge ihre Häuser fluchtartig verließen, weil sie einen Überfall seitens der Engländer befürchteten, hatte der Ki Patih diesen Stadtteil von seinen Truppen besetzen lassen und alle Niederländer ausdrücklich unter seinen Schutz gestellt.

Kein Zweifel, Thomas Dale handelte im Einverständnis Seiner Britischen Majestät. Die Wegnahme des SWAN durch Dedel, Courthopes Tod, der Verlust von Run und Ay und nicht zuletzt die Affäre De Decker hatten im englischen Königreich böses Blut gegen die O. I. C. gemacht. Bevor er mit seiner Flotte die Bantamer Reede verließ, hatte Sir Thomas einen blutrünstigen Schwur getan — er werde mit seiner gesamten Macht nach Djakatra segeln, werde die niederländische Festung dem Erdboden gleichmachen und Coen, lebend oder tot, in seine Gewalt bringen. Seither war die englische Flotte nicht mehr gesehen worden; sie war und blieb verschwunden. Jan Pieterszoon seufzte. Der Indienrat, den er sogleich nach dem Eintreffen jener Unheilskunde auf der AMSTERDAM versammelt hatte, war mit ihm einer Meinung — für die Landsleute auf den Molukken und Bandas bestand höchste Gefahr!

„Die CLEEN HOLLANDIA!" bestätigte der Obercommis. Er war auf einen Bretterstapel gestiegen und spähte angestrengt nach dem nahenden Schiffe aus. „Ich will ihr ein

Boot entgegenschicken; sie mag draußen vor Onrust liegen bleiben."

„Ja, gewiß!" Jan Pieterszoon nickte beifällig. „Ganz meine Meinung! Hier im Fluß behindert sie uns. Laßt auch die Batterie auf der Insel um vier schwere Stücke verstärken. Kommt Dale mit seiner Flotte hierher, werden wir nichts zu lachen haben..."

„Immerhin, wir verfügen über fünf große Schiffe!"

„Und wenn schon! Es fehlt an Volk. Der Pulvervorrat ist kaum der Rede wert. Überdies brauche ich jeden Mann hier an Land. Wenigstens einen Rückhalt müssen wir auf Java haben. Was meint Ihr, wann sind GOUDE LEEUW und VALK segelklar?"

„Übermorgen, denk' ich! Der Equipagenmeister auf Onrust beschwerte sich. Er verlangt nach Schmieden und gelernten Zimmerleuten. Zur Zeit sind nur mehr hundert Mann auf der Werft; sie arbeiten Tag und Nacht."

Jan Pieterszoon wollte aufbrausen, doch dann besann er sich und schwieg. De Carpentier tat ja, was in seinen Kräften stand. Blicklos starrte er dem Enteilenden nach. Wie sollte man Krieg führen ohne Soldaten, ohne Kanonen, ohne Pulver?

Ein Donnerschlag ließ ihn zusammenzucken. Schwarz und tief hingen Wolken am Himmel; Blitze flirrten grell über den schummerigen Horizont. So als sei eine Schleuse plötzlich geöffnet worden, rauschte die Regenflut herab — eine kompakte grausilberne Wand, die alles auslöschte. Durchnäßt bis auf die Haut, flüchtete er ins Haus. Erst jetzt wurde er sich der schmerzhaften Leere seines Magens bewußt; seit dem Morgengrauen hatte er keinen Bissen zu sich genommen. Der Regen versiegte so jäh, wie er losgebrochen war. Keiner der Kulis hatte sich durch den Wolkenbruch stören lassen, und auch Van Loon, der sie beaufsichtigte, hatte kein Obdach gesucht. Der Hoorner schien ja überall zu gleicher Zeit zu sein. Erklang seine schrille Stimme wie das Trompeten eines gereizten Elefanten, dann schreckten die Javanen zusammen, die Chinesen grinsten, die Faulpelze unter den Niederländern zerknirschten eine Verwünschung zwischen den Zähnen. Van Loon war es auch gewesen, der ein recht wirksames Ablösungssystem erdacht und angewendet hatte. Die beim Aufschütten und Planieren beschäftigte Mannschaft war in zwei gleich starke Gruppen geteilt worden; eine Gruppe schuftete so lange, wie der Sand benötigte, um durch ein Viertelstundenglas zu rinnen, indes die andere sich ausruhte. Durch den regelmäßigen Wechsel wurde das Arbeitstempo außerordentlich beschleunigt. Selbst die Zuträger mußten sich sputen, wollten sie mit den Planierern Schritt halten. Was Regen, was Dunkelheit, Van Loon kannte kein Erbarmen. Auch während der Nacht wurde das Werk ohne Pausen fortgesetzt. Die Manduren, gewitzte Sklaventreiber, die sie waren, blickten mit Scheu und voller Bewunderung auf den kleinen, sehnigen Holländer, der — wie sie wähnten — von bösen Geistern besessen war. Sein Eifer hatte einen besonderen Grund — der Generaldirektor hatte nämlich verlauten lassen, das neue Kastell werde den Namen HOORN erhalten, und er — Van Loon — solle als einziger hier noch weilender Sohn ihrer gemeinsamen Vaterstadt beim feierlichen Taufakt die Flagge zum ersten Mal hissen dürfen. Von diesem historischen Augenblick träumte er nun unentwegt; und da er ein waschechter Holländer war, machte er seine Träume zur Tat.

In dieser Dezembernacht des Jahres 1618 war der Kommandeur Pieter van den Broeck Offizier vom Dienst. Coen hatte sich kaum auf sein hartes Riemenlager gestreckt, da scheuchte ihn der Gedanke an jenen Mann auch schon wieder auf. Dieser Van den Broeck war eine merkwürdige Persönlichkeit, allezeit zu Abenteuern geneigt, aber doch nicht gerade ein Draufgänger oder Schlagetot. Er hatte — ohne Auftrag, übrigens — die Küsten Arabiens besucht und kannte manch einen Hafen, von dem noch kein Europäer außer ihm je vernommen hatte. Vor kurzem hatte er mit seinem Schiff MIDDELBURCH an der Küste von Suratte Schiffbruch erlitten und mit den wenigen Überlebenden ein tausendköpfiges Heer des Königs

Partapaxas geschlagen. Beim gemeinen Mann war er sehr beliebt und stand im Rufe außerordentlicher Verwegenheit. Ob dieser Ruf den Tatsachen entsprach? Jan Pieterszoon hegte da gewisse Zweifel. Irgend etwas an Van den Broeck gefiel ihm nicht. Deshalb beschloß er, draußen nach dem Rechten zu sehen.

Allein, er traf nur Van Loon und dessen Kulis auf der Schanze an. Nein, Mijnheer Van den Broeck habe sich bislang nicht blicken lassen, hieß es. Auch auf den Wällen und Galerien fand er ihn nicht, wohl aber einen Posten, der, die Muskete im Arm, friedlich schnarchte. Zufällig bemerkte er schließlich einen Schimmer von Licht, der sich unter der Tür zur Waffenkammer hervorstahl. Die Pforte aufreißend, sah sich Jan Pieterszoon nicht nur dem Gesuchten gegenüber, sondern auch dem Baas der Waffenkammer, einem Leutnant und zwei blutjungen Fähnrichen — alle beim Wein, der in schweren zinnernen Humpen einladend funkelte. „Hallo, Exzellenz! Willkommen, willkommen..." rief Van den Broeck, indem er rasch gefaßt nach dem nächsten Becher griff und ihn dem Generaldirektor entgegenschwenkte. „Eine kleine Erfrischung, Exzellenz, nach des Tages Last und Mühe?"· setzte er etwas weniger selbstsicher hinzu.

Coen indes verharrte stumm in der Tür. Van den Broeck und seinen Kumpanen begann es ungemütlich zu werden. Die Jungen erblaßten; Waffenmeister und Leutnant schlugen vor dem strengen Blick des Tigers die Augen nieder. Kein noch so heftiger Wutausbruch hätte sie dermaßen erschrecken können wie der frostige Ton, in dem sich Coen an Van den Broeck wandte. „Laßt das, Mijnheer! Ich fand einen Posten schlafend — darüber sprechen wir morgen. Verfügt Euch gefälligst auf Eure Ronde! Und euch", herrschte er die übrigen vier unvermittelt an, „wünsche ich morgen früh zum Rapport zu sehen!" Er machte auf den Hacken kehrt und schmetterte die Tür hinter sich ins Schloß.

Während der Ärger noch in ihm nachbebte, legte Jan Pieterszoon sich aufs neue nieder. Mancherlei Gedanken hielten ihn lange wach. Die Unzuverlässigkeit der Menschen, ihr Mangel an Verantwortungsbewußtsein und Pflichtgefühl, waren sie nicht bedrohlicher als der mächtigste Feind? Im Geist entwarf er Verordnungen, die geeignet erschienen, solch Lotterwesen zu unterbinden. Nur für Minuten glaubte er geruht zu haben, als sein Schlummer abermals unterbrochen wurde, diesmal durch Vis. Den sechsarmigen Silberleuchter über den Kopf erhebend, trat der Bedienstete ans Bett: „Mijnheer Van den Broeck, Euer Hochwohlgeboren!"

Jan Pieterszoon unterdrückte mit Mühe einen Fluch. Dieser unmögliche Kerl! Stets war irgend etwas nicht in Ordnung mit ihm. „Was gibt's denn nun schon wieder?" fragte er grollend.

Des Kommandeurs weinfarbenes, in schwammigen Falten wulstendes Gesicht schob sich, vom Kerzenlicht überflackert, aus der Finsternis. „Der Fluß —!" sagte er hämisch, so als sei ihm ein schwieriger Schachzug geglückt. „Die Schufte sperren den Fluß. Man hört sie Pfähle einrammen. Drüben beim Englischen Haus sah ich mehrere Feuer."

„Beim Englischen Haus?" Jan Pieterszoon war jetzt hellwach.

„Jawohl, Exzellenz! Ich vermute..."

„Laßt De Carpentier wecken — sofort! Gebt Alarm!"

Nun war es soweit. Der Kampf stand nahe bevor, sofern er nicht schon begonnen hatte. Noch einmal wog Jan Pieterszoon das Für und Wider ab; die Rechnung fiel nicht eben zu seinen Gunsten aus. Mangel an Mannschaften, Mangel an Proviant, Mangel an Geschütz, Mangel an Munition — Mangel an allem! Fünf Schiffe standen ihm zur Verfügung. Eines war abgetakelt, ein anderes lag drüben auf Onrust auf der Helling, ein drittes wurde für die Heimfahrt beladen. Zwar war mit der Ankunft von drei weiteren aus der Heimat kommenden Schiffen zu rechnen, aber die Gefahr bestand immerhin, daß sie bei Ontong Djava durch die Engländer abgefangen wurden. Jetzt fehlte ihm DE TROUW. Er hatte die Fregatte mit einer Warnung zu Van der Haghen nach Amboina geschickt. Hinwieder beruhigte es ihn, daß die Niederländer auf den Gewürzinseln benachrichtigt worden waren. Van der Haghen würde sich gewiß nicht überraschen lassen. Erfuhr Dale davon, so setzte er vermutlich alle seine Kräfte gegen Djakatra ein. Ob das Fort in seinem gegenwärtigen Zustand stark genug war, dem Sturm zu widerstehen? Mit Gottes Hilfe vielleicht! Vor allem kam es ja auf die Menschen an, auf ihren Mut, auf ihre Willenskraft, auf ihr Selbstvertrauen. Mas Demang mußte von Allah und sämtlichen Propheten verlassen sein, daß er sich auf diese Sache eingelassen hatte. Was durfte er von den Briten anderes erwarten, als daß sie im Falle ihres Sieges das Erbe der Niederländer antreten würden? Indes, so weit war es noch nicht! Jan Pieterszoon fühlte neue Zuversicht. Rana Manggala war gewiß kein Narr; er würde unter keinen Umständen dulden, daß eine der europäischen Nationen, am wenigsten aber die Engländer, sich der Oberherrschaft über Java bemächtigte.

Das Morgenlicht enthüllte die Geschehnisse der Nacht. Eine Reihe fest eingerammter, untereinander mit Stricken verbundener Pfähle zog sich quer über die Mündung des Tji Liwong, den Fluß selbst für das kleinste Fahrzeug unpassierbar machend. Nun endlich hatte Mas Demang Farbe bekannt; hier gab es keine Ausflüchte, kein Beschönigen. Obwohl Jan Pieterszoon sich einem starken, verschlagenen Gegner gegenübersah, atmete er jetzt ein wenig freier. Das Undurchsichtige der Vorgänge hatte ihn mehr bedrückt, als es die offenbare Gefahr vermochte. Die Kriegstüchtigkeit der Javanen achtete er gering. Tapfer waren sie zwar bis zur Selbstaufgabe, jedoch zuchtlos und launenhaft, nicht imstande, Pläne auf lange Sicht zu verfolgen. Bedrohlicher dünkte ihn, was drüben bei der englischen Loge geschah. Er ließ sich sein Fernrohr bringen und spähte längere Zeit hindurch.

Die Briten entwickelten eine emsige Tätigkeit. Im Laufe der Nacht war dort eine Schanze aufgeworfen worden, so hoch, daß das feste Haus hinter ihr nahezu verschwand.

Viele braune Gestalten wimmelten wie ein Ameisenvolk durcheinander. Schon trug man Balken herbei, die wahrscheinlich den Unterbau für das schwere Geschütz bilden sollten. Aus eigener Kraft hätten die Engländer das niemals geschafft. Admiral Peppel mochte ein betriebsamer Mann, ein umsichtiger und entschlossener Offizier sein, was hier in wenigen Stunden geschafft worden war, hätte er mit den ihm verfügbaren Mannschaften unmöglich zustande bringen können. Der Raja hatte ihm also Unterstützung gewährt! Nachdenklich kaute Jan Pieterszoon auf der Schnurrbartspitze. Zangengleich umschlossen Javanen und Briten das Fort, wobei letztere den stärkeren Arm bildeten. Wenn nun obendrein auch Dale noch mit seinen Schiffen vor Djakatra erschien? Wie hatte Kjai Ronggo gesagt: Du stößt den Stein vom Hang, die Lawine aber nimmt ihren eigenen Lauf! So verhielt es sich hier. Die Geschehnisse überstürzten sich in einer Weise, wie es von ihm nicht beabsichtigt gewesen war; sie entzogen sich seiner Kontrolle, indem sie in unerwartete Richtung drängten. Dadurch, daß er Mas Demangs Verbot mißachtete und den Bau der Festung rücksichtslos voran treiben ließ, hatte er Seiner Hoheit bewußt den Fehdehandschuh vor die Füße geschleudert, jedoch durchaus nicht erwartet, der Amba Raja werde ihn aufnehmen. Daß es dennoch geschehen war — unter dem Einfluß Peppels vermutlich —, zwang ihn, seine Pläne zu ändern. Noch waren die aus dem Vaterland sehnlichst erwarteten Schiffe nicht angekommen. Von Stunde zu Stunde hoffte er auf ihr Eintreffen. Allein, lagen nicht viele tausend Seemeilen zwischen den Niederlanden und Java, drohten nicht Vorgebirge und Klippen, Zyklone von unvorstellbarer Gewalt, Seuchen, Skorbut oder gar Meuterei? Die Seekarten waren wenig zuverlässig. Gingen auch, aller Gefahren ungeachtet, nur wenige Schiffe verloren, so blieb der Zeitpunkt ihrer Ankunft doch immer recht ungewiß. Und hier nun handelte es sich um Stunden.

Fast zur selben Zeit stellte Admiral Peppel ganz ähnliche Überlegungen an. Auch ihn hatte der Ausbruch der

Feindseligkeiten unangenehm überrascht. Das also schaute dabei heraus, wenn man sich mit diesen verwünschten Javanen einließ! Peppel knurrte gereizt. Zwar sah der Geheimvertrag zwischen ihm und dem Amba Raja gegenseitige Hilfe für den Kriegsfall vor, aber — so hatte man nicht gewettet! Gekämpft wurde erst dann, wenn es unvermeidbar erschien, und die Heiden hatten einem dann beizustehen. So — und nicht umgekehrt — war der Kontrakt aufzufassen. Mas Demang hätte besser getan, die Ankunft Dales abzuwarten, anstatt wie ein unmündiger Knabe seinem jäh auflodernden Zorn nachzugeben. Der Wind wehte aus Ost. Es erschien daher zweifelhaft, ob es Sir Thomas gelingen werde, mit seinem Verband von Bantam her aufzukreuzen. Jedenfalls nahm dies längere Zeit in Anspruch; der kleinen englischen Streitmacht mochte es inzwischen übel ergehen. Auch Peppel als alter Soldat wußte nur zu wohl, wie rasch die schönste Strategie beim Teufel ist, sobald der Krieg erst einmal in Fluß geraten ist. Die Voreiligkeit des Rajas zwang ihn nun, diese Schanze rund um das Englische Haus aufzuführen. Unterließ er es, mochte Mas Demang darin eine Treulosigkeit erblicken und die Kampfhandlungen einstellen, ja, vielleicht sogar mit den Niederländern Frieden schließen. Das Ansehen der Engländer mußte dann im ganzen Osten Schaden leiden. Andernfalls aber würden energische Gegenmaßnahmen der Niederländer nicht auf sich warten lassen — und noch waren sie in der Überzahl. Alles kam jetzt darauf an, ob Sir Thomas Dale zur rechten Zeit eintreffen werde oder nicht.

Aber da war nun dieser verwünschte Ostwind; er preßte den Strom mit großer Gewalt durch die uralte Seestraße zwischen dem hoch ragenden Gunung Murja und den Karimun-Djava-Inseln. Das machte die wenigen Meilen zwischen Bantam und Djakatra schwieriger, als es der Weg nach England gewesen wäre. Peppel zuckte zusammen. Gleichsam als Bestätigung seiner Gedanken blitzte es drüben auf den Bastionen der Niederländer; weiße Wölkchen verpufften über den braunen Erdwällen. Da hatte man's also! Ein Sausen und Brausen in der Luft ließ ihn sich ducken, und nun pflügten vierzigpfündige Kanonenkugeln das Vorfeld der neuen Schanze auf. Aufkreischend warfen die Kulis Geräte und Körbe fort. Ein Eisenhagel prasselte über sie hin, während sie kopflos, gleich Hasen im Trieb, sich in die Sümpfe flüchteten.

Peppel indes beobachtete kaltblütig die Einschläge, wies die eigenen Stücke in ihre Stellungen ein. Unter Geschrei und Geschnatter kehrten die beim ersten Schuß auseinandergelaufenen Krieger des Raja zum Englischen Hause zurück. Mit ihrer Hilfe gelang es den Briten, ebenfalls einige Schüsse abzufeuern. Die Verluste waren jedoch recht hoch. Nicht allzu lange werde er das Gefecht durchhalten können, meinte Peppel. Immer wieder wurden ganze Bedienungen niedergemäht. Ein Volltreffer hob die schwerste seiner Kartaunen aus der Bettung und zerstörte sie völlig. Pulverrauch trieb in Schwaden über die Schanze hin. Schweiß troff ihm von der Stirn. Weder vom Flußufer noch von der Stadt war etwas zu sehen, aber unentwegt dauerte die Kanonade an. Demnach waren die Meldungen, daß es den Niederländern an Pulver mangelte, falsch gewesen?

Der Admiral versuchte, den Dunst mit seinen Blicken zu durchdringen. Bitterkeit erfüllte sein Herz und Groll. Das Feuer mußte eingestellt werden. Er wußte, als sähe er es mit Augen, wie es dort drüben beim Gegner stand. Völlig zwecklos erschien es ihm, den Kampf noch länger fortzusetzen. Ging es Mann gegen Mann, so waren die Djakatranen keinen Schuß Pulver wert. Sein Verstand sagte ihm, daß es am klügsten sei, sich zurückzuziehen. Allein, das verbot die geheiligte Tradition, das soldatische Ehrgefühl, und das hatte nichts mit Vernunft gemein. Gab er die Sache auf, so würde man ihn der Feigheit zeihen, vor ein Kriegsgericht stellen. Nein, besser sich selbst oder doch zumindest ein paar unnütze Fresser opfern... Die größten Verluste brachten am meisten Ehre! Peppel grinste ergrimmt. Als ein Trompetensignal, bereits diesseits des Flusses, ertönte, stellte er seine zusammengeschmolzene

Schar hinter den zerwühlten Erdwällen auf. An Mas Demangs Krieger, die sich einer um den anderen davonstahlen, wandte er keinen Blick.

Schattenhaft tauchten die Niederländer, voran eine Kompagnie japanischer Söldner, aus dem sich lichtenden Pulverdampf. Der Kampf war heftig, aber kurz. Nur wenige Musketenschüsse wurden gewechselt, dann griff man zum Degen, Klewang, Parang oder Entermesser. Auf beiden Seiten gab es Verwundete und Tote. Schritt für Schritt wurden die Engländer aus ihrer Stellung gedrängt. Peppel mußte, wollte er der drohenden Umzingelung entgehen, zum Rückzug blasen lassen. Seine Truppe setzte sich über den schmalen Nebenfluß des Tji Liwong, der das Englische Haus umfloß, ab. Daß dies nicht mit einer Katastrophe endete, war allein den Javanen zu danken, die erstaunlicherweise zurückkehrten, sich wütend den Angreifern entgegenwarfen und sich eher von den kleinen gelbhäutigen Japanern in Stücke hauen ließen, als auch nur einen Fußbreit Bodens preiszugeben. Gelassen, aber sehr nachdenklich sah Peppel ihrem Untergang zu.

Der Sieg kostete die Niederländer nur elf Tote sowie ein Dutzend Schwerverwundeter. Coen ließ das Englische Haus niederbrennen, die während der Nacht entstandenen Befestigungen dem Erdboden gleichmachen. Den Jubel seiner Landsleute teilte er nicht. Das erste Gefecht war zwar gewonnen, doch kannte er die Engländer viel zu genau, als daß er gehofft hätte, es sei das letzte gewesen. „Täuscht Euch nicht, Pieter!" sagte er am Abend jenes Sonntages zu De Carpentier. „Diese Briten sind hartnäckiger als die Bulldoggen, die sie züchten. Sie werden kaum ruhen, bevor sie die Schlappe nicht wettgemacht haben. Je härter die Schläge, desto sicherer wähnen sie sich des Sieges."

In der Tat begann der folgende Tag mit einer heftigen Kanonade zwischen dem Fort und der Stadt. Die djakatranischen Geschütze wurden jetzt von Peppels Kanonieren bedient. Und die Engländer, die sich im Schutze der neuen festen Umwallung geborgen fühlten, zielten mit überraschender Genauigkeit. Ihre Stückkugeln rissen tiefe Furchen in das Erdreich der Wälle, schlugen Breschen in das Palisadenwerk und zerschmetterten das Dachgestühl des Hauses MAURITS. Besorgniserregend wurde die Lage des Forts, als sie mit glühenden Kugeln zu schießen begannen. Durch eine lange Kette von Händen flog Eimer um Eimer vom Fluß herauf, aber das Wasser reichte kaum hin, die überall zwischen Sparren und Planken aufflackernden Flämmchen zu löschen.

„So geht's nicht!" knirschte Van den Broeck. Ihm lag daran, das Vertrauen des Generaldirektors zurückzugewinnen, indem er sich auszeichnete. „Gebt mir zwölf Mann, Exzellenz, und ich bringe die Batterie dort zum Schweigen!"

Unbewegten Gesichtes spähte Jan Pieterszoon durch das Glas. Der reine Irrsinn, was Van den Broeck da vorschlug. Die Stellung jener Batterie war uneinnehmbar. Mas Demangs neue Stadtmauer stieg nahezu senkrecht, ohne Fugen oder Vorsprünge aus dem versumpften, mit Unrat angefüllten Wehrgraben empor. Aber — Irrsinn oder nicht — der Versuch sollte jedenfalls unternommen werden. Jeder Schuß, den man abfeuerte, verringerte den Pulvervorrat und brachte das Fort dem Untergang näher. „Gut", sagte er, „versucht Euer Heil, Mijnheer Van den Broeck!"

Der alte Bramarbas mochte gehofft haben, Coen werde seinen Vorschlag ablehnen. Nicht ohne Schadenfreude bemerkte Jan Pieterszoon, wie Van den Broecks Gesicht sich in die Länge zog. Während das zusammengefaßte Feuer von drei Langrohren, die den Fluß beherrschende Batterie zudeckte, machte der Kommandeur sich mit einem Leutnant und dreißig Freiwilligen auf den Weg. Ungehindert verließ der Trupp das Fort und pirschte sich durch das morastige, mit niederem Buschwerk bestandene Vorgelände bis an die Stadtmauer heran.

Coen und seine Offiziere hielten den Atem an. Die Mauer war an jenem Punkt offenbar unbewacht. Ob es Van den Broeck wohl gelang, sie zu ersteigen? Schon biß sich der erste Enterhaken in der Mauerkrone fest, da flog ein Schwarm Papageien auf. Man hörte Geschrei. Männer in weißen Mänteln rannten auf der Mauer herbei. Musketen blitzten. Ein bronzenes Halbstück wurde auf der nächsten Redoute in Stellung gebracht, und gleich darauf prasselte eine Ladung gehackten Eisens unter die Stürmenden. Van den Broeck mußte zurück. Sein Leutnant sowie drei Japaner blieben zwischen den Sträuchern liegen. Aufatmend, vor Erregung blaß, setzte Jan Pieterszoon das Fernrohr ab. Der Angriff war fehlgeschlagen. Mit einem Dutzend Verwundeter, selbst jedoch ohne Schramme, gelangte Van den Broeck ins Fort zurück.

Die Niederländer vergaßen ihre Enttäuschung über dem Eintreffen der Yacht JAGER, die von Djambi kam. Coen gebot nun, da auch GOUDE LEEUW und VALK als einsatzbereit gemeldet waren, über ein Geschwader von sieben Schiffen. Noch immer zu schwach, um es mit Dales mächtiger Flotte aufnehmen zu können, genügte es immerhin, die Engländer von einer Landung abzuhalten und ihre Kräfte auf See zu binden. Außerdem stimmten die Nachrichten, die aus Bantam durch einen Boten ins Fort gelangten, den Generaldirektor hoffnungsvoll.

Die in Bantam versammelten Briten schäumten nachgerade vor Wut. Kaum war dort die Vernichtung des Englischen Hauses bekannt geworden, so suchte Jan Jardijn auch schon den Ki Patih auf. Man werde an den Niederländern blutige Rache nehmen, verkündete er; man werde auch alle die nicht schonen, die sich auf ihre Seite schlügen. Rana Manggala entgegnete mit verstecktem Hohn, Allah in seiner Weisheit habe es so gefügt, daß kein Berg zu hoch, kein Fluß zu tief, kein Engländer zu mächtig werde. Wer drohe, ohne seine Drohung ausführen zu können, mache sich lächerlich. Die Niederländer — wie alle Orang blanda — stünden in seinem Schatten, solange sie auf Frieden und Anstand hielten. Er werde jeden Anschlag gegen ihre Loge strengstens zu strafen wissen.

Nun, das war erfreulich zu vernehmen, ein Hoffnungsschimmer im Dunkel der Zukunft. Dennoch wurde Jan

Pieterszoon dieser Nachricht nicht froh, hatte doch — so erfuhr er durch seine Gewährsleute bei Hof — Rana Manggala zu gleicher Zeit Mas Demang beschworen, im Kampfe gegen die Niederländer nur ja nicht nachzulassen. Was bedeutete das?

„Weiß der Himmel, was die Kerle sich denken!" sagte De Carpentier, als die Frage beim Kriegsrat aufgeworfen wurde. „Der Ki Patih wird noch zwischen die Mühlsteine fallen. Will er uns hindern, daß wir auf Java Fuß fassen, so mag er doch nicht auf den Handel mit uns verzichten. Das ist das Rätsel und weiter nichts!"

Jan Pieterszoon pflichtete ihm bei. „Ich pfeife auf Rana Manggala; ich pfeife auf alle Heiden! Dale ist der wahre Feind — Dale und seine verdammte Flotte. Er kommt hierher. Die Frage ist, geben wir das Fort preis oder die Schiffe? Eine bittere Wahl, ihr Herren!"

Da standen sie beieinander in dem schattigen Kontor, schweigend zumeist, in Gedanken versunken. Dann und wann ließ ein Kanonenschuß, der Einschlag einer Kugel, das Silbergeschirr auf dem Tisch erklirren. Jan Pieterszoon Coen, straff, herrisch, das gelbliche hagere Gesicht so hart wie Granit; der um weniges kleinere Pieter de Carpentier, dem noch das verbindliche Lächeln wie eingefroren auf den schmalen Lippen lag; Obercommis Pieter van Raay, farblos und mürrisch, wortkarg, gehemmt; der trinkfeste Hauptmann Jan van Gorcum und Kommandeur Van den Broeck ...

Van den Broeck meinte entschieden: „Das Fort muß gehalten werden, das ist doch klar!"

De Carpentier sagte: „Wir dürfen die Schiffe nicht opfern!"

Danach verloren sie sich wiederum in sorgenvolles Brüten.

„Es gibt einen Weg, ihr Herren!" unterbrach Jan Pieterszoon nach einer Weile das unerträglich drückende Schweigen. „Einen verzweifelten Weg ... Er mag uns die Schiffe kosten wie auch das Fort, aber — immerhin!"

Voller Erwartung wandten sich die Blicke ihm zu. Nicht

einer der Herren vermochte sich vorzustellen, welchen Gedanken der Generaldirektor verfolgte. Sie wußten nichts von seinen Plänen; sie kannten seine maßlosen Träume nicht. Ihnen ahnte wohl kaum, wie sehr in dieser Stunde seine Existenz, seine Zukunft, das Ziel seines Lebens auf dem Spiele standen. Er war ihnen unheimlich in seinem kalten, abweisenden Stolz, in seiner Unbeugsamkeit. Vielleicht blitzte durch das eine oder andere Hirn jenes Spottwort vom „Tiger Coen". Allein, ratlos, wie sie sich fühlten, waren sie nur zu froh, sich seinem bezwingenden Willen beugen zu dürfen. Mit knappen Worten setzte er ihnen seine Absichten auseinander. Widerspruch erhob sich nicht. Im Gegenteil, De Carpentier mußte sich beinahe Gewalt antun, um seine Begeisterung zu zügeln. Van den Broeck brummte zwar mißvergnügt, weil er sich übergangen glaubte, doch einen besseren Vorschlag hätte auch er nicht zu machen gewußt.

In der folgenden Nacht wurde ein Teil der Flußsperre beseitigt, ohne daß die Engländer oder Djakatranen dies zu hindern versucht hätten. Bei Tagesanbruch schleppte man die Schiffe in den Fluß und ließ sie unter den Batterien des Forts zu Anker gehen. Jedermann, vom Kuli bis zu Seiner Exzellenz, arbeitete hart, um die wichtigsten Güter und Akten an Bord zu schaffen. Die Ausrüstung wurde vervollständigt, die im Augenblick verfügbare Mannschaft aufgeteilt. Zweihundertfünfzig Mann, darunter fünfundzwanzig Japaner und siebzig Javanen, sollten mit Frauen, Kindern und den chinesischen Nichtkombatanten im Fort zurückbleiben. Van den Broeck, unterstützt von den Räten Van Raay und Van Garcum, wurde mit dem Oberbefehl über die Garnison betraut. Er schwor, das Fort werde gehalten bis zum letzten Mann. Coen und De Carpentier begaben sich, nachdem das Kriegsvolk auf die sieben Schiffe verteilt und auch sonst alles geordnet war, an Bord der AMSTERDAM. Noch während sie sich zum Flaggschiff hinüberrudern ließen, meldete der Ausguck elf Segel, von See herkommend — Sir Thomas Dale!

Das einzige, was De Carpentiers wachsamer Blick an

seinem Vorgesetzen wahrnahm, war ein leichtes Erblassen. Jan Pieterszoon saß im Stern der Schute, so unbekümmert, als sei die Meldung des Postens ohne Belang, als stünde ihm nicht ein verzweifelter Kampf bevor. Daß er nicht ohne Befürchtungen war, zeigte sich in den wenigen Worten, die er an den Obercommis richtete, bevor das Boot bei der AMSTERDAM anlegte: „Van der Haghen muß benachrichtigt werden. Was immer Gott der Allmächtige über uns beschließen mag, Ihr sorgt mir dafür! Van der Haghen muß wissen, wie es um das Fort steht, selbst wenn wir mit den Schiffen zugrunde gehen. Vor dem Auslaufen ist ein entsprechender Befehl jedem Kommandanten zuzustellen!"

Auf den Schiffen herrschte bereits fieberhafte Tätigkeit. Ein jeder wußte, es ging um alles. Aber nicht einen gab es an Bord, ob Puttgen oder Kommandant, der sich durch die Gefahr hätte entmutigen lassen. Vielmehr schien die Aussichtslosigkeit der bevorstehenden Schlacht Hirne und Herzen zu entflammen. Das Schicksal der Nation lag in ihrer Hand, dies fühlten die Niederländer. Und sie waren bereit, das Äußerste zu wagen.

Die Pfeifen der Bootsleute schrillten. Heute brauchten Korporalsstock und Tauende nicht in Tätigkeit zu treten; die Männer überboten sich an Eifer und Gehorsam. Während einige, unter rauhem Gesang um das Gangspill trottend, die Anker aus dem Grund rissen, andere in die Boote gingen, um sich der männermordenden Arbeit des Inseeschleppens zu unterziehen, wieder andere in die Masten aufenterten und Segel setzten, alle übrigen die Geschütze klar zum Gefecht machten oder Pulverfässer und Stückkugeln in die Batteriedecks mannten, wurde kein Murren, ja nicht einmal eine Verwünschung gehört. Ein erwartungsvolles, grimmiges Schweigen breitete sich über die kleine Flotte, die sich anschickte, einen so ungleichen Kampf zu bestehen.

Nur ein einziges Mal wurde unwilliges Gemurmel laut — und zwar, als der Generaldirektor von dem ohnedies kärglichen Pulvervorrat zehn Fässer an das Fort überstellen ließ. Nach Art der Seeleute, denen es an Selbstbewußtsein kaum je mangelt, waren die Teerjacken fest überzeugt, von ihnen, und nur von ihnen allein, hänge das Geschick aller ab. Sie wüßten eine bessere Verwendung für das Pulver als die im Fort, murrten sie. Jan Pieterszoon würde ihnen, wäre diese Meinung zu seinen Ohren gelangt, insgeheim recht gegeben haben. Nur unter Selbstvorwürfen trennte er sich von dem kostbaren Kraut. Aber — was half es? Das Fort war zwar wohl versehen mit Handfeuerwaffen und Nahrungsmitteln, der Bestand an Pulver belief sich jedoch auf nur dreißig Faß. Wurde die Festung länger als zehn Tage berannt, stand kaum zu erwarten, daß sie sich halten werde. Die Schiffe wiederum waren der Lebensnerv der niederländischen Macht; keines von ihnen durfte verlorengehen.

Jan Pieterszoon, hoch droben auf der Kampanje der AMSTERDAM, die als letztes der sieben Schiffe den Tji Liwong verließ, sah bedrückten Herzens zu, wie sich auf dem JAGER die Segel entfalteten, dann auf dem ENGEL, danach auf der DELFT, der VALK, GOUDE LEEUW und OUDE SONNE in Kiellinie folgten. Obschon es nicht eben heiß war an jenem letzten Dezembertag des Jahres 1618, perlte ihm Schweiß in hellen Tropfen von der Stirn. Wurde die Flotte geschlagen — Gott verhüte es —, so mußte ein völliger Zusammenbruch der Compagnie die unausbleibliche Folge sein. Die Engländer würden sich dann für Zeit und Ewigkeit zum Herren dieser Insel machen; jedes niederländische Schiff würden sie abfangen, jedes einzelne Fort erobern oder aushungern, und keine Macht der Welt würde sie aus dem einmal errungenen Besitz wieder vertreiben können. Dies alles stand ihm deutlich vor Augen. Wer ihn jedoch dort oben auf der Kampanje sah, schweigend, aufmerksam, unerschütterlich, dem mochte der Generaldirektor, von dem man wußte, daß er seine Bestallung zum Oberlandvogt bereits in der Tasche trug, wie ein Fels erscheinen, wie ein Fels, an dem die Woge des Schicksals zerschellen würde.

va banque

Pieter van den Broeck hatte die Übernahme der Kommandogewalt am Silvesterabend auf seine Weise gefeiert — mit Wein, Weib und Gesang. Er nahm es sehr ungnädig auf, als Leutnant Abraham Strijcker, ein älterer, ziemlich galliger Mann, ihn in aller Frühe wecken und dringend ersuchen ließ, auf die Bastion zu kommen. „Ihr werdet doch den trojanischen Krieg nicht versäumen wollen!" begrüßte ihn Strijcker griesgrämig.

Van den Broeck, noch leicht benommen ins Freie tretend, fand die Besatzung vollzählig auf den Wällen. Auch das Volk von Djakatra war zum Strande geeilt. Ob sich hier nicht eine Gelegenheit biete, die Stadt im Handstreich zu nehmen, fuhr es ihm durch den Kopf. Sogleich aber vergaß er alles bei dem Anblick, der sich ihm von der Bastion herab bot.

Das Meer lag glatt, matt schimmernd unter einem zerrissenen, mit goldglänzendem oder rauchfarbenem Gewölk erfüllten Himmel. Die Eilande vor der Tji-Liwong-Mündung zeichneten sich verschwommen gegen die dunstige Weite ab. Während der Nacht war die englische Flotte, elf große, schwer bestückte Indienfahrer, dicht unter Land gekommen. Ihr Kommandant hatte so hoch gegen den Wind aufkreuzen lassen, daß er nun weit genug luvwärts von Coens Geschwader stand. Nur ein einzelnes Fahrzeug, auffallend durch einen unregelmäßig geschnittenen rostbraunen Flicken im Bramsegel, lag noch weiter draußen und über dem Wind.

„Himmel, das BERGERBOOT!" rief Van Raay bestürzt.

Vor einigen Wochen hatte Coen das BERGERBOOT mit Gütern und Geld nach Djambi gesandt; daß es so bald schon zurückkehrte, ließ auf neue Mißgeschicke schließen. Der Zuwachs an Kampfkraft jedoch, den seine dreißig Kartaunen darstellten, mußte dem Generaldirektor hochwillkommen sein. Wenn es dem Kapitän nur gelang, den englischen Flottenverband zu durchbrechen.

„Ein Boot!" rief der Leutnant. „Sie schicken ein Boot!"

In der Tat, ein winziges Luggersegel löste sich vom BERGERBOOT und nahm, verfolgt von einigen englischen Ruderschaluppen, seinen Weg mitten durch die feindliche Linie. Ein verwegener Kerl, der dort das Steuer führte! Immer wieder gelang es ihm, den Schaluppen, die ihm den Weg verlegten, durch kühne Kreuzschläge zu entkommen und dazu noch einen solchen Kurs zu steuern, daß keines der Schiffe einen Schuß wagen durfe, wollte es nicht die eigenen Leute gefährden. Dem letzten der Gegner wich das Boot in weitem Bogen aus und hielt auf die AMSTERDAM zu, mit deren dunklen Rumpf es schließlich verschmolz. Die Zuschauer atmeten auf.

Eine Weile geschah weiter nichts. Dann kam ein Boot unter weißer Flagge vom englischen Admiralsschiff herüber, drehte in Rufweite von der AMSTERDAM bei und fuhr nach einigem Warten wieder davon. Niemand auf den Wällen des Forts konnte sich denken, was der Parlamentär gewollt haben mochte. Um so gespannter harrte man dessen, was sich ferner ereignen werde.

Das BERGERBOOT hatte, den schwachen Wind mit Geschick nutzend, die englische Flotte schon halb umsegelt, da lösten sich zwei Fregatten aus dem Verband, offenbar, um ihm den Weg abzuschneiden. Im selben Augenblick wurde auf der AMSTERDAM die Blutfahne gesetzt. Ihre bisher backgebraßten Segel füllten sich, und sie nahm, hoch am Winde laufend, dem Geschwader voran Kurs auf die Engländer.

„Allmächtiger!" murmelte Van Raay. „Er greift die Briten an! Ist er verrückt?"

„Täte er's nicht, schießen sie das BERGERBOOT zusammen!" Van den Broecks Finger krampften sich um das Gestein der Brüstung. Nicht einer im Fort dachte an die eigene Bedrohtheit; alle blickten atemlos auf die See hinaus. Dort schoben sich die niederländischen und englischen Segel ineinander. Die erste Breitseite rollte donnernd über die Bai. Ihr Getöse wurde begleitet und fast übertönt durch das Schreien der am Strande versammelten Djakatranen. Gegen zehn Uhr vormittags war das Gefecht eröffnet worden. Die Zuschauer nahmen kaum wahr, wie die Sonne höher und höher stieg, wie ihre Glut ihnen Schultern und Nacken sengte. Stumm standen sie, wie gebannt auf das Getümmel der Schiffe starrend. Pulverdampf wallte über das Wasser, zog sich im Winde zu langen Schwaden auseinander. Nur mehr schemenhaft traten die Aufbauten aus dem milchigen Dunst, aus dem allein die Toppstengen hervorragten. Kaum einen gab es im Fort, der nicht schon an einem Seegefecht teilgenommen hatte, der sich nicht vorzustellen vermochte, wie es jetzt dort draußen auf den Schiffen herging. Die Sonne überschritt den Zenit, aber fort und fort donnerten die Kanonen.

Coen stand noch immer auf dem Kampanjedeck der AMSTERDAM, neben sich De Carpentier und den Kapitän. Die Lage ließ sich schon längst nicht mehr überblicken, denn Back, Galion und Spriet waren in Pulverdampf gehüllt, Kuhl- und Schanzdeck mit Trümmern und Gefallenen übersät. Man bestreute die von Blut geröteten Planken mit Sand, goß Seewasser über glimmende Splitter. Dies war die Aufgabe der Puttgens, jener flinken kleinen Jungen, die ihre Haut hier zu Markte tragen durften, damit sich der Reichtum ihrer Herren mehre. Männer mit blutgetränkten Verbänden um Stirn oder Arm kauerten hinter den leichten bronzenen Falkonetten, die ihren Platz auf dem Schanzdeck hatten. Mehrere Adelborste drängten sich um den Kolderstock, bereit, die Befehle des Generaldirekteurs weiterzugeben oder auszuführen.

Im Augenblick freilich gab es nichts zu befehlen. Wieder einmal mußte Jan Pieterszoon sich eingestehen, daß das Geschehen sich seiner Führung entzog. Die Unsichtigkeit und der Kampfeslärm verhinderten es, daß sie gehört und verstanden wurden. Ob die Kommandanten der übrigen Schiffe den Anordnungen, die er vor Beginn des Gefechtes getroffen hatte, gehorchten oder sie zu befolgen vermochten, war nicht festzustellen. Aber der Glaube an seine Bestimmung verließ ihn nicht. Mochte der Himmel einstürzen, mochten die Schiffe in Trümmer gehen, mochten die Schreie der Sterbenden ihm in den Ohren gellen, das rote Blut vor seinen Augen zum Himmel rauchen — er sah nicht hin, hörte nichts. All das war ihm wie ein Alptraum, aus dem man erwachen würde. Seine Gedanken flogen weit voraus in die Zukunft. Inmitten von Chaos, Verwüstung und Untergang bedachte er Maßnahmen, die der Entwicklung und Festigung seines künftigen Staates dienen sollten. „Zum Teufel mit dem Monopol!" schrie er dem verstörten De Carpentier ins Ohr. „Freien Handel müssen wir hier haben!"

„Wir müssen mit heiler Haut davonkommen", dachte der Obercommis.

Gegen Mittag erstarb der Wind. Dichter senkten sich Rauch und Qualm über die kämpfenden Schiffe. Die hohe Bordwand eines hart mitgenommenen Briten brach durch das Gewölk, schwankte schwerfällig auf die AMSTERDAM zu. Man erkannte Teile der Aufbauten, Masten, gesplitterte Rahen, zerfetzte Segel. Das Quietschen und Knarren von Lenzpumpen verriet, daß Wasser in den Schiffsraum drang. Dort drüben wie auch auf der AMSTERDAM trillerten Bootsmannspfeifen, gellten Kommandos. Entermannschaften traten auf dem Kauldeck an. Aus den Speigatten des Engländers tropfte Blut, rann in dunklen Streifen an den zerschossenen Planken nieder.

Jan Pieterszoon preßte die Faust aufs Herz. Das Pulver war also nicht vergeudet worden. Da — da war er, der Feind! Zum Greifen nahe... Endlich, endlich... Hier durfte man zuschlagen, hier traf jeder Hieb. Warum feuerten die Briten nicht? Mißgönnten sie ihm die Freude am Sieg? Wollten sie etwa die Flagge streichen?

„Backbordbatterie feuerbereit!" meldete keuchend ein Adelborst.

Sollte man schießen? Sollte man das Schiff nehmen? Welch ein Triumph! Welch schwere Belastung aber auch! Was wäre mit solch einem Wrack noch anzufangen? Versenken — also! Aber — die Menschen, die Verwundeten? Ein flüchtiger Blick auf das Wasser zeigte ihm die dreieckigen Rückenfinnen zahlreicher Haie, die den blanken Spiegel durchfurchten. Über das Trümmerwerk auf dem

Quarterdeck des Gegners kletterte ein Offizier. Er machte sich an den Leinen zu schaffen. Holte er etwa die Flagge nieder? Jan Pieterszoons Zähne knirschten aufeinander; seine Faust umklammerte den Degengriff. Ach was, Krieg war Krieg! Du oder ich — hieß die Losung; alles andere war Unsinn, Weibergewäsch. Er straffte sich. „Backbordbatterie — Feuer!"

„Feuer — Feuer!" Heiser flog das Kommando von Mund zu Mund. Die Planken erzitterten. Gleich einem Vulkan brach es aus den Stückpforten der AMSTERDAM. Flammenzungen... Qualm wölkte zwischen den Schiffen auf. Krachen, Bersten... Die Kugeln zerschmetterten den Rumpf des sinkenden Engländers. Rauch hüllte ihn ein, bevor die vernichtenden Langrohre im Heck der AMSTERDAM ihr Ziel fanden. Geschrei und Stöhnen und klagender Möwenschrei verhallten im Lärm der Schlacht. Bewundernd blickte De Carpentier zu seinem Vorgesetzten auf: Tiger Coen!

Gegen drei Uhr kam abermals Wind auf. Gegner löste sich von Gegner; der Qualm verflog. Man sah, drei englische Fregatten waren schwer angeschlagen, die Verluste und Schäden bei den Niederländern hingegen gering. Keine Partei schien das Gefecht länger fortsetzen zu wollen. Sir Thomas selbst war — so hörte es Coen von aufgefischten britischen Teerjacken — schwer verwundet worden. Das tat ihm nur gut! Statt der Herde von Lämmern, die er hatte jagen wollen, hatte es der hochmütige Brite mit Wölfen zu tun bekommen. Noch vor Anbruch der Nacht sandte er eine Schaluppe mit der Bitte um Verstärkung nach Bantam ab.

„Wir hätten gesiegt!" rief De Carpentier, als er dies erfuhr.

Ja, der Sieg wäre sicher gewesen, hätte man hinreichend Pulver gehabt. Jan Pieterszoon nickte in wortlosem Grimm. Oh, diese knickerigen Krämerseelen daheim! Um ein paar Stüber zu sparen, setzten sie Millionen Gulden aufs Spiel, wenn nicht gar die Existenz der Compagnie.

Nach und nach gingen die üblichen Meldungen auf dem

Flaggschiff ein. Mehr als ein Drittel des Pulvervorrates war verschossen worden. Wahrscheinlich würden die Engländer sehr bald Verstärkung und Nachschub erhalten. Der Kampf hatte sie nur für den Augenblick geschwächt. Jetzt, jetzt mußte man ihnen zu Leibe rücken; mit ihrer Macht hier im Osten würde es dann zu Ende sein. Aber... Jan Pieterszoon würgte es. Zornig starrte er auf seine zu Fäusten geballten Hände. Gebunden waren sie ihm, gebunden durch Dummheit und Geiz der Herren Bewindhebber. Anstatt die Gelegenheit zu nutzen, die britische Flotte zu vernichten, mußte er an die Rettung seiner Schiffe denken.

Nach dem Abendgebet — beide Flotten hatten sich dicht unter Land vor Anker gelegt — trat auf der AMSTERDAM der „Breite Rat" zusammen. Diesmal gab es keine besorgten Mienen. Man stand noch unter dem Eindruck des Erfolges. War nicht das Glück auf Seiten der Niederländer gewesen? Verdrießlich den Kopf schüttelnd, hörte Coen den prahlerischen Reden zu. „Eine Schwalbe macht noch keinen Sommer", sagte er. „Legen wir jetzt die Hände in den Schoß, so mag es geschehen, daß uns plötzlich ein Feind von unbesiegbarer Stärke gegenübersteht. Nicht nur sind die englischen Fregatten besser bestückt und besegelt als unsere schwerfälligen Schlurren, sie verfügen auch über genügend Mannschaft und Munition. Nehmen oder versenken sie auch nur einige unserer Schiffe, so ist's um das Fort getan. Wer will das verantworten? Ich schlage vor, wir segeln nach Ambon, vereinigen uns dort mit dem Geschwader Van der Haghens und kehren mit der gesamten Macht hierher zurück. Gebe Gott, daß das Fort sich so lange hält!"

„Dale wird glauben, wir fürchten uns vor ihm, und das Fort angreifen. Geht es verloren, so gibt man uns die Schuld", wandte Kommandeur Janszen ein.

Coen blinzelte gelangweilt hinter halbgeschlossenen Lidern. „Ihr fürchtet, für feigherzig gehalten zu werden? Nein, Ihr Herren, zeigen wir wahren Mut, den Mut, das Richtige zu tun, auch wenn es daheim mißdeutet werden kann. Nur ein Tor wird nach der Meinung derer handeln, die — weit vom Schuß und ohne Verantwortlichkeit — über Dinge urteilen wollen, die sie nicht verstehen."

Nachdenklich und herabgestimmt begaben sich die Herren auf ihre Schiffe. Spielte man nicht va banque? Natürlich hatte der Generaldirektor recht. Es lief eben auf einen Wettlauf mit der Zeit hinaus. Verlor man ihn, nahm Dale inzwischen das Fort, dann war alles verloren.

Das niederländische Geschwader war im Begriff, unter Segel zu gehen, da erschien die Fregatte CEYLON auf der Reede, ein schnelles, wendiges Fahrzeug. Sie kam von Borneo. „Gottlob!" dachte Jan Pieterszoon. „Neun Schiffe... Könnte ich's nicht doch noch aufnehmen mit diesem Dale?" Aber nein, die Rechnung ging trotzdem nicht auf. Da war die mit Reis und Gewürzen befrachtete DELFT nach den Niederlanden abzufertigen; gute sechs Monate würde sie für die Heimreise benötigen. Auf das Eintreffen anderer Schiffe aus der Heimat durfte man nicht bauen. Manche von ihnen mochten von den Engländern aufgebracht werden, bevor noch der jetzige Stand der Dinge bekannt geworden war.

Mit einer Besatzung von fünfundzwanzig Mann unter dem bewährten Lefebvre wurde die CEYLON nach der Sunda-Straße abkommandiert; so lange sollte sie dort kreuzen und alle ankommenden niederländischen Schiffe warnen, bis Coen mit der Flotte von Ambon zurück sei.

In der Nacht, die dem Versegeln des Geschwaders voraufging, saß der Generaldirektor stundenlang über einem inhaltschwerem Schreiben an die Herren Bewindhebber. Er gedachte, den Brief der DELFT mitzugeben. Das Kerzenlicht flackerte in der leichten Kühle, die durch das Heckfenster hereinwehte. Leise knarrte das Ruder in den Fingerlingen. Dann und wann hallte ein Postenruf über das Wasser hin. Jan Pieterszoon nagte unschlüssig am Federkiel. Das Herz war ihm schwer von Bitterkeit und Zorn. Welch ein Mangel an Voraussicht und Klugheit; welche Engstirnigkeit! Wie kam es nur, daß Gott der Allweise seine Gaben gar so ungleich unter die Menschen verteilte? Woran lag es, daß er Unwürdige begünstigte, seine getreuesten Diener jedoch zu vergessen schien?

Dieser Specx zum Beispiel... Während hier gekämpft und gerungen wurde, ließ sich's Mijnheer Jacques in Firando wohl ergehen. Zwar lamentierte er wie ein altes Weib, man werde sich die Gunst des Mikado verscherzen, würden nicht umgehend Handelsgüter — flandrische Brokate, Feuerwaffen, Uhren und dergleichen — nach Japan geschickt. Alles Unsinn! Mochte er jammern. Es fiel nicht schwer, sich vorzustellen, wie er eben jetzt, bequem auf dem Diwan ruhend, seine Zeit mit reizenden Geishas vertändelte oder mit irgendeinem anmaßenden Wilden — denn schließlich war ja selbst der Shogun nichts anderes — nutzlos verschwatzte. Schon bei den Abrechnungen des Vorjahres hatte manches nicht gestimmt; in diesem Jahr waren sie ganz ausgeblieben. Jacques nannte sich seinen Freund... Ja, war er das überhaupt? Man hatte zwar allerlei miteinander erlebt, eine wahre Gemeinsamkeit des Denkens und Handelns hatte indes niemals bestanden. Nein, es war nicht vertretbar, seine Nachlässigkeit zu dulden. Die Pflicht der Compagnie gegenüber gebot auch hier unnachsichtige Strenge. Man würde also wohl oder übel das Collegium auf diese Mißstände hinweisen müssen; das ließ sich nicht umgehen. Aber auch, was die Siebzehn selbst betraf, gebot eine höhere Pflicht der Nation gegenüber, daß man kein Blatt vor den Mund nahm, daß man die Lage ungeschminkt darstellte. Grimmig zerknickte er den Gänsekiel. Zahlen sollten sie, die knauserigen Pfennigfuchser in Middelburg.

Vier- bis fünftausend Mann — so schrieb er mit geschäftsmäßiger Nüchternheit, die nichts vom Aufruhr seiner Gefühle ahnen ließ — sowie Geräte, Werkzeuge, Waffen, insbesondere große Mengen von Pulver, Tauwerk, Segeltuch, Ankern und Salzfleisch oder Speck seien erforderlich, um das bislang Errungene zu bewahren. Werde seinen Wünschen nicht in vollem Umfang stattgegeben, so bürge er für nichts. Und dann brach doch in einem Satz, den er wutbebend niederschrieb, die ganze Bitterkeit seines Herzens hervor: „Ich schwöre Euch beim Allerhöchsten, daß die ganze Compagnie keinen Feind hat, der sie mehr hindert und ihr mehr Schaden tut als die Unwissenheit oder Unbedachtsamkeit, die unter Euer Ehren Kommando regiert und die Verständigen überstimmt!"

Van Raay traut dem Frieden nicht

An dem Morgen, da das Geschwader nach Ambon unter Segel ging, befand sich die Garnison des Forts vollzählig auf den Wällen. Unter beklommenem Schweigen sah man zu, wie Schiff um Schiff in die fahle Helle des Ostens entglitt. Kommandant Van den Broeck schätzte Kopfhängerei nicht sehr. Er ließ einen Freitrunk an die Männer ausschenken, denn spanischer Wein war, anders als Pulver, reichlich vorhanden. Werde tüchtig gearbeitet, sagte er, solle an den Freuden des Lebens kein Mangel sein. Daß sein Wort in dieser Hinsicht so gut war wie Gold, das wußte man. Nachdem die Pflichten verteilt und einem jeden sein Stück Arbeit zugewiesen worden war, zog er sich in seine Kammer zurück, um sich für den Rest des Tages auszuruhen. Mijnheer Van Raay — so hatte er angeordnet — werde an seiner Statt nach dem Rechten sehen.

Pieter van Raay schritt, die Arme hinter dem Rücken verschränkt, auf der bereits fertiggestellten Seebastion hin und her, ein unansehnlicher, leicht gebeugter Mann, in dessen zerknitterten Zügen sich Vorsicht und übler Erfahrung entspringende Zurückhaltung ausprägten. Ein widriges Geschick hatte ihn zum Kaufmann gemacht, hatte ihn in dies fremde, unerfreuliche Land verschlagen und in Abenteuer verstrickt, die ihm noch immer wie Ausgeburten eines Fiebertraumes erscheinen wollten. Er sehnte sich nach einer geruhigen, friedsamen Lebensweise, die weder Entschlüsse von ihm forderte, noch Verantwortlichkeit mit sich brachte. Statt dessen schien ihn die Vorsehung immer wieder in Lagen zu versetzen, wo er gezwungen war, selbständig zu denken und zu handeln. Obwohl er — weiß der Teufel — sich redlich bemühte, stets bei den stärkeren Bataillonen zu sein, hatte ihm dies bislang wenig eingetragen. Voller Mißmut sann er über sein Schicksal nach. Je treuer man einer Sache oder einem Menschen diente, desto gewisser mußte man die Suppe auslöffeln, die auf fremdem Feuer gekocht worden war. Und wie war es hier? Die Windbeutel, die Leichtfüße, die Prahlhänse und Phrasendrescher, bisweilen stolperten sie zwar, im allgemeinen aber pflegten sie die Treppe hinaufzufallen. Ein Jammertal — diese Welt! Oftmals beobachtete er die sanftmütigen, dem Anschein nach fügsamen Javanen mit neidvoll-argwöhnischem Verwundern. Geduldig schleppten sie ihre Lasten, klagten nicht, lachten nicht, schritten wie träumend durch die Jahre ihres Lebens, das ihnen ja nur eine kurze Wanderung bedeutete, nur ein Glied jener Kette wiederholten Erdenwandels, deren Anfang und Ende sich im Dunkel verlieren.

Sobald Van Raay einen Blick durch die Scharten und auf Dales zahlreiche Schiffe warf, die in langer Reihe zwischen Pulu Poutri und Onrust ankerten, beschlich ihn ein Gefühl von Unruhe und Beklommenheit. Nicht Furcht war es, sondern ganz einfach eine Abgeneigtheit, wie er sie gegen alles Fremde empfand. Diese Briten mit ihren lauten, rauhen Stimmen... Diese Heiden mit der gelben, braunen oder gar schwarzen Haut, mit den krausen Gedanken in ihren häßlichen Schädeln; samt und sonders waren sie ihm unheimlich. Tags zuvor hatte er auf einem der Sandhaufen ein sonderbares puppenartiges Gebilde aus Holz und Lumpen und struppigen Federn entdeckt. Ringsherum war der Boden geglättet und mit allerlei Muscheln belegt. In dem Glauben, es sei ein Spielzeug der Kinder, deren es im Fort mehr als ein Dutzend gab, hatte er das greuliche Ding aufgehoben, hatte es kopfschüttelnd einer näheren Betrachtung unterzogen. Plötzlich war es ihm aus der Hand gerissen worden. Er sah sich von einigen dieser garstigen schwarzen Papuajungen umringt. Wütend hüpften sie vor ihm hin und her, wobei sie die Augen rollten, Zähne fletschten und Stöcke oder Messer drohend über ihren krauswolligen Schädeln schwangen. Ein Segen, daß Van Loon in der Nähe gewesen war! Der Buchhalter hatte die Burschen in ihrer eigenen Sprache beschwichtigt, hatte sie an die Arbeit geschickt und dann lachend erklärt, das schauderhafte Ding sei wohl eine ihrer Gottheiten, man tue gut, dergleichen möglichst zu übersehen, vor allem anrühren dürfe man es nicht. Nun, hierzu war er künftig fest entschlossen. Wer sollte sich auch auskennen unter all den verschiedenen Fetischen, Götzen, Gottheiten, Dämonen und Tabus, denen hierzulande gehuldigt wurde?

Eine Ausnahme ließ Van Raay gelten — die Chinesen! Sah man von ihrer Hautfarbe ab, so waren sie ja beinahe Holländer. Bisweilen hatte er geschäftlich mit ihnen zu tun gehabt und sie durchweg für sauber, genügsam, klug und fleißig befunden. Übrigens glaubten — entsann er sich — auch sie an einen einzigen allmächtigen Schöpfer der Welt. Daß sie außerdem eine Art Teufel verehrten, den sie in ihrem Bethaus versteckt hielten, mochte nur ein Geschwätz der Javanen sein. Manche von ihnen waren beschnitten, zum Islam übergetreten — unbegreiflich und beklagenswert! Hatten sie sich etwa verführen lassen durch die Vorteile, die einem leichtfertigen, anpassungsfähigen Burschen, der es mit den Mohammedanern hielt, in diesem Lande geboten wurden? Wie auch immer, allzu ernst schienen sie es mit der Religion nicht zu nehmen, jedenfalls nicht so ernst wie die Javanen und Mohren, die sich vor lauter Frömmigkeit in wahre Bestien verwandeln konnten. Vor Jahresfrist hatte er im Fastenmonat April den Ramelan zu Bantam miterlebt und dann im August den Garebeg besar, das Große Fest. Die Stadt war durch das aus allen Himmelsrichtungen herbeieilende Volk nachgerade in ein Tollhaus verwandelt worden, und als Christ hatte man gut daran getan, sich so wenig wie möglich außerhalb der Loge aufzuhalten.

Wie gemütlich war es hingegen im guten alten Holland daheim. Auch dort gab es jetzt Unruhen aller Art. Mijnheer Van Meer, der an Bord der DELFT Ende Oktober hier angelangt war, hatte von neuen Aufständen der Lakenweber in Amsterdam zu berichten gewußt. Ebenso hatte er geklagt, der Zank zwischen den Arminianern und den Anhängern des Gomarus nehme allgemach unerträgliche Formen an; der Landeskirchenrat habe eine Synode nach Dordrecht einberufen, da solle nun ein für allemal mit den arminianischen Remonstranten Schluß gemacht werden. Warum eigentlich? Die Leutchen waren doch friedfertig und tolerant? Die Verhaftung Oldenbarnevelts auf Veranlassung des Prinzen Moritz und der gegen den Landesadvokaten angestrengte Prozeß hatten die Gemüter anscheinend ebenso heftig erregt wie die Wirtschaftskrise, die sich zu Amsterdam durch Rebellionen und Bankrotte bemerkbar machte. Sah es nicht so aus, als drohe der Republik ein neuer Bürgerkrieg? Gewiß, erfreulich war all das nicht, aber es spielte sich in einer bekannten, altvertrauten Umwelt ab, während die Vorgänge hier auf Java ihm in ihrem innersten Wesen unbegreiflich blieben.

Van Raay schreckte auf. Grübelnd, der Gegenwart entrückt, war er zwischen den Kanonen hin und her geschritten. Unversehens stand da ein japanischer Fähnrich vor ihm, ein gnomenhafter Wicht mit mongolisch geschlitzten Augen und straffem schwarzem Haar. Streng, ohne seine Abneigung sonderlich zu verbergen, musterte Van Raay den ziselierten Brustpanzer und die merkwürdige topfförmige Sturmhaube, die der Fähnrich ungeachtet der Hitze trug. Im Grunde waren diese Kerle ja nichts Besseres als gefährliche Banditen — verschlossen, undurchschaubar, verwegen. Man hielt sie sich am besten vom Leib. „Was gibt's?" fragte er barsch.

Der Fähnrich verneigte sich, reichte ihm ein mit Harz gesiegeltes Papier. Der Brief sei außerhalb der Mauer, an einem Pfahl hängend, gefunden worden.

Van Raay nahm den Brief mit spitzen Fingern entgegen und suchte den Kommandanten auf. Das Schreiben, von Mas Demang eigenhändig unterzeichnet, war in der Tat an Van den Broeck gerichtet. Mit einer Unzahl höflicher Floskeln, blumenreicher Lob- und Schmeichelreden gab Seine Hoheit darin den Wunsch nach einer friedlichen Regelung der gegenwärtigen Unstimmigkeiten zu erkennen.

Van den Broeck lächelte, angenehm berührt. „Was meint Ihr, sieht er nicht ein, daß wir ihn in der Hand haben?"

„Ich fürchte, nein!" erwiderte Van Raay.

Van den Broeck ließ sich auf das Lager zurücksinken. „Wißt Ihr, Mijnheer, Euer ewiges Nein, Nein, Nein gefällt mir nicht! Ich glaube, wir überschätzen die Schufte.

Mußte dieser Mas Demang nicht mit eigenen Augen sehen, wie wir den Briten eingeheizt haben? Jetzt denkt er, die Reihe sei an ihm. Er weiß ja nicht, wie knapp wir bei Pulver sind. Ein Bündnis zwischen Briten und Bantamern, davor ängstigt er sich. Wie, wenn Master Dale ihm Fluß und Hafen blockieren würde? Eine schöne Bescherung, nicht wahr? Hat sich im eigenen Netz gefangen, der gute Raja, ha-ha! Rana Manggala und Dale — mir würde grausen, wenn ich Mas Demang wäre... Gut, gut —" setzte er nach kurzem Besinnen hinzu, „laßt uns verhandeln, Mijnheer Van Raay! Am Ende gehört uns das ganze Djakatra, ohne daß auch nur ein Schuß gefallen ist."

„Ich teile Eure Zuversicht nicht!"

„Dann laßt es bleiben!" rief Van den Broeck aufgebracht. „Gottes Trost! Seit dreißig Jahren schlage ich mich mit den Heiden herum... Was brauche ich da Eure verdammte Zustimmung!"

Van Raay zuckte die Achseln. Er verließ das Gemach in dem Bewußtsein hoffnungsloser Unzulänglichkeit, mit bitterem Groll zudem gegen das Geschick, weil es ihn immer wieder in so unerquickliche Lagen versetzte.

Verhandeln oder nicht? Diese Frage zu entscheiden, trat am Nachmittag der Kriegsrat zusammen. Es währte indes nicht lange, und man geriet sich gründlich in die Haare. Van den Broeck hatte einen schweren Stand. Seinem groben Gepolter begegnete Ehrwürden Hulsebos mit nachsichtigem Lächeln. „Heiden sind Heiden", stellte der Predikant gelassen fest. „Der Teufel ist mächtig in ihren Seelen. Und wenn man dem Teufel den kleinen Finger reicht..."

„Wenn Ihr eurer Sache so sicher seid, Mijnheer Kommandant, warum laßt Ihr Euch dann auf Unterhandlungen ein?" Leutnant Strijcker unterdrückte ein boshaftes Lächeln. Dieser Van den Broeck mit seiner Großmäuligkeit und einfältigen Bauernschlauheit lag ihm schon längst im Magen.

„Ja", meldete sich nun auch Van Raay, „ich heiße ein solches Vorgehen nicht gut. Unser Auftrag lautet: das Fort halten, bis die Flotte zurückkehrt! Das ist doch ganz klar. Wozu also leeres Geschwätz? Es führt zu nichts; es trägt uns nur neue Unannehmlichkeiten ein." Er predigte jedoch nur tauben Ohren. Die Herren Hulsebos und Strijker ausgenommen, hörte keiner der Räte auf ihn. Allzu verlockend erschien ihnen die Aussicht, normale Verhältnisse wiederherzustellen, als daß man den Pferdefuß hätte wahrnehmen wollen, der sich hinter den schönen Worten des Amba Raja verbergen mochte. So wurde denn beschlossen, die Verhandlungen aufzunehmen. Schon am nächsten Morgen begab sich Joseph de Nattelaer mit Dienern und Ehrengaben an den Hof. Die folgenden Tage brachten ein eifriges Hin und Her von Botschaften und Geschenken. Zuletzt erklärte sich Mas Demang bereit, gegen eine Zuwendung von fünftausend Realen van Achten und Waren im Werte von etwa tausend Gulden den vor Jahren mit Both und Reynst geschlossenen Vertrag zu erneuern. Das Fort möge stehen bleiben, gestand Seine Hoheit großmütig zu, doch sollten die Befestigungsarbeiten bis zur Rückkehr des Generaldirekteurs ruhen. Den Engländern wurde auferlegt, nicht wieder so nahe beim Fort zu bauen, wie das Englische Haus gestanden hatte. Ebenso wurde auch den Javanen und Chinesen anbefohlen, mit ihren Hütten der Fortumwallung mindestens zwanzig Faden weit fern zu bleiben. Obendrein gelobte Seine Hoheit, die Niederländer mit Zollaufsicht und anderen Beschränkungen hinfort verschonen zu wollen, so daß sie frei und ungestört Handel treiben könnten wie zuvor.

Der Kontrakt wurde unterzeichnet, das Geld ausbezahlt. Die Tore des Forts öffneten sich, und der Krieg schien in weite Ferne gerückt. Soldaten und Matrosen betranken sich im ersten Freudentaumel oder sie eilten in die Stadt, wo sie gefällige Weiber wußten. Nur Pieter van Raay nahm nicht teil an der allgemeinen Festesfreude. War es ein im Unbewußten lauernder Argwohn, war es kleinlicher Neid auf den erfolgreichen, gefeierten Van den Broeck, er vermochte an dem Lauf der Dinge keinen Gefallen zu finden. Belagerung, Hungersnot, Verwüstung und Tod waren ihm um vieles verständlicher und der Wirklichkeit entsprechender erschienen als diese neue, den Umständen so wenig gemäße Freundschaft zwischen Mas Demang und Van den Broeck. War es nicht, als gingen hier Fuchs und Has miteinander auf die Jagd? Nur stand noch keineswegs fest, wer von ihnen der Fuchs, wer der Hase sei. Es verdroß ihn, daß Unteroffiziere und Mannschaften in der Stadt herumstromern durften, daß sie sich allerlei leichtfertige Frauenzimmer mit ins Fort nahmen nnd daß der Kommandant ihnen hierin ein schlechtes Beispiel gab. Insbesondere bemängelte er die völlig unzureichende Bewachung von Tor und Wällen. Sein tief verwurzeltes Mißtrauen ließ ihn des Nachts kaum noch ruhen. Und er verwünschte von Herzen den Tag, an dem er in die Dienste der Compagnie getreten war.

Immer wieder ließ der Amba Raja den Kommandanten bitten, sein Gast zu sein. Unter anderem schlug er eine Lustfahrt auf dem Fluß vor; ein jeder, auch das gemeine Volk, könne dann sehen, wie groß die Übereinstimmung zwischen ihnen und das gegenseitige Zutrauen sei.

„Ja, ja", spottete Van Raay, „du mußt Vertrauen zu mir haben, sagte der Fuchs zur Gans! Ich meine, Mijnheer Van den Broeck, Ihr hättet Vertrauen mehr als genug bewiesen; da Ihr doch eine so große Summe guten Geldes ohne Sicherheiten aus der Hand gegeben. Ich weiß nicht, was der Herr Generaldirektor dazu sagen wird; aber das habe ich schon als Lehrjunge gelernt — erst die Ware, dann das Geld! Daß Ihr dieser Einladung nicht Folge leisten werdet, versteht sich doch wohl von selbst."

Van den Broeck lachte schallend. „Seht den Philister!" rief er, vom Weingenuß schon am frühen Morgen beschwingt. „Pieter, mein Lieber, mich wundert, wie Ihr's zu Eurem Rang gebracht habt in dieser Welt! Kühnheit, Mijnheer, Wagemut, Gottvertrauen — das hat uns Niederländer großgemacht. Seid Ihr je einem Stier auf der Weide begegnet? Nein? Na also —! Solange Ihr keine Furcht zeigt, trampelt und schnaubt das Vieh bloß, aber es greift nicht an. Doch wenn Ihr ihm den Rücken kehrt..."

„Ihr versucht Gott!" unterbrach Ehrwürden Hulsebos den Kommandanten. „Gott versuchen heißt Seinen Zorn heraufbeschwören! Wie ich über die Heiden denke, ist allbekannt. Und wer mit Beelzebub Karten spielt, der kommt in des Teufels Küche. Das mag nun Euer eigenes Vergnügen sein, aber — wie steht es mit uns?"

Van den Broeck indes lachte nur noch lauter über so viel Bedenklichkeit. „Pah —!" brummte er. „Man muß den Stier bei den Hörnern packen. Mas Demang hat sich zu viele Feinde gemacht, um uns nicht ein zuverlässiger Freund zu sein."

„Wen Gott vernichten will ..." Empört den Kopf schüttelnd, schaute Ehrwürden Hulsebos dem Kommandanten und dessen Begleitern nach. Sorglos schritten Van den Broeck, De Nattelaer und Doktor De Haen, gefolgt von drei Bewaffneten, durch das Tor und der Stadt zu. Auch Van Raays Blicke folgten nachdenklich dem kleinen Trupp so lange, bis er zwischen Hecken und Hütten verschwand. Dann ließ der Obercommis das Tor schließen, die Wälle von neuem besetzen und die Geschütze feuerbereit machen. Sein Ratskollege Van Gorcum grinste ob solchen Eifers, ohne zu ahnen, daß ihm das Lachen vergehen werde, bevor der Tag sich neigte.

Alles ward ihm — nur kein Herz

Nicht ohne Wehmut entsann sich Jan Pieterszoon jener Morgenstunde vor so vielen Jahren, da er an Bord der PROVINTIEN den ersten Blick auf diese glücklichen Inseln getan. Heute wie ehedem entsprach Amboina seiner Vorstellung vom Garten Eden. Die Masten und Segel der AMSTERDAM spiegelten sich im klaren Wasser der Bucht, die wie ein gewundener Binnensee zwischen den Halbinseln Leitimor und Hittu ruhte. Der Schatten des sachte einhergleitenden Schiffes scheuchte Schwärme farbenprächtiger Fische auf. Hierhin und dorthin huschten sie über die hellen Sandflächen des Grundes, um endlich Zuflucht im Gewirr phantastisch emporwuchernder Korallendickichte zu finden. Vor dem Bug flatterten Vögel auf, umkreisten neugierig das Schiff und fielen dann wieder ins Kielwasser ein. Von den Kampongs, die zu Füßen der Berge im dichten Grün breitwipfliger Tropenbäume versteckt lagen, schmetterte das hundertstimmige Krähen der Hähne herüber; — Fanfaren der Lebenslust! Doch heute kamen den Schiffen keine Corro-Corren entgegen wie einst. Gleich einer geballten Faust, fremdartig und drohend, reckte sich das Fort VIKTORIA gegen die Bucht. Von seinen Bastionen wehten die Flaggen der Niederlande und Oraniens. Stumm schaute Jan Pieterszoon auf das vertraute Bild.

Pieter de Carpentier und Pieter Dirckszoon unterhielten sich, nur wenige Schritte von ihm entfernt, mit gedämpften Stimmen. Er war ihnen dankbar, weil sie seine Schweigsamkeit achteten. Unmutsvoll trachtete er, jene Stimmung, die ihn damals so tief bewegt hatte, aufs neue wachzurufen; es gelang ihm nicht. Kaum etwas hatte sich an der Landschaft verändert. Die Farben glühten wie eh und je; die fremdartigen Pflanzen erfüllten die Luft mit ihren Düften; Stille und Frieden lagen wie ein zauberhaftes Lächeln über dem Antlitz der Inseln. Er selbst war anders geworden. Seine Augen hatten verlernt, die Schönheit wahrzunehmen; sein Fühlen wurde durch nüchternes

Erwägen gelähmt; im übrigen drängte ihn die enteilende Zeit. Er hatte gehofft, einige Schiffe des durch Van der Haghen befehligten Geschwaders hier vorzufinden, aber es gab, von einigen Dschunken und Sommas abgesehen, die unter den Batterien der Feste ankerten, kein größeres Fahrzeug in der Bucht. Ruhelos schritt er, die Hände auf dem Rücken, an Deck auf und ab. Maßnahmen mußten getroffen, ein Sammelplatz bestimmt, die einzelnen Kommandanten verständigt werden. Die DELFT war schon längst nach Europa unterwegs, der VALK nach Joratan, der JAGER nach Solor und nach Bima das BERGERBOOT. Im Kielwasser der AMSTERDAM folgten OUDE SONNE, GOUDEN LEEUW, der ENGEL, die ZUYDER EENDRACHT und die Yacht CLEEN HOLLANDIA. Ihnen allen tat eine gründliche Instandsetzung dringend not. Eines von ihnen mußte aber dennoch nach den Bandas geschickt werden, um die verfügbaren Schiffe herbeizuholen und den dortigen Gouverneur, Willem van Antzen, vor den Engländern zu warnen — das ließ sich nicht umgehen. Am besten eignete sich wohl der ENGEL für diesen Zweck.

Auf dem Fort wurde ein Kanonenschuß abgefeuert und Alarm geblasen. Gut, gut, Hermann van Speult schlief also nicht! Man würde von ihm erfahren, wo Van der Haghen sich mit dem Gros des Geschwaders aufhielt — bei den Molukken vermutlich. Hätten die Herren Bewindhebber nur eine Spur von Verstand, so würden sie für gelerntes Werftpersonal Sorge tragen. Es war ein Kreuz mit den Schiffen! Tauwerk und Segel verkamen; die Planken verwarfen sich. Besonders die Monsunregen setzten den Fahrzeugen furchtbar zu, ohne daß man aus eigenen Mitteln Reparaturen hätte durchführen können. Nach einer, unweigerlich aber nach der zweiten Reise war ein Schiff dermaßen aus den Fugen, daß die Instandsetzungskosten sich höher beliefen als die eines Neubaues.

Entschlossen verscheuchte Jan Pieterszoon die ihn quälenden Gedanken. Matrosen enterten im Takelwerk auf und beschlugen die Segel. Anker wurden klar zum Fallen gemacht. Man brachte die große Schaluppe, die auf dem

Kauldeck ihren Platz hatte, zu Wasser. „Hier ist alles in Ordnung, scheint's!" wandte Coen sich an die beiden Commisen. Mit seinem Lächeln, so kärglich und gezwungen es ausfiel, ging für De Carpentier wieder einmal die Sonne auf. „Aber die Flotte —?" sagte er.

„Wir werden ja hören, wo sie jetzt ist. Begleitet Ihr mich an Land?"

Gouverneur Van Speult empfing die Herren mit einer Herzlichkeit, die seine Erleichterung kaum verbarg. „Wir hausen hier wie auf einem fremden Stern, Exzellenz; wir hören und sehen nichts von der Welt!"

„Kein Nachteil, Euer Gnaden!" erlaubte sich Pieter Dirckszoon zu bemerken.

Van Speult schüttelte bekümmert den Kopf. „Ihr irrt; der Schein trügt. Im Augenblick freilich herrschen hier Ruhe und Frieden. Aber es ist — Gott sei's geklagt — ein Friede des Todes, die Folge von Aufruhr, Brand und Mord. Unsere Ordnung paßt eben doch nicht für dieses Volk. Meinen wir es auch noch so gut, sie begreifen uns nicht. Ich fürchte, wir werden hier für alle Zeit Fremde bleiben."

Auf einem Rundgang durch die Festungsanlagen berichtete der Gouverneur, wie er die Aufständischen von Hottomoury unterworfen hatte. „Dort..." sagte er, nach dem Ostende der Insel weisend, „auf jenen Höhen liegt der Ort. Er war stark befestigt, der einzige Pfad, der hinaufführt, durch Verhaue gesperrt. Wären es Europäer gewesen, wir hätten Hottomoury niemals erobern können. Auch so war's kein Kinderspiel. Die rebellischen und unbeugsamsten unter allen Bewohnern des Archipels hatten sich dorthin geflüchtet, alle, die sich weigerten, unsere Oberhoheit anzuerkennen. Da nun dort oben nichts wächst, raubten sie ringsumher auf der Insel, was sie zum Leben benötigten. Sie stahlen das Vieh, hetzten die Leute von Hittu, Luhu, Combello und anderen Ortschaften gegen uns auf; ja, sie überfielen sogar unsere Siedler in nächster Umgebung des Forts. Man durfte sich kaum noch aus den Mauern wagen. Mit Güte hab' ich's versucht, Ihr Herren, mit Vorstellungen und Versprechungen; nichts fruchtete. Sie wollten oder sie konnten nicht einsehen, daß Gott der Allmächtige selbst uns zu Herren über diese Inseln gesetzt. Hartnäckig und frevlerisch beharrten sie bei der Meinung, dies sei ihr angestammtes Land, sie hätten ein Recht darauf, hier und nur hier in Freiheit und so zu leben, wie es ihnen gefällt. Was blieb mir übrig? Alle meine Ermahnungen hatten zu nichts geführt. Da bot ich die niederländischen Kolonisten auf, dazu die uns noch treu ergebenen Eingeborenen; mit den Soldaten waren es an die tausend Mann. Fünfmal haben wir Hottomoury zu stürmen versucht. Zwei unserer Angriffe wurden mit großer Wut abgeschlagen. Sie wälzten Steine auf uns herab, Baumstämme, brennende Reisigbündel. Schritt für Schritt, eine Barrikade nach der anderen im Nahkampf erobernd, drangen wir vor auf den Ort. Nach vierzehn Tagen erst wurde er genommen, wurde dem Erdboden gleichgemacht. Die Überlebenden, vierhundert Menschen jeglichen Alters und Geschlechtes, darunter nur anderthalb Hundert wehrhafte Männer, hab' ich als Sklaven auf die Höfe rund um das Fort verteilt..."

Van Speult deutete auf eine Gruppe nackter, ausgemergelter Männer und Weiber, die — bewacht durch einige Musketiere — den Graben unterhalb des Walles reinigten. Einer jener Unglücklichen hob den Kopf, schüttelte wild das lange, strähnige Haar aus der Stirn und starrte mit verkniffenen Augen zu den Herren auf. Doch schon klatschte der Stock des Mandurs auf seine mageren Schultern.

„Die Unbelehrbaren sind's!" erklärte der Gouverneur. „Manche haben sich gefügt, haben ihren Frieden mit uns gemacht. Einige indes sind so ungebärdig wie wilde Tiere. Sie verlachen das Wort des Herrn, sie führen lästerliche Reden gegen unsere Predikanten, sie sagen, es gebe keine Erbsünde, wir hätten uns dergleichen nur ausgedacht, um sie desto leichter zu unterjochen..."

„Wie steht's auf den übrigen Inseln?" unterbrach ihn Coen.

Van Speult lachte, ein wenig selbstgefällig. „Da kann

ich nicht klagen, Exzellenz! Der Fall von Hottomoury hat den Leuten dort die Lust am Aufruhr verleidet. Ich bin, um noch ein übriges zu tun, mit fünfunddreißig Corro-Corren und dreitausend Bewaffneten im Archipel umhergereist. Als erste haben wir die Inseln Bonu und Assahoudie aufgesucht, danach die Dörfer Manipa, Kelang, Luhu, Combello, Hittu und andere. Überall wurden wir mit Demut begrüßt. Was Wunder auch? Aber trauen darf man den Heiden nicht, zumal das Gerücht unter ihnen geht, die Spanier, Portugiesen, Engländer, Franzosen und Javanen hätten sich alle miteinander verbunden, um uns aus Indien zu vertreiben. Geschwätz! Aber immerhin... Ich fand es angezeigt, mehrere Schiffe zwischen den Inseln kreuzen zu lassen; der Verkehr mit Java und Makassar mußte unterbunden werden. Das hat einige Wirkung getan. Dennoch — daß Ihr, Exzellenz, mit dem Geschwader hierhergekommen seid, dient mir zur Beruhigung. Die Nachricht davon wird sich rasch verbreiten, hoffe ich."

Wo Doktor Reael und Van der Haghen sich zur Zeit aufhielten, wünschte Coen zu wissen.

Van Speult zuckte die Achseln. „Keine Ahnung! Man sagt, die Herren lägen auf Macchian krank danieder."

„Krank?" Eine schöne Bescherung! Jan Pieterszoon überlegte angestrengt. Seit langem hatte er keinen Bericht von Reael erhalten. Was mochte inzwischen auf den Molukken geschehen sein? Auf Van der Haghen konnte man sich verlassen, solange er gesund und bei Kräften war; aber — Reael? Und die Schiffe — in welchem Zustand befanden sie sich? Hatte der Admiral das Geschwader beisammenzuhalten vermocht, oder hatte er es teilen müssen? Und wie stand es um den ewigen Krieg zwischen Ternate und Tidore? Welch ein wankelmütiges Volk waren diese Heiden doch! Stets hielten sie es mit dem im Augenblick Stärkeren. Solange es nicht gelang, den letzten Briten davonzujagen, die letzte spanische Festung zu erobern, so lange würde es hier keine Ruhe geben. Selbst dann noch mußten schwerbestückte Orlogschiffe andauernd zwischen den Inseln patrouillieren. Noch immer gingen ja bedeutende

Mengen von Gewürzen, Reis, Sago, Harz und Sandelholz auf Schleichwegen an den Feind verloren. Ob die Herren Bewindhebber je einsehen lernten, wie sehr die Steigerung der Erträge auf dem erhöhten Einsatz von Menschen, Gütern und Kapital beruhte? Jan Pieterszoons Lippen preßten sich aufeinander. Abermals würde man bitten, schmeicheln, drohen müssen, den Nacken krümmen und den Herrschaften daheim nach dem Munde reden. Aber wartet nur! Eines Tages würde das Inselreich in der Lage sein, sich selbst zu versorgen; es würde über eigene Werften, Waffenschmieden, Handwerksbetriebe und Schiffe verfügen, würde sich selbst verwalten und auf eigene Rechnung Handel treiben, und dann...

„Nun wohl!" entschied er sich. „Ich selbst fahre nach Macchian und sehe dort nach dem Rechten. Pieter, sorgt mir dafür, daß noch heute eine Adviesparahu dorthin unter Segel geht und mein Kommen meldet. Unterdes werden hier sämtliche Schiffe instand gesetzt — und zwar bis zum 1. April! Von Euch, Mijnheer Dirckszoon, wünsche ich bis morgen eine Aufstellung der verfügbaren Mannschaften, der Waffen-, Munitions- und Lebensmittelbestände. Schiffe, die sich zur Zeit unterwegs oder an entlegenen Plätzen befinden, sind umgehend hierher zu beordern. Und Ihr, Mijnheer Van Speult... Ich erwarte, daß Ihr jeden entbehrlichen Mann zu meinem Geschwader kommandiert!" Er hob die Hand an den Hut: „Danke, das wär's!"

„Das wäre alles..." spottete Pieter Dirckszoon gereizt. Mit De Carpentier und Van Speult hastete er zum Kontor des Forts. „Was er sich so denkt, der Herr Generaldirekteur! Eine Liste... Truppen, Pulverfässer, Pökelfleischtonnen und was noch sonst! Bis morgen... Wie soll ich das schaffen? Ihr müßt mir Eure Federfuchser zur Verfügung stellen, Van Speult. Und überhaupt... Müßte nicht zunächst mal der Breite Rat darüber befinden? Was meint Ihr, De Carpentier? Wir lassen uns allzusehr, denk' ich, durch Seine Exzellenz kujonieren!"

„Ihr wollt doch den Sieg — oder nicht?" De Carpentier fragte es lachend, obschon nicht ohne Schärfe.

„Ja, gewiß, das wollen wir, aber..."

„Nun, dann ist alles klar! Ihr mögt Euch selbst sagen, daß es jetzt um Tage, nein, um Stunden geht. Der Gedanke an Fort Djakatra und daran, was dort geschehen kann, läßt mir keine Ruhe. Auch traue ich Van den Broeck nicht so recht. Gott sei gedankt, daß wir einen Mann wie Coen an der Spitze haben. Er weiß, was er will; er schwatzt nicht, er handelt. Auf jeden Fall tut er sein möglichstes. Was braucht es da noch den Rat?"

Tags darauf lief die TROUW, von Solor kommend, nach VIKTORIA ein. Sogleich begab sich Jan Pieterszoon, begleitet von Dirckszoon und De Carpentier, an Bord, um noch vor dem Abend in See zu gehen. Ihm selbst war keine Erregung anzumerken, doch teilte sich seine Ungeduld sämtlichen Untergebenen mit. Selbst die Matrosen der TROUW murrten diesmal nicht, weil es so bald schon wieder „Anker auf!" hieß, obschon sie auf ein paar Tage wohlverdienter Rast gehofft. Im Gegenteil, die Arbeit ging ihnen unter den Augen des Generaldirektors noch flotter von der Hand, und ihre anfängliche Abneigung gegen Coen verwandelte sich sogar in ehrliche Begeisterung, als er einem Bootsmann das Tauende aus der Hand nahm, um ihm eine wenig bekannte Art des Knotenschlagens zu zeigen.

Doch auch Pieter Dirckszoon fand Grund, sich über den Generaldirektor zu wundern. Als er nach einer durchwachten Nacht bleich und ermüdet die Kajüte des TROUW betrat, um die mühsam errechneten Listen vorzulegen, sagte Coen mit kühler Gemessenheit: „Ihr habt Euch ja mächtig gesputet, Mijnheer Dirckszoon! Laßt schauen, ob Eure Rechnung sich mit meiner Schätzung deckt." In der Tat wichen die Ergebnisse kaum voneinander ab. Sprachlos starrte Pieter Dirckszoon auf das Papier. Was ihn so manchen Tropfen Schweiß gekostet, das warf dieser Mann mit leichter Hand hin, so als brauche er nur in ein bestimmtes Fach seines Hirns zu greifen.

Nicht anders erging es den Herren Mertsen und Van Speult. Ihnen war die Oberaufsicht über die Instandsetzung der Schiffe anvertraut. „Dem macht Ihr nichts vor", sagte Van Speult am Schluß eines längeren Gespräches über Coen. „Er ist, wie ich weiß, nur ein einziges Mal hier auf Amboina gewesen — und auch damals nur für wenige Tage. Dennoch kennt und weiß er fast alles, was diese Inseln betrifft; er spricht das Kauderwelsch der Ambonesen, als wäre er einer der ihren. Wahrhaftig, ich wüßte gern, wie er's zustande bringt."

Arent Mertsen grinste säuerlich. „Das ist mir nicht neu! Auch die Bantamer schwören, er müsse in ihrer Stadt geboren sein, so gut kenne er sich dort aus. Unser Herrgott hat ihn mit wunderbaren Gaben gesegnet. Er hat ihm alles gegeben — alles, nur..."

„Nur —?" fragte der Gouverneur gedehnt.

Mertsen zögerte; dann meinte er abschließend ,in einem Ton, der zu keiner weiteren Frage ermutigte: „Alles, nur kein Herz!"

Am 9. März traf die TROUW vor Batsian ein. Gemächlich segelte sie an der niedrigen, mit Mangrovedickichten bewachsenen Küste hin. Es war ein stiller, trüb-heller Tag. Die Sonne schwelte gelb hinter Nebelschleiern. Schwarz und messerscharf zerteilten Klippen die blanke Meeresfläche. Da und dort vor dem Küstensaum zogen sich struppige Pfahlbaudörfer bis weit ins Watt. Und wenn man auch eingeborene Fischer in ihren Kähnen mit Netzen und Reusen hantieren sah, so näherte sich doch keines ihrer Boote dem Schiff.

Hier auf Batsian wie auch in den Sultanaten von Gilolo, Ternate und Tidore war die urspüngliche Bevölkerung der Alfuren mit Zuwanderern aller Rassen und Hautfarben durchsetzt. Malaien, Chinesen, Japaner, Javanen, Makassaren, Bughies, Papuaner, ja selbst Mohren hatten sich hier im Laufe der Zeiten niedergelassen und miteinander gemischt — ein gefährliches, von steter Unrast umgetriebenes Volk, voller Neid und Mißgunst untereinander, ewig zu Kampf und Intrige aufgelegt, dem Islam unterworfen, doch insgeheim einer Unzahl von Gottheiten huldigend. Ein jeder der Kolanos dieser vier Reiche war eifrig bemüht, den Nelken- und Muskatnußhandel für das eigene Land zu monopolisieren, woraus nicht nur ein unaufhörlicher Streit entstand, sondern auch eine fortwährende Bedrohung der fremden Kaufleue. Niemals wußte man mit Sicherheit, wer Freund, wer Feind. „Esta peste!" fluchten die Portugiesen, sobald von den Molukkenfürsten die Rede war. Und den Islam, der ihnen ohnedies wie ein Dorn im Fleische stak, nannten sie wutenbrannt eine „infernal doutrina".

„Auch dieses —" dachte Jan Pieterszoon grimmig, „ist ein Augiasstall, den ich ausmisten werde!"

„Segel über Nordnordwest!" meldete der Ausguck vom Vormars herab. Jan Pieterszoon ließ sich das Teleskop reichen. In diesen Gewässern waren die Spanier noch immer mächtig. Und wenn ein niederländischer Indienfahrer ihre plumpen Galeonen auch nicht allzusehr fürchten mußte, so war doch Vorsicht geboten. Schon machten die Konstabler ihre Geschütze klar. Die Stückpforten der TROUW öffneten sich unter Rasseln und Knarren. Bootsmannspfeifen trillerten die Freiwache an Deck. Coen reichte De Carpentier das Glas. „Schaut, Pieter — ich glaube, der führt unsere Flagge im Topp!"

De Carpentier stützte das Fernrohr gegen den Backbordwant. Im Rund der Linse erschien ein Gebirge von grauem Segeltuch. Das Schiff zeigte eine Flagge, doch war es ihm nicht möglich, die Farben zu unterscheiden. „Keines von unseren Schiffen; die Bauart ist fremd, Exzellenz!"

„Könnt Ihr den Galion erkennen? Ja —? Nun gut! Seht Ihr dort nicht ein goldenes Blinken, ein Fleckchen Rot?"

Überrascht richtete der Obercommis sich auf, blickte den Generaldirektor offenen Mundes an. „Ihr habt recht, Exzellenz. Ich würd's für eine französische Fregatte halten."

Coen nickte zufrieden: „Ganz richtig! Ihr habt gute Augen, Pieter; es ist der SAINT MICHIEL!"

In der Tat, er war es, der SAINT MICHIEL — jenes Schiff De Deckers nämlich, das Coen vor Jahresfrist unter so dramatischen Umständen hatte beschlagnahmen lassen.

In Rufnähe drehten beide Fahrzeuge bei. Auf dem Quarterdeck der Fregatte sah man mehrere Personen von Stand. Ein hochgewachsener, hagerer Herr lehnte an der Reling, lüftete höflich den Hut zur TROUW hinüber. Betroffen setzte Jan Pieterszoon das Glas ab und erwiderte zögernd den Gruß. „Gott der Allmächtige — Reael!"

Hals über Kopf wurde die Schaluppe zu Wasser gebracht. Coen begab sich mit den beiden Commisen zum ST. MICHIEL. Es mochte die ungute Erinnerung an De Decker sein, die er mit jenem Schiff verband, oder auch nur ein schwelender, zu lange verhehlter Groll gegen den Doktor, was seine Miene wie von innen her gefrieren ließ. Gar zu oft hatte er sich jenem Narren unterordnen müssen, hatte die arminianischen Phrasen von Nächstenliebe und christlicher Gesinnung anzuhören gehabt. Nun, da ihm Macht verliehen war, versagte er es sich nicht, diese Tatsache deutlich hervorzukehren. Mit frostiger Höflichkeit gab er die unumgänglichen Komplimente Reaels zurück; aus seinem Munde klangen sie fast wie Beleidigungen. Dann sagte er, eine Einladung zum Frühmahl geflissentlich überhörend: „Ich erwarte Euren Bericht, Exzellenz! Gewiß haltet Ihr alle Papiere für die Übergabe des Amtes bereit?"

„Nun, nun", brummte Van der Haghen, „Eile mit Weile! Morgen ist auch noch ein Tag, und Euch fällt kein Stein aus der Krone, wenn Ihr Euch noch ein wenig gedulden wollt."

„Die Zeiten des Schlendrians sind vorüber!" entgegnete Coen mit verletzender Schroffheit.

Reael und Van der Haghen tauschten einen Blick. Beide waren sie älter geworden; gelb und faltig die Wangen unter ergrauendem Bartgekräusel; fiebrig glänzten die Augen in umschatteten Höhlen. Der Ausdruck darin erweckte die Vorstellung, als schauten sie aus großer Ferne auf diese sonderbare Welt. Reael fand es nicht der Mühe wert, den so gröblich angedeuteten Vorwurf zurückzuweisen. Van der Haghen hingegen erwiderte mit rauher, vor Hohn bebender Stimme: „Und das ist gut, mein Herr

Generalgouverneur! Wir beide — Euer Amtsvorgänger und ich — haben wir nicht lange genug auf der faulen Haut gelegen? Und das, obschon wir so königlich besoldet werden und mit unverdienten Ehren geradezu überschüttet..."

Reael legte dem Zornigen die Hand auf den Arm.

„So war's ja nicht gemeint!" lenkte Jan Pieterszoon ein. „Ich bin nur ein wenig erregt; die Zeit brennt mir auf den Nägeln. Versteht mich recht, Admiral, ich muß nach Java zurück. Lieber heute als morgen. Fort Djakatra ist in Gefahr... Vergebt mir deshalb das rasche Wort!"

Reael lächelte vieldeutig, so als durchschaue er die Entschuldigung, als begreife er Coens Wesen tiefer als Jan Pieterszoon selbst. „Nun —", meinte er obenhin, „der Himmel hat uns zusammengeführt. Gerade Ihr, Mijnheer Coen, dürftet doch wohl überzeugt sein, daß jede Minute unseres Lebens in Gottes Kalender verzeichnet steht? Die Papiere liegen in der Kajüte bereit. Laßt Euch Glück wünschen zu der großen Ehre wie zu der biteren Mühe Eures Amtes, Mijnheer! Kommt, stärken wir uns zuvor noch mit einem guten Trunk!"

Unheil in Djakatra

Pieter van den Broeck betrat den Kraton Mas Demangs in der festen Überzeugung, mit Ehren empfangen zu werden. Sein rotes, grobschlächtiges Gesicht strahlte vor Wohlwollen und Selbstgefälligkeit. Grinsend schaute er sich im Paseban um, erwiderte vergnügt die stummen Grüße der Höflinge, Kriegsleute und Bediensteten. Zu De Nattelaer äußerte er sich in dem Sinne, der Instinkt eines alten Indienfahrers bringe eben doch mehr zuwege als die Überheblichkeit eingebildeter Großmäuler, die das Ansehen der Compagnie durch ihren Mangel an Einfühlungsvermögen und Takt nur schädigten. Seine Begleiter fühlten sich nicht ganz so zuversichtlich gestimmt. Doktor De Haen zog den Kopf zwischen die Schultern; das Leben und Treiben auf dem Hofplatz schien ihm eine künstliche Ruhe vorzutäuschen, und die Ehrerbietung, mit der man den Niederländern begegnete, hatte in seinen Augen etwas Übertriebenes. Stellten die im Schatten der Arkaden hockenden Krieger ihre Friedfertigkeit nicht ein wenig zu aufdringlich zur Schau? Bevor er seinen Argwohn in Worte zu kleiden vermochte, fiel hinter ihnen das hohe, mit Kupfer beschlagene Tor ins Schloß. Das Krachen, mit dem die schweren Torflügel aneinanderprallten, schreckte selbst Van den Broeck aus seiner Vertrauensseligkeit auf.

„Verrat!" knirschte er und sprang, den Degen aus der Scheide reißend, zur nächsten Mauer, um sich den Rücken zu decken. Zu spät... Von allen Seiten eilten Leibwächter herbei, stämmige, halbnackte Burschen. Sie warfen sich brüllend auf die sechs Niederländer. Van den Broeck wurde zu Boden gerissen. Schläge hagelten auf ihn herab. Hinter wirbelndem Staub sah er dunkle, verzerrte Gesichter, gebleckte Zähne, rollende Augäpfel. Verwünschungen gellten ihm in den Ohren. Halb erstickt unter dem Gewicht schweißfeuchter Leiber, fühlte er, wie ihm die Kleider vom Leibe gezerrt, die Arme auf den Rücken gedreht und gebunden wurden. Unter Püffen und Hieben brachte man ihn wieder auf die Füße, stieß ihn vorwärts. Undeutlich nahm er wahr, daß es den Gefährten nicht besser erging. Und schon umfing ihn das kühle Dämmerlicht einer Halle. Hier sah er sich dem Amba Raja gegenüber. Mas Demang saß auf einer Art Diwan, unbeweglich wie ein Götzenbild, umhüllt von einem Gewand aus lichtblauer, mit Goldfäden durchwirkten Seide. Zu seiner Linken, nur um weniges tiefer, hockten angesehene Orang Kjai. Van den Broeck erkannte Pangeran Aria sowie auch den Schwiegervater Mas Demangs, Pangeran Paddigiaran. Rechts von dem Fürsten hatten mehrere englische Offiziere ihren Platz — Admiral Peppel, Captain Johns. Im ersten Augenblick fühlte sich Van den Broeck ein wenig beruhigt durch ihr Zugegensein; dann aber ersah er aus ihren kalten, hohnvollen Mienen, wie wenig von dieser Seite zu hoffen war.

„Nun —", begann Mas Demang nach längerem Schweigen, währenddessen er den Anblick der arg zerzausten Niederländer sichtlich genossen hatte, „Allah sei Dank für die Gnade, durch euren Besuch so hoch geehrt zu werden! Was euch Orang blanda indes dazu bewogen hat, in meinem Hause nach der Waffe zu greifen, verstehe ich nicht. Wir sind es zwar gewohnt, daß ihr die Gebote der Gastfreundschaft verletzt, daß ihr gleich Tigern in friedliche Kampongs brecht, daß ihr zu nehmen pflegt, was euch nicht gehört, daß ihr unsere Religion, unsere Sitte, unsere Gastlichkeit mißachtet, als wäre all das nur Staub unter euren Füßen. Allah kerim! Ich muß mich im Zaume halten, um nicht über all dem Unrecht, das ihr uns zugefügt habt, die Klarheit des Verstandes einzubüßen. Ein Knabe war ich, als zum ersten Mal eure Schiffe unter dem Kommando des Capitan Houtman vor Bantam erschienen sind, aber ich erinnere mich wohl, wie ihr die Stadt um eines lächerlichen Vorwandes willen in Trümmer geschossen habt, wie ihr den Pangeran Djajanagara auf hunderterlei Weise erpreßt, beraubt und gedemütigt habt. Kein Wort würde ich an euch verlieren, gäbe es nicht hier und da einen ehrlichen Mann unter euch, der es nicht verdient, mit euch und euresgleichen verdammt zu werden.

Genug — ich will euch, ungeachtet dessen, was ich für euch empfinde, nicht ans Leben, sofern ihr auf meine Forderung eingeht und die Festung, die ihr gegen meinen Willen auf meinem Boden errichtet habt, samt allen in ihr befindlichen Gütern an mich ausliefert. Euch wird gestattet werden, auf einem Schiff — jene Männer..." er nickte zu den Engländern hinüber, „stellen es euch zur Verfügung, obwohl auch sie euch für Seeräuber und Diebe halten — das Land zu verlassen. Möge Allah in seiner Güte euren Verstand erleuchten, damit ihr diese letzte Gelegenheit, euer erbärmliches Leben zu retten, nicht ungenutzt vorübergehen laßt."

Van den Broeck war während der vielen Worte, die Seine Hoheit an ihn zu verschwenden für notwendig hielt, ein wenig zur Besinnung gelangt. Als er den Kopf wendete, zuckte er zusammen. Doktor De Haen stand dicht neben ihm; aber seine eigene Mutter hätte ihn in diesem Zustand nicht wiedererkannt. Seiner Kleider beraubt, mit Blut und Staub bedeckt, die Haare in Strähnen über das zerkratzte, zerschwollene Gesicht herabhängend, bot er einen keineswegs achtunggebietenden Anblick. Ja, er sah mit seiner bleichen, beschmutzten Haut, mit dem faltigen Bauch und den dünnen, ein wenig gekrümmten Beinen widerwärtiger aus als der armseligste Kuli, dem man in Djakatra begegnen mochte. Da nun De Nattelaer wie auch die Soldaten sich kaum von ihrem Anführer unterschieden, war von der ganzen europäischen Herrlichkeit nicht allzuviel übrig.

Van den Broeck fühlte sich dem heulenden Elend nahe. Nie im Leben war ihm dergleichen zugestoßen. Sein Mut, auf den er sich so viel eingebildet, hatte das Bewußtsein sicherer Überlegenheit zur Voraussetzung gehabt. Nun, da ihm dieses Selbstbewußtsein genommen war, vermochte er keinerlei Kraft aus sich selbst zu schöpfen. Mit kläglicher Stimme wandte er ein, das Fort befinde sich ja noch in den Händen seiner Landsleute; sie würden blutige Rache nehmen für alles, was ihm an Ungemach zugefügt worden sei.

Entrüstung heuchelnd, sprang Peppel da vom Kissen auf. „Hört doch nur", rief er zornig, „wie dieser Hund noch zu knurren wagt! Spannt ihn aufs Rad, hängt ihn und das ganze Gelichter an den höchsten Galgen, den Ihr findet. Wenn die im Fort erst sehen, wie ernst es Euch ist, werden sie ganz andere Töne pfeifen."

Lärm erhob sich vor dem offenen Tor, in dem sich Sklaven, Diener und Krieger voller Neugier drängten. Durch Püffe und Schläge vorwärtsgetrieben, wankten mehrere Niederländer herein, noch elender anzuschauen als Van den Broeck und dessen Begleiter — der Proviantmeister des Forts und einige Soldaten. Der Bottelier war schon in der Frühe auf den Markt gegangen, um dort Hühner und Fleisch für die Besatzung einzukaufen. Man hatte ihn niedergeschlagen und beraubt, hatte ihn wie ein Stück Vieh am Strick durch die Straßen gezerrt. Nun brach er vor den Füßen des Raja ohnmächtig zusammen.

Auf Mas Demangs Lippen erschien ein befriedigtes Lächeln. Dies, mehr als alles Bisherige, überzeugte Van den Broeck von dem Ernst seiner Lage. Panik erfaßte ihn. Kaum je hatte er an den Tod gedacht, selbst damals nicht, als die Krieger Partapaxas über seine Kolonne hergefallen waren; war es doch etwas ganz anderes, sich an der Spitze einer kampfgewohnten, erprobten Truppe zu wissen, als, ganz auf sich gestellt, dem unabwendbaren Unheil die Stirn zu bieten. Hier versagte er auf das kläglichste, indem er sich nur allzu willig zeigte, die Besatzung des Forts zur Übergabe zu bewegen.

Als die Kunde von diesen Geschehnissen ins Fort gelangte, dankte Van Raay seinem Schöpfer, daß er sich dem Kommandanten nicht angeschlossen hatte. Er ließ Alarm trommeln und berief den Rat. Zu seinem Erstaunen stellte er jedoch fest, daß alle diese klugen Leute, die seine Warnungen vor kurzem erst zerredet oder mitleidig belächelt hätten, nun vor der vollendeten Tatsache standen wie Ochsen vorm neuen Tor. Ihr Beistand erschöpfte sich in leerem Geschwätz. Während man nutzlos die Zeit vertat, traf ein Schreiben Van den Broecks ein, in dem er die Herren mit angstvollen Worten beschwor, Mas Demangs Forderungen nachzugeben. Das Ansinnen löste unter den Belagerten Entrüstung aus. Einstimmig wurde Van Raay zum Nachfolger Van den Broecks bestellt. Kurz zuvor hätte er eine solche Berufung noch abgelehnt, doch war er nun selbst von der allgemeinen Empörung ergriffen worden. Ein neues, bisher nicht gekanntes Gefühl regte sich in ihm, eine Leidenschaftlichkeit, die ihn mit Staunen und Schrecken über sich selbst erfüllte. Entsprang sie seinem so lange genährten Groll gegen das Geschick? War es der Wunsch nach Vergeltung an jenen, die seine Neigung zu Frieden und Ordnung immer wieder verlacht hatten? Oder war es ganz einfach die Erkenntnis, in einer großen Gefahr nicht nur auf sich allein gestellt, sondern auch noch der einzige Halt für so viele Unmündige zu sein? Genug — eine Seite kam in ihm zum Klingen, von der er bisher nichts geahnt. Mit einer Gelassenheit, hinter der sich ein unerbittlicher Wille verbarg, sagte er: „Van den Broeck ist ein Esel, wenn er sich einbildet, wir opfern das Fort, um sein Leben zu retten!"

Die Antwort an den Amba Raja war kurz und schroff. Van Raay drohte, die Stadt in Stücke zu schießen, würden die Gefangenen nicht unverzüglich freigegeben. Daß er seiner Drohung nicht sogleich die Tat folgen ließ, dankten die Djakatranen allein dem in der Festung herrschenden Pulvermangel.

Im Laufe der folgenden Wochen wurde auf beiden Seiten viel geredet und wenig getan. Die Engländer warfen an der Stelle, wo ihr festes Haus gestanden hatte, eine neue Schanze auf und bestückten sie mit acht Vierzigpfündern. Dann und wann wurden Schüsse gewechselt; dann wieder waren es Briefe oder mündliche Botschaften, die zwischen Kraton und Fort hin und her gingen. Viel kam dabei nicht heraus; weder Engländer noch Djakatranen, noch gar die Niederländer schienen auf einen Entscheidungskampf sehr erpicht. Van Raay besaß Verstand genug, die Ursache zu erkennen. Sir Thomas Dale war kein Narr. Sosehr ihm daran liegen mochte, die Niederländer aus Djakatra und Bantam zu vertreiben, so wenig gedachte er, die Macht der Javanen zu stärken, denn eines war klar, mit dem Erbe der Niederländer würde man auch deren Feinde übernehmen müssen. Vielleicht, überlegte er, ließ sich statt dessen ein vorteilhafter Handel schließen?

In seinen Vermutungen sah Van Raay sich bestätigt durch ein Schreiben Dales, in dem der Admiral einen edelmütigen Ton anschlug und den Niederländern, falls sie die Festung an ihn übergeben würden, Leben und persönliches Eigentum zusicherte. Er wolle ihnen das Los ersparen, schrieb Dale scheinheilig, von den Heiden ermordet zu werden; in jeder Hinsicht sei es besser für sie, sich in die Gewalt von Christen anstatt von Mohren und Mohammedanern zu geben.

Gegen den Einspruch Van Raays beschlossen die Ratsherren, den englischen Vorschlag nicht abzulehnen. Tagtäglich gelangten Van den Broecks Jammerbriefe ins Fort. Er drängte darauf, daß das Lösegeld — Mas Demang hatte zehntausend Realen und zwei Stücke Geschütz verlangt — unverzüglich ausgezahlt, die Evakuierung mit Hilfe der Briten so schnell wie möglich durchgeführt werde, da von Bantam ein großes Heer im Anmarsch sei.

Was konnte geeigneter sein, die Kleinmütigen noch mehr zu ängstigen? Am liebsten hätten sie die Summe sogleich, wenn auch beileibe nicht aus eigener Tasche, erlegt und das Weite gesucht. Nicht auszudenken, was geschehen würde, ergossen die Bantamer Horden sich wie ein Heuschreckenschwarm über Stadt und Land. Van Raay sah ein, daß gegen eine solche Panikstimmung schwerlich aufzukommen sei. Als ein neuer Versuch zur Auslösung der Gefangenen vorgeschlagen wurde, stimmte er zu — allerdings unter gewissen Vorbehalten. Das Fort sollte, so beschloß man, an die Engländer ausgeliefert werden, wie es auch für den Fall einer letzten Notwendigkeit in den Instruktionen Coens vorgesehen war.

In der Nacht nach dieser Beschlußfassung, die von den Räten mit einem guten Tropfen besiegelt wurde, tat der

Kommandant kein Auge zu. Ruhelos wanderte er auf den Wällen umher, getrieben von einem Grimm, der nicht in Worte zu fassen war. Er haßte dies fremde, wilde Land; er haßte die Compagnie; er haßte diese Memmen, denen an Saufen und Fressen mehr gelegen schien als an ihrer Ehre. Und nicht zuletzt haßte er sich selbst, weil es ihm an der dümmlichen Robustheit der Windmacher und Schaumschläger fehlte, an jener Dreistigkeit des Unwissens, die noch stets über Geist und Vernunft zu siegen pflegt. Doch dann, er war fast schon bereit, seiner wütenden Verzweiflung nachzugeben, kam ihm ein Gedanke... „Ha —", murmelte er, „so mag es gehen! Man muß nur den Nasenring zu fassen kriegen, und der Ochse folgt wie ein Lamm."

Begeistert von seinem Einfall, eilte er ins Kontor zurück, entzündete die Kerzen und begann einen Brief an den Fürsten zu schreiben, in dem er für die gefangenen Niederländer statt der ausbedungenen zehntausend Realen nur gerade zweitausend bot; die beiden Geschütze ließ er unerwähnt. Dies konnte man dem Generaldirektor und der Compagnie wie auch den Herren des Rates gegenüber vertreten, hätten sie doch ohnehin die zehntausend Goldstücke lieber in der eigenen Tasche gewußt als in Mas Demangs Truhe. Mit der Gelassenheit des erfahrenen Schachspielers, der er war, bedachte Van Raay die Folgen seines Handelns weit über die nächsten Züge hinaus, sich klüglich hinter der Dummheit verschanzend, die man ihm so lange und ohne Berechtigung unterstellt hatte.

Mas Demang schäumte vor Wut, nachdem er das Schreiben gelesen. Er verlangte jetzt einen noch viel höheren Betrag und ließ, um seiner Forderung Nachdruck zu verleihen, Van den Broeck und dessen Gefährten wie Ochsen am Strick vor die Festung führen — ein Anblick, der die meisten Niederländer zwar erschreckte, ihren Stolz jedoch so arg verletzte, daß sie sich nicht länger geneigt zeigten, in eine Übergabe zu willigen.

Die Ratsherren freilich, Van Gorcum an der Spitze, hatten sich jeglichen Ehrgefühls längst begeben. Sie sahen den berühmten Van den Broeck in seiner elenden Verfassung dort unten zwischen blutdürstigen Heiden und rohen englischen Teerjacken stehen, hörten ihn mit jammervoller Stimme fragen, ob sie denn so unmenschlich grausam wären, ihn in den Händen der Feinde zu lassen, ob sie nicht sähen, daß das Fort gegen eine solche Übermacht nicht zu halten sei? Und schon erblickten sie im Geiste die Heerscharen des Reiches Banten, eine Horde von Teufeln, die sich ihnen durch Sümpfe und Urwälder unaufhaltsam nahte. Das war zu viel! Die durch Wohlleben verweichlichten, infolge durchzechter Nächte erschlafften Nerven der Ratsherren gaben dem Druck ihrer Ängste nach. In einer stürmischen Sitzung entschied man sich endgültig dahin, die Bedingungen der Engländer anzunehmen. Van Raays Einwände wurden niedergeschrien; man ließ ihn gar nicht erst zu Wort kommen. „Bluthund!" brüllten sie; „Mordbube! Judas Ischariot!" Ja, man scheute sich nicht, ihn des Verrates zu bezichtigen.

Am 1. Februar unterzeichnete der Rat den Kapitulationsvertrag. Diesem Dokument zufolge sollten Fort und Besatzung an die Engländer fallen, das vorhandene Geld, die Waren sowie eine Partie Juwelen dem Raja ausgeliefert werden. Als Gegenleistung sollten Van den Broeck und dessen Begleiter die Freiheit zurückerhalten. Dale verpflichtete sich, die Garnison des Forts samt ihrer Habe auf einem englischen Schiff nach Koromandel zu transportieren.

Stundenlang hatten Soldaten, Handwerker, Schreiber und Matrosen, wie auch deren eingeborene Weiber und milchkaffeebraune Kinder auf dem Platz zwischen den Häusern MAURITS und NASSAU bei brennender Sonnenglut ausgeharrt, angsterfüllt der ungewissen Zukunft wegen und nicht weniger bestürzt über den Lauf der Dinge als das djakatranische Volk dort draußen jenseits der Wälle. Die Sonne senkte sich bereits wieder dem Westen zu, als endlich Van Raay vor die Tür trat und die Unterzeichnung des Abkommens bekanntgab. Mit seinem letzten Wort zerbrach jegliche Zucht. Die einen jubelten; andere ergingen sich in wüsten Schmähungen und Verdächtigungen; wieder andere begannen zu plündern. Den Besonneneren gelang es zwar, zu verhindern, daß man das Tor aufstieß und den tobenden Djakatranen Einlaß gewährte. Aber auch so war im Fort bald die Hölle los. Den Töchtern der Freude, kastenlosen Javanerinnen und chinesischen Halbblutmädchen, deren es viele in Djakatra gab, wurde der Zutritt gestattet. Einige Matrosen erbrachen den Weinkeller, rollten Fässer ins Freie und schossen, da Spunde sich nicht so rasch fanden, mit ihren Musketen Löcher in die Planken, so daß der Wein in glitzernden Bögen hervorsprudelte. Andere sprengten die Türen der Offizierskammern, der Vorratsräume und Magazine, wühlten wie Schweine in den Kostbarkeiten, nahmen dieses und jenes an sich, warfen es gleich darauf fort, um sich noch wertvoller Erscheinendes anzueignen. Nicht einmal vor der Kammer des abwesenden Generaldirekteurs machte die entfesselte Rotte halt. Axthiebe zertrümmerten Coens Koffer und Kisten; unersetzliche Aufzeichnungen, persönliche Andenken, sein ganzer Besitz wurde zerstreut und ging größtenteils verloren. Unterdes fielen Trunkene über die Frauen und Mädchen her. Eine wahre Rotte Korah jagte brüllend und johlend ein paar Weiber den Wall entlang, denen man die Sarongs vom Leib gerissen hatte. Und niemand war da, der sich schützend vor die Bedrängten stellte.

Van Raay in seinem melancholischen Abscheu konnte nicht anders, als das wüste Walpurgisnachttreiben für einen unwahrscheinlichen Fiebertraum zu halten; in seiner Welt hatte es ganz einfach keinen Platz. Von Anbeginn war er überzeugt gewesen, die Sache müsse ein solches Ende nehmen. Nun stand er untätig da, insgeheim hoffend, irgend etwas werde ihn von diesem Alp befreien.

Und Ehrwürden Hulsebos? Er, wie auch Van Gorcum und die übrigen Herren, war vor allem darauf bedacht, bei diesem höllischen Karneval nicht zu kurz zu kommen. Morgen früh sollte das Fort geräumt werden. Was hernach geschah, stand in Gottes Hand. Die Nacht indes gehörte ihnen, diese Nacht, in der sie prassen und schlemmen durften und sich schadlos halten für alles, was ihnen unter dem strengen Regiment Jan Pieterszoon Coens versagt geblieben war. „Hei-a, ein Schluck für den Henker!" lallte der Gorcumer.

Zeitenwende

Keine Nachricht aus Djakatra! Die englische Flotte beherrschte das Meer um Java; kein Kurierfahrzeug ließ sie durch. Ob das Fort sich noch immer hielt? Wäre es gefallen, so würde ein wenn auch noch so unbestimmtes Gerücht ganz gewiß nach Amboina gedrungen sein. Daß dies bislang nicht der Fall gewesen war, beruhigte Jan Pieterszoon. Dennoch war er besorgt. Lieber hätte er den kranken Van der Haghen dort als Kommandanten gesehen als jenen unzuverlässigen Windbeutel Van den Broeck. Noch weniger war dem Schleicher Van Raay zu trauen; ein versponnener Tropf, mochte er sich auch auf die Kaufmannschaft einigermaßen verstehen. Man mußte versuchen, ihn bei Gelegenheit nach den Niederlanden abzuschieben. Eisenfresser gehörten hierher, nicht aber Philanthropen, Arminianer, Samariter oder ähnliche Schwächlinge. Kartaune, Richtschwert und Bibelwort, das war die Trinität, der gegenüber es kein Argumentieren gab. Angenehm erfrischt durch solche Gedanken, streichelte er das metallene Langrohr, das mit dreißig anderen die Bastionen des Kastells VIKTORIA zierte. Danach lehnte er sich über die steinerne Brüstung; sein Blick ruhte wohlgefällig auf dem neuen Packhaus, das chinesische Werkleute anstelle des abgebrannten aus selbstgebackenen Ziegeln errichtet hatten. Mehr, immer mehr von diesen tüchtigen, genügsamen und willigen Burschen mußten ins Land geholt werden; durch ihren Fleiß würden sie zum allgemeinen Wohlstand beträchtlich beitragen. Obendrein stellten sie ein wünschenswertes Gegengewicht dar zu den unzuverlässigen Eingeborenen wie zu den stets aufsässigen und allzu eigenwilligen Niederländern. Aufatmend wandte er sein Augenmerk den Schiffen zu.

Da lagen sie alle elf — die TROUW, die OUDE SONNE, der GOUDE LEEUW, die ZUYDER EENDRACHT, das BERGERBOOT, der MORGENSTERRE, der ST. MICHIEL, die AMSTERDAM, der NEPTUINES, die NASSAU und der JAGER. Die Ankunft der Yachten CLEEN HOLLANDIA,

CEYLON und VOS stand stündlich zu erwarten. Die Fregatte TAFFASOHO kreuzte noch in den Boucherones, um die dort vorüberfahrenden Dschunken auf Gewürze oder andere Konterbande zu untersuchen. Hammerschläge hallten von den Fahrzeugen her, Kommandos, lautes Schelten, Gelächter. In den Masten turnten Matrosen herum und flickten die Takelung. Gottlob, Van Speult und Mertsen hatten ihre Zeit nicht vertan; die Schiffe waren in tadellosem Zustand. Eine stattliche Flotte! Auch an Pulver und Proviant fehlte es nun nicht länger. Den Engländern sollten die Augen übergehen. Ob man noch rechtzeitig nach Djakatra kam, um das Fort zu entsetzen?

Jan Pieterszoon runzelte finster die Stirn. Hier, wo kein Auge ihn sah, durfte er sich ein wenig gehen lassen. War das Fort verloren, so würde man natürlich ihn dafür verantwortlich machen. Die Herren Bewindhebber pflegten ja nur den Verlust zu sehen, der sich für sie in Zahlen ausdrückte; für die Wirklichkeit, den folgerichtigen Ablauf der Dinge waren sie im allgemeinen blind. Gleichviel, sein damaliger Entschluß war richtig gewesen! Diese Flotte hatte ja erst einmal geschaffen werden müssen; mit ihr besaß man nun ein Instrument, das Erfolg verbürgte. TROUW und MORGENSTERRE zusammen waren stark genug, um es selbst mit den zweiundfünfzig Kanonen des GREAT JAMES, dem Flaggschiff Dales, aufnehmen zu können. Dementsprechend mußten auch die übrigen Einheiten ihre Gegner vor dem Treffen zugewiesen erhalten. Auch erschien es geboten, das Barkapital der Compagnie — rund zwei Millionen Gulden — auf alle Schiffe zu verteilen, womit das Risiko eines Totalverlustes nach Möglichkeit vermieden wurde. Mit dieser Macht ließ sich schon etwas ausrichten... Man könnte die Gelegenheit nutzen und dem Panembahan von Mataram einen tüchtigen Denkzettel verabreichen. Zwar hatte Saro Sangi vor kurzem erst wiederum warnen lassen, man möge sich jeder feindseligen Handlung gegen das Reich Mataram enthalten; Kjai Ronggo hatte die Wahrscheinlichkeit eines baldigen Thronwechsels angedeutet. Solche Ratschläge waren natürlich nicht in den Wind zu schlagen. Abwarten schien in diesem Falle das klügste zu sein. Aber — blieb ihm hierfür noch Zeit?

Unvermittelt senkte die Last der Jahre sich auf sein Gemüt, so unversehens, daß er wie erstarrt an der Brüstung verharrte. Bei all seiner emsigen Tätigkeit hatte er das unbarmherzige Entrinnen der Zeit kaum wahrgenommen. Er wandte sich mit einem Ruck, hob die Hand. Einer der Meldegänger, die sich stets in seiner Nähe aufhalten mußten, eilte herbei.

„Mijnheer De Carpentier!" gebot er, kurz angebunden.

Der Soldat trabte davon, um gleich darauf mit dem Obercommis zurückzukehren.

„Hört, Pieter", sagte der Generalgouverneur, „was meint Ihr, wie lange brauchen wir, um Djapara zu nehmen?"

„Djapara?" De Carpentiers lebhaftes Gesicht wurde leer; seine Stirn erblaßte.

„Ganz recht! Ich weiß, was Ihr einwenden werdet — die Briten sind wichtiger, nicht wahr? Aber die Rechnung mit dem Demaker steht noch offen. Ich bin entschlossen, hier reinen Tisch zu machen. Wir wollen ja nicht nur Djakatra und Bantam in unsere Gewalt bringen, sondern die ganze Inselsee."

„Die ganze Insel..." stammelte De Carpentier. Dann faßte er sich. „Einen Tag, Exzellenz — legen wir es darauf an, drei oder vier, wenn Widerstand geleistet wird. Aber... Habt Ihr — vergebt mir die Frage — auch die Wirkung bedacht, die ein solches Vorgehen am Hofe von Mataram zeitigen muß?"

Jan Pieterszoon senkte bejahend den Kopf. „Ich würde es vorziehen, den Knoten zu lösen, anstatt ihn, wie einst Alexander, mit dem Schwert zu durchhauen. Indes, die Zeit drängt, Pieter; die Jahre entfliehen. Viel bleibt uns noch zu tun."

Erschreckt, mit aufrichtiger Besorgnis, blickte De Carpentier seinen Vorgesetzten an. Coen stand in der Vollkraft seines Lebens; ein stattlicher Mann, selbstbewußt, beherrscht, Autorität ausstrahlend. In ihrer Strenge und Verschlossenheit glichen seine Züge einer Maske, hinter der das Menschliche gleichsam gefangen saß. Für Pieter de Carpentier war Coen das Sinnbild unzerstörbarer Stärke und Macht, doch glaubte er nun aus den Worten des Allgewaltigen einen Anflug von Erbitterung und Müdigkeit herauszuhören. Mitleid ergriff ihn. Wie einsam war dieser Mann; wie schwer trug er an seiner Pflicht; mit Haut und Haar gehörte er dem Werk, das die Welt verwandeln, das ihn und noch so manche Generation überdauern würde!

„Wenn ich —" sagte De Carpentier deshalb — „mir eine Meinung gestatten darf, Exzellenz — als Freund, als Bewunderer, in aller Bescheidenheit —, Ihr solltet Euch ein wenig Erholung gönnen, die ruhigen Freuden eines Heimes, einer Familie ... Es tut nicht gut, nur auf Gipfeln oder in der Wüste zu weilen. Ihr ruiniert Euch. Niemand, weder die Compagnie noch die Nation oder gar das Volk, wird Euch Dank wissen für das, was Ihr zu aller Nutzen getan habt..."

Jan Pieterszoon räusperte sich. De Carpentier verstummte. War es nicht rührend von dem Jungen, daß er sich sorgte? Aber irgend etwas in Coens Wesen sträubte sich dagegen, umsorgt zu werden. Er haßte jede Vertraulichkeit. Die Menschen waren nur zu ertragen, wenn man sie in gebührendem Abstand hielt. „Ruft die Herren vom Rat zusammen!" gebot er kühl. „Wir müssen uns über einen Treffpunkt für die Flotte einigen. Ich habe an Mandelique oder auch an Madura gedacht. Die Yachten und Adviesparahus sollen sich zum Auslaufen bereithalten; der Treffpunkt muß sämtlichen Schiffen sofort bekanntgegeben werden. Der VOS soll via Molukken nach Japan segeln, der JAGER nach Solor, der ENGEL nach Banda. Die entsprechenden Direktiven diktiere ich noch. Und jetzt die Herren — bitte!"

Die Sitzung währte nur kurz. Zum Sammelpunkt wurde, wie von Mertsen vorgeschlagen, Mallemans Eiland am

Westende der Insel Madura bestimmt. Von dort aus konnte man mit dem Wind überraschend die Küste von Demak ansegeln. Raja von Demak, du wirst deinen Augen nicht trauen! Deine Kanonen sind nicht geputzt, deine Krieger schlafen; wie Schafe werden sie sein, wenn der Wolf vor der Hürde heult. Sage nicht, du hättest die Züchtigung nicht verdient. Und ihr Philanthropen, ihr Menschenfreunde, erhebt nur immer euer heuchlerisches Geschrei über Gewalttat und Mord! Was ändert es schon an vollzogenen Tatsachen?

Ein für allemal mußte das Verhältnis zum Demaker bereinigt werden; das würde hinfort viel Blut und Kosten ersparen — niederländisches Blut, versteht sich. Wie oft hatte man guten Willen bewiesen, war auch immer wieder an den Höfen von Demak und Materam vorstellig geworden. Und selbst nach dem Raubüberfall auf die Faktorei zu Djapara, bei dem so viele Diener der Compagnie ihr Leben gelassen, hatte man sich einer wahrhaft himmlischen Geduld befleißigt. Was war die Folge gewesen? Die heidnischen Schurken bildeten sich ein, sie könnten die Niederländer nach Lust und Laune kujonieren. Kränkungen, Widrigkeiten, Schikanen ohne Zahl hatten sie den O. I. C.-Beamten zugefügt. Allein die Chinesen, beraten und angeleitet durch den klugen, wohlmeinenden Intche Muda, hatten sich allen Ränken ferngehalten. Nachdem die Proteste in Mataram so wenig Beachtung gefunden hatten wie in Demak, hatte Arent Mertsen die Stadt Djapara angegriffen und ihre Befestigungen zerstört. Damals wurde während mehrerer Nächte ein großer Komet am östlichen Himmel gesehen. Die Hindupriester schlossen daraus, eine Zeitenwende stehe bevor. Erregung und Furcht unter dem Volke Javas waren unbeschreiblich gewesen. Der Raja von Demak aber hatte das Himmelszeichen verlacht. Nach wie vor wurden boshafte Anschläge gegen die Niederländer verübt.

„Zeitenwende!" dachte Jan Pieterszoon grimmig. „Bei Gott, sie sollen sich nicht getäuscht haben, die verräterischen Schurken! Die Zeit wandelt sich; zu unseren Gunsten wandelt sie sich ... Djapara ist das Fanal, das dazu leuchten wird!"

„Anno Domini 1619, Mayo 19..." schrieb der Pilot des WAPEN VAN AMSTERDAM mit ungelenker Hand in seinem Logbuch über die neue Seite. Warf er einen Blick durch das Heckfenster hinaus, so zogen dort drüben, hinter einem Kranz silbrig schäumender Brechseen und roter Korallenklippen, die grünen Hügel Maduras vorüber. Als letztes segelte das Flaggschiff im Kielwasser der achtunggebietenden Flotte gen Westen. Die weißen Minaretts und gelben Reisstrohdächer von Arosbaja kamen soeben in Sicht. Jan Pieterszoon, der nach seiner Gewohnheit auf dem Kampanjedeck hin und her schritt, rief sich die Ereignisse ins Gedächtnis, die am 6. Dezember 1596, vor nunmehr dreiundzwanzig Jahren also, viel dazu beigetragen hatten, die Niederländer unter den Eingeborenen in Verruf zu bringen. Cornelis de Houtman war zwar ein Narr gewesen, ein wahrer Esel in der Löwenhaut, an dem blutigen Zwischenfall von Arosbaja jedoch hatte er keine Schuld getragen. Ein Irrtum war es gewesen, ein Irrtum — wie so oft, wenn Völker und Menschen verschiedenen Wesens schicksalhaft aufeinandertreffen. Einer mußte sich beugen; nur einer konnte der Sieger sein. Daß dies ohne Kampf und Blutvergießen nicht abging, war klar. Und letzten Endes — so meinte der Grübelnde — entsprach es gewiß dem Willen des Allmächtigen. Nur der Stärkste, der Ausdauerndste, der Klügste überstand das ewige Ringen um Geltung und Lebensraum. Hieß nicht die letzte Weisheit noch immer: Gewalt?

Die Enge von Grisse öffnete sich an Backbord, überragt von Javas fernen umblauten Höhen. Der Wind schralte über Nord nach West. Während der Nacht lag die Flotte im Angesicht der ominösen Watu Gilang, der Totenkisten-Berge, unweit von Tuban beigedreht. Am folgenden Morgen begann es jedoch aus Ost zu wehen. Unter vollen Segeln rauschten die sechzehn Schiffe, der uralten Seestraße folgend, dicht unter dem hügeligen Lande hin. Dschunken, Balangs oder Tingans jagten gleich einem Hühnervolk, das den Habicht erspähte, dem versteckt liegenden Hafen von Tuban zu. Tandjung Awer-Awer, das verdeckte Kap, wurde gerundet, sodann Kap Bendo, das einem Hut mit breitem Rande ähnelt. Voraus hob sich steil der Gunung Lasem, ein hoher, kegelförmiger, quergestreifter Berg, aus dem Meer. Dahinter krümmte die Küstenlinie sich nach Süden zu einer Bucht, an der die große und reiche Stadt Djapara im Schatten des alles beherrschenden Gunung Murja liegt.

Letztes Sonnenlicht färbte die kalkweißen Mauern der Häuser, Moscheen und Befestigungen mit einem verblassenden Schimmer von Rot. Vielerlei Fahrzeuge ankerten vor dem Wall. Sampans und Kathirs strebten dem Lande zu, als die niederländische Armada vor der Stadt erschien und in Kanonenschußweite ihre Anker fallen ließ. Kleinere Fahrzeuge wurden eilends in den Kali Bringin verlegt, der den nordöstlichen Teil der Stadt umfließt, andere auf Strand gesetzt. Eine bunt gemischte Volksmenge drängte sich auf den Wällen, noch in Ungewißheit darüber, was die Ankunft der Orang blanda zu bedeuten habe. Das Dröhnen der Kentongans bebte in dumpfen Tonwellen über die Bucht sowie auch ein leises Summen, das Ineinanderklingen von zehntausend Stimmen.

Eine Parahu löste sich aus dem Grün der Flußmündung. Sie war mit Standarten, Flaggen und bunten Wimpeln geschmückt. Jan Pierteszoon, der das Fahrzeug eine Weile beobachtet hatte, meinte, es müsse der Sjahbandar oder ein Abgesandter des Raja sein. Man durfte den Kerl gar nicht erst an Bord lassen. Der Regent von Djapara würde sich aufs Verhandeln legen wollen, aber er sollte sich geirrt haben. Gar zu oft war man auf schöne Worte reingefallen. Hier galt es ein Exempel zu statuieren, den Beweis zu erbringen, daß man nicht mit sich spielen ließ. Coen hob befehlend die Hand. Musketensalven knatterten von den Schiffen herab. An Bord der Parahu gab es Verwundete, Tote. Die Javanen antworteten mit schrillem Wutgeschrei. Nachdem sie für Augenblicke gezaudert hatten, kehrten sie nach der Mündung des Kali Bringin zurück.

Die Blutfahne stieg zum Topp der AMSTERDAM empor. Ihre Stückpforten öffneten sich, und die Kartaunen aller sechzehn Schiffe brüllten mit einem Schlag auf — ein Donnerkrachen, als stürze der Himmel auf die Erde nieder; ohrenbetäubender, drohend in den Bergen verrollender Widerhall. Pulverdampf wölkte auf, hüllte die Schiffe ein, strich in langgezogenen schwefligen Schwaden über das Wasser hin. Während die Kanonade, der herabsinkenden Dämmerung ungeachtet, pausenlos fortgesetzt wurde, gingen vierhundert Mann, von Coen und Mertsen geführt, in die Schaluppen. Die Boote wandten sich nach rechts, wo ein schöner, breiter, mit Palmen gesäumter Strand zur Landung einlud. Auf Widerstand trafen die niederländischen Truppen hier nicht. Die Stadtmauer fanden sie freilich besetzt, doch fochten die Verteidiger nur mit halbem Herzen. Gab es doch schreckenerregende Geschichten von der Grausamkeit, mit der die Orang blanda zu kämpfen pflegten, lügnerische Übertreibungen und freche Unwahrheiten. Mas Demang und Rana Manggala hatten sie verbreiten lassen, um den Haß gegen die Niederländer zu schüren. Nun rächte sich dies. Nicht zum verzweifelten Widerstand stachelten solche Greuelmärchen an; sie lähmten vielmehr den Kampfeswillen der Javanen. Gleich einer führerlosen Herde floh nun alles, was Beine hatte, aus den Mauern der Stadt.

Als einer der ersten erklomm Jan Pieterszoon den Wall. Nicht ohne Neid beobachtete er einen kindsjungen Fähnrich, der sich dicht hinter ihm geschmeidig und scheinbar mühelos über die Brüstung schwang. Lachte das Bürschchen doch unbekümmert, während er selbst heftig um Atem ringen mußte. Freilich, die offenkundige Bewunderung in den Blicken des Jungen tat wohl. Vermutlich bildete der Kleine sich ein, die rasche Erstürmung der Mauer sei dem überlegenen Geschick seines Generals zuzuschreiben. „Vorwärts!" kommandierte Coen.

Unter leichten Gefechten wurde die Linie der Verteidiger aufgerollt. Nach wenigen Minuten konnten die Tore von innen her geöffnet werden. Soldaten und Matrosen stürmten, Feuerbrände schwingend, durch die verlassenen Gassen, wühlten in fortgeworfenem Hausrat, durchstöberten Hütten und Paläste, trieben das herrenlose Vieh auf dem Paseban vor der Moschee zusammen. Erbarmungslos töteten sie zurückgebliebene Greise und Kinder, legten Feuer an die dürren Reisstrohdächer und sprengten das zierliche, mit vier übereinandergeschichteten Dächern emporstrebende Minarett. Ein Rausch von Zerstörungswut hatte die Männer erfaßt; vor nichts und niemandem machten sie halt. Manch unersetzliche Kostbarkeit wurde sinnlos vernichtet in dieser Nacht; manch Schuldloser verlor unter den Piken und Entermessern der Orang blanda sein Leben. Die Hölle war los. Und der sie entfesselt hatte, wurde mit fortgerissen vom infernalischen Strom. Schaudernd trachtete Coen, dem Rasen Einhalt zu tun — vergebens! Blutdunst und lodernder Flammenschein hatte die Männer von Sinnen gebracht. Das Feuer mußte sich selbst verzehren.

Angewidert wandte Jan Pieterszoon sich ab, schritt, vom Grausen vor sich selbst geschüttelt, an dem schönen Strand hin. Mochten De Carpentier und Mertsen die Sache zu Ende führen; für ihn gab es hier im Augenblick nichts zu tun. Leise raschelnd strich ein salziger Hauch durch die Palmenrispen. Kehrte man der brennenden Stadt den Rücken, so ließ sich denken, man sei allein auf der Welt. Land und Meer vermählten sich in wundersamer, vom wahnwitzigen Treiben der Menschen unberührter Schönheit unter dem Glanz der Gestirne. Warum kam ihm Venthorst eben jetzt in den Sinn? Der Gedanke an den Doktor beunruhigte ihn; was würde Venthorst zu dieser Tat wohl sagen? Eine tiefe Gegnerschaft bestand zwischen ihnen. Allein die Tatsache. daß ein Venthorst existierte, daß es Menschen seiner Art gab, reizte Jan Pieterszoon und tröstete ihn doch auch zugleich, wie eine ferne, unbestimmte Hoffnung in der Nacht des Lebens zu trösten vermag. Und es war sonderbar — seine Augen, noch geblendet vom blutigen Brand, nahmen miteins das Wunder der blauen Stunde wahr, die Schönheit jener Augenblicke, da die Natur mit Atmen innehält, ihre Geschöpfe schweigen, des Meeres Welle leise verrauscht. Ein Gott scheint unsichtbar über die Erde zu gehen; sein Atem ist Frieden.

Verdrießlich schüttelte der Einsame diese Empfindung ab. Was war Venthorst denn? Ein selbstgerechter Narr! Was hatte er in seinem langen Leben bewirkt? Was würde bleiben von ihm? Sein Wissen verwehte mit ihm; seine Erkenntnisse verflüchtigten sich wie Rauch. „Ich aber —" sagte Jan Pieterszoon sich — „ich habe die Welt verändert aus eigener Kraft; ich habe den Menschen Ziele gesetzt; ich werde sie einer glücklichen Zukunft entgegenführen, ob sie es wollen oder nicht, und müßte ich durch Meere von Blut und Tränen gehen!"

Narrenspiel um Batavia

Van Raay hockte, das Gesicht in den Händen vergraben, am Tisch. Papiere und Kartenrollen bedeckten die Platte. Eine geladene schwere Reiterpistole lag neben seinem Ellenbogen auf dem Brief, der eine Rechtfertigung seines Handelns enthielt. Der Kommandant zweifelte nicht daran, daß man ihm die Schuld an den Geschehnissen im Fort aufhalsen werde, ihm ganz allein. Das bedeutete schmachvolle Entlassung aus den Diensten der Compagnie; mehr noch — das Ende aller Hoffnungen und Wünsche. Wer so kläglich versagt hatte, durfte wohl kaum erwarten, ein neues Wirkungsfeld zu finden.

Morgennebel stiegen vom Fluß auf, wanden sich gleich grauen Hydrahälsen über Schanze und Wall. Ihr Gift drang ins Blut, lähmte Körper und Geist. Van Raay seufzte. Die Lage war hoffnungslos. Man hatte die Kapitulation unterzeichnet und damit sich selbst verurteilt. Er war ganz einfach erledigt. Rücklagen zu machen, das hatte die kärgliche Besoldung ihm nicht gestattet. Für Unterschleife, lichtscheue Privatgeschäfte oder dergleichen war er zu redlich gewesen oder — zu dumm. Man würde als Bettler dastehen, entehrt, in mehr als einem Sinne besiegt. Und doch war er sich keiner Schuld bewußt, ja, nicht einmal einer Nachlässigkeit. Man hatte getan, was den Umständen angemessen, was gerecht, was vernünftig erschienen war. Indes, wer würde das später anerkennen? Die Menschen liebten es, Welt und Dinge nach ihren Wünschen gefärbt zu sehen, nahmen für Wahrheit, was ihnen schmeichelnd ins Ohr geblasen wurde. Nun brauchten sie einen Sündenbock für den Verlust des Forts; und ihn, Van Raay, würden sie in die Wüste schicken. In solche Gedanken verloren, betrachtete er den matt glänzenden Lauf der Waffe. Das Dunkel vor den Fenstern lichtete sich bereits. Der altgewohnte vielstimmige Hahnenschrei schmetterte triumphierend gen Himmel. Es wurde Zeit, sich zu entscheiden, ob man auch fernerhin die Last des Lebens tragen, Kränkungen und Demütigungen erdulden, sich dem Feinde ergeben solle oder diesem elenden Dasein ein Ende machen?

Schritte vor der Tür... Ein japanischer Söldner stürmte herein, verneigte sich, plapperte Unverständliches, aufgeregt aus dem Fenster deutend. Der Kommandant vergaß für den Augenblick die eigene Not. Er folgte dem Mann ins Freie, erstieg die Bastion. Von dort aus, freilich, war wenig zu sehen. Still, unter silbrigen Dünsten zog der Fluß dahin. Die Masten der DELFT ragten schwarz und schmucklos wie Grabkreuze aus träge treibenden Nebelschwaden. Dann und wann wurde für Augenblicke das jenseitige Ufer sichtbar — Wiesen, Bäche, Buschwerk... Doch was war das? Herr im Himmel! Van Raay rieb sich heftig die Augen. Über den weiten Plan verstreut standen Hunderte kleiner weißer Zelte. Je mehr der Nebel sich lichtete, desto zahlreicher und deutlicher traten sie hervor. Zwischen der englischen Batterie und der Küste hatte ein Kontingent Bantamscher Krieger Stellung bezogen. Mit bloßem Auge erkannte Van Raay unter ihnen den Sjahbandar Rana Manggalas, Tumenggung Agi, mit dem er früher befreundet gewesen war. Der Oberzollrichter bestieg soeben mit anderen Orang Kjai ein Boot.

Die Kunde vom Eintreffen des Bantamer Heeres hatte sich mit Windeseile im Fort verbreitet. Immer mehr Menschen fanden sich auf der Bastion ein — Gemeine und Offiziere, Weiber, ja selbst Kinder. Die Ratsherren drängten sich um den Kommandanten, graubleich, mit verschlafenen Mienen. Fröstelnd, in ungeordneter Kleidung standen sie an der Brüstung und starrten über den Fluß, aber sichtlich von neuer Hoffnung belebt.

„Was mag er wollen?" fragte Ehrwürden Hulsebos, mit dem Daumen auf das sich nähernde Boot deutend.

„Wir werden es hören", erwiderte Van Raay. Hulsebos hatte ihn bitter enttäuscht. Müden Schrittes, wie träumend, ging er zum Tor, um den Tumenggung zu empfangen.

Während Van Raay und Pangeran Agi im Fort miteinander verhandelten, während die Bantamschen Regimenter sich um die Stadt zu einem dichten Ring zusammenschlossen, herrschten im Kraton des Fürsten heillose Bestürzung und Verwirrung. Bereits vor Tagesgrauen hatten sowohl Admiral Dale als auch Pangeran Gabang, ein jeder begleitet von einer schwerbewaffneten Leibgarde, den Amba Raja aufgesucht. Wie das gemeint sei, herrschte Dale den Bantamschen Würdenträger an, ob sie nicht länger Verbündete wären?

Pangeran Gabang wehrte die groben Vorwürfe mit gleichmütigem Lächeln ab: Das wisse der geehrte Capitan maior wohl selbst am ehesten; wären es doch die Briten gewesen, die mit dem Überfall auf den SWARTE LEEUW wie auch durch die Wegnahme der chinesischen Dschunken den mit der Krone von Bantam geschlossenen Kontrakt gröblichst verletzt hätten. Sein Herr jedenfalls, der Ki Patih, halte sich nicht länger an jene Abmachungen gebunden. Denke der geehrte Capitan maior indes an Gewalt, so stünden zehntausend Bantamsche Krieger bereit, Gleiches mit Gleichem zu vergelten. Im übrigen — fügte er noch hinzu — gehe diese Sache die Engländer gar nichts an; das Reich Djakatra unterstehe der Krone von Bantam. Die Niederländer hätten demzufolge ihre Festung auf Bantamschem Gebiet errichtet. Alle hieraus entstehenden Zwistigkeiten müßten zwischen seinem Herren und der Compagnie geregelt werden.

Nahezu eine Stunde hielt sich der Tumenggung bereits im Fort auf, als die englische Übernahmekommission vor dem Tor erschien, auf Befehl Van Raays jedoch nicht eingelassen wurde. Die Verhältnisse hätten sich über Nacht geändert, ließ der Kommandant den Herren sagen; eine schriftliche Erklärung werde ihnen in Kürze zugehen. Da gab es lange Gesichter bei den Briten; über die Maßen entrüstet waren sie. Aber auch die niederländischen Soldaten, Matrosen und Schreiber, mehr durch ihr Empfinden geleitet als durch kaltblütige Überlegung, erregten sich, als diese Wendung der Dinge bekannt wurde. Einige versuchten, das Tor zu öffnen; andere hinderten sie daran. Nervös mit dem Federkiel spielend, horchte Van Raay auf den Lärm, der sich unter seinem Fenster erhoben hatte.

Pangeran Agi beobachtete ihn mit unbewegter Miene. „Ich sehe nicht ein, weshalb Euch die Entscheidung schwerfallen sollte", setzte er ruhig die Unterredung fort. „Mein Herr, der Ki Patih, hat nicht nur Euren Landsleuten Schutz gewährt, er hat auch Eure Loge und die in ihr lagernden Güter vor dem Zugriff dieser englischen Piraten bewahrt. Eben jetzt wird Capitan Van den Broeck samt seinen Begleitern nach Bantam überführt; dort sind die Herren in Sicherheit. Verlangt mein Herr nun, daß Ihr das Fort an uns übergebt, so ist dies ebenso maßvoll wie gerecht. Mein Herr verbürgt sich für Euer Leben und Eigentum. Er wird Euch und Euren Leuten gestatten, in der Stadt Djakatra zu verbleiben und Handel zu treiben wie bisher, obschon — ich gestehe es — wir es lieber sähen, wenn Ihr und die übrigen Kaufleute nach Bantam zurückkehrtet..."

„Ich glaube nicht, daß der Herr Generalgouverneur darauf eingehen wird", entgegnete Van Raay gereizt.

Der Tumenggung hob beschwichtigend die gebreiteten Hände. „Versetzt Euch in unsere Lage, Capitan! Mein Herr würde euch Niederländer nur ungern vernichtet sehen, doch dulden, daß ihr euch des Landes bemächtigt, das kann er nicht. Allein, dies wäre die Folge, erlaubte er euch, Festungen auf seinem Grund und Boden zu bauen. Ya Allah! Er bietet Euch und Euren Leuten Freundschaft und Frieden, hält er doch die Engländer für treuloser und gefährlicher als jede andere Nation."

„Gut", brummte Van Raay, „ich will dies dem Rat vortragen, da ich selbst in einer so schwerwiegenden Sache nicht entscheiden kann."

Der Kriegsrat trat unverzüglich zusammen. Bevor jedoch die Sitzung eröffnet werden konnte, lenkten lautes Johlen und Gröhlen, Schmährufe, Spottreden und Hohngelächter die allgemeine Aufmerksamkeit auf das Tor. Van Raay begab sich eilends dorthin und erblickte außerhalb der Mauern Captain Johns, der mit zornigen Worten Einlaß begehrte, mit einigen Bewaffneten. Seine Entrüstung kaum noch bemeisternd, forderte der Offizier freie Durchfahrt auf dem Fluß für ein Dutzend Schuten und Schaluppen. „Wir ziehen ab!" rief er aufgebracht. „Euch trifft die Schuld. Aber Ihr werdet schon noch erleben, Sir, was es mit diesen arglistigen Heiden auf sich hat. Viel Vergnügen, ihr Herren! Denkt nur an uns, wenn man euch bei lebendigem Leibe röstet oder auf glühenden Steinen tanzen läßt. Wir rücken ab! Wer weiß, was dieser Hund von Ki Patih mit unseren Leuten zu Bantam angestellt hat. Wurde auch nur einem Briten dort ein Haar gekrümmt, so soll in der Stadt kein Stein auf dem anderen bleiben."

Mit Sack und Pack, selbst ihre Kanonen hatten sie mitgenommen, ruderten die Engländer den Fluß hinab, überschüttet und verfolgt vom Hohngelächter der niederländischen Soldaten. Sie schwiegen dazu, so hart es sie ankommen mochte. Als Dale vorüberfuhr, brach die Fortbesatzung in rasenden Jubel aus. Die blasse Starrheit seiner Züge war selbst auf solche Entfernung wahrzunehmen. War dies der gleiche Mann, der geprahlt hatte, er werde die niederländische Macht wie einen Haufen Kehricht aus dem Archipel fegen? Nun, gar so leicht schien dies eben doch nicht zu sein. Hier zum ersten Mal ahnte Van Raay hinter all den Unzulänglichkeiten, hinter dem menschlichen Versagen seiner Landsleute ein wenig von der Kraft, die ihnen innewohnte und sie allen Anschlägen der Feinde zum Trotz dennoch bestehen ließ.

Abermals folgten Beratungen; sie zogen sich über drei Tage hin. Noch mehr als zuvor traten hier und jetzt kleinlicher Ehrgeiz, Haß, Neid, Mißgunst, Rachsucht, Furcht und Dummheit zutage. Und wiederum erklärte sich dies Konsilium zur Übergabe bereit. Van Raay indes zeigte sich diesmal nicht gewillt, den Beschluß anzuerkennen. Überzeugt, mit seinem Fortkommen sei es so oder so vorbei, kümmerte er sich nicht länger darum, ob sein Verhalten gebilligt würde oder nicht; er war fest entschlossen, der beschworenen Pflicht zu genügen. Dies verlieh ihm Halt und Würde; er wuchs über sich selbst hinaus. Angst und Schüchternheit, die ihn so lange in seinen Entschlüssen gehemmt, wichen einem inneren Zorn, einer kalten

Verachtung. War es das schlechte Gewissen, die Furcht, Coen, dem Tiger, unter die Augen treten und Rechenschaft ablegen zu müssen, was einige der Herren mit so unverständlichem Eifer auf eine Übergabe dringen ließ, oder hofften sie, ihr Leben auf Kosten der Compagnie zu retten? Ihren verzweifelten Bitten und Beschwörungen setzte er allemal sein hartes Nein entgegen. Ja, er drohte, einen jeden in Ketten legen oder ohne Gnade aufknüpfen zu lassen, der es wage, an Verrat zu denken.

Und so, als wolle ihn das Schicksal für seine Standhaftigkeit belohnen, gelangte über Schleichwege die Nachricht ins Fort, Coen sammle eine mächtige Flotte auf der Reede von VIKTORIA. Aushalten — hieß es; aushalten um jeden Preis, hinhalten! Van Raay nahm deshalb Rana Manggalas Bedingungen nicht an, noch lehnte er sie endgültig ab. Vielmehr ersann er mit List und Geschick immer neue Gegenvorschläge, die dem Ki Patih zwar unannehmbar erscheinen mußten, ihm aber die Hoffnung auf endlichen Erfolg beließen. So bot er nach längerem Hin und Her Seiner Hoheit den vierten Teil der im Fort befindlichen Gelder und Handelswaren an sowie die Hälfte aller Kanonen. Als Gegenleistung solle die Krone von Bantam die für den Abtransport der Garnison erforderlichen Fahrzeuge stellen und von den Briten freies Geleit erwirken.

Am 9. Februar ließ er diese fragwürdigen Vorschläge dem Ki Patih übermitteln, hoffend, Rana Manggala werde sie nicht weniger entrüstet zurückweisen, als es vordem Mas Demang getan hatte. Der Ki Patih aber sah sich mittlerweile durch ganz andere Sorgen bedrängt. Dale war nämlich mit seinen Schiffen auf die Reede von Bantam zurückgekehrt und bedrohte nunmehr die Stadt. Obendrein berichteten Boten von Ternate und Banda über die Flotte, die Tiger Coen bei Amboina zusammenzog. Und nun, um das Maß voll zu machen, erschien auch noch eine Gesandtschaft des Panembahan von Mataram. Deren Führer, der berüchtigte Tumenggung Bahuraksa, beschuldigte Rana Manggala mit barschen Worten des Rechtsbruches gegenüber seinem Vasallen Mas Demang sowie schändlichen Verrates an der gemeinsamen Sache. Ja, er drohte, ziehe Bantam das Heer nicht aus Djakatra zurück, die Freigabe des Fürstentums mit Waffengewalt zu erzwingen.

Im Schatten dieser nahenden Unwetter war das Tauziehen um Fort Djakatra zur reinen Bagatelle geworden. Zeitiger, als Van Raay erwartet, traf Rana Manggalas Antwort auf seinen Vorschlag ein. Seine Hoheit erklärte sich mit allem einverstanden; nur könne man von den Engländern freies Geleit nicht erlangen. Er werde sie jedoch zu zwingen wissen, denn er habe ihre Faktorei in Beschlag genommen.

Welch einen Jubel erregte diese Nachricht im Fort. Man lachte jetzt, sang und scherzte, als sei alle Sorge und Not mit dem Wind davongeflogen. „Kapitulation!" hallte es durch Flure und Gänge. „Kapitulation!" gellte es schmerzhaft Van Raay in den Ohren. Zähneknirschend gestand er sich, daß vieles versäumt worden war. Hätte man nur beizeiten für harte Arbeit und strengen Dienst gesorgt, jede Widersetzlichkeit grausam bestraft, dann würde wohl niemand Muße für unnütze Gedanken gefunden oder sich eingebildeten Ängsten überlassen haben. Was half es aber, über vergossene Milch zu weinen? Jetzt war es zu spät, der Verfall von Manneszucht und Kampfeswillen nicht mehr aufzuhalten. Es gab nur eines — den Zeitpunkt der Übergabe hinauszuzögern, Zeit gewinnen! Im Geiste sah Van Raay die Armada Coens unter vollen Segeln über das Südmeer rauschen; jede gewonnene Stunde brachte sie um Meilen näher. Auf sein Betreiben setzte der Rat einen Bettag an, um Gott wie es Brauch war, zu bitten, daß die Sache ein gutes Ende nehme.

Nachdem Domine Hulsebos früh am Morgen und um die Mittagszeit Gottesdienst gehalten, wurde das Fasten durch ein allgemeines Festmahl abgeschlossen. Ein letztes Mal wollte man sich an den noch reichlich vorhandenen Vorräten gütlich tun, bevor das Fort den Javanern ausgeliefert wurde. Das Fest artete zu einer sündhaften Orgie aus, wähnte doch ein jeder, Van Raay allein ausgenommen, daß nun alles zu Ende sei.

Aber man irrte sich. Als die Herren aus ihrem Rausch erwachten, hatte sich an der Lage so gut wie nichts geändert. Alles ging, mochte man glauben, im gewohnten Trott. Die Disziplin wurde, wenn auch nur notdürftig, wiederhergestellt. Weder Mas Demang noch Rana Manggala ließen von sich hören. Die Stadt lag todesstill, wie verlassen, da. Und die britische Flotte schien für immer von der dunstigen Weite des Meeres verschlungen. Van Raay begann aufzuatmen. Ein Tag um den anderen verstrich, ohne daß etwas Bedrohliches geschah. Ehrwürden Hulsebos schrieb dies der Gnade des Himmels zu. In Wahrheit aber hatte die günstige Wendung, die die Dinge für die Niederländer nahmen, in der Zwietracht der javanischen Fürsten ihren Grund.

Anfang März erschien die Adviesyacht TIGER auf der Reede von Djakatra. Ihr Pilot meldete, Coens Flotte sei bereits nach Java unterwegs. Die Stimmung im Fort hob sich. Gott der Herr selbst — verkündete Hulsebos — habe die Feinde mit Blindheit geschlagen, habe sie untereinander entzweit, um sein auserwähltes Volk zu retten.

Auf den Handel mit der O. I. C. zu verzichten, hatte Rana Manggala niemals ernsthaft beabsichtigt. Es war ihm nur darum gegangen, die Orang blanda unter Kontrolle zu halten und soviel Nutzen wie möglich aus ihrer Tätigkeit zu ziehen. Seit Coen das Hauptkontor nach Djakatra verlegt hatte, herrschte Ebbe in der königlichen Schatulle, die Reede von Bantam verödete. Chinesen wie Makassaren, ja, selbst die Kaufleute von Ceylon, Suratte und Malabar segelten von nun an nach Djakatra. Dies wie auch die herkömmliche Eifersucht zwischen den beiden Fürstentümern hatte Rana Manggala zuletzt veranlaßt, sich mit Seiner Herrlichkeit, dem Panembahan von Mataram, zu einigen.

Marta Pura indes, beraten und beherrscht von einer Clique ehrgeiziger Offiziere, verfolgte insgeheim höchst eigensüchtige, in ferner Zukunft liegende Ziele. So wie sie sich nach und nach abzuzeichnen begannen, gingen seine Absichten dahin, alle Fremden, gleich welcher

Nation, aus dem Lande zu vertreiben, die durch Kriegswirren geschwächten Verbündeten einen um den anderen der eigenen Oberhoheit zu unterwerfen und auf solche Weise das Großreich der Ahnen aufs neue erstehen zu lassen.

Rana Manggala hingegen dachte nicht im Traum daran, sich dem Panembahan zu beugen. Der Pakt zwischen Bantam und Mataram war also von beiden Seiten nicht nur unter falschen Voraussetzungen sondern auch mit listigen Vorbehalten geschlossen worden. Und als sich Mas Demang nun nicht an ihn, wie es nach Gesetz und Herkommen Rechtens gewesen wäre, sondern an den Panembahan um Beistand gegen die Orang blanda gewandt, war Rana Manggala in heftigen Zorn geraten. Der schroffe Befehl Bahuraksas, seine Truppen aus Djakatra zurückzuziehen, brachte ihn nahezu von Sinnen. „Wer bist du —", herrschte er den Tumenggung an, „daß du es wagst, mir unter meinem eigenen Dach zu drohen? Ein elender Sklave bist du, der Hund eines Herren, der selbst ein Dieb und Thronräuber ist. Ya Allah! Hebe dich fort und melde dem Panembahan, eher würde ich Djakatra den Ungläubigen lassen als die Oberhoheit von Mataram anerkennen!"

Noch am selben Tage sandte er Pangeran Gabang nach Djakatra. „Entsage dem Thron oder erwarte den Goldenen Kris!" ließ er Mas Demang ausrichten. Der Goldene Kris — das bedeutet Tod von eigener Hand!

Kaum waren diese Vorgänge zu Djakatra bekannt geworden, so lief das Volk auf dem Paseban zusammen. Parteien bildeten sich. „Bantam!" brüllten die einen, die anderen: „Mataram!" Bald schon floß Blut. Das Geschrei in der Stadt war so laut, man konnte es sogar auf den Wällen der Festung hören. Wie groß aber war die Genugtuung der Niederländer, als sie vernahmen, um was es sich handelte. Der Streit zwischen ihren Gegnern mußte ihnen von unabsehbarem Nutzen sein.

Mas Demang, völlig überrascht und verstört durch die unerwarteten Folgen seiner Unklugheit, weigerte sich, dem Befehl seines Lehnsherrn nachzukommen. Hatte er hierbei auf den Beistand des Volkes gehofft, so wurde er bitter enttäuscht. Die Djakatraner schrien zwar Zeter und Mordio, aber sie rührten keine Hand, als Pangeran Gabang die Leibwache Mas Demangs durch Bantamsche Krieger überwältigen, den Amba Raja festnehmen und samt Angehörigen und Würdenträgern, alles in allem an die fünfzig Personen, aus der Stadt führen ließ. Mas Demang wurde nach einem elenden Ort am Fuße der Tanara Berge verbannt. Seine Untertanen beruhigten sich. Ja, aus dem drohenden Bürgerkrieg wurde im Handumdrehen eine lustige Bauernkirmes, an der nicht nur die Chinesen teilnehmen durften, sondern auch die bislang so verhaßten Orang blanda.

Das Dröhnen der Kriegsgongs, vom fernen Karta her den ganzen Osten Javas aufrührend, bereitete der festlichen Stimmung ein jähes Ende. Seine Herrlichkeit, Marta Pura, war nicht geneigt, den Übergriff Rana Manggalas hinzunehmen; nicht umsonst sollte Mas Demang ihn um Schutz gebeten haben. War es nicht eine Ehrenpflicht, jenen, die seiner Hilfe bedurften, beizustehen? Dies um so mehr, als nicht nur die Schutzherrschaft über Djakatra dabei zu gewinnen war, sondern sich auch der seit langem ersehnte Anlaß bot, das Königreich Bantam anzugreifen. Rana Manggala wußte, nun geht es um Kopf und Thron!

Noch unter den letzten Raketen und Böllerschüssen des verhallenden Festtrubels trieb Pangeran Gabang die Djakatranen an die Arbeit. Mas Demangs schöne Stadtmauer, die im Laufe der vergangenen Wochen ein wenig gelitten hatte, mußte ausgebessert, um einige Meilen verlängert und durch Wälle und Gräben verstärkt werden. Mehrere Schanzen sowie auch eine tiefe Gracht sollten die Ostseite schirmen; im Süden hinter der großen Flußkrümmung starke Feldbefestigungen entstehen.

Vielleicht hätte Van Raay den Anstalten abwartend zugesehen, zumal er nicht glaubte, die fieberhafte Tätigkeit der Javanen richte sich gegen das Fort. Allein, die Ratsherren hatten sich mittlerweile von ihrem Schrecken erholt, und es drängte sie nun, etwas zu unternehmen, was ihre bisherige Faulheit und Feigheit vergessen ließ. Also wurde — abermals gegen die Stimme Van Raays — beschlossen, „ein wenig Kriegswerk" zu tun. Leutnant Strijcker brach ohne irgendwelchen Anlaß mit dreißig Mann aus der Festung hervor, nachdem man die Friedensfahne vorsorglich niedergeholt. Er vertrieb die überraschten Javanen aus der Westbastion am Fluß, steckte die Werke in Brand und geriet daraufhin in ein Handgemenge mit den ebenso bestürzten wie erzürnten Kriegern des Ki Patih. Wer hätte sich auch die Handlungsweise der Orang blanda zu erklären vermocht? Vier Javanen wurden bei diesem Scharmützel getötet, unter ihnen zwei Orang Kjai von hohem Rang.

Der Sieg mußte gefeiert werden. Man fertigte den TIGER mit einem Bericht dieser Heldentaten nach Ambon ab, holte die Blutfahne ein und hißte die Friedensflagge von neuem. Danach wurde Bankett gehalten, und in feuchtfröhlicher Siegerlaune verabredete man, der Festung nun endlich einen Namen zu geben.

Früh am 12. März, es dämmerte noch, rief die Trommel das Volk des Forts auf den Platz. Eine Kanzel war dort errichtet worden; über ihr flatterten die Farben Niederlands und Oraniens in der Morgenbrise. Domine Hulsebos eröffnete die Feierlichkeiten mit einem Gebet. Danach verkündete Van Raay, das Fort solle von nun an den Namen BATAVIA tragen; so habe die Heimat geheißen in alter Zeit. Die vier Bastionen wurden WESTVRIESLANDT, HOLLANDIA, ZEELANDIA und GELDRIA getauft. Ein Ehrensalut von zwölf Kanonenschüssen beschloß den festlichen Akt, dem ein allgemeines Gelage folgte.

Der einzige, der diesmal nicht daran teilnahm, war Mijnheer Van Loon. Verdrießlich schlenderte er auf den Wällen umher, innerlich brodelnd und zischend wie ein Topf voll kochender Krebssuppe. „Geh!" fauchte er den Posten auf GELDRIA an. „Geh, mein Junge, sauf dich voll auf Kosten der Compagnie... Ich will für dich Wache stehen. Die Schurken sollen nichts davon haben, wenn mir der Durst vergangen ist. Batavia — pah! Was heißt schon

Batavia? Der Herr Generalgouverneur wird ihnen — von wegen Batavia! Hoorn ist's, Hoorn bleibt's! Aber — was hilft das Fluchen? Wer mag solchen Strohköpfen ins Gewissen reden... Da sie nichts wissen, wie könnten sie da Gewissen haben? Gott schütze die Dummheit!" Dankerfüllt drückte der Posten dem Commis das Gewehr in die Hand und trollte sich zu den Weinhumpen und Bierseideln im Großen Saal.

Während er noch die Namensgebung vollzog, überlegte Van Raay, wie sich das Ereignis auf die Eingeborenen auswirken, wie es von Coen aufgenommen werden würde. Mißmut und Sorge verbargen sich nur unzureichend hinter seinem blassen Lächeln. War die Narrheit noch weiter zu treiben? Er sah im Geiste die Heere vor sich, die das Gebiet um Djakatra besetzt hielten oder sich an den Grenzen von Demak sammelten. Auch stand ihm die englische Flotte noch lebhaft vor Augen, wie sie dort draußen, achthundert Kanonen stark, auf der Reede geankert hatte. Und nicht zuletzt sah er das fremde wilde Land mit seinen fieberbrütenden Morästen, mit seinen Feuerbergen, mit den von Ungeheuern durchstreiften Urwäldern. Gleich einem Moloch verzehrte es die Kraft der Eindringlinge, untergrub ihre Gesundheit, brachte sie um Glauben, Moral und Verstand. Waren sie nicht wie Tropfen in diesem Meer der Finsternis? Und dennoch tat man so, als existiere all das nicht, feierte Feste, taufte Forts, verschloß die Augen vor der Wirklichkeit. Gleich Schlafwandlern gingen die Niederländer ihren Weg. Wohin —?

Der Tiger schlägt zu

„Seht Ihr was, Andries?"

„Nein, Pieter, noch viel zu weit!"

De Carpentier ließ sich auf die schmale Ducht der Parahu zurücksinken. Ihr scharfer Bug schnitt mühelos durch die glatten, kammlosen Wellen. Über dem geschwungenen Steven zersprühte, in allen Farben des Regenbogens flimmernd und glitzernd, der Gischt. Prall wölbte sich das rostbraune Mattensegel über ihnen am gelben Bambusmast. De Carpentier lächelte, obschon ein wenig beklommen; die bronzefarbenen, fröhlichen Gesichter der makassarischen Bootsleute — dann und wann lugten sie hinter dem mit Palmblättern gedeckten Hüttendach hervor — stachen allzu augenfällig von der sauertöpfischen Miene seines Gefährten ab.

Andries Soury, Obercommis und Rat von Indien, gefiel sich, seiner Jugend ungeachtet, in einer Schwarzseherei, die er „gesund" zu nennen pflegte. Im übrigen aber war er ein guter Kamerad, verläßlich und pflichtgetreu, und keineswegs ohne Sinn für die heiteren Seiten des Lebens. Hier nun meinte er, die Erwartungen De Carpentiers herabstimmen zu müssen. Nachdem er eine Weile die Küste, aus deren Grün die Festung gleich einem massigen Korallenblock hervorragte, die vereinsamte Reede sowie die Inseln Onrust, Poutri und Purmerend durch das Fernrohr betrachtet hatte, brummte er: „Ich fürchte, wir kommen zu spät! Warum sollten sie das Fort nicht längst übergeben haben? Ich weiß, Pieter, Ihr laßt auf Seine Exzellenz nichts kommen, indes — verzeiht — er muß übel beraten gewesen sein. Wie kann man nur einen Van den Broeck zum Kommandanten machen? Warum nicht Euch? Oder mich? Oder sonst einen Diener der Compagnie, von dem man weiß, was er taugt? Die Herrschaften dort sind keinen Schuß Pulver wert, ob sie Van den Broeck heißen, oder Van Raay, oder Van Gorcum ... Ich begreife nicht, was die Bewindhebber plagt; warum nehmen sie solche Windbeutel in Lohn und Brot? Ihr und ich, wir können uns abrakkern, können korrekt bis auf den Stüber sein, man wirft uns doch mit den Van den Broecks in den gleichen Topf. Dagegen wehr' ich mich! Ein Mensch ist nicht wie der andere; es gibt Unterschiede..."

De Carpentier lachte jetzt unverhohlen. „Andries, ich glaube, ich seh' so etwas wie eine Flagge!"

Soury beschattete die Augen mit der flachen Hand. „Ihr habt recht — Gott tut noch Wunder!"

Flut und Wind im Rücken, wandte die Parahu sich nunmehr der Flußmündung zu, rauschte über das stillere Wasser der Reede, passierte die verlassenen Werftanlagen und Batterien von Onrust und lief schließlich in den Tji Liwong ein, wo sie an der behelfsmäßigen Lände des Forts festmachte.

„Die feiern wohl Geburtstag?" Soury brummte es, indem er ungnädig den im Seewind flatternden Flaggenschmuck maß und den Atem anhielt, um auf das ausgelassene Lärmen zu lauschen, das hinter der Umwallung hervordrang.

„Ja, wahrhaftig", nickte de Carpentier. „das scheint mir ein lustiger Krieg zu sein. Begreift Ihr das? Keine Wache auf den Bastionen... Im Vorfeld kein Feind... Das Bantamsche Heer ist offenbar abgerückt. Vom Englischen Haus seh' ich keine Spur. Die Schanzen davor sind verlassen, zerstört. Da hat jemand ganze Arbeit getan. Schaut nur, auch die Mauern der Stadt sind arg mitgenommen."

Eilig schritten die Herren, gefolgt von vier Bewaffneten, dem Festungstor zu. Ein hölzerner Steg überspannte notdürftig den sumpfigen Graben. Sie fanden das Tor geschlossen, aber keinen Posten davor. Ihre Rufe wurden nicht gehört. Als einer der Matrosen sich auf De Carpentiers Geheiß gegen das Tor stemmte, schwang der schwere Flügel knarrend zurück, so daß der Mann ins Innere taumelte. Und noch immer zeigte sich keine Seele. „Lotterwirtschaft!" schalt Soury erbost.

De Carpentier zuckte die Achseln. Was sollte man davon halten? Aber dann, als sie sich dem Hause NASSAU näherten, riß auch er die Augen auf. Trunkene lagen, wie

Lumpenbündel hingeworfen, im Schatten der Mauern. Einer der Zechbrüder taumelte lallend über den Platz. Durch die aus dem Blei gestoßenen Butzenfenster klangen rohes Gelächter, kreischende Weiberstimmen, das Klirren von Bechern und — hauchzart gleich einem verwehten Klagen — das silbrige Kling-klang-klong eines Xylophons. Die Tür wurde aufgerissen. Van Loon stolperte, verfolgt von mehreren Burschen, fluchend ins Freie. Fast wäre er gegen die beiden Herren geprallt. Jäh ernüchtert, riß er sich zusammen, verneigte sich, suchte in heller Bestürzung nach einem passenden Begrüßungswort.

„Spart Euch das!" herrschte De Carpentier ihn an. „Keine Erklärungen! Ich sehe schon, was Ihr hier treibt. Wo ist der Kommandant?"

Van Loon schluckte. Seiner Stimme noch immer nicht ganz mächtig, deutete er nach dem Hause MAURITS hinüber. „Krank..." stammelte er, „Fieber —, Euer Gnaden!"

De Carpentier wechselte mit Soury einen Blick. „Gut", sagte er, „das Weitere wird sich finden! Wollen erst einmal hier nach dem Rechten sehen."

Vierzehn Tage später schoben sich eines Morgens die sechzehn Segel der Flotte über den Horizont. De Carpentier und Soury erstiegen, als ihnen das Eintreffen der Schiffe gemeldet wurde, die Schanze GELDRIA. Von dort aus sahen sie, nicht ohne Erleichterung, wie eins ums andere zu Anker ging. Coen würde zufrieden sein. Die Ordnung im Fort BATAVIA war wiederhergestellt; die Geschütze feuerbereit. Der Fluß war für den Verkehr geöffnet worden. Buchhalter und Schreiber arbeiteten Tag und Nacht, um die Höhe der durch Nachlässigkeit oder Plünderung entstandenen Verluste zu errechnen. Das Dach des Hauses NASSAU, das durch eine Stückkugel beschädigt worden war, wurde eben jetzt ausgebessert; man hatte es vorläufig mit einem alten Segel abgedeckt. Der Alltag war wieder eingekehrt, aber noch immer bedrohten die Truppen Pangeran Gabangs und des Tumenggung Bahuraksa den trügerischen Frieden.

„Wißt Ihr, Andries", sagte De Carpentier, „zum ersten Mal, seit ich hier im Osten bin, fühle ich mich ein wenig beruhigt. Unsere Schiffe mögen nicht so flink wie die englischen, ihre Feuerkraft mag geringer sein, sie werden jedoch von einem Manne befehligt, der zu jeder Stunde weiß, was er will, in dem Mut und Verstand sich auf das Glücklichste einen. Nun ja, ich weiß, Ihr — Andries — und auch andere, ihr fühlt euch durch seine Strenge, durch seine Schroffheit bisweilen gekränkt. Indes, bedenkt, er ist ein außergewöhnlicher Mensch, nicht zu messen mit jedermanns Elle. Man muß ihn hinnehmen wie Sonnenschein oder Hagelschlag. Wie könnte er mich beleidigen, wenn ich doch überzeugt bin, daß es nicht in seiner Absicht liegt? Ob es uns gefällt oder nicht, er wird, er muß sein Werk vollenden."

Soury hob die Schultern, lächelte. „Eure Begeisterung in Ehren, Pieter — ich teile sie nicht. Wahrscheinlich bin ich zu eigensüchtig oder zu selbstgerecht. Mir ist Größe immer verdächtig, besonders, wenn sie auf meine Kosten geht. Warum sollte ich auch andere in den Sattel heben, selbst aber auf Schusters Rappen reiten?"

Kurz vor Dunkelwerden begaben sich Coen und andere Kommandanten an Land. Auch wurde mit dem Ausschiffen der vorsorglich schon eingeteilten Truppen begonnen. Das an den Flußufern und am Strande sich sammelnde Volk sah dem Hin und Her der Schaluppen in bänglichem Schweigen zu. Inzwischen war die Verwüstung Djaparas auch in Djakatra bekannt geworden und man befürchtete nun, Coens Ankunft könne wenig Gutes zu bedeuten haben. Was das Volk dunkel ahnte, erschien dem Pangeran Gabang als schreckliche Gewißheit. Mochte sein Heer auch der Zahl nach den Orang blanda überlegen sein, gewachsen war es ihnen nicht. Noch hätte er sich aus Djakatra zurückziehen können, aber da war Rana Manggalas Befehl: Die Stadt muß gehalten werden!

Die Nacht wurde zum Tag. Boot um Boot, beladen mit Soldaten und Kriegsgerät, lief in den Tji Liwong ein. Fackeln loderten; Harzfeuer und Pechpfannen flackerten nicht nur im Fort, sondern auch auf den Straßen und Plätzen von Djakatra. Während die gelandeten Truppen verpflegt wurden und dann in den Packhäusern Quartier bezogen oder auf dem Hof biwakierten, klang das aufrührerische Tong-tong-tong der Bedugs und Kentongans drohend aus der Stadt herüber. Dort herrschte ebenfalls fieberhafte Tätigkeit. Krieger und Kulis, Sklaven wie Freie schufteten Schulter an Schulter, warfen Barrikaden auf, rammten Pfähle ein, karrten Sand und Steine, rührten Mörtel an, brachten Geschütze in Stellung. Elefanten, Baumstämme oder Felsblöcke auf den Stoßzähnen tragend, bahnten sich klirrenden Schrittes ihren Weg durch das Getümmel. Auf dem Paseban traten Soldaten zur Musterung an. Waffen wurden instand gesetzt und verteilt, Pulver und Kugeln ausgegeben. Chinesen huschten in all dem Trubel umher, boten stark gewürzten Trasibrei zum Verkauf, oder knusprige Krupuks, oder Konfekt; sie schleppten Trinkwasser herbei für die Durstenden oder auch Reisschnaps und Palmenwein. Man vergaß über alledem fast die drohende Gefahr. Was unter Angst und Schrecken begonnen worden war, nahm im Laufe der Stunden den Charakter eines Volksfestes an.

Die Soldaten im Fort sahen dem Kommenden mit Gleichmut entgegen. Was konnte denn schon geschehen? Coen führte sie — Tiger Coen! „Ha —", schwadronierte ein Sergeant, der bei Bier und Pökelfleisch am Feuer hockte, „von mehr als zwanzig rasenden Heiden waren wir umringt, der General und ich. Hier gilt's, denk' ich, schlag', tret' und stech' wie ein Irrer um mich. Der General! denk' ich. Gott schütze den General! Und doch wär's mit uns wohl Matthäi am letzen gewesen, sind doch viele Hunde des Hasen Tod, da — glaubt mir's oder nicht — stößt Exzellenz das Schwert in die Scheide, herrscht das Heidenpack in dem vertrackten Kauderwelsch an. Halt! sagt er. Ihr seid gefangen! sagt er. Fort mit den Waffen! Und — Gott ist mein Zeuge — gehorcht haben sie ... Ich hab' die Bande dann abgeführt."

„Verstehst du die Sprache denn?" fragte ein Gemeiner.

Der Sergeant schnaubte erbost. „Verstehen —? Was werd' ich verstehen... Gesehen hab' ich's, du Schwachkopf!"

Spät abends an jenem 29. Mai trat der Rat von Indien zusammen. Unter dem Vorsitz Coens beschlossen die Herren Reael, Van der Haghen, De Carpentier, Janszoon, Soury, Van der Meer und Dirckszoon — Mijnheer Vleijshouwers war ihnen als Sekretär beigeordnet — den Angriff auf Djakatra für den folgenden Tag. Selbst Doktor Reael mußte sich eingestehen, Coens Vorgehen habe in kurzer Zeit mehr Erfolg gebracht als seine eigenen behutsamen und langwierigen Unterhandlungen. Mutlos und tief bekümmert stimmte er deshalb Coens Vorschlägen ohne Vorbehalt zu; die Eingeborenen mochten es sich nun selbst zuschreiben, wenn das Strafgericht über sie kam, hatten sie doch mit ihrer Treulosigkeit, mit ihrem Mangel an Verantwortungsbewußtsein und Voraussicht dem Generalgouverneur alle Vorwände für sein Handeln in die Hand gegeben. Der Doktor in seinem frommen Sinn empfand zwar, daß es keineswegs rechtens sei, was hier geschah; doch warum es nicht recht und wohl auch nicht weise war, vermochte er nicht zu begründen.

In aller Herrgottsfrühe traten die Truppen auf dem Hofplatz an. Domine Dankaert sprach das Morgengebet. Jan Pieterszoon blickte mit gesammelter Strenge auf die tausend geneigten Köpfe hinab. Wer von ihnen würde den Abend erleben? Pangeran Gabang war gewarnt —, damit mußte man sich abfinden. Die Djakatranen nicht gerechnet, standen dem Pangeran mehr als dreitausend Krieger zur Verfügung. Jan Pieterszoon fühlte das Blut zum Herzen drängen. Dreitausend jener Krieger, die wie Wahnwitzige zu kämpfen pflegten... Kaum war das Amen verhallt, trat der Generalgouverneur auch schon vor die Front, zog den Degen und rief mit schneidender, weithin schallender Stimme: „Oranien und Niederland!"

„Oranien und Niederland!" brüllten die Soldaten. Das Wort riß sie mit. Die Parole war gut gewählt; für die Compagnie focht man nur um Sold, für Fürst und Heimat mit ganzem Herzen. Soury vermochte einem spöttischen Lächeln kaum zu wehren; glaubte Seine Exzellenz, was er da zum Besten gab?

In der Faust die blanke Klinge, schritt Jan Pieterszoon aus dem Tor, ohne den Kopf zu wenden. Der Marschtritt von tausend Füßen klang dünn und knöchern durch die Morgenstille. Hinter sich wußte er die kleine Gruppe von Beamten und Offizieren, die mehr oder minder freiwillig an der Aktion teilnahmen. Ihnen folgte der lange Heerbann der niederländischen und japanischen Kompagnie. Jeder Führer kannte seine Aufgabe. Jeder Mann war sich darüber klar: heute galt nur Sieg oder Tod; ein Zurück gab es nicht.

Im Niemandsland zwischen Fort und Stadt fächerten sich die Einheiten auseinander. Zum ersten Mal lernten die Javanen hier die vernichtende Planmäßigkeit europäischer Kriegführung kennen. Kein wüstes Gejohle; kein wirres Durcheinanderlaufen. Jeder Kompagnie, jedem Zug, jedem Trupp war ein genau bezeichnetes Ziel gesteckt. Auf breiter Front wurde der Angriff vorgetragen. Alle Schanzen, Bollwerke und Wälle des Gegners sollten, wenn möglich, zur selben Zeit genommen werden. Als Sammelplatz war der Paseban vor dem königlichen Kraton bestimmt.

Mit dem Blitzen der gen Himmel gestoßenen Klinge durchzuckte ein bisher nie gekanntes Hochgefühl Jan Pieterszoon, eine wilde, alle Dämme anerzogener Gesittung überschäumende Begeisterung. Blutwogen rauschten, donnerten ihm im Ohr. Der Trompeter blies... Fahnen entrollten sich... „Oranien und Niederland!" Musketen knatterten. Die Geschütze des Forts begannen zu spielen. Stückkugeln orgelten über die Köpfe der Stürmenden hinweg, schlugen krachend in Dächer und Gärten. Überall loderten Flammen auf. Der Kraton erhielt zwei Treffer, die ihn unter ungeheurem Getöse in Trümmer legten. Dem rauhen Kampfruf der Niederländer antwortete das schrille, leidenschaftliche „Y'allah-lallah", mit dem die Javanen sich todverachtend dem Feinde entgegenwarfen. Kreischend rafften Frauen und Kinder ihre Habe auf den brennenden Hütten. Vieh irrte brüllend umher. Schwarz wölkte Rauch zwischen den Baumkronen auf, während die ersten Niederländer und Japaner Bollwerke oder Mauern erstiegen und das entsetzte Volk vor sich her trieben wie der Wind welkes Laub. Wer nicht kämpfen mochte oder konnte, trachtete sich aus der Stadt zu retten. Viele Chinesen hatten beizeiten das Weite gesucht. Die lässigeren Javanen wurden von den Geschehnissen überrascht. Ströme von Flüchtlingen wälzten sich nun über Fluß und Wiesen dem Walde zu. Wer ein Fahrzeug besaß, ruderte den Tji Liwong hinab zum Meer.

Coen hatte zwar eine Kette von Booten quer über den Fluß ziehen lassen. Doch als nun die vielen, mit Kindern und Frauen dicht besetzten Parahus an der Biegung erschienen und sich anschickten, die Sperre zu durchbrechen, sah Jan Maat, Muskete im Anschlag, der kopflosen Flucht gelassen, ja, nicht ohne Mitleid zu. Die Teerjacken feuerten nicht; sie sparten sich sogar den Spott, der ihnen sonst so locker auf der Zunge sitzt. Unangefochten erreichten die Parahus das offene Meer. Um so heißer ging es her in der Stadt. Die Umwallung im Norden war an zwei Stellen erstürmt, Gabangs lockere Verteidigungslinie ohne große Verluste durchbrochen worden. Mit Hilfe von Leitern und Kletterpfählen wurde eine der steinernen Bastionen erstiegen, in eine andere mit Rammböcken Bresche gelegt. Vor dem Kraton trafen die Niederländer auf eine dicht geschlossene Phalanx von Leibwächtern — etwa hundert Mann stark.

„Vorwärts, vorwärts... Oranien und Niederland!"

Schritt um Schritt wichen die Javanen, während Pangeran Gabang den Palast und die Stadt in letzter Minute auf einem Elefanten verließ. Jan Pieterszoon blieb auf dem Platz vor den schwelenden Trümmern des Kratons zurück. Trompetensignale von verschiedenen Seiten her kündeten Sieg. Dichte, fettige Rauchwolken hüllten Baumkronen und Bauten ein. Büffel galoppierten geängstigt vorüber Schemenhaft tauchten Gruppen von Flüchtenden aus dem Qualm und entschwanden wieder. Nach und nach verklang das nervenzermürbende Dröhnen der Gongs. Von fern her hallte Geschrei, bis auch das erstarb. Hin und wieder unterbrach noch ein Schuß die Stille, die sich über den unglücklichen Ort zu breiten begann.

„Nein —", sagte Coen zu De Carpentier, der, rußgeschwärzt und an der Stirn blutend, auf dem Paseban eintraf, „laßt's nur brennen! Kein Haus soll stehen, kein Stein auf dem anderen bleiben. Wir wollen eine ganz neue Stadt auf diesen Ruinen bauen, eine niederländische Stadt. Sie soll für Zeit und Ewigkeit bestehen!"

Der folgende Tag brachte Arbeit und Sorgen in Fülle. Die Toten mußten begraben, Verwundete behandelt, Gefangene untergebracht, Waffen gereinigt, Munitionsvorräte ergänzt, Schutt beiseite geräumt und die Befestigungswerke ausgebessert werden. Als es dunkelte, erhielt Leutnant Strijcker Befehl, als Kurier nach Bantam zu segeln.

„Ihr setzt Euer Leben aufs Spiel", mahnte Coen, indem er das Schreiben an Rana Manggala unterzeichnete. „Haltet Euch das vor Augen! Nicht nur Euer eigenes Wohl und Wehe hängt davon ab, wie Ihr dem Ki Patih gegenüber auftretet, sondern auch das Leben der hundert Niederländer, die der gottlose Schuft gefangenhält. Berichtet ihm, wie wir Djapara und Djakatra eingenommen haben. Erklärt ihm, warum dies geschehen ist. Laßt keinen Zweifel darüber, daß ich beim geringsten Anlaß mit Bantam auf gleiche Art verfahren werde. Je nachdrücklicher Ihr auftretet, um so gewisser ist der Erfolg. Vergeßt keinen Augenblick — Ihr habt eine große und mächtige Flotte im Rücken ... Gott schütze Euch!"

Anderen Tages marschierte Coen mit sechshundert Mann ins Innere des Landes, wo der Feind sich an mehreren Stellen festgetzt hatte. Einige Kampongs wurden im Sturm genommen, die Hütten niedergebrannt. Unermüdlich drängte Jan Pieterszoon vorwärts. Die Sonne, diese weiße, sengende Sonne, stieg zum Zenit empor und hüllte die mit Waffen und Proviant beladenen Soldaten in Schleier von Glut. Moräste, wimmelnd von Schlangen,

Waranen und Krokodilen, sumpfige Sawahs, stagnierende, mephitisch stinkende Bäche voller Blutegel mußten durchquert, Dickichte gerodet oder umgangen werden. Während er so dahinschritt, empfand Jan Pieterszoon wiederum die feindselige Fremdheit dieses Landes. Kaum je zuvor hatte er am eigenen Leibe erfahren, daß die Menschen hier unter anderen Sternen leben. Sein Leben und Wirken hatte sich zumeist in dumpfen Kontoren abgespielt oder auf der weiten See. Er hatte mit Personen und Dingen rechnen gelernt, als wären sie Steine auf einem Brett. Unvermittelt sah er sich nun in eine Umwelt versetzt, deren brutale Wirklichkeit ihm bislang verborgen geblieben war. Nie gesehene Vögel flatterten vor seinen Füßen auf. Eine riesengroße graue Sawahschlange ringelte sich über den Wildpfad, dem man folgte; unter bösartigem Zischen entglitt sie in den Schlamm eines bewässerten Reisfeldes. Blutrot, gleich offenen Wunden, glühten Blüten im dunklen Laub der Dap-dap Bäume. Kladikraut duftete herb an den Ufern der Bäche. Und der heiße, vom Sonnenglast flimmernde Mittag war erfüllt vom millionenfachen Gezirp der Grillen und Zikaden. Dies Land, das in seinen Flüssen greuliche Drachen beherbergte, in der dämmergrünen Urwaltiefe reißende Panther und Tiger, in dem traumhafte Schönheit neben widriger Verderbnis blühte, ja, erst aus Fäulnis und Moder zu erstehen schien, dieses Land hatte auch seine Bewohner geprägt.

Nein, niemals würde er jene Menschen begreifen, nimmermehr sie zu formen vermögen nach seinem Sinn. Wie könnten sie auch die strenge Lehre Calvins verstehen, da sie ja selbst des Propheten Wort nach ihrer eigenen Art vielfach abgewandelt, verfälscht und mit dem Mythos von den alten Göttern auf unentwirrbare Weise verwoben hatten? Selbst einen Christen verwandelte dies Zauberland. War es nicht Doktor Venthorst gewesen, der allen Ernstes behauptet hatte, es gäbe hier Menschen, die des Nachts zu Tigern oder Wölfen würden? Trotz der Hitze fühlte Jan Pieterszoon eisige Schauer im Nacken. Scheu spähte er über die Schulter nach dem mannshohen, glastrockenen Lalanggras, durch das hin der Pfad sich schier endlos schlängelte. Keuchend, taumelnd vor Stumpfheit und Erschlaffung, folgten ihm die Soldaten. Es tat gut, ihre rohen Flüche zu hören. Funkelten nicht Raubtieraugen grünlich im Gewirr der daumendicken Halme? Nur einen Schutz gab es gegen den Ungeist dieses Landes — sich verschließen vor seiner Wirklichkeit; nichts hören, nichts sehen wollen, vernichten, was auf dieser Erde gewachsen war, Baum und Strauch, Mensch und Tier, ein neues Holland erstehen lassen, mit neuen Menschen, mit geraden Wegen, gebunden und beschirmt durch die Ordnung des gereinigten Evangeliums. Mord — hieß das, Zerstörung, Untergang des jetzt Bestehenden, aber — es schuf neues Leben. Einer würde die Verantwortung dafür tragen müssen, diese ungeheuerliche Schuld. Sie verdammte den Schuldigen und sie heiligte ihn. Doch selbst, wenn all das gelang, glühten die Feuer nicht in der Tiefe fort? Vermochte es menschlicher Wille, die unheilvollen, befruchtenden Mächte der Erde zu bändigen?

Stunde um Stunde verstrich, ohne daß man auf den Gegner gestoßen wäre. Hier gab es kein fest umrissenes Ziel; man drang ins Ungewisse. Da nichts geschah, lockerten sich die Bande der Manneszucht. Wenn auch unter den Augen des Generalgouverneurs die Disziplin einigermaßen erhalten blieb, so doch nicht bei anderen Truppenteilen. Die Matrosen des Capteijn Brusten, der die Spitze hielt, stießen, in aufgelöster Ordnung marschierend, auf einen Kampong; der schien verlassen zu sein. Menschenleer breitete sich die Dorfstraße zwischen elenden Hütten. Kein Vogel flatterte durch die Wipfel der Waringin, die ihre Schatten über die Dächer warfen. Auch bellte kein Hund, kein Huhn gackerte. Nach Beute gierend, ungehorsam den Befehlen ihres Führers, zerstreuten sich die Teerjacken über den weitläufigen Ort und brachen plündernd in die Gehöfte ein. Plötzlich glitten Javanen, Krise oder Klewangs zwischen den Zähnen, aus den Baumkronen nieder. Ein Todeschrei gellte durch die Stille. Schüsse krachten. Unter Matten und Dächern wurde es lebendig.

Hinter Hecken, Ecken, Zäunen sprangen nackte, mit Öl beschmierte Gestalten hervor. Nur mit knapper Not schlugen die Marodeure sich bis zur Dorfstraße durch. Aber auch hier war der Feind bereits in der Überzahl. Capteijn Brusten, ein erfahrener Kriegsmann, hätte vielleicht dennoch das Feld behauptet, allein, die Eingeborenen griffen nun mit Elefanten an. Unter schrillem Trompeten brachen zwei der Ungetüme aus dem Wald hervor, graue Kolosse, verwittert und schründig wie alter Granit. Ihre mit Stacheln und Glöckchen versehenen Fußringe klirrten, als sie, Zäune und Hecken niedertrampelnd, voller Wut auf das Häuflein Niederländer eindrangen, dicht gefolgt von einer Menge speerschwingender Krieger. Selbst dieser Gefahr hätte der Kapitän durch ein zusammengefaßtes, wohlgezieltes Musketenfeuer noch Herr werden können, doch seine Männer gehorchten ihm nicht mehr; einer nach dem anderen wandten sie sich zur Flucht. Wer noch zögerte, wurde gar bald vom allgemeinen Entsetzen erfaßt und mit fortgerissen. Die Zurückflutenden trafen auf Coens Kompagnie. Schreiend und mit den Armen fuchtelnd, stolperten sie durch das hohe Gras, brüllten fassungslos: „Flieht, flieht — alles verloren!"

Sekunden entschieden hier... „Blase!" herrschte Jan Pieterszoon den Trompeter an. Der Trompeter blies zum Sturm. Das vertraute Signal brachte selbst die Verwirrtesten zum Stehen. Sie machten kehrt, stürmten über Stock und Stein auf den düsteren, schweigenden Laubwall des Rimbu zu. Kein Schuß... Kein Feind... Auf der öden, mit zersplitterten Bambuslatten bestreuten Dorfstraße fanden sie den Leichnam des Tambours. Gleich zu Beginn hatte ein langer, dunkelglänzender Speer den Unglücklichen durchbohrt.

Die Japaner, gewöhnt an solche Art Dschungelkrieg, grinsten, verloren aber weiter kein Wort darüber; die Niederländer suchten das Unheimliche durch lautes Schwatzen und Prahlen vergessen zu machen. Hatte man den Feind nicht besiegt, in die Flucht geschlagen? Oder war alles nur Traum gewesen, ein Fiebertraum, wie so manches in diesem Land? Düster, in stummer Drohung, stand ringsher der Wald. Und manch einer, der im offenen Feld oder auf der weiten See gewiß nicht vor einem Kampf gezittert hätte, wurde hier von würgendem Grauen gepackt.

Kurze Rast, dann kehrte das siegreiche Heer nach dem Fort zurück. Auf dem Heimweg verbrannte man die bescheidenen Hütten der Eingeborenen, plünderte ihre Vorräte, raubte ihren spärlichen Schmuck. Die Felder und Sawahs, auf die sie so große Mühe verwandt, lagen nun verwüstet da. Nicht lange und der Rimbu würde die ihm abgerungenen Äcker aufs neue überwuchern.

Müde, durstig, mit Schweiß und Staub bedeckt, stellte Jan Pieterszoon sich sogleich nach seiner Rückkunft ans Pult und begann den Herren Bewindhebbern einen geharnischten Brief zu schreiben. Heute bedachte er nicht, wie sonst wohl, Wort für Wort; die Feder flog nur so über das Papier, kratzte, spritzte und hinkte dennoch in der ungeduldig hastenden Hand den Gedanken nach: „Und so haben wir die von Bantam und Djakatra geschlagen, haben Fußhalt und Herrschaft im Lande Java gewonnen. Ihre Bosheit ist redlich gestraft. Es ist gewiß, daß dieser Sieg und die Flucht der hochmütigen Engländer großen Schrecken in ganz Indien verursachen wird. Die Ehre und das Ansehen der Niederländer werden sich hierdurch sehr vermehren. Nun wird ein jeder trachten, unser Freund zu sein. Das Fundament des so lange entbehrten Rendezvous ist jetzt gelegt. Ein guter Teil des fruchtbaren Landes und der fischreichsten See von Indien gehört uns. Deshalb bitte ich Euer Ehren, sendet uns doch eine Menge Volkes samt allen Notwendigkeiten, damit wir ein königliches Fort und eine Stadt zu bauen vermögen. Seid doch nicht länger so unbedacht und unachtsam, wähnend, daß wir uns hier schon durchschlagen werden. Wollet doch einsehen, daß man die Javanen den Krieg nicht erst lehren muß; aber fürchtet dennoch nicht die Gewalt von Euer Ehren Feinden, nicht die Treulosigkeit der Mohren, noch die Zersetzung durch verräterische Freunde. Seht und bedenkt doch, was ein guter Mut vermag und wie der Allmächtige für uns gestritten und Euer Ehren gesegnet hat..."

Mit zornigem Schwung setzte er das J. P. Coen dahinter, trocknete sich aufatmend die Nässe von der Stirn. Mochten die Herren in Gottes Namen des Glaubens sein, in ihm einen Herkules gefunden zu haben, der den Stall schon ausmisten werde. Jetzt kam Bantam an die Reihe. Und dann würde mit den Engländern abgerechnet werden. War dies getan, so mußte das Inselreich eine brauchbare Administration erhalten. Wenige Jahre, mehr brauchte es nicht, um den neuen Staat unabhängig zu machen. Und dann —?

Sinnend blickte er in ein weites schönes Land; aber nicht die Menschen sah er, die in ihm leben würden, obschon er um ihretwillen das Werk begonnen, sondern allein den Glanz, der auf ihn selbst fallen mußte, den Glanz der Macht. Und es war gut, daß sein Gesicht in dieser Stunde den Augen anderer verborgen blieb.

Britische Ränke

Der Generalgouverneur hatte einen Armstuhl auf das Kampanjedeck der NIEUW HOLLANDIA stellen lassen. Er durfte sich dergleichen erlauben; sein Ansehen war fest gegründet bei Hoch und Gering. Mit scheuem Blinzeln schlichen die Männer, die im Besanmast zu tun hatten, an ihm vorbei. Sein Stirnrunzeln setzte sie in Schrecken. Diese Wirkung, die dem Klang seines Namens nicht weniger zuzuschreiben war wie seinem schroffen Wesen, hätte ihn ehedem wahrscheinlich befriedigt und in seinem Selbstgefühl bestärkt; aber das lag weit zurück.

Zwei Jahre... Siebenhundertunddreißig Tage — nicht viel, bedachte man, wie schnell sie entflohen waren; eine Ewigkeit hingegen, gemessen an dem, was sie im Herzen gewandelt! Hoch war er emporgetragen worden von den Wogen der Zeit; allein, es bedeutete ihm nicht mehr viel. Der lockende Glanz des Zieles verblaßte, je näher man ihm zu rücken schien; mehr und mehr kleideten Menschen und Dinge sich in das nüchterne Grau der Alltäglichkeit. Wurde der Tiger alt? War Kampf ihm nicht länger Lebensbedürfnis und Daseinslust, sondern nur Bürde, nur Pflicht? Am Ende war es also doch mehr als ein listiger Schachzug gewesen, daß man beim Collegium um Entlassung aus den Diensten der Compagnie nachgesucht? Die Herren waren auf das Gesuch mit keinem Wort eingegangen.

Lässig in den Stuhl gelehnt, lauschte er dem Rauschen des Kielwassers unter dem Heck und hing absonderlichen Gedanken nach. Hob er den Kopf ein wenig, so sah er die Segelpyramiden seiner Schiffe. Wie einen Flug Enten trieb die dicke HOLLANDIA sie vor sich her. Die ZIERICKZEE lag dicht vor dem Bug, weiter voraus die AMSTERDAM, dann WAPEN, DRAGON, DELFT, ORANGE, SCHIEDAM, ZEEWOLFF, t'HERT, EENHOORN, ENCHUYSEN, POSTPAERD sowie die Yachten VLIEGENDE BODE, ARACAN und WAPEN VAN JACATRA. Insgesamt waren es siebzehn Schiffe, besetzt mit 1.650 Mann und 260 Gefangenen.

Außerdem folgte der Flotte ein weit auseinandergezogenes Feld von Parahus, Balangen, Tingans und Vlieghern. Diese kleinen Fahrzeuge mochten bei Landungsmanövern und in riffreichen Gewässern von Nutzen sein, wenn es, wie zu erwarten stand, auf den Bandas zu kriegerischen Verwicklungen kam.

Krieg? Warum nicht gar... Die Engländer bildeten sich ja ein, sämtliche Trümpfe in der Hand zu haben. Besonders Mister Robert Hayes, der britische Faktor auf Lonthor, ließ es an Umtrieben nicht fehlen. Jan Pieterszoons Zähne gruben sich in die Unterlippe. Jäh regte sich die alte, kaltherzige Leidenschaft in ihm. Dieser Hayes — allweil gebärdete er sich als Partner und Freund; insgeheim aber hetzte er sich auf das neue Bündnis zwischen den beiden Compagnien berufend, die Eingeborenen gegen ihre rechtmäßigen Schutzherren auf. Wußte der Mann nicht, was er tat? Glaubte er wirklich, ein elender Wisch Papier werde den Tiger zum schnurrenden Kätzchen machen? Wahrhaftig, es war an der Zeit, daß auf den Bandas gründlich ausgekehrt wurde!

Ein Blutstropfen sprang unter Jan Pieterszoons großen gelben Zähnen hervor. Ausgerechnet zu dem Zeitpunkt, wo er sich dicht vor dem Ziel gewähnt, mußte die Kunde von dem Abkommen zwischen der O.I.C. und der East Indian Company wie ein Blitz auf ihn niederzucken. Was hatten diese Gimpel im Consilium der Siebzehn sich dabei gedacht? Die Interessen des Staates — ha! Nur ein einziges Interesse konnte, durfte es für die Vereinigten Niederlande geben — der Besitz Ostindiens!

Tausend Nächte hatte er sich um die Ohren geschlagen, tausend Gedanken an das eine Ziel gewendet, die Briten aus dem Archipel zu verdrängen. Angegriffen hatte er sie, geschlagen, vertrieben, wieder und immer wieder. So sehr hatten sie ihn gefürchtet und gehaßt, daß sie ihm durch bezahlte Bravos auflauern ließen. Selbst jetzt noch war er vor den Anschlägen dieser frischgebackenen Verbündeten seines Lebens nicht sicher. Er hatte sie aus der Sunda Straße verscheucht, von Patani und Malakka, von

Palembang, von Makassar. Dale hatte sich mit den Resten seiner zersprengten Flotte nach Koromandel zurückziehen müssen, wo er dann auch gestorben war. Und während noch all dies geschah, hatte er, der Eiserne Coen, mit Geschick und Kraft das Verwaltungssystem der Compagnie neu geordnet, hatte überall, wo es notwendig erschien, Forts angelegt und die Rüstungen gegen das von Tag zu Tag feindseliger auftretende Mataram vorangetrieben. Stillschweigend hatte er es hingenommen, daß die Herren Bewindhebber auf dem Namen BATAVIA bestanden, anstatt die Festung, wie er vorgeschlagen, HOORN zu nennen. Da schaute der Bocksfuß hervor unter dem Patrizierrock — man fürchtete ihn, man fügte sich dort, wo er unersetzlich war; wo es um Nebensächlichkeiten ging, ließ man ihn seine Abhängigkeit nur um so deutlicher fühlen. Und wenn schon —, noch war seine Stunde nicht gekommen! Er war gewarnt; vergessen würde er nichts ...

Djakatra sollte nun also zum Rendezvous der Compagnieschiffe werden; diesen Vorschlag hatte man für gut befunden — vermutlich, weil jede andere Lösung höhere Kosten, weiteren Zeitverlust und ein größeres Risiko mit sich gebracht haben würde. Vor vollendeten Tatsachen kapitulierten die Herren. Mittlerweile hatte Djakatra schon ein ganz anderes Aussehen gewonnen. Das neue Kastell, größer und schöner als das anfangs geplante, war nahezu vollendet. Schiffe von allen Inseln des Archipels, beladen mit Nahrungsmitteln und wertvollen Rohstoffen, liefen jetzt regelmäßig die Reede von Batavia an. Pfeffer aus Djambi, Muskatnüsse und Nelken von den Molukken, Sandelholz von Timor, Reis von Makassar, all das stapelte sich in den geräumigen Packhäusern des Forts. Anstelle der geflüchteten Javanen hatten sich nach und nach mehr als achthundert Chinesen in der Stadt am Tji Liwong niedergelassen. Die Werft auf Onrust arbeitete mit doppelter Belegschaft. Mehrere kleinere Yachten wurden eben jetzt auf Stapel gelegt; sie sollten, indem sie den Frachtdienst im Archipel versahen, die großen Indienfahrer für den Verkehr mit Europa entlasten. Dieser Unterneh-

den Compagnien offenstehen... Als ob dies für die O. I. C. nicht stets so gewesen wäre! Jan Pieterszoons Finger schlossen sich mit zornigem Griff um die Sessellehne. Gemeinschaftlich sollten die als zu hoch erachteten Gewürzpreise in Grenzen gehalten werden... Gut, gut, die Briten selbst hatten sie ja in die Höhe getrieben! Dafür war ihnen jetzt, als Belohnung gleichsam für all ihre Bosheiten, der dritte Teil des Spezereienhandels auf den Molukken sowohl als auch auf Ambon und Banda zugestanden worden. Am lächerlichsten aber war doch die Idee einer gemeinsamen Verteidigungsflotte. Wo gab es denn noch englische Schiffe im Archipel? Er hatte sie samt und sonders aus der Inselsee vertrieben, in entlegene Gewässer gescheucht. Um allem die Krone aufzusetzen, hatte man ihn und Jacob Dedel zu Vorsitzenden des gemeinsamen Verteidigungsrates ernannt. Noch sah er Dedels verblüffte Miene vor sich, als der von dieser Anordnung Kenntnis genommen. Dann hatte der alte Raufbold schallend gelacht. Doch hätte man wohl eher weinen müssen über so viel Unverstand.

Nun, er jedenfalls hatte mit seiner Meinung nicht hinterm Berg gehalten. Sein Brief mußte den Herren wie eine wütende Katze in die Augen gesprungen sein. Sie durften sich die Epistel hinter den Spiegel stecken. „Zu unser aller Verwunderung", hatte er damals geschrieben, „haben wir von dem Vertrag Kenntnis genommen. Offensichtlich habt Ihr Herren wenig Vertrauen in Gottes lenkende Hand gehabt; wäre dies der Fall gewesen, dann würdet Ihr Herren nicht so rasch und so viele von unseren rechtmäßigen Eroberungen aufgegeben haben. Hat es Euer Ehren an guten Ratschlägen gefehlt? Großen Dank schulden Euch die Engländer, denn sie selbst haben sich geradenwegs aus Indien geholfen und Ihr habt sie nun wieder mittenhinein gesetzt. Ihr selbst habt Euch die Schlange ans Herz gelegt. Nicht auf ein Sandkorn am Strand der Molukken, in Amboina oder Banda können die Briten Anspruch erheben!"

Wie auch immer, man hatte gute Miene zum bösen Spiel

mungen und ihrer beträchtlichen Kosten ungeachtet, stiegen die Gewinne der O. I. C. ins Ungemessene.

Batavia war schon heute die bedeutendste Hafenstadt im Großen Osten. Er selbst hatte ihr Wappen entworfen — ein himmelblaues Schwert im orangegelben Feld; gen Himmel weisend, durchstach es einen grünbraunen Lorbeerkranz. Vor allem aber hatte er mit dem lästerlichen Treiben der Herren Beamten aufgeräumt. Kirchgang war jetzt für jedermann Pflicht; Tod oder Krankheit allein entbanden von der Teilnahme am christlich-reformierten Gottesdienst. Die Ausübung jeder anderen Religion war allen Europäern, gleich ob Katholiken, Israeliten oder selbst Lutherischen, strengstens untersagt. Zuwiderhandeln wurde mit Kerkerhaft geahndet, im Wiederholungsfalle mit Landesverweisung oder gar Strafe an Leib und Leben. Deshalb hatte er einen Baljuw, einen Vogt, über Stadt und Herrschaft BATAVIA gesetzt und eine ständige Schöffenbank eingerichtet. Ein Spital, das Lazarushuys, befand sich auf der Insel Purmerend im Bau... Jan Pieterszoon strich sich selbstzufrieden den Bart. Im Laufe der Zeit würde er auch, ob es den Bewindhebbern gefiel oder nicht, die Gehälter der Offiziere und Beamten erhöhen, um dem aus Armut geborenen Mangel an Ehr- und Pflichtgefühl, der die Diener der Compagnie gegenwärtig noch bedrückte, abzuhelfen.

All das und noch manches andere war in so kurzer Zeit geschaffen worden. Gewaltige Pläne harrten ihrer Verwirklichung. Nur mehr eine Frage der Zeit schien es zu sein, daß der ganze Osten den Vereinigten Niederlanden zufiel. Die Engländer hatten so gut wie nichts zu dieser Entwicklung beigetragen. Mußten die Herren Generalstaaten, gar nicht zu reden von den Bewindhebbern der Compagnie, nicht geradezu von Gott verlassen gewesen sein, als sie das Übereinkommen vom 17. Juli 1619 unterzeichneten? Vergessen sein sollte der alte Streit... Wer hatte ihn denn begonnen? Gefangene sollten freigegeben werden... Es handelte sich fast ausschließlich um Engländer! Der Indienhandel sollte von nun an jeder der beimachen müssen. Das in allen Jahren Errungene war hierdurch nahezu in Frage gestellt worden, aber — er lächelte spöttisch — gab es nicht Mittel, den unbequemen Verbündeten, allen Kontrakten zum Trotz, das Wasser abzugraben? Djakatra hatte er ihnen ja bereits, noch dazu auf streng gesetzmäßige Weise, verekelt. In Bantam hatten sie sich selbst durch ihre Teilnahme an der Blockade und durch ihre Treulosigkeit verhaßt gemacht. Und was die Molukken oder die Bandas anbetraf, da sollten sie jetzt durch ihn ihr blaues Wunder erleben. In grimmiger Vorfreude rieb Jan Pieterszoon sich die Hände. Jäh hielt er inne, um sie zu betrachten. Wie weiß und empfindlich sie geworden waren im Laufe der Jahre. Macht und Wohlstand hatten ihre Schattenseiten. Nun, da er nicht länger zu einer spartanischen Lebensweise gezwungen war, verweichlichte der Körper, die Muskeln erschlafften. Das bedeutete zwar nicht viel — auf den Kopf kam es an — aber wenn man auch der geworden war, der man hatte sein wollen, so war man es eben dennoch nicht.

Voraus, über Backbordbug, kamen die blauen Umrisse hügeliger Inseln in Sicht — ein kegelförmiger Berg, von dessen Gipfel eine leichte Rauchfahne wehte, der Gunung Api, dicht daneben die Höhen von Neira und ein wenig ferner Lonthors Hügelketten. Sonderbar, wie heftig das Herz mit einem Mal schlug. Er verließ den Stuhl und trat an das Schanzkleid, um einen besseren Blick auf die Bandas zu gewinnen. Weiter rechts erkannte man zwei kleine schwarze Punkte im goldenen Glitzern der See, Pulu Run und Pulu Ay.

Unter sich, auf dem Schanzdeck, sah er die Hauptleute Sonck und Colff stehen — im heftigsten Streit, wie es schien. „Nein!" rief Sonck soeben. „Entschlossenheit und Willenskraft bringen mehr zuwege als noch so viele Soldaten. Bedenkt, Mijnheer, auch dem Feind ist nur selten die wahre Stärke des Gegners bekannt. Wer entschieden handelt, dem wird etwas zugetraut. Ein Angriff muß überraschen wie der Blitz aus heiterem Himmel. Jeder Widerstand muß sofort und ohne Rücksicht gebrochen werden.

Findet der Gegner Zeit, sich zu besinnen, ist der Sieg schon halb vertan."

Jan Pieterszoon lächelte. Die beiden Offiziere waren ganz nach seinem Herzen. Wo Colff mit der Beharrlichkeit einer Bulldogge vorging, schlug Sonck überraschend zu. Beides hatte Vorzüge. Colff war bedachtsam und tüchtig, doch er schätzte Sonck höher. Wie der junge Hauptmann dort unten stand, rank und schlank, biegsam wie eine Toledanerklinge! Mit unnützen Sentiments gab der sich nicht ab. Nach Soncks Überzeugung war ein Soldat dazu da, das Wie zu bedenken, nicht das Warum; er hatte Befehle auszuführen, für die ein anderer die Verantwortung trug.

Gegen Abend, nachdem die Schiffe zu Anker gegangen, kamen der Gouverneur Lam und Häuptling Hittu auf die NIEUW HOLLANDIA. Nachdenklich betrachtete Coen die Gesichter der beiden Männer, als sie ihm in der Kajüte gegenübersaßen. Lam mit seinen treuherzigen blauen Augen und der derben Nase glich aufs Haar einem holländischen Bauern, wie es sein Vater noch gewesen war, ein Mann, der selbst hier im fremden Land noch fest mit beiden Beinen auf der Heimaterde stand. Würde er je begreifen, daß es sich hier nicht um ein verwegenes, mehr oder minder einträgliches Abenteuer handelte, sondern um die Zukunft des niederländischen Volkes? Wohl kaum! Lam wünschte, dereinst nach Holland zurückzukehren und dort seine Tage in Frieden zu beschließen; er konnte also nur Werkzeug sein, ein Baustein für das Fundament des künftigen Staates jedoch nicht.

Und Capitan Hittu? Der ambonesische Häuptling galt als getreuer Freund der Compagnie. Anders gekleidet und nicht tatauiert, hätte man ihn seiner kaukasischen Züge, seiner stolzen Haltung und seines höfischen Betragens wegen für einen normannischen Edelmann halten mögen. Auch er hatte helle Augen; nur mangelte ihnen die Offenheit, die den Blick Lams als angenehm empfinden ließ. Ihr Ausdruck war ernst, verhalten, fast melancholisch; er verriet nichts.

„Ich würde zur Verständigung raten, Exzellenz!" sagte der Capitan. Seine Stmme klang sanft in die Stille. Jan Pieterszoons Blick irrte ab von den beiden Gesichtern, verweilte auf dem Kalender über der Geldtruhe. Unbewußt nahm er das Datum zur Kenntnis: 14. Februar 1621. Dann wandte er sich zum Fenster, in dessen Ausschnitt die trotzigen grauen Mauern der Festung NASSAU erschienen, bald nach rechts, bald nach links glitten, so wie das Schiff vor Anker schwoite. Verständigung... Frieden... Das Wort erinnerte ihn unangenehm an Van der Haghen und Reael. Glücklicherweise waren jene Menschenfreunde bereits vor Jahresfrist nach den Niederlanden heimgekehrt. Sein Blick suchte in stummer Frage den Gouverneur. Lam zuckte die Achseln. „Schön und gut, Exzellenz! Dürfte man den Schelmen nur trauen..., Wenn es zuträfe, daß Robert Hayes den Orang Kjai von Lonthor Geschütze angeboten hat für den Fall, daß sie sich der Krone von England unterstellen, dann..."

Ein Schweigen entstand. Der Ambonese starrte auf Coens Finger. Langsam, jedoch unerbittlich schlossen sie sich um ein Kartenblatt. Lonthor und Neira wölbten sich unter dem Druck der großen bleichen Hand, zerbrachen in viele Risse und Schründe und gingen dann gänzlich verloren im knitternden Faltenwurf der papierenen Meeresfläche. Jan Pieterszoons Miene blieb unbewegt. Keiner der Gäste ahnte etwas von der blinden Wut, die er mit Macht zu unterdrücken suchte. Seine Lippen preßten sich aufeinander... Wie war das mit den Engländern — würde das Bündnis mit ihnen von Dauer sein? Konnten die Bandanesen im Zaum gehalten werden? Ließ man den Dingen ihren Lauf, dann mußte das mühsam Errungene früher oder später wieder verlorengehen; handelte man aber, wie es die Umstände erforderten, so würde ein Schrei der Entrüstung durch die Welt hallen. Der Fall De Decker, die Affaire Le Maire, die Eroberung von Djapara und Djakatra hatten schon allzu viel Staub aufgewirbelt. Der Toren war Legion, die da wähnten und behaupteten, Humanität und Moral wögen schwerer als die politische Notwendigkeit.

Wo aber blieben solch edle Grundsätze, wenn ihre Verfechter entmachtet wurden, verelendeten, wenn sie in Armut und Bedeutungslosigkeit zurücksanken? Abermals mußte er allein die volle Verantwortung auf sich nehmen. Die Siebzehn hatten zwar damals erklärt: „Molukken und Banda sind das Ziel, nach dem wir schießen!" Sie würden jedoch ihre Hände in Unschuld waschen, ohne auf den Ertrag des Unrechts verzichten zu wollen, wenn das vergossene Blut nach Rache schrie.

„Genug!" sagte Coen schroff. „Spart Euch die Worte, Capitan! Die Bandanesen sind es nicht wert, daß Ihr für sie sprecht. Ihr Hochmut, ihre Treulosigkeit, ihre Ränkesucht stinken zum Himmel. Wie oft haben wir Verträge mit ihnen gemacht, wie oft sind diese gebrochen worden. Meine Geduld ist erschöpft!"

Lam nickte mürrisch: „Diesmal sind's wohl die Briten..."

Verächtlich winkte Jan Pieterszoon ab. Die Erinnerung an den Tag, da Admiral Verhoeff bei Lambatakka sein Leben hatte lassen müssen, an jene Nacht auch, in der er selbst am Sturm auf Selamme teilgenommen, überfiel ihn mit Macht, rieß ihn fort auf dem untergründigen Strom nie ganz gebändigter, aus dunklen Tiefen seines Wesens aufwallender Leidenschaft. Haß und Arglist wucherten wie Unkraut auf diesen Inseln; wie Unkraut mußten sie ausgerottet werden.

Während sich in der Kajüte der NIEUW HOLLANDIA ihr Geschick entschied, eilten die Bewohner der Inseln zum Strand und starrten die achtunggebietende Flotte an, deren Masten sich im Wasser des Sundes spiegelten. Dicht bei dicht lagen sie, die gewaltigen Schiffe. Manche von ihnen führten mehr als vierzig Kanonen. Auf den Decks drängten sich Soldaten und Matrosen, müde der langen Fahrt und voller Begierde nach dem fremden Land.

Mehrere Male unternahmen die Orang Kjai von Lonthor den Versuch, das Unheil noch in letzter Minute abzuwenden. Sie wären bereit, mit den Orang blanda einen ewigen Kontrakt zu schließen und ihnen für alle Zukunft das alleinige Recht auf die Gewürze von Banda zuzugestehen, versicherten sie. Zum Schein ging der Generalgouverneur darauf ein. Indes, ein Fort auf Lonthor wurde ihm auch jetzt mit Entschiedenheit verweigert. War es Robert Hayes, der den Lonthoresen die Nacken steifte? Wie ließ sich eine militärische Besetzung der Inseln vor der Welt und vor dem eigenen Gewissen rechtfertigen? Diese Fragen beschäftigten am 4. März den Verteidigungsrat. Das Fort auf Lonthor war eine strategische Notwendigkeit. Aber noch fehlte es an dem Vorwand, der auch die zarteren Gemüter daheim hätte beschwichtigen können. Während man noch beriet, grollte Geschützfeuer in der Ferne auf.

„HET HERT!" sagte Coen, erblassend. Er hatte die Fregatte nach der Südküste von Lonthor geschickt. Dort, in der Landschaft Lakui — so war ihm gemeldet worden — kauften portugiesische Schleichhändler große Partien von Nüssen und Pfeffer auf. Der Schmuggel mußte unterbunden werden, ein Auftrag, der weder schwierig noch gefährlich zu sein schien. Was mochte da die Kanonade zu bedeuten haben?

Leutnant Roos, der Kommandant des HERT, hatte sich, ein wenig voreilig vielleicht, der Küste genähert, um die Vorgänge an Land besser beobachten zu können. Behutsam tastete sich die Fregatte durch die dem Strande vorgelagerten Riffe. Rot und schwarz ragten Korallenbänke aus der schaumlosen Dünung. Palmenhaine säumten den weißen Strand. Die Hütten von Lakui und Wayer duckten sich in das mit vielen Farbtönen im Abendlicht schillernde Grün. Nahe beim Ufer ließ HET HERT den Anker fallen. Roos befürchtete, die Portugiesen könnten ihm entkommen. Die Stücke ausfahren zu lassen, hätte viel zu viel Zeit erfordert. Wozu auch? Man hatte es ja nur mit ein paar Schmugglern zu tun. Die Schaluppe wurde zu Wasser gebracht. Da, plötzlich — der Landetrupp schickte sich eben an, ins Boot zu gehen — krachte ein Kanonenschuß. Pulverdampf wölkte über einem Verhau von Büschen und Bäumen. Die Stückkugel traf HET HERT mittschiffs, eine halbe Elle über der Wasserlinie. Ein zweiter Schuß riß ihr den Fockmast fort, ein dritter zerschmetterte das Ruderrad auf der Schanz. Die Fregatte war zum Wrack geworden, bevor noch das Boot mit dem Landetrupp auf den Sandstreifen unter den Palmen lief. Im Handumdrehen wimmelten Strand und Hain von schreienden Lonthoresen. Der Fähnrich, der das Kommando führte, verlor jedoch nicht den Kopf. Während er mit einem Teil seiner Leute das Ufer hinanstürmte, blieben die übrigen im Boot, feuerten, luden, feuerten; pausenlos knatterten ihre Salven. Diese Angriffstaktik war den Eingeborenen unbekannt. Ihre führerlosen Haufen hielten dem Feuer nicht stand; Hals über Kopf stoben sie auseinander, ließen Verletzte und Tote sowie auch das Geschütz zurück. Dem Fähnrich gelang es sogar, Gefangene einzubringen. Diese Leute bekundeten, ein englischer Konstabel sei es gewesen, der das Geschütz gerichtet und abgefeuert habe. Wahrheit oder nicht, die eroberte Kanone jedenfalls war englischer Herkunft. Und das genügte.

„Ihr habt wie ein Kindskopf gehandelt, Leutnant!" tadelte Coen, seine Genugtuung über den Vorfall hinter kalter Strenge verbergend.

Roos senkte beschämt, aber nicht wenig gekränkt, den Blick. „Wer konnte das ahnen, Euer Gnaden?"

„Ahnen? Ihr wißt so gut wie ich, was von den Bandanesen zu halten ist. Ihr hättet mehr Vorsicht walten lassen müssen. Zum Glück bewies Euer Fähnrich mehr Verstand. Sein Offizierspatent soll heute noch ausgefertigt werden. Von Euch erwarte ich hinfort mehr Umsicht, denn mit dem gemütlichen Orlog ist's nun vorbei. Schaut zu, daß Euer Schiff bald in Ordnung kommt. Wir werden es brauchen!"

Tief in Gedanken lauschte er den Schritten des Leutnants nach. Wüßte der Mann nur, wie sehr erwünscht ihm dieser Zwischenfall war. Zwar hatte es auf der Fregatte Verluste gegeben. Schwer beschädigt, wie sie war, hatte man sie mit Hilfe der Schaluppe in offenes Wasser schleppen müssen. Die Ausbesserung würde längere Zeit in Anspruch nehmen. Allein, die Aussagen der Gefangenen wogen Blut und Kosten reichlich auf. Einwandfrei stand es nun fest: Lonthoresen und Briten hatten den Anschlag gemeinsam ins Werk gesetzt. War es da nicht Recht, nein, Pflicht, die Ehre der Flagge Niederlands, die Freiheit des Handels und die Unversehrbarkeit der Verträge nach Kräften zu verteidigen? „Gotttlob", wandte er sich an Lam, der wenig später die Kajüte betrat, „nicht ich hab' den ersten Schuß getan. Aber das letzte Wort sollen unsere Kanonen sprechen!"

Wie Lonthor zugrunde ging

Lonthor war der bedeutendste Handelsplatz auf der großen Banda Insel, der er den Namen gegeben. An der Westseite des langgestreckten, gleich einer Bohne gekrümmten Landes gelegen, wurde der Ort durch eine Mauer, die sich vom Strand des Sundes bis zur Südküste zog, gegen das Gebiet der Dorfgemarkungen Lakui im Süden und Madjangi im Nordwesten abgegrenzt. Wie mit wenigen Ausnahmen auf der ganzen Insel, bricht das Land auch hier steil zum Wasser hin ab. Ein langer Gebirgsstock steigt schroff aus grünenden, mit Nußbäumen und Sajangsträuchern dicht bestandenen Ebenen. Am inneren Rande, durch die Berge getrennt von Lakui, Wayer und Ouwendenner, liegen, Fort NASSAU gerade gegenüber, die Dörfer Ortatan, Combir und Selamme.

Jan Pieterszoon betrachtete grimmig die schründigen Berge und steil aufragenden Ufer, während sein Boot, getrieben von gleichmäßigen Ruderschlägen, leicht über die Dünung glitt. Wohin der Blick fiel, er traf auf Landschaftsbilder von wundersamer Schönheit — schroffe, rostbraune und blauschwarze Klippen, da oder dort unterbrochen durch einen Streif goldgelben Sandes, auf dem die Brandungswogen silbrig schäumend verrollten — Palmenhaine, vom Winde gestreichelt — grüne Triften, die sich sanft ansteigend wie ein Mantel um zierliche Gehöfte und Hütten schmiegten — darüber das rauhe Gebirge mit tiefen Runzeln und Klüften, aus deren Schatten Gießbäche als weiße Schleier niederstäubten — und alles umfangend, Meer und Land gleich einer Kuppel überwölbend, der tiefblaue Himmel, in dem verloren eine makellos weiße Wolke trieb.

Wenn irgendwo auf der Erde ein Ort dem Garten Eden glich, so hier. Der Gedanke verursachte Jan Pieterszoon Mißbehagen. Warum hatte der Allmächtige ein solches Land erschaffen und es mit so unwürdigen Kreaturen bevölkert? Schön waren sie zwar von Leib und Angesicht, doch wohnte ein böswilliger, aufrührerischer Geist in ihnen. Von Anbeginn hatten sie sich den Niederländern widersetzt. Weshalb? Das war nicht einzusehen! Mit bester Absicht waren die ersten niederländischen Schiffe hierhergekommen; ihre Piloten und Commisen hatten diesen Heiden das wahre reformierte Christentum nahezubringen versucht — uneigensüchtig, wie sich von selbst versteht. Als Gegenleistung hatten sie nur um Erlaubnis für den Bau einiger Festungen nachgesucht und verlangt, man möge ausschließlich ihnen zu vorteilhaftem Preis Nüsse, Nelken und Pfeffer liefern. Unbegreiflicherweise hatten die Insulaner das hochherzige Angebot durchaus nicht zu schätzen gewußt. Mohammeds Lehre war ihnen — was für ihre Verblendung zeugte — viel annehmbarer erschienen als die des Heilands. Den Festungsbau hatten sie behindert und dort hintertrieben, wo es in ihrer Macht lag. Nicht einmal — man mußte ja nur an das Ende Admiral Verhoeffs denken — vor Gewalttat und Mord waren sie zurückgeschreckt. Die Kontrakte, zu denen man sie mit so großer Mühe überredet, wurden von ihnen einfach nicht eingehalten. Ja, sie scheuten sich nicht, ihre Produkte an die Feinde der Compagnie, an Spanier, Portugiesen oder gar Engländer zu verschachern, nur weil ihnen ein wenig mehr geboten wurde. Alle diese Verbrechen mußten stengstens geahndet werden, das war klar. Indes, Jan Pieterszoon vernahm eine leise Stimme des Zweifels in sich, die nicht Ruhe geben wollte und ihn nur noch stärker gegen die Lonthoresen aufbrachte. Hätten die Toren doch wengistens jetzt ein bißchen eingelenkt! Wenn sie ihre Waffen abgeliefert, dem Bau der zu ihrem Schutze unumgänglich notwendigen Festungen nichts in den Weg gelegt haben würden... Man hätte — vielleicht — Gnade vor Recht ergehen lassen. Aber nein, sie setzten sich hartnäckig zur Wehr. Nur aus diesem Grunde war jener erste, durch Lam und Colff geführte Angriff auf Lonthor fehlgeschlagen.

Zwei Kompagnien hatten ungehindert bei Ortatan landen können und die Insulaner alsbald ohne viel Aufhebens davongejagt. Man sprach bereits von einem Spaziergang in die so freundlich anmutenden Berge... Allein, daraus wurde nichts! Der einzige Weg, der hinauf ins Gebirge führte, war durch etliche Geschütze — vermutlich stammten auch sie aus einer englischen Gießerei — auf halber Höhe blockiert. Ein zunächst unbezwinglich erscheinendes Hindernis! Lam kehrte fluchend und enttäuscht ins Fort zurück.

Colff, sich selbst überlassen, belastete mit der Sorge für seine Soldaten, wußte nicht recht — was tun? Ein Lager an Land aufzuschlagen, erschien unverantwortlich; die Berge lagen zu nahe. Man durfte damit rechnen, daß die Lonthoresen des Nachts aus ihren Schlupfwinkeln hervorbrechen würden. Obwohl es bereits zu dunkeln begann, wurden die ermatteten und enttäuschten Truppen wieder eingeschifft. Man hatte die Bandanesen eben doch unterschätzt.

Coens Boot, nachdem es die enge Durchfahrt zwischen den Eilanden Wayer und Pisang im Nordosten der Insel passiert hatte, hielt nun auf die Schiffe zu, die im Sund dicht unter den Wällen von NASSAU ankerten. Daß ihm tausend Blicke aus dem Verborgenen folgten, haßerfüllte, mörderische Blicke, beunruhigte Jan Pieterszoon nur wenig; es verdroß ihn vielmehr und bekümmerte ihn. Welch eine Bürde, so sehr mißverstanden zu werden! Man zwang ihm ja förmlich das Schwert in die Faust.

Um die Mittagszeit fand sich der Große Rat an Bord der HOLLANDIA zusammen. Schwitzend, ermattet und mißvergnügt hockten die Herren in der überfüllten Kajüte und warteten auf den Generalgouverneur, der sich an Deck noch mit Capitan Hittu besprach.

„Was tun wir hier noch?" nörgelte Colff. „Der General ist längst fix und fertig mit dem Angriffsplan. Wir sind nur dazu verdammt, ihm noch stundenlang zuzuhören."

Sonck hob das spitze, leicht vorspringende Kinn: „Geht nur immer. Mijnheer Colff! Was mich betrifft, ich hör' gerne zu, bin ich doch nicht so klug, guten Rates entbehren zu können."

„Da habt Ihr's, Colff!" Lam lachte behaglich und zündete sich seine Pfeife an. „Jungens, was zankt ihr euch? Es ist doch wahrlich zu heiß dafür... Capteijn Vogel, was meint Ihr, werden wir die Rebellen ausräuchern müssen?"

Mijnheer Vogel, ein Freibürger aus Amboina, der seine Zeit bei der Compagnie ausgedient und mancherlei Erfahrung mit Eingeborenen gesammelt hatte, hob die breiten Schultern. Als einziger verzichtete er auf den herkömmlichen Tuchrock; breitbeinig, nur in Hemd und Hose, saß er auf einer der Kartaunen. „Wenn Ihr mich fragt, Mijnheer — ich hätt's mit Überreden versucht. Sind ja gar nicht so übel, die Kanaker; man muß sie nur richtig zu packen wissen. Kinder sind's, sag' ich! Auf Kinder schießt man nicht. Sie müssen ihr Spielzeug haben und ihre Freiheit. Überlaßt sie doch sich selbst; sie finden schon ganz von allein zu uns. Neugierig sind sie, neugierig wie die Papageien; sie ahmen uns gar zu gern nach. Da tut das gute Beispiel Wunder... So hab' ich's an den Predikanten erlebt, mit denen wir auf Amboina geschlagen sind. Die Herren denken nämlich: Handelt nach meinen Worten, was ich selbst tu', geht euch nichts an! Grundverkehrt, Freunde! Worte bedeuten den Kanakern nichts; Schall und Rauch sind sie in ihren Ohren... Das muß man wissen, wenn man mit ihnen klarkommen will."

„Ei, ei, lieb's Kindelein, husch, husch, husch..." summte Sonck.

Vogel faßte den Hauptmann ernst, ja geradezu mitleidig ins Auge. „Wird man älter, Mijnheer, dann sieht manches sich anders an. Die mir zugeteilten Kanaker sind keine Christen; Gott behüte, sie sind weit davon, aber am Tag des Gerichtes... Na, ich weiß nicht! Ich mein' immer, auf die Haut käm's nicht an, vielmehr auf das, was drunter ist. Meine Heiden sehen, ich bete des Abends; sie hören mich und die Meinen sonntags bei der Andacht singen... Glaubt's oder nicht, sie kennen schon jeden Choral. Auch bitten sie bisweilen mein Weib, es möge vom Heiland erzählen. Ich wette, Sonck, diese Heidenseelen sind besser beschlagen in der Schrift als Ihr oder ich..."

„Ja, und dann jagen sie einem den Kris in die Brust; Gott weiß — warum!"

„Nicht ausgeschlossen... Aber Gott weiß schon, weshalb. Gewöhnlich sind sie gutartig und still; meine Kinder lieben sie..."

„Ei, ei, ei..." trällerte Sonck aufs neue. Zum Glück unterbrach ihn der Eintritt Seiner Exzellenz.

Coen hielt sich diesmal nicht an die sonst so unnachsichtig beobachteten Förmlichkeiten. Mit knappen Worten berichtete er, was ihm bei der Rundfahrt am Morgen aufgefallen war und erläuterte seinen sich daraus ergebenden Angriffsplan, der Erfolg zu versprechen schien. Sonck warf seinem Kameraden triumphierende Blicke zu. Und als sie dann eine Stunde später das Flaggschiff verließen, meinte er: „Was sag' ich, Colff? Weder Ihr noch ich hätten dergleichen ersinnen können."

Capteijn Vogel aber fuhr schweigend an Land.

Es war noch früh, erstes Licht graute über dem Sund, da strebten dreißig Tingans dem südlichen Küstenstrich von Lonthor zu. Sie landeten an mehreren, vorher genau bezeichneten Stellen. Mit Hilfe von Kletterbäumen und Sturmleitern erklommen die Soldaten — zehn Kompagnien — das Steilufer, während das aufgeregte Dröhnen der lonthoresischen Gongs die Insulaner zu den Waffen rief. Ohne viel Widerstand zu finden, stürmten die Landungstruppen den Ort. Dessen Bewohner flüchteten in heilloser Verwirrung. Zu Tode erschreckt, suchten sie in den benachbarten Gemarkungen Schutz. Kinder, Vieh und Hausrat in den Händen der Orang blanda lassend. Die japanischen Söldner hausten gleich amoklaufenden Dajaks; selbst Kinder und Greise wurden nicht von ihnen verschont. Sie steckten die aus Holz und Stroh errichteten Hütten in Brand, trieben das Vieh am Strande zusammen oder stachen es an Ort und Stelle ab. Hin und wieder krachte ein Schuß, gellte der Angstschrei eines verfolgten Weibes. Nur mit Mühe gelang es Colff, etliche Briten, die von den Japanern ergriffen worden waren, vor dem Tod zu bewahren. Eine schwarze, gen Himmel brodelnde Qualmwolke, die, vom Untergang Lonthors kündend, einem Menetekel gleich über den glücklichen Inseln stand, zeigte den übrigen Bandanesen, was ihrer wartete. Auf Lonthor verließen sie ihre Dörfer, strebten mit Weib, Kind, Vieh und Habe dem Gebirge zu, wo sie sich einigermaßen geborgen glaubten. Während man die Befestigungen an den Pässen und Zugängen mit fieberhafter Hast verstärkte, fanden sich die Orang Kjai der einzelnen Landschaften zu einer Beratung zusammen. So groß ihr Zorn auch war, sie sahen ein, daß ihnen nur die Wahl blieb, sich zu unterwerfen oder zugrunde zu gehen. Schweren Herzens entschloß man sich, den Generalgouverneur um Gnade zu bitten.

Coen empfing die Unterhändler mit abweisender Kälte. Sie hatten sich lange und wohlklingende Reden zurechtgelegt, er schnitt ihnen jedoch das Wort mit dem Hinweis ab, sie seien Aufrührer und Friedensbrecher, von einem Verhandeln zwischen ihnen und den Niederländern könne nicht die Rede sein; sie hätten ihn demütig anzuhören und seinen Befehlen zu gehorchen, etwas anderes gäbe es nicht. Seine Bedingungen waren klar und ohne eine Spur von Barmherzigkeit: Verschanzungen oder Mauern sind auf der ganzen Insel niederzulegen. Geschütze, Bassen, Handrohre und Musketen werden abgeliefert. Unterwerfung aller Lonthoresen auf Gnade und Ungnade. Formelle Übereignung des gesamten Landes an die hochmögenden Herren Generalstaaten, an Seine Exzellenz den Prinzen von Oranien und an die Ostindische Compagnie. Item, alle Häuser im Gebirge sind abzubrechen. Künftig solle ein jeder am Strande wohnen, und zwar dort, wo es ihm durch den Gouverneur befohlen werde!

Für die Orang Kjai gab es nicht den mindesten Zweifel, wie dies gemeint sei. Nahmen sie die Bedingungen an, dann trugen sie Freiheit und Ehre ihres Volkes, wenn nicht für immer, so doch für unabsehbare Zeiten, zu Grabe. Indes, was blieb ihnen noch? Das Schicksal war gegen sie; Allah hatte sein Auge von ihnen abgewendet. Sie ergaben sich zähneknirschend in das Unabänderliche und gelobten, die harten Forderungen nach Möglichkeit zu erfüllen.

„So haben wir durch Gottes Gnade die mutwilligen,

trotzigen Bandanesen, die so lange Unruhe in Indien gestiftet, ohne viel Blutvergießens und entgegen der Meinung von Vielen überwunden!" schrieb Jan Pieterszoon am Abend jenes Tages den Herren Bewindhebbern. Doch er täuschte sich. Noch war der Trotz der Insulaner nicht gebrochen; wie denn kein Volk für alle Ewigkeit allein durch Waffengewalt in Knechtschaft erhalten werden kann. Acht Geschütze, zwanzig Bassen sowie Hunderte von Musketen wurden abgeliefert und im Fort NASSAU verwahrt. Scharen von Kulis schleppten Säcke voller Nüsse, Nelken, Pfefferkörner und Reis in die Vorratshäuser. Die größeren Corro-Corren und Parahus sollten ebenfalls an die Sieger ausgeliefert werden. Doch nun stellte sich heraus, viele der vornehmsten Orang Kjai waren mit ihrem Anhang über das Meer entflohen. Von den Zurückgebliebenen wurde deshalb verlangt, jede Familie solle einen ihrer Söhne als Geisel stellen. Nach längerem Sträuben wählte man schließlich die jüngsten Söhne der angesehensten Lonthoresen hierfür aus.

Unterdes war das geringe Volk zu mannigfacher Fronarbeit aufgeboten worden. Colff trug sich mit der Absicht, im Gebirge ein Fort zu errichten, da sich von dort aus die Insel noch besser überwachen und beherrschen ließ. Bei dieser Gelegenheit stellte man fest, daß die Verschanzungen in den Bergen nicht, wie versprochen, geschleift worden waren; vielmehr wurde in aller Heimlichkeit an ihnen weitergebaut. Dieser Umstand, mehr als die feindseligen Umtriebe der nach Ceram Geflüchteten, beunruhigte Jan Pieterszoon sehr. Er hatte den starren Sinn des Inselvolkes zu beugen vermocht, gebrochen hatte er ihn nicht. Diese Hungerleider und Bettler, die mit demütig gesenkten Köpfen an ihm vorüberschlichen, diese mageren, verkommenen Elendsgestalten, bargen in sich die Kraft eines namenlosen Hasses. Mochte der Funke auch noch so lange unter der Asche glimmen, eines Tages würde er hervorbrechen, würde zur verzehrenden Flamme werden. Das Erschreckende daran war, daß dieser letzte Funken sich nicht austreten ließ, es sei denn, man risse den Menschen das Herz aus der Brust. Tötete man auch noch so viele von ihnen, das Feuer würde weitergetragen werden, fort und fort durch die Zeiten. Ein neues Geschlecht wuchs heran, ein Rudel von jungen Wölfen, die sich dereinst darauf besinnen würden, wie es vordem gewesen war. Derartige Vorstellungen verursachten ihm schlaflose Nächte, während er dem Rauschen der Stille lauschte, die nun gleich einem Leichentuch über den Inseln lag.

Am 20. April verfügte der Hohe Rat: Alle Bewohner von Lonthor, gleich welchen Standes, werden mit Frauen und Kindern und ihrem Besitz nach Batavia überführt und dort angesiedelt. Zur selben Stunde wurden die Hütten der Strandkampongs sowie auch alle seegehenden Boote in Brand gesteckt, um das verzweifelte Volk am Entweichen zu hindern. Anstatt sich zu fügen, suchten die Lonthoresen aufs neue Zuflucht in den Bergen. Kaum einer von ihnen schloß sich aus, so groß und so allgemein war die Verzweiflung. Wer es dennoch tat, sei es, daß er an der Zukunft verzagte, sei es, weil er sich Dank von den Orang blanda erhoffte, der wurde von den Aufständischen mit Marter und Tod bedroht.

Aber auch unter den Niederländern entstanden jetzt ernste Meinungsverschiedenheiten. Capteijn Vogel wandte sich entschieden und mit überzeugender Begründung gegen die unmenschlichen Anordnungen des Generalgouverneurs. Als Coen drohte, ihn, den bewährten Soldaten und Bürger, des Landes verweisen zu lassen, legte Gouverneur Lam zutiefst entrüstet sein Amt nieder und forderte Entlassung aus den Diensten der Compagnie. Martinus Sonck wurde zu seinem Nachfolger bestellt. Auch in dieser Sache hatte Jan Pieterszoon seinen Willen durchgesetzt; es war jedoch, gestand er sich unmutsvoll, nur ein Pyrrhussieg. Hätte er sich nunmehr zu mäßigen vermocht und nach einem alle befriedigenden Ausweg gesucht, so würde er, bestürzt über eine so heftige Gegnerschaft in den eigenen Reihen, sicherlich eine humanere Lösung gefunden haben. Allein, die Ereignisse, die er selbst in Bewegung gesetzt, rissen ihn unwiderstehlich mit sich fort.

Gouverneur Sonck hatte noch am Tage seiner Ernennung einen Hauptmann mit fünfzig Musketieren in das Gebirge geschickt und die Rebellen zur Unterwerfung auffordern lassen. Die Kompagnie war ohne Ergebnisse, dafür aber mit zahlreichen Verwundeten und mehreren Toten zurückgekehrt. „Auch gut!" sagte Sonck. „Wir werden die Hunde zu Paaren treiben!"

Um die Lage noch mehr zu verwirren, segelte der englische Zweidecker THE DRAGONS CLAW, das Flaggschiff des Kommodore Sir Humphry Fitzherbert, mit offenen Stückpforten in den Sund. Sir Humphry ließ dem Generalgouverneur kurz und bündig mitteilen, Pulu Run wie auch Lonthor hätten sich der Oberhoheit Seiner Majestät, des Königs von England, unterstellt; er protestierte im Namen Seiner Majestät gegen eine derart brutale Behandlung der friedfertigen Eingeborenen.

Mochte er protestieren, so viel er wollte, solange es ihm an wirklicher Macht gebrach. Die Bewohner von Run hatten zwar, wie auch die von Neira und Api, ihre Waffen abgeliefert; das englische Fort auf Nalaika Riff aber blieb wie ein Dorn im niederländischen Fleische stecken. Hier hatte auch die Macht der Kanonen ein Ende. Jan Pieterszoon wußte recht gut, man werde ihm daheim alles nachsehen, jeden Verstoß gegen Recht und Gesetz, gegen die Gebote der Menschlichkeit, solange sein Tun nicht zu politischen Verwicklungen in Europa führte. Geschah dies jedoch, so würde man ihn ohne ein Wimpernzucken fallen lassen; ja, man würde dann längst Vergessenes hervorkramen und ihm gerade aus solchen Taten einen Strick drehen, um derentwillen man ihn vordem in den Himmel gehoben hatte. Pulu Nalaika war also tabu. Die Aktion gegen Lonthor indes gedachte er unter keinen Umständen aufzugeben. Vielmehr mußte sie nun — hierzu zwang ihn schon das Geschrei seiner heimlichen und offenen Gegner — mit allen Kräften zu Ende geführt werden.

An die achthundert Lonthoresen — im ganzen waren

es 287 Männer, 256 Frauen und 246 Kinder — wurden am Strande von Neira bei Fort NASSAU zusammengetrieben und von dort auf den DRAGON überführt. Jan Pieterszoon schaute vom Kampanjedeck der NIEUW HOLLANDIA der Einschiffung zu. Die glühenden Farben, die bizarren Formen, das grelle Licht und die tiefen blauschwarzen Schatten, all das einte sich zu einem unvergeßlichen Bild. Erschütternde Szenen spielten sich am Ufer ab. Kühl wehte es ihn an. Hatte ein Wölkchen sich vor die Sonne geschoben? Die Farben verblaßten; der Glanz erlosch. Wie hatte er das Fort, diesen armseligen Steinhaufen, je für ein Märchenschloß halten können, den Begräbnisplatz, dessen Entweihung der Anlaß zum Tode Verhoeffs geworden war, für eine geheiligte Stätte? Die zur Deportierung Bestimmten lagerten eben dort, wohin vor zehn Jahren noch kein Mensch sich getraut. Dahin war die Macht der alten Götter. Die Welt hatte nun ein anderes Gesicht. Der Verstand regierte, der planende nüchterne Menschengeist. Ein Schauer überrann seinen Rücken; ihn schwindelte... War es Furcht? War es ein Bangen vor der Einsamkeit, vor der Verantwortung?

Ach, diese Menschen! Halb verhungert, durch Entbehrung und Trauer geschwächt, wankten sie einher, nur mehr Schatten ihrer selbst. Mit ihren Hühnern und Ziegen waren sie gekommen, beladen mit Krügen, Töpfen, Truhen, mit schweren Bündeln von Kleidern und Matten, hatte man ihnen doch erlaubt, das bewegliche Eigentum zu behalten. Im Lager aber wurde ihnen auch diese letzte Habe noch abgenommen unter dem Vorgeben, es sei nicht genügend Platz an Bord. Lachend entrissen die Wachtsoldaten ihnen die Dinge, an denen ihre Herzen hingen, warfen sie achtlos wie Plunder auf einen Haufen oder teilten sie unter sich, indem sie sprachen: „Was wollt ihr damit? Dort, wohin man euch bringt, braucht ihr dergleichen nicht;" Dazu lachten sie hämisch. Roh war es, gemein, aber — wann wäre ein Sieger nicht roh und gemein gewesen? Gebrochen an Leib und Seele erschienen die Unglücklichen, da sie an Bord des DRAGON gebracht wurden, um dort in der stickigen Hölle des Batteriedecks eingeschlossen zu werden. Manch einer von ihnen blickte, bevor ihn grobe Fäuste den Niedergang hinabstießen, verlangend nach den Bergen von Lonthor hinüber, wo seine Stammesbrüder kämpften und starben. Geschützdonner grollte von jenen Höhen her.

Allerdings, niederländische Kanonen waren es nicht, die sich dort vernehmen ließen. Colff war an diesem Morgen mit vier Kompagnien aufgebrochen, um die Bergfeste zu erobern. Sehr weit war er nicht vorgedrungen. Kaum einen Schuß hatte er abfeuern können, während von allen Höhen, aus versteckten Schanzen und Gräben auf seine weit auseinandergezogene Kolonne geschossen wurde. Gewaltige Felsblöcke rumpelten vernichtend auf die Soldaten nieder. Dort, wo der Pfad sich an Abgründen hin um steile Vorsprünge wand, brachen plötzlich die stützenden Steine weg oder vergiftete Blasrohrpfeilchen schwirrten von irgendwoher auf die Überraschten herab. Colff sah sich zum Rückzug gezwungen. Schon hatte die Kolonne kehrtgemacht, da öffneten sich unversehens die Schlünde einer in den Berghängen verborgenen Batterie. Der Marsch wurde zur kopflosen Flucht. Die Männer — mehr als von den Kugeln der Feinde getroffen wurden — verletzten sich infolge ihrer Hast im Dorngestrüpp oder an scharfkantigen Steinen. Colff, der sonst so Unerschütterliche, schäumte geradezu vor Beschämung und Zorn.

Coen indes nahm den Bericht über die schmachvollen Geschehnisse mit der an ihm gewohnten kühlen Gelassenheit hin. „Wir Niederländer", sagte er ruhig, „sind gewohnt, auf dem Meere zu kämpfen und zu siegen. Wer wollte von Fischen verlangen, daß sie auf Berge klettern?" Niemand vermochte ihm ins Herz zu sehen; niemand wußte um den kleinlichen, despotischen Haß, den er hinter gemessenem Wesen verbarg — ein entwürdigender Haß gegen jene, die sich ihm nicht beugen wollten. Er ließ die achtundvierzig Orang Kjai, die im Fort NASSAU gefangen saßen, vor Gericht stellen unter dem Vorgeben, sie hätten von dem neuen Aufstand gewußt. Man brachte sie an Bord des Flaggschiffes, um sie dort peinlich zu verhören. Unbewegt wohnte Jan Pieterszoon dem abscheulichen Verfahren bei. Kein Mitgefühl regte sich in ihm, als er die ausgerenkten Gliedmaßen krachen hörte, die Qual der vor Schmerzen sich krümmenden Leiber sah. Die Tortur fand des Nachts und im unteren Batteriedeck statt. Gleich schauerlichen Bronzemasken hoben sich die Fratzen der chinesischen Henkersknechte, die erstarrten Gesichter der Gerichtsherren, der Schreiber und Zeugen aus dem Dunkel. Gespenstisch flackerten Schatten über Planken und Spantenwerk. Ein infernalisches Possenspiel vor dem Abgrund der Finsternis, da es so sinnlos erschien. Schreie gellten schrill durch das Schiff, Jan Pieterszoon hörte es nicht; zwei der Gequälten starben auf der Folterbank — er sah es nicht. Einer der Delinquenten entwand sich den Griffen der Henker, schlug den Profos mit der eisernen Handfessel nieder, erreichte das Kauldeck und sprang über die Reling ins Wasser, wo er ertrank. Das Schicksal hatte ihm wohlgewollt. Seine Gefährten wurden, da sie auf dem Streckbett gestanden hatten, zum Tode verurteilt und ums Morgengrauen nach dem einstigen Begräbnisplatz geführt. Dort starben sie unter den Schwertern der japanischen Söldner.

Eines Tages begann der Monsun zu wehen. Regenwolken schoben sich von Westen her über die See. In den Nächten peitschten sintflutartige Güsse herab. Am Tage verbarg sich die Sonne hinter schwefligem Dunst. Wege und Stege wurden zu grundlosen Morästen. Wildbäche füllten brausend die Tiefe der Schluchten. Selbst Sonck mußte einsehen, daß unter solchen Umständen den Rebellen nicht beizukommen war. Deshalb ließ er alle Zugänge nach dem Inneren der Berge durch Posten abriegeln, führte einen regelmäßigen Wacht- und Patrouillendienst ein und zog sich mit dem Gros seiner Truppen in das Kastell zurück.

Jan Pieterszoon beschloß, nach Amboina zu versegeln; hier gab es im Augenblick nichts für ihn zu tun. „Hört, Mijnheer Sonck", sagte er beim Abschied, „diese Sache muß in meinem Sinne erledigt werden. Kein Pardon — verstanden! Keine Weichheit ... Keine Nachgiebigkeit ... Wir sind keine Arminianer; wir haben es mit Banditen zu tun, mit einem Auswurf der Menschheit. In dem Staatswesen, das ich errichten will, sind solche Bösewichter überflüssig. Ihr versteht —, Mijnheer?"

„Vollkommen, Exzellenz!" schnarrte Sonck mit schneidiger Beflissenheit.

Obschon die Wachsamkeit des Gouverneurs und seiner Offiziere nichts zu wünschen übrig ließ, gelang es, bald nachdem Coen NASSAU verlassen hatte, etwa dreihundert Lonthoresen aus den eingekesselten Bergen zu entkommen. Mehrere schnellsegelnde Parahus von Süd-Ceram hatten sich in einer Gewitternacht der Küste Lonthors unbemerkt nähern können, hatten Vorräte an Reis, Sago und Kokosnüssen gelandet und einen Teil der Belagerten aufgenommen. Ihre Ladung war für die Zurückbleibenden freilich nur ein Tropfen auf heißem Stein. Der Vorrat an Nahrungsmitteln schwand dahin. Mehl und Trockenfrüchte verdarben infolge der fortdauernden Nässe. Regnete es einmal nicht, so stiegen doch Nebel aus den Schluchten und Klüften, umhüllten die Gipfel. Bald mangelte es auch an Holz und wärmendem Feuer; die Kleider faulten an den Leibern. Nach der Zerstörung des Dorfes Lonthor hatten sich Cholera und Pest über die Insel ausgebreitet. Hilflos, von unerträglichen Schmerzen gepeinigt, krochen die von der Seuche Befallenen umher, von den noch Gesunden angstvoll gemieden; irgendwo, in einer Felsspalte, hinter Steinen oder im Gesträuch verendeten sie. Wen die Cholera verschonte, der erlag dem Schwarzwasserfieber oder der Malaria. Mancheiner, irre vom Beri-Beri, lief Amok, stürzte in einen Abgrund oder wurde von seinen Leidensgefährten erschlagen. Die Gräber mehrten sich von Stunde zu Stunde. Mütter verhungerten, um ihren Kindern die letzte Wurzel zu geben. Kaum einer, der nicht von bösartigem Husten gequält wurde, von Schüttelfrost oder fliegender Hitze, Folgen der ungewohnten Kälte und unaufhörlichen Feuchtigkeit.

Auch vor dem Erscheinen der Orang blanda hatte man Kriege und Pestilenz auf der Insel gekannt. Man war zu Zeiten unterworfen worden oder befreit. Man hatte den alten Glauben verleugnen, einen neuen bekennen müssen. All das war jedoch in erträglichen Grenzen geblieben. Krieg war Spiel gewesen, ein blutiges Spiel zwar mit Keulen und Speeren, aber doch nur eben eine Art Zeitvertreib. Krankheiten waren gekommen und gegangen wie die Jahreszeiten. Die maurischen Eroberer hatten sich als umgängliche Herren erwiesen, hatten sich dem Lande und seinen Gewohnheiten angepaßt und waren im Laufe weniger Generationen zu Einheimischen geworden. Und auch der Allah Mohammeds war ein recht nachsichtiger Gott, der sich mit einem Lippenbekenntnis zufrieden gab. Diese bleichhäutigen schrecklichen Barbaren hingegen... Sie kannten Gnade nicht; sie waren kaltherzig und hart wie Flint. Ihr Gott schien ein racheschnaubender Dämon zu sein, in dessen Schatten kein Frohsinn, kein Freisinn, keine Liebe gedieh. Die Bandanesen schraken vor den Niederländern zurück, als wären es Aussätzige. Sie verstanden die Orang blanda nicht und nicht deren Gott. Eher wollten sie wie Männer sterben als im Schatten Jehovas trostlos dahinkümmern.

Mai und Juni gingen vorüber, ehe Gouverneur Sonck den entscheidenden Angriff beschloß. Am 6. Juli wurden 375 Soldaten von Neira nach Lonthor übergesetzt. Der Monsun hatte sich ausgeweht, aber die Männer, die in langer Reihe durch den grauenden Morgen zu Berg stiegen, fröstelten. Nebel wanden sich um schwarze, mit Moos und Flechten behangene Felsen. Es tropfte von Zweigen und Blättern. Die schalen Scherze, mit denen Sonck seine Leute zu ermutigen suchte, fanden nur wenig Anklang; die Soldaten schwiegen. Und ebenso schweigend empfingen die Berge ihn. Er blickte hinab auf die Stelle am Ufer des Sundes, wo früher die Hütten von Selamme gestanden hatten. Deutlich, als heller Streif, zeichnete sich noch die Dorfstraße im Grün des Dickichtes ab, das die Reste der Ruinen überwuchert hatte.

Gespannt spähte Sonck umher. Dicht hinter sich hörte er das beruhigende, Mut einflößende Knirschen der Soldatenstiefel im Geröll. Steine polterten über die Hänge nieder. Eisen klirrte gegen Eisen. Unter Keuchen und Schnauben wurden Verwünschungen laut. Es hatte keinen Sinn, die Rebellen überraschen zu wollen. Von ihrer Warte aus überlickten sie Küste und Sund, ja sogar Teile von Api und Neira. Das Landemanöver war ihnen gewiß nicht entgangen. Doch warum schossen sie nicht? Schon war der Engpaß erreicht, der Ort, an dem Colff damals hatte umkehren müssen. Vorsichtig betrat der Gouverneur den schmalen Saumpfad, tastete sich an der steilen, stellenweise überhängenden Bergwand hin. Nichts regte sich. Quellbäche rieselten über blankes Gestein. Jäh schreckte ein seltener, blaugrün gefiederter Vogel auf. Jetzt... Jetzt mußten sie feuern. Aber noch immer fiel kein Schuß.

Sonck atmete freier. Hinter seinem Rücken ertönte rauhes Lachen; zuversichtlicher klangen die Stimmen. Man näherte sich der ersten Brustwehr, fand sie unbesetzt. Steinpyramiden, unter denen noch die Hebelbäume steckten, dazu bestimmt, unvorsichtig sich nähernde Angreifer zu zerschmettern, lagen an den Hängen aufgetürmt. Und nun zuckten die Männer doch zusammen, verhielten Atem und Schritt. Ein dünner, klagender Schrei hatte sich aus der umnebelten Felsenwildnis erhoben, in der sich die Batterie des Gegners verbarg, hallte von den Schluchtwänden wieder und starb wimmernd dahin.

„Vorwärts!" befahl Sonck erschreckt. Im Laufschritt erreichten sie die Barrikade, klommen den zerbröckelnden Hang hinan, warfen sich brüllend auf die Geschütze. Das siegesgewisse „Hurra-hurra" verstummte indes mit einem Schlag. Viele erblaßten. Andere hielten sich die Nasen zu, husteten, fluchten lästerlich. Überall lagen Reste von Leichen. Große schwarze Vögel hoben sich schwerfällig von den Gebeinen, die zwischen den Geschützen moderten.

Sonck stand und starrte auf das grauenvolle Bild. Groll, nicht Mitgefühl, regte sich in ihm. War das sein Sieg? Wieder einmal war es nichts mit der erhofften Ehre und Auszeichnung. Mußten denn diese Hunde krepieren, bevor er sie hatte besiegen können? Von Zorn erfüllt, setzte er den Fuß auf ein paar Rippen, an denen noch Zeugfetzen und faulende Fleischreste klebten. Wo zwischen Felsen ein erdiges Plätzchen war, wölbten sich Grabhügel dicht bei dicht. Größe und Zahl der daraufgewälzten Steine zeugten vom Rang der Verstorbenen. Hunderte solcher Hügel fanden sich und noch viel mehr Gebein, das niemand bestattet hatte. Überall gab es Verschanzungen, zerfallene Dächer, rostende Waffen. Bei einer Ansammlung von Hütten, die sich in eine Schlucht des Berges duckten, trafen die Niederländer auf den ersten Widerstand. Einige Musketenschüsse fielen, doch richteten sie keinerlei Schaden an. Es war aber, als habe das schwächliche Knallen den Bann gebrochen, der über der Unheilstätte lag. Aufheulend stürmten die Soldaten den Weiler, warfen sich mit blanker Klinge über die in stummer Ergebung hingekauerten Menschen, deren Blut im Schlamm versickerte. Nicht einer der Lonthoresen wehrte sich. Nicht einer von ihnen wurde verschont. Ihre duldsame Ergebenheit stachelte vielmehr den Blut- und Rachedurst der Niederländer bis zur Raserei. Lachend, grölend, fluchend, hieben und stachen sie auf die Wehrlosen ein. Mehr als vierzig wurden hingeschlachtet, bevor der Gouverneur dem Morden Einhalt tat. Sieben Männer sowie sechsundsechzig Frauen und Kinder, die man später in der Umgebung aufgriff, wurden gefangen fortgeführt, neun Geschütze kleineren Kalibers als Beute eingebracht.

Am selben Tage noch wurde auch der benachbarte Berg mit der Ortschaft Wayer erobert. Hier machte man 476 Gefangene. Wie viele totgeschlagen wurden, erfuhr der Gouverneur nicht; es wäre ihm auch wohl unwichtig erschienen. Wölfen gleich, die Blut geleckt haben, durchstöberten seine Musketiere das Gebirge. Selbst in der Nacht gellten dann und wann noch Schreie auf, krachten Schüsse. Von Angst und Grausen erfüllt, flohen Mütter mit ihren Kindern durch das Dunkel und stürzten sich, sobald sie sich von den johlenden Verfolgern eingekreist sahen, über die Klippen hinab. Viele Männer, die den Tod der Gefangenschaft vorzogen, stießen sich den Kris in die Brust.

Als Jan Pieterszoon zu Ambon von diesem glorreichen Sieg vernahm, rieb er sich gedankenvoll die Hände. Rechnete man die von Sonck Gefangenen ab und die Tausendzweihundert, die schon zuvor aus Selamme als Sklaven fortgeführt worden waren, sowie jene dreihundert Flüchtlinge, die sich nach Ceram hatten retten können, so mußten an die zweieinhalbtausend Menschen im Gebirge umgekommen sein, die meisten vor Krankheit und Hunger, nur die wenigsten durch Kugel oder Schwert. Gott der Allmächtige hatte abermals seine Gerechtigkeit allen Zweiflern vor Augen geführt. Er hatte die Heiden geschlagen um all ihrer Sünden, ihres Mangels an Demut, ihrer Halsstarrigkeit willen, mit der sie sich gegen das ihnen auferlegte Schicksal gesträubt. „Es scheint", so schrieb er nicht ohne einen Anflug von Sarkasmus den Herren Bewindhebbern, „daß die Hartnäckigkeit in diesen Leuten so groß gewesen ist, daß sie alle miteinander lieber im Elend haben vergehen wollen als sich den Unsrigen zu unterwerfen!"

Wie so oft, wenn es einen Entschluß zu fassen galt, flüchtete Jan Pieterszoon auch jetzt wieder aus den Mauern. Schweigend und finsteren Angesichts schritt er an den salutierenden Posten vorüber. Fort VIKTORIA war inzwischen zu einer weitläufigen Anlage geworden. Und noch immer wurde gebaut. Er passierte Tor und Brücke und eilte am Strande unter den Palmen hin. Es entsprach der Eigenart seines Wesens, daß er nicht ruhig auszuschreiten vermochte. Irgend etwas in ihm trieb ihn vorwärts, unaufhörlich, ohne Barmherzigkeit.

Der Sieg auf Banda war vollkommen — in den Augen der Welt. War er es wirklich? War es im Grunde nicht nur die Überlegenheit der Waffen gewesen, die hier gesiegt hatte, und würde dieser Sieg von Dauer sein? Die Feindschaft des organisch Gewachsenen, des in Jahrhunderten freier Entwicklung Gewordenen blieb als Bedrohung seines Werkes bestehen, fort und fort würde sie unter dem Deckmantel eines trügerischen Friedens weiterschwelen, bis sich eines fernen Tages die Unterworfenen der Mittel bemächtigten, die ihnen gegenwärtig noch nicht zur Verfügung standen. Was war zu tun? Die Rechnung war aufgegangen und dennoch stimmte sie nicht. Wo lag der Irrtum? „Was habe ich falsch gemacht?" Jan Pieterszoon fragte es sich bestürzt.

Eine Schar eingeborener Kinder tollte lachend, jubelnd den Strandpfad entlang. Wie schön sie waren, wie anmutig ihre nackten braunen, geschmeidigen Leiber! Ihr Lachen steckte an; ja, es zauberte einen Wiederschein längst vergessener Kindheitsfreuden auf Jan Pieterszoons starres Gesicht. „Ich will ihnen etwas schenken", dachte er beglückt. Doch da sie seiner gewahr wurden, verstummten sie, sanken am Wegesrain in die Hocke, senkten die Köpfe und hoben ihre Arme zum Sembahgruß. Er sah, wie Schauer der Furcht durch ihre Körper rannen. Zorn stieg in ihm auf, ein Gefühl bitterster Enttäuschung, Scham.

„Lacht!" herrschte er sie an.

Die Köpfchen senkten sich tiefer. Zu antworten wagten die Kinder nicht.

„Sklavenbrut!" brummte er verstimmt und ging seines Weges. Wie die Brandung dort draußen auf den Riffen, stürmten Gedanken in ihm. Was habe ich falsch gemacht? Ist dies das Paradies, von dem ich geträumt? Jäh ernüchtert, blickte er mürrisch umher. Ruhe, Sicherheit, Frieden — pah! Tausende waren auf der Flucht. Tausende wurden deportiert. Tausende lebten in beständiger Angst vor den fremden Eroberern. Friede? Seit jenem Tage, an dem er nach Indien zurückgekehrt, donnerten die Kanonen, starben zahllose Menschen, wurden Schiffe und Heimstätten zerstört, Äcker verwüstet. Eben jetzt sanken die in mühevoller Arbeit gepflanzten, aufopfernd gehegten Fruchtbäume auf Lonthor und Neira unter den Axthieben stumpfsinniger Soldaten. Djapara war in Rauch aufgegangen, Djakatra dem Erdboden gleich gemacht. Hunderte von Schiffen ruhten auf dem Meeresgrund, Tausende von Seeleuten. Zehntausende Mütter, Witwen, Waisen klagten ihn an, ihn — Tiger Coen, verfluchten ihn unter bitteren Tränen. Und noch war kein Ende abzusehen. Bantam mußte unterworfen werden, Mataram, das Sultanat Atjeh, ja, ganz Sumatra... Und jede Unternehmung würde neues Unheil zur Folge haben. Wer dieser Welt seinen Willen aufzwingen will, darf nicht zimperlich sein! Fühlte ein Sonck etwa Gewissensbisse?

Die Bewohner von Pulu Run hatten voller Entsetzen mitangesehen, was auf Lonthor geschehen war. Sie kamen heimlich zusammen und faßten den Beschluß, ihre Insel zu verlassen, ehe ihnen ein gleiches wiederfuhr. Wie fast immer bei solcher Gelegenheit, fand sich ein Judas auch hier. Gouverneur Sonck erhielt Kenntnis von diesem Vorhaben. Da er, sollten Nelken und Nüsse gepflückt und nach den Niederlanden verschifft werden, auf die Hände der Insulaner angewiesen war, erschien ihm jedes Mittel recht, die Treulosen am Entweichen zu hindern. Er ließ die Bevölkerung zusammenrufen und alle erwachsenen Männer kurzerhand niedermachen. Hundertundsechzig Menschen starben so.

Wer stand dafür ein? Und doch — es war notwendig gewesen; der Gewürzanbau und -handel allein konnte das Fundament für die Wirtschaft des neuen Staates sein. Man mußte die Schuld auf sich nehmen um des Endzweckes willen, diese fast nicht zu tragende Schuld! Wurde nicht jeder Acker mit Blut gedüngt? Konnte Großes ohne Opfer entstehen?

Jan Pieterszoon schloß die Augen, lehnte sich matt gegen einen Palmenstamm. Anmutig schwang sich die geriffelte Säule über das Wasser hinaus. Es tat gut, das warme lebende Holz unter den Händen zu spüren. Müdigkeit übermannte ihn, eine Taubheit der Seele, wie sie allzu heftiger Gemütsbewegung zu folgen pflegt. „Ich muß heim", dachte er. Schnee... Blankes Eis... Windmühlen... Frische, von Pappeln umhegte Wiesen... Er dachte mit Schmerz an solcherlei Bilder und wußte nicht, daß er dem engen Raum der Heimat längst entwachsen war.

Heimkehr — wohin?

„Die Strümpfe!" befahl Jan Pieterszoon barsch.
Vis bückte sich mit ausdruckslosem Gesicht und reichte seinem Herrn die langen fleischfarbenen Seidenstrümpfe.
Angewidert betrachtete Jan Pieterszoon diese modische Beinbekleidung, die ihm für einen Mann von Ansehen so wenig passend erschien wie die gelackten Schuhe, die kaum verdienten, so genannt zu werden, oder wie dieser unmögliche weibische Spitzenkragen. Der bronzebraune, mit Goldfäden reich bestickte Brokatrock mochte noch eben hingehen. Aber vollends lächerlich war doch jener randlose, einem Topf ähnelnde Hut mit dem breiten Goldband und der Juwelenagraffe, der dort vor dem Fenster auf einer Konsole lag. Gegen diese Kleidungsstücke, die eines italienischen Komödianten würdig gewesen wären, stach der alte vergoldete Toledanerdegen fast ebenso ab wie eine Runkelrübe gegen ein Rosenbukett; trotzdem — er war ihm lieber. Oft und oft hatte ihm die treue Klinge das Leben gerettet in den vergangenen wüsten Jahren — beim Sturm auf Selamme, bei der Eroberung Djaparas und Djakatras — unzählige Male.
Für Augenblicke überließ er sich seinen Erinnerungen. Es war ja doch schön gewesen in Indien, großartig. Wiederum beengte ihn ein Gefühl von Enttäuschung, jene Beklommenheit, die ihn beim ersten Schritt auf dem Boden der Heimat überkommen hatte. Alles war grau hier, der Himmel so niedrig, als wolle er auf die Erde stürzen. Windmühlen, Kanäle, Marschwiesen, Ziehbrücken, die winzigen bunten Häuser — all das hatte seinen Jugendglanz für ihn verloren. Man hatte ihn gefeiert, umworben — gewiß. Doch die Worte waren hohltönende Phrasen gewesen; hinter dem Lächeln auf den Gesichtern hatte er Mißtrauen und Abwehr gespürt. Verdrießlich blickte er in die Gärten und Parkanlagen hinaus, die den HOF VON HOLLAND umgaben. Obschon sie recht gut gehalten waren, riefen sie im Grau dieses Septembertages den Eindruck von Dürftigkeit hervor. Übrigens traf dies auf ganz

s'Gravenhage zu. Nebel schleierten um die spitzgiebligen Bürgerhäuser. Den Menschen, mochten es fürstliche Beamte, Deputierte, Offiziere oder auch nur Lakaien sein, haftete etwas Provinzielles an. Ein Mann, der Paris, Rom, Lissabon und London gesehen hatte, vermochte diese Stadt nicht ganz ernst zu nehmen. Und doch gingen von hier entscheidende Impulse aus, wurden die Geschicke so mancher Nation und unzähliger Menschen beeinflußt. Tagtäglich, auch Sonntags, traten die Generalstaaten zusammen. Und heute sollte nun er vor den hochmögenden Herren, den Delegierten der sieben Provinzen, erscheinen, sollte Rechenschaft ablegen über sein Tun und Lassen in Indien.

Unter anderen Umständen wäre dies eine hohe Ehre gewesen. Doch so, wie die Dinge lagen, machte man sich wohl besser auf unerfreuliche Überraschungen gefaßt. Selbst ein so guter alter Freund, wie es Aert Gysels ihm gewesen war, hatte einen höchst unsachlichen Brief an ihn gerichtet, in dem er sich über die Behandlung der Bandanesen entrüstete. „Wir müssen wissen", hieß es darin, „daß sie für die Freiheit ihres Landes gefochten haben, nachdem sie so viele Jahre an Leib und Gut durch uns geschädigt worden sind!" Ähnlich dachten hierzulande eine Menge Leute, nicht zuletzt solche, die im Rat der Siebzehn saßen und den Reichtum verzehrten, den er ihnen erkämpft hatte. Nun ja, nicht dem Wohl jener Herren hatte seine Mühe gegolten, sondern dem der Nation. Heute und hier würde sich zeigen, ob man ihm Dank wisse dafür.

Er hatte die halbe Nacht aufgesessen und sich die Gedanken klar gelegt, die er vor dieser Versammlung aussprechen wollte. Lange hatte er auf eine solche Gelegenheit gewartet. Nun, da sie sich ihm bot, schien sie an Bedeutsamkeit verloren zu haben. Lohnte es sich, den Menschen die Wahrheit zu sagen? Sie hörten ja doch nicht; jederzeit hatten sie läppische Ausflüchte, ja selbst Verdächtigungen zur Hand. Und wenn es auch gelang, sie im Augenblick für ein hohes Ziel zu begeistern, ihren Opfersinn, ihr Verantwortungsgefühl, ihren Unternehmungsgeist wach zu rütteln, wenig später verfielen sie doch wieder in den alten, ihren kleinlichen Interessen gemäßen Trott. Es war Unsinn gewesen, Indien zu verlassen.

„Vis!" sagte er.

Der Diener blickte von den Schuhen auf, die er gerade mit umständlicher Beflissenheit zuschnürte. „Jawohl, Euer Exzellenz."

„Vis, gefällt's dir, wieder in Holland zu sein?"

„Jawohl, Euer Exzellenz! Das heißt..."

„Das heißt —?"

„Nein, Euer Exzellenz! Ich glaube auch nicht, daß wir hier lange bleiben werden."

„Und warum glaubst du's nicht?"

„Man hört allerlei, Euer Exzellenz! Die Herren können Euer Exzellenz in Indien nicht entbehren. Man sagt, dort sei inzwischen der Teufel los..."

„Hm — ja!" brummte Jan Pieterszoon. So unrecht hatte der Bursche nicht. De Carpentier, an den er die oberste Regierungsgewalt hatte übertragen lassen, war zwar über jeden Zweifel an seiner Befähigung erhaben, aber es fehlte ihm an dem Nimbus, dessen ein Machthaber nicht entraten kann, an dem Strahlenglanz des Einmaligen, Übermenschlichen. De Carpentier war nicht Tiger Coen; er würde es niemals sein. Und nun erhoben sich Tücke, Verrat und Aufruhr wie Schlangenhäupter aus dem Verborgenen wider ihn. Sogar die Ternatanen zeigten neuerlich Neigung zur Meuterei. Die nach Ceram geflüchteten Bandanesen wiegelten die dortige Bevölkerung auf. Der Panembahan von Mataram drohte mit Krieg. Und die Engländer, obgleich sie sich hier in Niederland als biedere Bundesgenossen und Freunde gaben, entwickelten in Indien eine ränkevolle Betriebsamkeit.

Ja, Vis hatte die Lage erkannt. Volkes Stimme, Gottes Stimme! Wieder einmal kamen die Umstände seinen Wünschen entgegen. Allerdings durfte man sich nicht sogleich dem günstigen Wind überlassen; hier gab es noch vieles zu tun. Diesen Spießbürgern mußte bewiesen werden, daß alles in Indien Geschehene unvermeidbar gewesen war.

Man mußte sich ihres Wohlwollens versichern, sie für das große Werk gewinnen, ohne ihnen doch die letzten Ziele zu enthüllen. Fast verließ ihn die Zuversicht. War es nicht, als bewege man sich in Feindesland? Kein Mensch weit und breit, mit dem man offen hätte reden können. Stets schritt man gewappnet, wie in einem Panzer, einher. Weder Weib noch Kind erwärmten das Herz. Keine Mutter spendete Trost. Es gab keinen Freund, keinen Bruder, der einem zur Seite stand. Warum kam Venthorst ihm da in den Sinn? Nicht einmal verabschiedet hatte man sich von dem Alten. Nun, das tat nichts, der war glücklich bei seinen Kanaken. Unglaublich verniggert war er, lebte unter ihnen, schlief in ihren schmutzigen Hütten, aß ihre Speisen, erforschte ihre Vergangenheit, ihre religiösen Vorstellungen, ihre Gebräuche und Sitten. Die Eingeborenen hielten den Doktor für einen Guru, einen Heiligen. Ha —, welch ein Unsinn! Venthorst — ein Heiliger...

„Vis!" brummte er.

„Jawohl, Euer Exzellenz!"

„Meinen Rock! Sag', Vis, hast du niemals gewünscht, eine neue Ehe einzugehen?"

„Ich —?" Vis setzte sein dümmstes Gesicht auf. Die fischige Haut über den vorstehenden Wangenknochen rötete sich.

„Ich meine, weil du ja doch nie so recht verheiratet gewesen bist... Vielleicht ließe sich erwirken, daß die Synode deine Ehe für null und nichtig erklärt? Wenn du es wünschst, Vis —, ich will dir gerne behilflich sein!"

Wie Hohn flackerte es flüchtig durch des Dieners Blick und verging, wich einem Ausdruck sauertöpfischer Ehrbarkeit. „Da sei Gott vor, Euer Exzellenz!" murmelte er. „Ich hab' mir die Suppe nun mal eingebrockt. Mein Weib ist ein Hurenmensch, das läßt sich nicht leugnen! Aber wer wollte mich schelten ihretwegen? Auch ist sie zu Wohlstand gelangt; und ich muß an's Alter denken."

„Was dies anbetrifft..."

„Nein, Euer Exzellenz, dank' Euch von Herzen. Solche Großmut hab' ich nicht verdient. Wie würden die Menschen über mich denken, entledigte ich mich der Bürde, oder gar — Gott? Und was stellte das Weib wohl an, wär' es nur frei? Ist's doch imstande —", fügte er scheinheilig hinzu, „und betört einen edlen Herren, so daß er's zum Gemahl nimmt, und richtet ihn zugrunde... Man würd' mit Fingern auf mich weisen."

Coen sog tief und heftig den Atem ein. Vis duckte sich, rieb voller Eifer die Schuhe blank. Als er aufblickte, sah er das Gesicht seines Herren blaß und kalt in der gewohnten Unnahbarkeit; es verriet nichts. Vor dieser steinernen Miene erschien alles nur Einbildung; man vergaß nahezu, daß es ein Weib namens Weintje gab; der Gedanke allein, daß man durch sie diesem Herren verbunden sei, reizte zum Lachen. Und doch ahnte Vis, solche Beziehung verleihe zwar eine gewisse Macht, berge aber auch tödliche Gefahr. Er begann zu zittern.

Zum Glück für ihn wurden eben jetzt im Vorraum Stimmen laut — die Herren, die den Generalgouverneur zur Versammlung geleiten sollten. Mit ärgerlicher Hast stülpte Jan Pieterszoon den komischen Hut aufs Haupt, trat vor den Spiegel und betrachtete sich verstimmt. Vis öffnete die hohe zweiflügelige Tür vor ihm. Und er trat mit dem steifen konventionellen Lächeln, das ihm hier angebracht erschien, seinen Besuchern entgegen. Wie ein Fisch auf dem Trockenen kam er sich in dieser Umgebung vor. Da war dies seichte Wortgeklimper der Schranzen und Stutzer. Schwatzend, witzelnd umgaben sie ihn mit ihrer zwecklosen Geschäftigkeit, ein jeder bemüht, die eigene Bedeutung hervorzukehren. Gott mochte wissen, welche Obliegenheiten diese Theaterhelden und Parkettstrategen in der Regierung erfüllten. Verwünschtes Gezücht! Ihre gottlosen Späße hatten nichts mit der Lehre Calvins gemein, die zu vertreten sie mit frecher Stirn behaupteten. Und was nutzte das feierliche Schwarz ihrer Hosen und Röcke, hob es doch nur die liederliche Eleganz des französischen Schnittes hervor. Der weibischen Spitzenkragen und Manschetten hätte es wahrlich nicht bedurft, um zu zeigen, wes Geistes Kind sie waren.

Während man sich mit Tod und Teufel in Indien schlug, war auch hier die Zeit nicht stehengeblieben. Das ganze Staatswesen schien in Gährung begriffen. Aufruhr in Amsterdam, weil die Butterpreise erhöht worden waren; die Verschwörung der Söhne Oldenbarnevelts gegen den Prinzen Moritz; der immer wilder wuchernde Schleichhandel mit den feindlichen Ländern, gegen den die Regierung machtlos war — Sturmzeichen! Man durfte die Augen nicht verschließen vor der Wirklichkeit dieser chaotischen Welt. Die Bande der Zucht und Ordnung lockerten sich allenthalben. Der einzelne Mensch begehrte Rechte, die ihm nach Gottes Ratschluß nicht zustanden. Von Freiheit war die Rede, nicht von Pflicht.

Der Saal im Gebäude des Hohen Rates, den Coen nun mit seiner Suite betrat, war bis auf den letzten Platz besetzt. Der Zeremonienmeister kündete die Eintretenden mit Rang und Namen an. Jan Pieterszoon verneigte sich knapp: Unbeachtet plätscherten die herkömmlichen Begrüßungsworte an seinen Ohren vorüber. Er trachtete, ihm bekannte Persönlichkeiten unter dieser Menge dunkler Röcke, blasser Gesichter, funkelnder oder schläfrig blinzelnder Augen herauszufinden. Es gelang ihm nicht. Stumm stand er da, die Arme verschränkt, finster und fremd, voller Trotz und Unwillen, während man ihn wie ein exotisches Tier begaffte. Dies also war das Consilium, vor dem Monarchen erzitterten — Müller, Bäcker, Kornhändler und Pfeffersäcke! Ihnen sollte er — Tiger Coen — Rechnung legen? Ha-hm! Er räusperte sich. Zorn schnürte ihm die Kehle zu. Und doch mußte er mit diesen Schafen im Wolfspelz heulen, mußte so tun, als sei er Geist von ihrem Geist, als glaube er den Parolen, von denen man wußte, daß sie nur Lüge waren. Bei alledem war ihm klar, daß es hier höchste Vorsicht galt. Dummheit und Engstirnigkeit bergen größere Gefahr als ein kluger weitblickender Feind.

Zum Reden aufgefordert, begann er die im Osten herrschenden Verhältnisse zu schildern. Nicht einer Nation allein, so stellte er mit diabolischer Sachlichkeit fest, habe

Gott der Herr die Reichtümer Indiens zugedacht, wohl aber sei den Niederländern eine Mittlerrolle zugewiesen, um der Reinheit ihres Glaubens willen. Noch einmal ließ er den bunten, blutigen Karneval der Ränke, Kämpfe und Eroberungen an den wie gebannt lauschenden Zuhörern vorüberziehen, die Erstürmung des Forts auf Amboina, das Ringen um die Banda Inseln, den Kampf gegen Djakatra. Die Bilder, die er vor ihren Augen erstehen ließ, muteten die Herren Deputierten an wie Märchen aus Tausendundeiner Nacht. Als er ihnen jedoch, ohne auch nur eines Blickes auf seine Notizen zu bedürfen, mit Zahlen kam, als er ihnen Verlust und Gewinn mit überzeugender Genauigkeit vorrechnete, als er wissen ließ, was zu erwarten stehe, gewähre man den Kolonien eine wirksamere Hilfe als bisher, da horchten sie auf. Zahlen — das war die Luft, in der sie atmeten. So wie der Hering die ihm durch seine Natur zugewiesene Sprungschicht nicht verlassen kann, vermochten auch diese Krämer nicht in andere geistige Bereiche vorzustoßen. Verluste — Gewinne, die Rechnung ging für sie auf. Was sich dahinter verbarg, das sahen sie, vom Glanz des Goldes geblendet, nicht.

Allein die Abgeordneten der O. I. C. begannen hier einige Unruhe an den Tag zu legen. Wagte es dieser Coen, an der allmächtigen Compagnie Kritik zu üben? Oder war es nur ein gerissener Schachzug von ihm, wenn er ausführte, nicht von der Compagnie selbst dürfe der innerindische Kleinhandel betrieben werden; vielmehr müsse er den dortigen Freibürgern, den Chinesen, ja, auch den Einheimischen überlassen bleiben, wolle man den auf privater Initiative beruhenden Zuwachs an Wohlstand und Macht nicht missen. Die Wirkung seiner Worte blieb auch Jan Pieterszoon nicht verborgen. Er unterdrückte ein Lächeln. „Ist nicht bekannt, Ihr Herren —", fuhr er mit erhobener Stimme fort, „wie die Portugiesen, indem sie Malakka eroberten, die Gelegenheit fanden, mit geringen Unkosten den inländischen Handel zu regulieren? Hierdurch wurden in Indien so viele Spezereien gewonnen, wie die Märkte Europas aufnehmen konnten, und dies, ohne daß man mehr an Menschen und Material aufwenden mußte als bisher. Allerdings hatten die Portugiesen damals, Inder und Perser ausgenommen, niemanden gegen sich, während unsere Compagnie sich nicht allein gegen die eingeborenen Krämer behaupten muß, sondern vor allem auch gegen diejenigen Europäer, die bis zur Stunde noch ungehindert in der Inselsee Handel treiben dürfen. Immerhin hat die Compagnie durch Gottes Gnade die Hoffnung, indem sie eigene Kolonien stiftet, den Handel im Archipel so beeinflussen zu können, daß alljährlich so viele Gewürze angeliefert werden, wie man bei uns in Europa verbraucht. Es würde für uns nach oberflächlicher Schätzung einen Jahresgewinn von rund fünfzig Tonnen Goldes abwerfen. Dies zu bewirken, wird es notwendig sein, daß unsere Stadt Batavia, wie auch die Landschaften von Djakatra, Amboina und Banda mit gottesfürchtigen, ehrenfesten und fleißigen Niederländern besiedelt werden..."

Ein Aufatmen ging durch die Versammelten. War es, weil der oder jener einen Hauch des Geistes verspürte, der Jan Pieterszoon Coen dorthin geführt, wo er jetzt stand? Seit den fernen Tagen des Altertums hatte kein Mensch so entschlossen in die Zukunft zu greifen gewagt. Portugiesen und Spanier waren zwar weit hinaus vorgestoßen über die Grenzen des Abendlandes. Die Scharen ihrer rohen, grausamen Konquistadoren hatten unendliche Meere durchkreuzt, Urwälder, Savannen, hatten himmelstürmende Berge erstiegen, mächtige Reiche zertrümmert, große Völker unterworfen und sich dienstbar gemacht. Mit Weib und Kind, mit Sack und Pack und Gesinde waren sie in die fremden Länder gezogen, aber dort hatten sie in hoch ummauerten Festungen gelebt, hatten die Erde, die nicht ihre Heimat war, verantwortungslos ausgeplündert und waren, sobald sie zu Wohlstand gelangt, leichten Herzens und mit schwerem Beutel heimgekehrt in ihr Vaterland. Kaum einer von ihnen hatte in der eroberten Erde Wurzeln geschlagen, hatte im Unterworfenen, Versklavten seinen Nächsten erkannt. Ihre Kraft war deshalb versiegt; leer standen nun die Zwingburgen ihrer Macht; immer seltener wurden ihre Flaggen auf den Meeren gesehen.

Hier nun wurde etwas Unerhörtes vorgeschlagen. Pflanzstädte sollten gegründet werden, so wie es Phöniker und Hellenen vor Zeiten getan. Das Volk der Niederländer, beengt und bedrängt von den mächtigeren Nationen in seiner Nachbarschaft, sollte aus seiner abseitigen Verborgenheit hinausgeführt werden in die Weiten der Welt; seine geballte Kraft sollte sich im Dienste einer großen Idee entfalten. Wer faßte es? Wen schwindelte nicht bei solchen Gedanken? Und wie stand es um die Kräfte des Geistes und der Seele, um die Höhe der Moral, die allein ein solches Vorhaben rechtfertigten? War man bereit, der Zukunft seiner Kinder die schwersten Opfer zu bringen? Letzten Endes war ja auch der heldenmütige Freiheitskampf im Sumpf der Eigensucht, der schnöden Habgier, der niedrigsten Selbstzufriedenheit begraben worden.

So tief die Mitglieder dieses hohen Consiliums für den Augenblick beeindruckt, ja sogar mitgerissen worden waren, schon regte sich der nüchternem Krämergeist entspringende Widerspruch. Wie —, freier Handel für die Freibürger und Eingeborenen in Indien? Besiedlung der unter so hohen Kosten eroberten Gebiete mit Niederländern oder gar Chinesen? Ja, war denn der Mann von Sinnen? Hieß es nicht, jede Gewalt über den Osten aus der Hand geben? Niederländer waren zu halsstarrig, Chinesen zu schlau, um sich als Handlanger der Compagnie gebrauchen zu lassen; nach einiger Zeit entzogen sie sich unweigerlich dem Einfluß des Mutterlandes. War es denkbar, daß ein Mann wie Coen diese Gefahr übersah? Mißtrauen, beileibe nicht ausgesprochen, doch unter höflichen Einwendungen durchschimmernd, breitete sich aus. Man fand sich zu einer endgültigen Entscheidung nicht bereit, schob das Projekt auf die lange Bank; Gott fügte es oftmals, daß unerfreuliche Dinge sich im Laufe der Zeit von selbst erledigten. Um so eifriger stimmte man Coen zu, als er eine Ausweitung und Förderung des Handels mit

China vorschlug. Zwar würde dies neue Zwistigkeiten mit der Krone von England im Gefolge haben, aber auch goldenen Segen für die eigenen Truhen. Das gefiel den Herren besser als Opfer bringen.

Wenige Wochen nach der Aufsehen erregenden Rede in s'Gravenhage erschien Generalgouverneur Coen am 9. Oktober 1623 vor dem Rat der Siebzehn zu Middelburg, um nun auch hier über seine Regierung zu berichten und seine die fernere Erschließung des neugewonnenen Inselreiches betreffenden Vorschläge näher zu erläutern. Hier, in dem nicht sehr geräumigen, düsteren Rathaussaal, schlug ihm eine noch spürbarere Ablehung entgegen als es in s'Gravenlage der Fall gewesen war. Er wußte, was diese Herren dachten — Mordbube, dachten sie, Raubgesell! Leider brauchen wir dich noch, dachten sie; glaub' nur ja nicht, du könntest Ansprüche daraus herleiten; wir sind auf der Hut! Aber schließlich war es den erfolgreichen Feldherren der einstigen Republik Rom, den großen Konquistadoren des Habsburger Kaiserreiches nicht besser ergangen. Noch stets rächte der Niedrige sich an dem, der ihn überragt.

„Dank!" sagten die Herren grämlich. „Tausend Dank!" Noch in fernen Zeiten werde von ihnen gesprochen werden, weil sie in der Wahl ihres Bevollmächtigten solchen Scharfblick bewiesen hätten. Furcht und Argwohn verbargen sich nur unzulänglich unter den Lobsprüchen und Ehren, mit denen sie ihn, knauserig genug, bedachten. Dreitausend Goldkarolen für die Dienste, die er der Compagnie als Generaldirektor geleistet hatte, siebentausend Goldkarolen für die Eroberung von Djakatra, dreitausend Goldkarolen für die Einverleibung der Banda Inseln, zehntausend Goldkarolen für seine allgemeine Tätigkeit als Generalgouverneur sowie eine goldene Kette mit Medaillon und ehrender Widmung im Werte von zweitausend Gulden und ein goldener Staatsdegen im Werte von etwa vierhundert Goldkarolen — das war der Dank derjenigen, denen er ein Reich zu Füßen gelegt.

Am Abend jenes Tages zog er sich frühzeitig, allen Einladungen absagend, in sein Quartier zurück. Lange hockte er, das Kinn in die Hand gestützt, am Tisch, starrte ins Kerzenlicht, während Gestalten und Bilder sich aus der Erinnerung hoben. Er war nun reich, gemessen an der Armut, in der er seinen Weg betreten hatte. Er war so mächtig und berühmt, wie es der arme Lehrbube im Kontor Mijnheer de Visschers nur je erträumt haben mochte. Jedermann in den Niederlanden, in England, Spanien, Frankreich und Portugal kannte seinen Namen. Sagen und Legenden rankten sich bereits um ihn. Und doch — fünfundzwanzigtausend Carolusgulden... Ein Bettel, bedachte man, was er dafür auf sich genommen hatte! In langer Reihe zogen sie vorüber — Specx, Venthorst, Wittert, Saro Sangi, Weintje, Kjai Ronggo, Matrosen, Soldaten, Kaufherren, vergessene oder verratene Freunde, braune und weiße Gesichter, schwarze, gelbe... Sie sahen ihn an, erwarteten etwas von ihm. Und er stand da wie ein Bankrotteur, die Hände leer und das Herz. Unbewegt war das rätselhafte Antlitz der Schicksalssphinx. Wessen harrte es? Was sagte es über die Zukunft aus? Die Tat- und Willenskraft abendländischen Wesens umspülte und überraschte es so wie die Woge den Fels, doch sie belebte und formte es nicht.

Jan Pieterszoon seufzte; ein Brennen stieg ihm in die ermüdeten Augen. Überdies hatte er nun auch noch die Heimat verloren. Er spürte es, die Heimat stieß ihn von sich. Seine Mitbürger sahen einen Fremden in ihm. Sie bewunderten ihn, lobten ihn, huldigten ihm, aber in ihren Herzen war keine Wärme für ihn; nichts hatten sie gemein mit Tiger-Coen. Sie sprachen es nicht aus, doch deutlich lesbar stand es in ihren Mienen: „Geh' nur dorthin zurück, woher du gekommen bist!"

Brautfahrt nach Hoorn

Die mit vier Rossen bespannte Staatskutsche hielt auf dem Rode Steen. Vis sprang vom Bock, riß befliessen den Wagenschlag auf. Allerlei Volk sammelte sich um das elegante, blau und rot lackierte Gefährt, dessen vergoldete Leisten und Speichen auf den Wohlstand des Besitzers deuteten. Rotwangige Knaben in blauen Pluderhosen, roten Hemden und mit Holzpantinen an den Füßen, deftige Meisjes, deren Leinenhauben sich wie Segel blähten vor dem melancholischen Grau des von Gewölk überflogenen Oktoberhimmels, Bäuerinnen und Bauern, Schiffsknechte, Mägde, Schaffnerinnen, Fuhrleute — sie alle drängten sich, den vornehmen Herrn zu sehen, der ihre Stadt eines Besuches würdigte. Der Gehilfe des Apothekers hatte mit dem Schwager auf dem Kutschbock geflüstert. Nun ging ein Name von Mund zu Mund, andächtig, zweiflerisch, ehrfurchtsvoll, mit einem Unterton staunenden Erschrekkens.

Coen! Ein jeder hier kannte ihn, manch einer sogar von Kindesbeinen an. Nachdem nun die neuesten Ereignisse in Indien bekannt geworden, umgab ihn ein Hauch des Grausigen. Jan Pieterszoon hatte zwar mit den Vorgängen, über die sich die Öffentlichkeit in den Niederlanden erregte, nichts zu schaffen, die Hellsichtigkeit des einfachen Volkes aber schrieb sie dennoch seinem Einfluß zu. Carpentier? Wer kannte hier schon De Carpentier! Coens Wille war es, der die Geschicke jener fernen fremden Länder auch weiterhin lenkte. Nun war er also nach Hoorn gekommen... Lachen klang schüchtern auf; der Diener hatte einen vergoldeten Käfig mit einem großen bunten Vogel darin aus dem Wagen gereicht. Man verstummte indes sogleich, denn der Herr Generalgouverneur selbst wurde jetzt in der Wagentür sichtbar. Bedächtig stieg er, in einen wallenden dunklen Umhang gehüllt, aus der Karosse, barhäuptig, gelbgrau das magere Gesicht. Ein heiseres, im Winde verwehendes „Vivat!" schien wenig Eindruck auf ihn zu machen. Sein Blick ging über die

Gaffer hin, als wären sie nicht vorhanden. Der goldene Degen klirrte gegen die Pflastersteine.

Unwillkürlich zog Jan Pieterszoon den Mantel fester um sich. Dies hier war also Hoorn, seine Vaterstadt! Vergebens trachtete er, Stimmung und Duft vergangener Kindertage wieder herbeizurufen. In dem Augenblick, da er vor der Kutsche verharrte, wurde ihm klar, auch hier war das Leben weitergegangen. Kein bekanntes Gesicht! Die Häuser erschienen ihm kleiner, niedriger, der Marktplatz mit seinen rot und gelb leuchtenden Käsepyramiden, mit den Gemüseständen und Schlachtbänken unbedeutender als er's in Erinnerung hatte. Nicht weit von dem alten ehrwürdigen Patrizierhause der Mentes, zu dessen Tür eine zweigeteilte, mit kunstvollem Bronzegitter verzierte Treppe hinanführte, erhob sich ein neues prachtvolles Bauwerk. Gern hätte er nach dem Zweck jenes Hauses gefragt, allein — ein Blick auf die Umstehenden ließ ihn die Lippen fester schließen. War das der Empfang, auf den er hatte rechnen dürfen? Doch —, ja, da nahten sie, ein halbes Dutzend würdiger Herren, gefolgt durch einen Schwarm von Sekretären und Schreibern, Bürgermeister und Schöffen, Mijnheer Ment unter ihnen. Um einiges zu spät erfolgte die feierliche Begrüßung durch den Magistrat, zu spät, um der Verstimmung entgegenzuwirken, diesem bedrückenden, kränkenden Gefühl, ein Fremder zu sein.

Wortkarg und abwesenden Geistes ließ Jan Pieterszoon das geradezu fürstliche Bankett über sich ergehen, die bis zum Überdruß vernommenen Lobhudeleien, die abgeschmackten politischen Überzeugugnen, die man ihm vortrug, als handele es sich um durch eigenes Nachdenken gewonnene Erkenntnisse. Himmel, wie war doch diese zwischen Mauern und Wehrtürme gepferchte Stadtwelt klein und eng! Vor den Toren dort draußen lag das weite Meer. War es diese Enge, die die Seelen ihrer Bewohner zusammenpreßte, so daß sie ins Weite drängen mußten, sich befreien durch kühne Taten und Wagnisse?

Jan Pieterszoon hegte keinerlei Zweifel über die Gründe, die Mijnheer Ment bewogen hatten, ihn hierher einzuladen. Dieser Einladung nicht Folge zu leisten, wäre unklug gewesen. Wollte er nach Indien zurück, so mußte er über alle Widerstände hinweg von der öffentlichen Meinung unterstützt werden. Nicht nach Hoorn zu kommen, hätte man ihm als Gleichgültigkeit oder Hochmut verdacht; Adriaen Ment würde es als Kränkung aufgefaßt und sich ihm gegenüber dementsprechend verhalten haben. Was dem unbekannten Jüngling vielleicht nachgesehen worden wäre, durfte sich der berühmte Generalgouverneur ganz einfach nicht gestatten. Mijnheer Ment würde keinen Augenblick zögern, seine zwar niemals ausgesprochene, stillschweigend jedoch anerkannte Forderung notfalls auch durch Zwangsmittel beizutreiben. Hatte der Kaufherr nicht in der Kammer zu Hoorn manch einen hitzigen Strauß für seinen Schützling ausgefochten? Selbstverständlich erwartete er nun, daß auch Coen wisse, was er zu tun habe. Und — warum eigentlich nicht? Jan Pieterszoon fragte es sich mißgelaunt. Was konnte er besseres vom Leben verlangen? Eine Frau war im Grunde so gut oder so schlecht wie jede andere, ein notwendiges Übel. Weintje Gris? Pah —! Sie war schön gewesen, leidenschaftlich, ein vollblütiges gesundes Weib, leichtfertig zwar, aber auf eine bestürzende Weise selbstbewußt und tatbereit. Weintje — ach, was! Man schuldete ihr nichts. Schließlich hatte sie nicht weniger von ihm empfangen als sie zu geben vermocht. Aber — Saro Sangi? Da war die altbekannte, am Herzen nagende Scham, die Schuld des Verratens, Verleugnens, Vergessens. Gedachte er ihrer, so überkam ihn das Verlangen nach jenem fernen Land Java wie ein bohrender Schmerz. Hätte man halten müssen, was niemals gefordert, niemals versprochen worden war? Vertan, vorbei — dachte er voll trotzigen Aufbegehrens. Nein, Evchen Ment wäre gewiß die rechte Lebensgefährtin für ihn, vermochte er sie auch nicht zu lieben, so war sie doch seiner Achtung und Hochschätzung wert.

„Wie denkt Ihr über De Carpentier?" erkundigte sich Mijnheer De Vries, seines Zeichens Wollhändler und

Reeder von Walfischfängern, der ihm bei Tisch gegenübersaß. „Wird er wohl endlich abberufen werden, wie er's verdient? Diese Engländer... Ich weiß, ich weiß, Exzellenz, zu Euren Freunden zählen sie nicht; indes — müssen wir nicht mit ihnen rechnen? Soeben erst wurde der endlose Zank um die Fischereirechte in der Nordsee beigelegt; neue Konflikte würden meine Trankocherei auf Spitzbergen gefährden und die Schiffe in der Archangelskfahrt."

Adriaen Ment lachte verhalten. Er war sichtlich gealtert in den letzten vier Jahren. Silberweiß und dünn schmiegte sich ihm das Haar um die kantige Stirn. So würdevoll sein Betragen war, der schlaue, verstohlen lauernde Ausdruck in seinen Augen beeinträchtigte doch die Wirkung der patrizierhaften Überlegenheit, die er so gerne zur Schau trug. „Du wendest dich an die falsche Instanz, Wilm! Der Herr Generalgouverneur wird wenig Verständnis für deine Kocherei aufbringen, wo es um das Gemeinwohl geht. Vor kurzem erst habe ich wieder einmal die Beschreibung der Punischen Kriege nachgelesen... Glaubst du, Wilm, eine dauerhafte Einigung könne dort erreicht werden, wo es zwei Hunde, aber nur einen Knochen gibt? Ich nicht! Und ich meine, auch die Herren Generalstaaten nicht. Carthaginem esse delendam — so steht's um uns! Ich halte für feig, für verantwortungslos, einem Konflikt ausweichen zu wollen, der seiner Natur nach unvermeidbar ist. Was gilt schon dein Leben, Wilm, nicht zu reden von deiner Reederei, deiner Trankocherei, deinen Schiffen, sobald die Nation bedroht ist?"

De Vries legte Messer und Gabel nieder, wandte sich langsam, sprachlos vor Entrüstung, dem Gastgeber zu. Seine welke Greisenhand zitterte, während er sie wie einen Herold verhinderter Worte gegen den Kaufherren ausstreckte. „Ah —", brachte er schließlich hervor, „steht es so... Gemeinwohl, Gefahr für die Nation? Darf man fragen, wer oder was diese Nation eigentlich ist? Die Herren Generalstaaten? Nein! Das Haus Oranien? Nein! Die Herren Bewindhebber der Ostindischen Compagnie? Abermals — nein! Wir sind's, das Volk; wir Unternehmer und alle, die von uns abhängen. Auch du, Adriaen, auch die Deputierten, selbst die Oranier gehören dazu... Hat doch ein jeder das Recht, seine Stimme geltend zu machen. Wer aber ermächtigt die Siebzehn, sich als unsere Wortführer aufzuspielen, die Interessen der Compagnie mit unseren und denen des Staates gleichzusetzen? Nicht um die Frage nach den Vorrechten einzelner geht's... Ich möchte nur wissen, was schwerer wiegt, der Mensch oder das Staatswesen, das er sich geschaffen hat, auf das es ihm diene? Meine Kocherei ist mir wichtiger als ganz Batavia! Warum? Weil ich von ihr lebe, ich und die Meinen, weil ich nicht verhungern will. Ob Republik, ob Monarchie, das ist mir gleich, so lange ich nur mein Auskommen finde. Weder für's eine, noch für das andere will ich mich totschlagen lassen. Früher, entsinne ich mich, galt als Verbrechen, die Monarchie abzulehnen, heute nun jedes Wort wider die Republik. Gottes Trost, man soll mich mit dergleichen in Frieden lassen! Jede Regierung ist mir verhaßt, solange sie nicht imstande ist, der Allgemeinheit des Volkes wie jedem einzelnen Schutz, Sicherheit, Ordnung und — kurzum, Frieden zu geben..."

Jan Pieterszoon räusperte sich. Nur einzelne Satzfetzen, aus dem Zusammenhang gelöst, waren ihm ins Bewußtsein gedrungen: Jede Regierung verhaßt, wenn nicht... Meine Kocherei wichtiger... Was wiegt schwerer, Mensch oder Staat... Irgendwie traf es ihn. Im Laufe der langen Zeit seines Kolonialdienstes hatte er sich jedes Eingehen auf anderer Leute Meinung abgewöhnt. Auch war ihm während des verflossenen, in der Heimat zugebrachten Jahres so selten widersprochen worden, daß er jetzt den in ihm auflodernden Zorn kaum zu bezähmen vermochte. "Zielt Euer Reden auf mich, Mijnheer de Vries?" fragte er grimmig. Aller Blicke wandten sich ihm zu.

"Gott bewahre!" erwiderte der Kaufherr. Seiner Miene war anzusehen, wie erstaunt er war. "An Euch, Exzellenz, hab' ich nicht gedacht. Ich wollte nur dartun, die Ostindische Compagnie ist ein Staat im Staat, ein Fremdkörper sozusagen. Je eher wir ihn ausscheiden oder in unserem Staatswesen aufgehen lassen, desto besser für alle. Ich bin für klare Scheidung, darf ich wohl sagen. Ist es kaufmännisch, zwei Bilanzen im gleichen Buch stehen zu haben? Mich dünkt's unehrlich, jeder Ordnung zuwider. Mag es der Compagnie belieben, Kriege anzuzetteln — was kümmert's uns, die wir nicht an ihr partizipieren? Sollen wir Haare lassen, weil irgendwer an solchen Streitigkeiten verdienen will? Geht der Compagnie ein Krieg verloren, müssen wir alle die Lasten tragen, gewinnt sie ihn, so haben nur einige wenige Vorteil davon..."

„Und die Idee?" unterbrach ihn Jan Pieterszoon schneidend. „Der Gedanke, ohne den es große Taten nicht gibt?"

„Welcher Gedanke? Welche Idee? Ideen wandeln sich; man kann sie kneten wie Wachs. Man kann ihnen jede Form geben, wie es der Augenblick eben verlangt. Mehr noch, man kann sie zum Vorwand für jede erdenkliche Untat machen. Offen gestanden, ich halte nichts von Ideen! Tatsachen, Exzellenz —, wir Kaufleute müssen mit Fakten rechnen; für Hirngespinste bleibt da kein Platz!"

„Das nenn' ich krämerhaft gedacht, Mijnheer De Vries!"

„Schon recht, Exzellenz!" nickte der und fügte nachdenklich hinzu: „Ich bin ein Krämer! Ich bin sogar stolz darauf. Höher zielt mein Ehrgeiz nicht. Ich wünsche nur, mich und die Meinen redlich durchzubringen, wünsche in Frieden zu leben und dem Allmächtigen wohlgefällig zu sein. Ich kann ohne Spezereien auskommen, ohne indische Königreiche, ohne Kriege und ohne solche Verbrechen wie jenes, das jüngst auf Ambon geschehen ist."

Jan Pieterszoon fühlte, wie alles Blut aus seinen Schläfen wich; ihn schwindelte, Funken stoben durch das Purpurlicht vor seinen Augen. Wie aus weiter Ferne vernahm er die eigene Stimme; rauh und unwahrscheinlich fremd klang sie ihm im Ohr. „Das wird sich zeigen, Mijnheer de Vries! Wer sich gegen die Interessen seines Volkes und Staates stellt, gehört unter das Schwert. Er verdient das Leben nicht. Ich spreche ihm jedes Recht ab, an den Gütern der Nation teilzuhaben..."

„Ihr — Exzellenz?" De Vries erhob sich. Sein gebeugter Körper wurde von krampfhaftem Lachen geschüttelt, während er sich mit betonter Langsamkeit den wie erstarrt dasitzenden Amtsbrüdern und Patriziern zuwandte. „Ihr Herren, liebe Mitbürger, sind wir in Indien?"

„Aber, aber..." beschwichtigte Ment erschreckt, „wer wird aus einem Scherz gleich Ernst machen wollen? Setze dich, Wilm! Seine Exzellenz, der Herr Generalgouverneur, weiß, daß er hier unter Freunden weilt. Ein offenes Wort unter Freunden nimmt man nicht krumm!"

In das die peinliche Stille jäh überbrodelnde Stimmengewirr fielen die Worte des Wollhändlers ruhig und klar und allen vernehmbar: „Ich bin ein freier Bürger eines freien Gemeinwesens. Vergebt —, ich sitze nicht zu Tisch mit Tyrannen!"

Was weiterhin geschah, dessen entsann sich Jan Pieterszoon säter nur ungenau. Er spürte den löwenköpfigen Griff des Degens schmerzhaft knotig in der Handfläche, fühlte Finger, Hände an Schultern und Armen, hörte die beschwörende, lächerlich jammernde Stimme des Stadtoberhauptes dicht neben sich und das Krachen, mit dem die hohe Eichentür hinter De Vries ins Schloß fiel. Ein Gewimmel von sich neigenden Köpfen, flachen weißen Gesichtern, die sich nach und nach geräuschlos entfernten. Man stützte ihn, führte ihn in ein angrenzendes Gemach. Und dann waren da leichte kühle Frauenhände, die ihm angefeuchtete Tücher auf Stirn und Brust preßten, die ihm die Schläfen mit Branntwein rieben. Weiße Hauben, kühle Finger, ein zarter Duft nach Lavendel und Rosenwasser, das Rascheln von seidenen Kleidern in der wohltuenden dämmerigen Stille. Langsam kam er wieder zu sich.

Sein Blick, noch verdüstert durch Erregtheit und Zorn, tastete über das rauchige Gebälk der Decke, glitt nieder an der grauen schmucklosen Wand, auf die ein letzter verirrter Sonnenschimmer das buntfarbige Muster bleiverglaster Scheiben warf. Leichte Frauenschritte huschten fast ohne Laut über die spiegelnden schwarzen und weißen Steinfliesen. Zur Seite schauend, sah er Adriaen Ment in leisem Gespräch mit dem Bürgermeister beim Fenster stehen. Und nun schob sich ein liebreizendes, noch kindhaft zartes Mädchengesicht in seinen Blick — ungebändigtes lockiges Haar, unter fein geschwungenen Brauen übergroße blaue Augen. Das Hübscheste war der Mund, ein Rosenblatt auf dem durchscheinenden Weiß der Haut. Nein, das Lächeln war es, das ihn erschauern ließ, ein gütiges und dabei doch auch ein wenig kokettes Lächeln. Als das Meisje seinen Blick wahrnahm, stieg ihr Röte am Halse herauf in Wangen und Stirn.

„Gehts's Euch besser, Mijnheer?" fragte das Jüngferlein munter, setzte dann jedoch rasch hinzu und ein wenig lauter, so als wolle es Vertraulichkeit durchaus nicht aufkommen lassen: „Meine Schwester bringt Euch Wein; das wird Euch stärken, Mijnheer!"

Während sie noch sprach, mit einer frischen, recht kräftigen Jungmädchenstimme, wußte Jan Pieterszoon in jäher Hellsicht, was er in all den Jahren gesucht, entbehrt und unwiderruflich versäumt hatte. Nichts von allem, was er gewonnen und errungen, zählte dem gegenüber. Er lächelte, als dann Eva Ment mit Karaffe und Glas an sein Lager trat, lächelte höflich, kühl, keineswegs abweisend, aber doch nicht so, wie ein Liebender lächeln würde, der seine Verlobte nach langer Zeit wiedersieht. Übrigens schien Eva desgleichen auch kaum erwartet zu haben. Sie bedachte, halb spöttisch, halb mitfühlend, ihr Schwesterchen mit einem flüchtigen Blick und sagte mit der beherrschten Kühle, die ihr ebenso angeboren wie anerzogen zu sein schien: „Ihr seid von der Reise ermüdet, Mijnheer Coen? Nun, dieser Wein ist nicht schlecht; er wird Euch gut tun." Und dann lächelte sie, ein wenig verweisend, zu ihrer Schwester hinüber: „Lijsbeth brannte darauf, Euch endlich zu sehen. Man möchte meinen, sie ... Nun, wir haben oft von Euch gesprochen — was Ihr so tut da drüben in Indien und wie es dort aussehen mag ... Ihr habt an ihr eine große Verehrerin."

Jan Pieterszoon richtete sich auf. Eva Ment war eine Frau, unter deren Augen man sich nicht gehen lassen durfte. Ihre zurückhaltende, sorgsam abgewogene Förmlichkeit, die geschliffene Sicherheit ihres Wesens verlangten von jedermann Selbstbeherrschung und Takt. „In der Tat —", gab er im gleichen gemessenen Ton zurück, „die Reise hat mich ein wenig angegriffen. Die hitzige Unterhaltung, vor allem die dumpfe Luft im Saal haben ein übriges getan. Ich hoffe, es hat Euch nicht zu sehr erschreckt, Jungfer Ment? Von Indien her bin ich ans Freie gewöhnt. Das Klima hier setzt mir doch zu."

„Ihr müßt uns mehr von Indien erzählen und — natürlich — auch von Euch selbst."

„O ja, bitte!" rief Lijsbeth, frisch und verschämt zugleich, hinter dem Rücken der Schwester hervor. Der kindliche Eifer in ihrer Stimme stach wohltuend ab von der spröden Gesetztheit der Älteren.

„Dazu ist später noch Zeit!" wehrte Eva ab.

Jan Pieterszoon lächelte gezwungen. „Ich hoffe, ich kann euch einmal Indien zeigen — euch beiden? Nur, fürcht' ich, ihr werdet enttäuscht sein. Hinter der Pracht, die uns am Anfang blenden will, bergen sich Armut, Unwissenheit und oftmals abscheuliche Laster..."

„Nun ja", meinte Eva leichthin, den hübschen Kopf unter dem modischen Häubchen auf die Seite neigend, „man wird sich abfinden damit, ich würde es vorziehen, in Batavia die Erste zu sein, statt hier — irgendwer. Ihr geht doch wieder nach Indien zurück?"

Einer Antwort wurde Jan Pieterszoon enthoben. Mijnheer Ment näherte sich mit dem Bürgermeister, der seine weißlichen fetten Finger unablässig knetete. „Ein Affront!" rief der Bürgermeister mit der nämlichen jammernden Fistelstimme, die Jan Pieterszoon schon beim ersten Begrüßungswort auf die Nerven gefallen war. „Nein, welch ein Affront, Exzellenz! Ich hoffe, Ihr werdet uns und unserer Stadt den Zwischenfall nicht nachtragen? Mijnheer De Vries ist von je her ein Querulant gewesen. Wir kennen ihn. Doch nun wird er auch noch alt, weiß kaum so recht, was er spricht oder tut. Allmächtiger, hätt' ich das gewußt, hätt' ich das vorausgesehen..."

Coen tat das Geschehene mit einer hochfahrenden Handbewegung ab. Der Redestrom des Bürgermeisters versiegte. „Ich meine", entgegnete er gemessen, „Mijnheer De Vries weiß recht gut, was er sagt. Ja, ich bin überzeugt, viele denken wie er. Ihr wißt ja selbst, Mijnheer Ment, wie geteilt die Meinung in den Kammern und selbst im Collegium ist. Vor kurzem erst haben jene Herrschaften, die man die ‚Trauernden Partizipianten' nennt, heftig gegen meinen Vorschlag, den freien Handel innerhalb des Archipels betreffend, Sturm gelaufen. Sie denken, ihnen gehe etwas dabei ab. Und doch könnte ich ihnen vorrechnen nach Heller und Stüber, daß die Kosten gegenwärtig den Gewinn verschlingen. Sie meinen, ich schenke ihr Geld an die Freibürger weg. Aber die Freibürger sind es letzten Endes, die uns den Besitz der Inseln sichern. Es war ein Fehler, daß das Collegium, nachdem es meinen Rat gutgeheißen, die entsprechenden Verfügungen erließ, ohne die übrigen Teilhaber zu verständigen. Nun schiebt man mir in die Schuhe, daß es dazu gekommen ist, wie man mich für die Vorfälle auf Ambon verantwortlich machen will. So komme ich in den Geruch, ein Despot zu sein."

Adriaen Ment lächelte, nicht ohne Verlegenheit. „Mein Töchterchen scheint keine Furcht vor diesem Despoten zu haben. Sagt, lieber Jan, wenn Ihr nach Indien zurückgeht..." Er unterbrach sich, blickte den Bürgermeister stirnrunzelnd über die Achsel an. „Nun ja, wir reden darüber noch... Die Angelegenheit eilt nicht."

Nachdem das Stadtoberhaupt sich in Hast und nicht wenig betreten empfohlen hatte, führte Ment seinen Gast in den Garten. Dort nahm er das Gespräch wieder auf, wo er es abgebrochen hatte, um den Bürgermeister zu verabschieden.

Der Garten, ein kunstvolles Gebilde geometrisch abgegrenzter Rasenflächen, Kieswege und Blumenbeete, zog sich als langer schmaler Streif bis an den Seedeich. Wind harfte durch die schon kahlen Pappeln, trieb graues Gewölk von Nordwesten her über den Himmel. Mißtönig krächzend erhoben sich Krähen mit trägem Flügelschlag und wurden vom Winde über den Deich gefegt. Jan Pieterszoon fröstelte. Aber die frische feuchte Luft tat ihm wohl. Vom Hause her klang Lijsbeths unbeschwertes Lachen in das heisere Schnarren des Papageis, dem die nordische Umgebung nicht so recht zu gefallen schien. Der Kaufherr, an seine Gedanken verloren, blickte den Vögeln nach. „Ihr geht also wieder nach Indien —? Ich glaube, die Sache ist fest beschlossen, da mag Carleton so viele Gegenminen springen lassen, wie er will. Worüber ich mit Euch sprechen möchte, mein lieber Jan... Ihr nehmt es mir nicht übel, nicht wahr? Man hört so allerlei, wie's unsere Herren in Indien treiben. Ich weiß..." rief er hastig, „Ihr nicht, Ihr nicht, lieber Jan! Ich kenn' Euch von Jugend auf; der Ruf Eurer Gottesfürchtigkeit und Untadeligkeit ist bis nach Hoorn gedrungen. Nein, nichts gegen Euch! Aber — mein Evchen ist ein stolzes Kind, eine wahre Prinzessin. Es könnte ja sein, daß dort in Indien... Ich sage, es könnte —! Der Mann ist nicht geboren, der nicht gelegentlich einer Versuchung... Da kommen Stunden, Augenblicke... Kurzum, nichts könnte Evchens Stolz tiefer verletzen, als wenn sie dort drüben erfahren müßte... Ich hoffe, Jan, ich darf dir mein Kind ruhigen Herzens anvertrauen?"

Jan Pieterszoon verhielt jäh den Schritt, wandte sich dem Kaufherren zu. Die Farben wechselten rasch auf seinen Wangen. Er kniff die Augen zusammen und maß den Alten mit eisigem Blick. „Ihr erwartet doch wohl keine Antwort von mir?"

„Wußt' ich's doch!" murmelte Adriaen Ment beglückt. „Ja, ich weiß, du wirst mein Evchen glücklich machen. Sie ist eine Prinzessin, zerbrechlich wie Glas. Und dann — die Mitgift... Jan, mein Junge, die Leute reden so viel! Ich hatte ja stets Vertrauen zu dir, aber, weißt du, mein Weib... Herrje — die Frauen! Du wirst das noch kennenlernen. Sanft wie die Tauben, sag' ich, solange Schleier und Myrtenkranz winken, hernach... Nun gut, was meinst du, wird dieser Carleton sich nach der Abfuhr —

er hat sie sich redlich verdient — auch weiterhin in s'Gravenhage halten können?"

Jan Pieterszoon zuckte die Achseln. Auf seinem Herzen lag es wie eine schwere Last. Meldete sich etwa das Fieber wieder? Vielleicht! Jedenfalls kannte er dieses Gefühl; es befiel ihn stets dann, wenn ihm die Dinge über den Kopf zu wachsen drohten. Was Carleton, was Partizipianten... Damit würde man am Ende fertig werden. Aber — diese Heirat! Und das Ärgste war, nicht das mindeste ließ sich dagegen einwenden. Evchen glich ja in der Tat einer Prinzessin, so kühl, so kostbar, als sei sie aus Porzellan. Ihre Familie war sehr vermögend und von bedeutendem Einfluß. Ment hatte ihm einen Sitz im Collegium in Aussicht gestellt. Obendrein galt die Sache seit Jahren und ohne viele Worte als abgemacht. Allein, eben diese Selbstverständlichkeit, mit der man erwartete, er sei der, für den man ihn halten wollte, ließ ihn innerlich aufbegehren. Er sah Saro Sangi vor sich, und Weintje Gris, und er vermochte sich ganz einfach nicht auszumalen, wie Evchen sich als Ehefrau verhalten würde. Lijsbeth hingegen... Ja, Lijsbeth würde lachen, würde sich ihm ohne Rückhalt in die Arme werfen, würde nichts anderes sein wollen als ein liebendes Weib, eine treue Gefährtin. Ob Eva hierzu wohl fähig war? Er fand indes nicht die Kraft, seine Gedanken und Befürchtungen Ment gegenüber offen auszusprechen.

„Carleton —?" sagte er statt dessen. „Soviel ich weiß, hat er den Generalstaaten ein Memorandum seines Königs gegen meine Wiederverwendung in Indien vorgelegt. Ein Mißgriff, wie's scheint! Die Generalstaaten betrachten das Vorgehen des englischen Gesandten als dreiste Einmischung in ihre souveränen Rechte. Ich begreife nicht, wie König Jakob dazu kommt, sich dergleichen herauszunehmen. In seinen Augen sind wir eben noch immer Rebellen. Eine englische Eigenschaft, diese borniert Halsstarrigkeit — und nicht die beste!"

„Vergiß nicht, Jan, wie sehr man sich in England über den Fall Amboina erregt; man nennt's dort den ‚Ambonschen Mord'. Obendrein ist da auch noch in Batavia ein Brite auf Anklage der Chinesen vor Gericht gestellt und bestraft worden. Mein Commis kam vor einigen Tagen aus England zurück. Er sagt, die Sache werde an allen Ecken, auf allen Gassen breitgetreten — im Salon der Königin wie in den Tavernen von Whitechapel. Und nicht von De Carpentier ist die Rede, noch von Speult, sondern von Coen ... Das ist nicht ohne Gefahr, mein Junge!"

Die Mädchen traten aus dem Haus und kamen den Kiesweg entlang. Lijsbeth lachend, in einem schlichten hellen Kleid, die Brust in ein Mieder von schwarzem Samt geschlossen, und auf den Locken einen breitrandigen, mit Früchten garnierten Sommerhut. Eva hingegen hatte das Haar sorgsam frisiert. Sie bewegte sich würdevoll, wie es ihrem Wesen entsprach, in einem streng gefalteten grauen Seidenrock, der in ein gleichfarbiges hochgeschlossenes Mieder überging. Es sah fast so aus, als trage sie einen Panzer unter dem Stoff, der selbst ihre Füße verhüllte.

„Also, Kinder —", murmelte Adriaen Ment, „ich meine, wir sollten Gott dem Allmächtigen danken, weil er alles nach unseren Wünschen gefügt. Bitten wir ihn, er möge euch beiden auch fernerhin Glück und Segen schenken!"

Wortlos standen Jan Pieterszoon und Eva sich gegenüber. Sein Blick, den in den ihren zu senken er sich zwang, drückte Ungewißheit, wenn nicht Zweifel aus. Da erschien ein Lächeln in ihren Augen, ein hochmütiges, nahezu triumphierendes und nicht eben herzliches Lächeln. Er nahm ihre Hände, führte die Spitzen der Finger höflich an seine Lippen. Niemand gewahrte, daß Lijsbeth unversehens erblaßt war und sich niederbeugte, um eine der späten Astern abzupflücken.

Der Ambon'sche Mord

Gouverneur Hermann von Speult hatte gut gegessen und getrunken und ließ sich nun mit einem Seufzer der Befriedigung in den bequemen Korbsessel sinken, der auf der breiten Veranda des Kommandeurshauses stand. Ein Diener eilte lautlos herbei, um den beiden Herren die Kiste mit diesen neumodischen Zigarren zu reichen, die erst vor kurzem anstelle der langstieligen weißen Tonpfeifen in Gebrauch gekommen waren. Bedächtig wählte Van Speult, drückte die Blätter zurecht, schnitt sorgfältig die Spitze ab und ließ sich Feuer geben. „Ich rate Euch zu der schwarzen Sorte, Captain Towerson!" sagte er, den langen glimmenden Krautstengel genußvoll betrachtend. „Welch eine Ruhe, welch himmlischer Frieden, seit Tiger Coen in Europa weilt — findet Ihr's nicht?"

„Möge er lange dort bleiben!" entgegnete der Engländer, verhalten lächelnd. Im Gegensatz zu Van Speult war Gabriel Towerson von dürftiger Gestalt, was in Verbindung mit seinem Vornamen zu allerlei Scherzen Anlaß gab, blaß und von der tropischen Hitze ausgemergelt, aber höchst energisch. Wie alle zu klein Geratenen legte er Wert darauf, daß man ihm mit der seiner Stellung als Faktor gemäßen Achtung begegnete.

„Ja, Captain, ging's nach uns beiden, gäb's keinerlei Zank zwischen den Compagnien. Auch wir haben uns ja schon in den Haaren gelegen, ohne daß gleich Haß und Mißtrauen daraus erwachsen sind. Die Kirche im Dorf lassen muß man, sag' ich! Wir, die wir hier auf Amboina weltabgeschieden wie Eremiten leben, sind ja aufeinander angewiesen..."

„Hm-ja;" brummte Towerson und ließ eine Rauchwolke über die gespitzten Lippen entweichen.

„Ihr glaubt am Ende, ich sei gefühlsduselig? Da irrt Ihr euch aber. Ich hab' nur herausgefunden, wie gut mir Amboina gefällt und daß es sich mit euch Briten leben läßt. Das Fort ist mir lieb, mein Haus, mein Gesinde; den Blick auf diese blaue Bucht und jene anmutig bewaldeten

Höhen dort möchte ich nicht missen. Bin ich hier nicht so etwas wie ein Patriarch? Und so will ich gern alles in Frieden und gutem Stand erhalten. Das ist doch begreiflich, nicht? Was nun das gute Verhältnis zwischen uns beiden und überhaupt zwischen Briten und Niederländern betrifft, das wir durch das Beispiel unseres guten Willens bewirkt haben —, schon längst wollt' ich mit Euch darüber reden, Captain! Eure Leute dünken mich allzu vertraut mit den japanischen Söldnern und Ambonesen, die bei meiner Compagnie in Lohn und Brot stehen. Das gefällt mir nicht, ist auch nicht gut für die Manneszucht. Ich hab' den Commisen Krayvanger, Van Santen, Wyncoop und Van Leeuwen nahegelegt, die englischen Herren noch mehr in unseren Kreis zu ziehen, dann hört die Vertraulichkeit mit den Farbigen von selber auf; auch wäre ein noch besseres Einvernehmen zwischen uns die Folge. Und wenn Ihr, Captain, ein Gleiches tun wolltet..."

„Warum nicht?" sagte Towerson, wiederum mit dem verhaltenen Lächeln. „Doch seht, da kommt ja Euer Leutnant Huwel... Donnerwetter, was für ein Gesicht! Als ob die Pest im Lande sei..."

Raschen Schrittes erstieg der junge Offizier die Verandatreppe. Seine Miene verfinsterte sich noch mehr, als er des englischen Faktors ansichtig wurde. Van Speult winkte gutgelaunt mit der Zigarre. „Na, Huwel, wo brennt's?"

Mit der guten Laune Seiner Exzellenz war es dann aber aus und vorbei, sobald der Leutnant Meldung erstattet hatte.

„Herr im Himmel!" murrte Van Speult, indem er sich schnaufend aus dem Korbstuhl erhob. „Ihr entschuldigt mich, Captain, nicht wahr?"

In der Tat war es ein starkes Stück, was Huwel da unter vier Augen zu berichten wußte. Bestätigte sich der Verdacht des Offiziers, so waren die Auswirkungen nicht abzusehen. Zornig schleuderte Van Speult die Zigarre fort. Verdammtes Land! Wähnte man sich just am Ziel seiner Wünsche, so ergaben sich ganz gewiß neue Schwierigkeiten. Die „Inseln der Täuschung" hatte Coen einmal den

Archipel genannt. Und so war es! Keine Beständigkeit durfte man erhoffen, keinen Frieden, kein Ausruhen, kein Genießen. Wenn es einem am wohlsten war, lauerte das Unheil schon hinter dem nächsten Busch.

Vergangene Nacht — so berichtete Leutnant Huwel — habe er Wachdienst im Kastell getan. Während noch alle Niederländer in der Kapelle zum Abendgebet versammelt waren, erstieg der japanische Musketier Hytje den Wall und schlenderte dort oben umher, obwohl dies dienstfreien Mannschaften strengstens verboten war. Nach einer Weile richtete Hytje das Wort an die dortige Schildwache und erkundigte sich unter anderem wie beiläufig nach der Stärke der Garnison im Fort VIKTORIA, wie oft und zu welcher Zeit die Posten abgelöst würden und wie die Parole laute. Das war dem Posten sonderbar vorgekommen. Pflichtgemäß machte er dem Offizier vom Dienst Meldung. Und Leutnant Huwel erfuhr nun auch, in letzter Zeit seien derartige Fragen des öfteren von den Japanern gestellt worden. Der Sache, meinte Huwel, müsse nachgegangen werden.

Van Speult war da gleicher Meinung. Er riß die Tür seines Amtsraumes auf: „Los, Huwel, ich will den Burschen sehen!"

Der Leutnant schien damit gerechnet zu haben. Augenblicke später wurde Hytje von zwei stämmigen niederländischen Seesoldaten Seiner Exzellenz vorgeführt. Ein kleines dürftiges Kerlchen, die Züge ausdruckslos, aber mit flinken Augen. Er schien sich weder zu fürchten, noch gewillt, sein Geheimnis — falls ein solches bestand — preiszugeben. Was das bedeuten solle? herrschte der Gouverneur ihn an. Hytje leugnete zunächst und gab den Sachverhalt erst zu, als man ihn den beiden Posten gegenüberstellte. Er behauptete nunmehr, nur aus Langeweile habe er mit seinen Kameraden geplaudert. Hierbei blieb er und ließ sich zu weiteren Äußerungen nicht bewegen.

Dennoch argwöhnte Van Speult, auf eine dunkle Sache gestoßen zu sein. Der Rat vom Kastell wurde — so sah es die Instruktion für einen solchen Fall vor — sogleich einberufen. Die Herren sprachen sich auf Verlangen des Fiskals De Bruijn für die Anwendung des „Peinlichen Examens" aus. Van Speult zögerte indes, seine Zustimmung zu erteilen. Was war denn geschehen? Ein fremder Söldner hatte entgegen der Vorschrift ein paar verfängliche Fragen gestellt. Mochte man ihn also bestrafen, weil er unerlaubterweise den Wall betreten hatte; damit wäre die Angelegenheit dann abgetan. Aber da war etwas, das den Gouverneur warnte, jene unbestimmte, allezeit wache Furcht, die von Macht und Gewaltherrschaft so wenig zu trennen ist wie der Schatten vom Sonnenlicht.

Eine rechtlich einwandfreie Handhabe, Hytje der Folter zu unterziehen, bestand freilich nicht. Die „Criminele Ordonnantie" vom 5. Juli 1570, die in den Niederlanden wie in den Kolonien der Rechtssprechung noch immer zugrunde lag, sah vor, „daß man die Tortur nicht anwenden möge, ehe die Missetat nicht sicher erwiesen sei oder doch die Informationen, Geständnisse und weiteren Beweismittel eine indicia sufficientia ad torturam soweit rechtfertige, daß der Procureur general ein peinliches Examen fordern kann." Allerdings, man befand sich nicht in Holland, ja, nicht einmal in Batavia. Man lebte auf einer entlegenen Insel, umringt von Feinden, die — erlangten sie Übermacht — sicherlich weder Rechtsgrundsätze noch Gnade walten ließen — eine Tatsache, die Van Speult durchaus nicht übersah.

Hytje wurde grau unter der dunklen Haut, als man ihn in die Folterkammer führte und auf die Peinbank schnallte. Doch mit der seinem Volke eigenen halsstarrigen Tapferkeit beherrschte er sich so lange, bis die ihm zugefügten Schmerzen unerträglich wurden. Bewußtlos nahezu, von den Knechten des Profosen immer wieder mit Wassergüssen, Branntweinkompressen oder durch Kitzeln ins Leben zurückgerufen, gab er am Ende zu, von einem japanischen Kameraden zu seinen Erkundigungen angestiftet worden zu sein. Jener Soldat, ein Sergeant, Sidney Michel mit Namen, hatte längere Zeit bei der Englischen

Compagnie in Dienst gestanden. Auch er wurde nun peinlich verhört. Miteins wuchs die Sache, die anfangs nur als Bagatelle betrachtet worden war, sich zu einer Lawine aus, die vernichtend über die glücklichen Inseln hereinbrach und deren Staub auf Jahrhunderte hin die politische Atmosphäre in Europa vergiften sollte. Sidney Michel gestand, er habe im Auftrag der Engländer gehandelt. Der Obercommis Thimoteus Johnson und der Barbier Abel Price hätten ihm hohe Belohnung zugesichert für den Fall, daß er sich mit seinen Landsleuten an einem Handstreich gegen die niederländische Besatzung des Forts VIKTORIA beteilige. Sidney Michel hatte sich nicht lange besonnen und eingeschlagen. Der verräterische Plan sollte ausgeführt werden, sobald ein englisches Schiff auf der Reede zu Anker ging. Je zwei Mann sollten dann die Posten auf den Bastionen überwältigen. Der Gouverneur sollte gefangengesetzt, ein jeder, der Widerstand leistete, niedergemacht werden.

Van Speult war aufs äußerste bestürzt. Der Grund, der ihm so sicher erschienen war, wankte plötzlich unter seinen Füßen. Während der Fiskal das Geständnis niederschreiben und entgegen aller Rechtsgeflogenheit sogleich von dem Delinquenten unterzeichnen ließ, gab Van Speult sich bitteren Betrachtungen hin. War es denkbar, daß Towerson von dem Anschlag Kenntnis gehabt hatte — Towerson, der Freund, der vermeintliche Gentleman, dem er vertraut, der an seinem Tische gesessen, der sein Brot gegessen hatte? War Coen also doch im Recht, wenn er Gewalt und nur Gewalt auf seine Fahne schrieb? War denn all das nur Schein und Trug gewesen —, die feierlichen Verträge zwischen den beiden Compagnien, die tönenden Worte von Freundschaft, von gemeinsamen Interessen, von ehrlichem Zusammenwirken — alles nur Schall und Rauch? Ein Blick auf die bleichen gespannten Gesichter der Ratsherren überzeugte den Gouverneur — sie dachten und empfanden wie er. Die Saat des Hasses ging auf. Der durch tausend Geringfügigkeiten, Mißverständnisse, Vorurteile, durch Neid, Geiz und Gier genährte Groll — man hatte ihn mühsam genug in den letzten Winkel des Bewußtseins verbannt — brach sich nun mit elementarer Gewalt Bahn. Wozu noch der Regel folgen, die vorschrieb, der Geständige habe nach einer gewissen Bedenkzeit seine Ausage freiwillig zu wiederholen? Die Schuld der Briten lag ja klar am Tag.

„Verräter!" knirschte Van Speult, außer sich. „Lumpenpack! Keinen Pardon für das Gelichter!" Er ließ Alarm trommeln. Alle Schanzen, Wälle, Bastionen und Tore wurden durch Niederländer besetzt, die Japaner auf dem Hof vor der Kommandantur zusammengetrieben, entwaffnet und in das Packhaus gesperrt. Sidney Michel gab des weiteren zu Protokoll, seit Monaten habe er mit den Herren Towerson, Thomson, John Clark, Abel Prive und anderen geratschlagt, wie und wann der Plan durchzuführen sei. Jeder Japaner habe tausend Realen sowie einen Anteil an der Beute erhalten sollen. Es klang wie ein Märchen. Diese Aussagen wurden jedoch bestätigt, als nun auch die japanischen Unteroffiziere Pedro Conje, Thomè Corea, Saisimo, Tsiosa, Quiondai, Sinsa, Tsairenda und Lauchu auf der Peinbank Zeugnis ablegten. Ihre Bekundungen deckten sich im großen und ganzen mit denen von Hytje und Michel. Man durfte nicht länger daran zweifeln, daß der schändliche Plan kurz vor der Ausführung gestanden hatte.

„Ich mag's nicht glauben", sagte Van Speult mit bebender Stimme, „Towerson, dem ich nur Gutes getan habe... Was schlagt Ihr vor, Ihr Herren — was sollen wir tun? Wie können wir uns volle Gewißheit verschaffen? Bedenkt, wie immer wir uns entscheiden, daheim in Europa wird es heillosen Aufruhr erregen..."

Jan van Leeuwen wandte sich mit einer schroffen Bewegung ab. „Daheim in Europa... Euer Gnaden, wer fragt dort nach uns? Wir sind abgeschrieben; man hat uns vergessen... Man erinnert sich unserer nur, wenn die Dividenden schwinden. Was in Europa geschieht, geht mich nichts an. Aber hier —, hier geht's um meinen Kopf. Wäre Coen hier, er wüßte wohl, was zu geschehen hat!"

„Sollten wir nicht diesen Schurken Price verhören?" schlug Van Santen vor.

„Richtig!" rief Crayvanger. „Auf die Peinbank mit ihm! Dieser Trunkenbold... Ohnedies haben wir noch ein Wort mit ihm zu reden."

Van Speult ließ den Barbier vorführen. Abel Price war noch jung, im vierundzwanzigsten Jahr; ein geborener Glücksritter, Liebhaber des Weines und der Frauen anderer Männer. Vor kurzem hatte er sich in das Haus eines betagten niederländischen Freibürgers verirrt, der eine sehr hübsche, noch junge Gemahlin sein eigen nannte. Zum Unglück für alle an der Sache Beteiligten kehrte der Ehemann früher als erwartet von einem Geschäftsgang heim und versäumte es, an die Tür zu klopfen. Die Folge dieser Unhöflichkeit war ein heftiger Faustkampf zwischen dem Kolonisten und Price gewesen. Die Lampe war dabei vom Tisch gefallen und hatte das Haus in Flammen aufgehen lassen. Daraufhin war Master Price von der niederländischen Scharwache festgenommen und in den Kerker geworfen worden. Nun stand er vor dem Gouverneur, in Ungewißheit noch, was seiner warte. Die finsteren Blicke der Ratsherren verhießen wenig Gutes. Und sein Gewissen war auch in anderer Beziehung nicht so rein, daß er die Standhaftigkeit der verfolgten Unschuld hätte zeigen können. Daher brauchte es nur die „Kleine Tortur" — sie bestand darin, daß man dem Delinquenten eine Menge eiskalten Wassers einflößte — um ihm den Mund zu öffnen. Kein erhabener Gedanke, kein sittliches Prinzip, ja, nicht einmal Entrüstung über all das Unrecht, das sie vermeintlich von den Niederländern hatten dulden müssen, war bei den Verschwörern der Antrieb zum Handeln gewesen, sondern nur schnöde Gewinnsucht allein. Abel Price packte aus. Er nahm kein Blatt vor den Mund in der unbestimmten Hoffnung, sich — da die Sache verloren war — nunmehr selbst aus der Schlinge zu ziehen.

Van Speult, der das Geständnis mit wachsender Entrüstung angehört hatte, ließ Captain Towerson und die englischen Kaufleute in den Ratssaal entbieten. Als sie alle zur Stelle waren, teilte er ihnen kurz und bündig mit, sie seien festgenommen. Towerson wurde in der Englischen Loge eingeschlossen; die übrigen fanden im Kerker Quartier. Alle in der englischen Faktorei befindlichen Waren wurden beschlagnahmt, registriert und versiegelt.

Am 25. Februar 1623 hatte Huwel seine Meldung erstattet und damit den Stein ins Rollen gebracht. Am 28. Februar verhörte man Captain Towerson, nachdem alle seine Untergebenen und selbst der Mandur der Sklaven, Augustino Perez, bereits auf der Folter befragt worden waren. Die meisten Engländer hatten erst auf dem Streckbett bekannt, von dem Plan zu wissen. Robert Brown, John Farden, William Webster, George Sarack, John Gregs, Samuel Colson und John Witherhal gestanden ihre Mitschuld ein, um einer noch grausameren Tortur zu entgehen. Van Speult, wiewohl in seinen Gefühlen schwer verletzt, bewies einige Menschlichkeit, indem er dem bejahrten und kränklichen John Beaumont das peinliche Verhör erließ. Dafür wurden Thomson und Clark um so strenger behandelt, weil sie nicht nur zu leugnen versuchten, sondern die Niederländer obendrein auch noch mit einem Schwall wüster Beschimpfungen, Drohungen und Kränkungen überschütteten. Diese rauhen Kerle dachten nicht daran, irgend etwas zuzugeben. Selbst, als man ihnen glühende Kohlen unter die Achseln und in die Ellenbogenbeugen preßte, brüllten sie wutschäumend ihre Flüche und Racheschwüre, aber sie gestanden nichts. Von allem, was hier geschah, drang wenig durch die dicken Mauern der Folterkammer. Mit Recht und Moral hatte weder die Handlungsweise der Briten, noch die der Niederländer das mindeste gemein. Wer Van Speult kannte, hätte ihn solchen Vorgehens bestimmt nicht für fähig gehalten. Und er selbst war zu sehr erzürnt, als daß er sich hätte Rechenschaft geben und eines Besseren besinnen können. Der Coen'sche Geist der Unbeugsamkeit hatte Einfluß auf ihn gewonnen, nachdem er hatte einsehen müssen, wie unzulänglich seine eigene wohlwollende Einstellung zu den Menschen war.

Hier erwies sich, wie dünn die Schicht anerzogener Gesittung im Grunde ist. Ein Anstoß genügte und schon brachen bestialische Urtriebe mit erschreckender Gewalt hervor. Ob Recht, ob Unrecht, wer fragte danach? Die Richter ließen sich in ihrem Urteil durch den Vergeltungsdrang und das Schutzbedürfnis ihrer Landsleute leiten. Auch die Frage, warum die Engländer so verräterisch gehandelt, beeinflußte ihre Rechtsprechung nicht, und ebenso wenig die Überlegung, ob es nicht besser sei, da ein Schaden ja nicht entstanden war, die Sache aus Gründen der Staatsklugheit, wenn schon nicht aus menschlichen Rücksichten, en bagatelle zu behandeln.

Je deutlicher die Einzelheiten des Anschlages zutage traten, desto bittereren Groll empfand Van Speult gegen Towerson, von dem er so schwer getäuscht worden war. Stand er des Abends an seinem Pult und blätterte die Prozeßakten durch, dann sah er den kleinen drahtigen Faktor vor sich, wie er so oft bei ihm auf der Veranda gesessen hatte. Ja, selbst jetzt noch konnten die Reden des einstigen Freundes, da er sich ihrer entsann, ein Lächeln auf seine Lippen zaubern. Towerson sollte es büßen, schwor er sich.

Die durch Tortur erzwungenen Geständnisse hätten nun freilich wohl kaum hingereicht, eine strenge Bestrafung zu rechtfertigen; aber auch hier war ein Judas zur Hand. Edward Collins sah zitternd und zagend mit an, wie seine Kollegen einer um den anderen zum Verhör geführt wurden, wie man sie zerschunden, gebrochen, kaum noch als Schatten ihrer selbst ins Verlies zurückbrachte. Als die Reihe an ihm war, hielt er sich nicht lange mit Lügen oder Ausflüchten auf, sondern gestand bereitwillig, was man ihm auf die Zunge legte. Angst machte ihn blind. Er begriff nicht, daß er durch solche Feigherzigkeit sich des einzigen Schutzes begab, der unter den obwaltenden Umständen ihm und seinen Gefährten noch verblieben war. England lag in weiter Ferne. Daß der Einfluß des Vaterlandes dennoch bis in seinen Kerker reichen könne, vermochte Collins sich nicht vorzustellen.

Für den 28. Februar war die Verhandlung gegen Samuel Towerson anberaumt. Frühzeitig versammelten sich die Ratsherren Van Leeuwen. Wijncoop, Van Santen und Crayvanger samt ihren Schreibern im Großen Saal. Zunächst hatte Van Speult dem Prozeß fern bleiben wollen; im letzten Augenblick änderte er seinen Entschluß, weil ihn ein Nachklang der alten Freundschaft innerlich zutiefst beunruhigte. Was hatte den Mann bewogen, so gemein, so hinterhältig, so treulos zu handeln? Insgeheim hoffte Van Speult, Towersons Handlungsweise lasse sich womöglich durch gewisse Instruktionen seiner Vorgesetzten, wenn nicht entschuldigen, so doch erklären. Es würde ihm eine Last von der Seele genommen, würde das Gefühl eigenen Versagens ein wenig gemildert haben. Mochte das fragwürdige Bündnis der beiden Compagnien nur immer darüber in Scherben gehen, Towersons Schuld würde darum zwar nicht geringer sein, aber es wäre dann eine Schuld, die ihr persönliches Verhältnis weniger berührte.

Der Faktor wurde in den Saal geführt. Eine blasse Sonne warf ihren Schein durch die geöffneten Fenster und färbte die Gesichter der Anwesenden fahl. Wie stets an so trüben, nebelverhangenen Morgenden, klangen alle Laute gedämpft, die Stimmen tonlos. Routinemäßig, ohne Teilnahme scheinbar, verlas De Bruijn die Anklageschrift. Auf Towerson schien dies wenig Eindruck zu machen. Mürrisch und in sich gekehrt starrte er vor sich hin. Als der Fiskal ihn fragte, ob er sich schuldig bekenne, sagte er: „Nein!"

Nun wurden dem Faktor mehrere seiner Landsleute gegenübergestellt. Sie alle widerriefen ihre Aussagen —, man habe sie ihnen durch die Tortur abgepreßt. Möglicherweise hätte sich das Verfahren auch jetzt noch einstellen oder doch das Urteil mildern lassen, aber — da war dieser Edward Collins. Die Arme flehend erhoben, warf er sich vor Towerson auf die Knie und rief, während Tränen ihm über die Wangen rannen: „Ihr tragt die Schuld, Captain Towerson — Ihr ganz allein! Ich muß die Wahrheit bekennen, denn ich wünsche nicht, um Euretwillen gepeinigt zu werden!"

Towersons Miene blieb unbewegt. Er blickte über Collins hinweg, als gäbe es einen Mann dieses Namens nicht. „Was soll die Farce!" sagte er unwillig. „Ihr wollt mich beseitigen, also — tut es!"

„Ist das ein Geständnis?" fragte der Fiskal.

Towerson zuckte die Achseln, bleich, ohne ihn einer Antwort zu würdigen.

„Wir hätten Euch das peinliche Examen gern erspart", sagte Van Leeuwen bedrückt. Auch er war oft in der Englischen Loge zu Gast gewesen. Das hielt ihn aber keineswegs davon ab, in dieser Sache einen willkommenen Anlaß zu sehen, die Engländer ein für allemal aus Ambon zu vertreiben. Coen, kehrte er zurück, würde ihm hierfür Dank wissen.

„Towerson!" rief Van Speult betrübt, so als bitte er, der alten Freundschaft gedenkend, um eine Erklärung und Rechtfertigung, die es ihm erlauben würde, Milde walten zu lassen, wandte sich dann aber, jäh verstummend, dem Fenster zu.

Man brachte den Faktor in die Folterkammer. Dort, unter den rohen Fäusten der Knechte, brach schließlich sein Widerstand. Er bekannte seine Schuld, sagte, aus Ehrgeiz, aus Gewinnsucht habe er gehandelt.

„Aber — warum?" rief Van Speult mit wachsendem Zweifel. „Mann Gottes, welche Ehren, welchen Gewinn hätte Euch dieser Anschlag eintragen können, die Euch nicht ohnedies zuteil geworden wären? Ich begreife das nicht! Ist Euch mein Leben so wenig wert, daß der Gewinn einiger Gulden mehr Euch all die Monate unserer Freundschaft vergessen ließ?"

„Auf Euer Leben war es nicht abgesehen!"

„Auf meine Ehre jedoch, auf meine Zukunft ... Wär' Euch die Schurkerei geglückt, so hätte man mir den Prozeß gemacht, weil ich Euch vertraut. Doch wie hätte sie unter den Umständen gelingen können? Ihr müßt von Sinnen gewesen sein, Captain!"

Und in der Tat, wenn es keine anderen Beweggründe gab als die, die er hier bekannte, dann konnte Towersons Verhalten nur einem Anfall von Irrsinn zugeschrieben werden. Hätte man Erfolg gehabt, sagte er, würde man die Briten in Batavia benachrichtigt und um Beistand ersucht haben, um das Fort VIKTORIA der East Indian Company zu sichern. Wäre ihm von dort keine Hilfe gekommen, hätte er das Kastell mit eigenen Kräften zu halten und mit den Insulanern gemeinsame Sache zu machen versucht ... All das hörte sich abenteuerlich und verworren an. Nein, Befehle oder auch nur Ermutigung für sein Tun habe er von niemandem erhalten; ihm — Towerson — falle die volle Verantwortung für das Geschehene zu.

„Herr im Himmel!" klagte Van Speult, die Hände vor das Gesicht schlagend. „Towerson, Towerson! Ist das nun der Lohn, den Ihr mir zugedacht habt für all die Güte, die ich Euch und Euren Landsleuten bewiesen? Ist es das Land, ist es die Luft, die wir hier atmen, ist es diese fremde Sonne, die unsere Gedanken und Herzen verwirrt, so daß wir nicht wie vernünftige Menschen handeln? Woher kommt's, daß Treulosigkeit und Verrat immer aufs neue wie Unkraut aus dieser Erde sprießen? Entsinnt Ihr euch, was ich vor kurzem erst zu Euch sagte: Nicht Haß und Argwohn müssen daraus entstehen, wenn man einmal nicht gleicher Meinung ist. Ich habe redlich an Euch gehandelt, Towerson. Ich habe Euch stets Verständnis und Wohlwollen entgegengebracht. Wie ist es mir doch vergolten worden!"

Der Faktor seufzte und sagte mit klangloser Stimme: „Ach, wäre dies nicht geschehen, es sollte wohl niemals getan werden."

Nahezu eine Woche ging darüber hin, ehe Van Speult sich zu einem unwiderruflichen Entschluß durchrang. Während dieser Zeit sah man ihn kaum. Vor sich hin brütend, hockte er in seinem Kontor, nur für wenige zu sprechen. Und die, denen es gelang, bis zu ihm vorzudringen, mußten ihn für einen Schwerkranken halten. Van Leeuwen, wie auch die übrigen Niederländer, teilten durchaus nicht die Bedenken ihres Gouverneurs. Recht und Unrecht lägen hier, meinten sie, so klar am Tag, daß es darüber keinerlei Zweifel gebe. Freilich, die Frage nach dem eigentlichen Grunde der Verschwörung schien noch immer nicht befriedigend geklärt. Man argwöhnte mit einigem Recht, daß mehr dahinter stecke als sich bei den Verhören ergeben hatte. Die Meldung eines ambonesischen Fischers, er sei, ziemlich weit draußen, aber noch eben in Sichtweite vom Lande segelnd, zwei englischen Fregatten begegnet, ließ sich nicht nachprüfen. Eine sogleich auf Patrouille geschickte Schaluppe fand die See leer. Hingegen hatte die Festnahme der Engländer Unruhen unter dem Inselvolk erregt. Ternatanen wie Ambonesen rotteten sich da und dort zusammen. Ihre Orang Kjai hielten geheime Besprechungen ab, deren Ziel eine gewaltsame Befreiung der Briten sein mochte. Jedenfalls drängten die Umstände auf eine Entscheidung hin. Dem Wunsche des Gouverneurs, die vierzig Gefangenen samt Zeugen und Prozeßakten an den Hohen Rat von Indien nach Batavia zu überstellen und somit letzter Verantwortlichkeit enthoben zu sein, stand der Mangel an Schiffen entgegen sowie auch die vermeintliche Erfordernis, hier auf Amboina ein Exempel statuieren zu müssen.

Am Morgen des 8. März berief Van Speult den Rat und stellte den Herren, da er selbst sich befangen fühlte, anheim, über das Für und Wider zu entscheiden. Darauf hatten Van Leeuwen, Crayvanger und Wijncoop nur gewartet; sie machten sich ihre Aufgabe durchaus nicht schwer. De Bruijn, der Fiskal, wurde beauftragt, die endgültige Anklage zu formulieren. Er tat es noch am selben Tag, obwohl ihm nur die durch Folter erpreßten Aussagen der Beschuldigten zur Verfügung standen. In seiner einundzwanzig Artikel umfassenden Schrift fanden sich zudem auch noch eine Unzahl von Regelwidrigkeiten. Nicht einmal die Namen der Beklagten wurden darin aufgeführt; lediglich von Gabriel Towerson und dessen Komplizen war die Rede. Für alle, mit Ausnahme von vier Personen, forderte De Bruijn den Tod durch das Schwert; Towerson sollte nach seinem Hinscheiden obendrein geviertelt, sein Haupt auf einem Pfahl zur Schau gestellt werden.

De Bruijn arbeitete hart und voller Hingabe an seiner Schrift. Er war nicht mehr jung, und die Bedeutungslosigkeit, zu der er hier auf Amboina verurteilt war, hatte ihn seit langem niedergedrückt. Im tiefsten Winkel seines Herzens lauerte eine uneingestandene Furcht vor der Wildheit des fremden Landes, dem er sich nicht gewachsen fühlte, das er haßte, wie ein Schwächling das blutvolle ungebärdige Leben nur hassen kann. Hier nun endlich durfte er sich für diese andauernde Bedrohtheit schadlos halten. Er tat es, indem er Ströme von Tinte verspritzte, so als sei es bereits das Blut der Verschwörer, dieser abscheulichen Verächter etablierter Ordnung und des paragraphierten Rechtes. Mochte es den oder jenen geben, der die Todesstrafe in diesem Falle für unangemessen, unmenschlich, ja, für einen Mißbrauch der Machtbefugnisse hielt, er — De Bruijn — forderte sie. Hier war der Tatbestand des crimen laesae majestatis ohne Zweifel gegeben; und darauf stand — er wußte sich einig mit dem Geist seiner Zeit — allein der Tod.

Dumpf tönten Trommelwirbel durch das Morgengrauen. Noch vor dem ersten Hahnenschrei wurden die Kolonisten um Fort VIKTORIA, die eingeborenen Fischer von Hutiva, Huhu, Amahuhu und Hituloma durch den ungewohnten drohenden Klang aus dem Schlaf geschreckt. Auch Captain Towerson wußte, was ihm die Trommel schlug. Als nun Profos und Predikant in seine Kammer traten, winkte er ihnen verdrießlich ab: „Gebt Euch keine Mühe!" Aufrecht, wenn auch ein wenig schwankend, schritt er zum Großen Platz, wo seine Gefährten schon in der Mitte des Karrees standen, das durch vier Kompagnien niederländischer Soldaten gebildet wurde. Noch immer rasselten die Schlegel auf die Ochsenhaut. Towerson sah, wie auf Hittu drüben die Gipfel der Berge sich rosig färbten, so als erglühten sie von innen her. Vögel kreisten über dem blanken Wasser der Bucht. Der Himmel hinter den Höhen war von einem tiefen, fast violetten Blau, in dem eine einzelne Wolke silbern schimmernd und zart wie eine Flamingofeder schwamm. Nie zuvor hatte er so etwas mit Bewußtsein erlebt; es rührte ihn wie ein letztes unerwartetes Geschenk.

Gouverneur Van Speult erschien, angetan mit Degen und Galarock, auf der Treppe der Kommandantur, gefolgt von Profos und Fiskal. Sein Gesicht war so blaß, so zerfurcht, als handele es sich hier um seine eigene Verurteilung, nicht um die der Verschwörer. Er versuchte sich ein forsches Ansehen zu geben; es gelang ihm nicht. Seine Stimme klang matt. Seine Augen, rot umrändert vom langen Wachen, blickten trüb. Um seine Lippen lag ein verbitterter, mutloser Zug. Er hielt sich nicht lange mit wohlfeilen Redensarten oder Begründungen auf, sondern nahm De Bruijn eine Rolle gehämmerten Chinapapiers aus der Hand und begann das Urteil zu verlesen:

„Durch Verordnung des Herren Gouverneur Van Speult sowie seiner Herren Räte sind der Agent Gabriel Towerson, neun Engländern, der Mandur der Sklaven und neun Japaner für schuldig befunden des Majestätsverbrechens, indem sie sich vorgenommen und beschlossen haben, mit Hilfe eines schrecklichen Mordes und Verrates das Kastell VIKTORIA in Besitz zu nehmen und somit nicht nur die Vereinigte Niederländisch-Ostindische Compagnie, der an diesem Platze außerordentlich viel gelegen ist, zu schädigen und zu ruinieren, sondern auch die Niederlande selbst und ihre Wohlfahrt, die zu großem Teil auf dem Handel und der Schiffahrt in Indien beruht, zu schwächen und zu untergraben. Im Namen der hochmögenden Herren Generalstaaten und nach dem Gesetz der Vereinigten Niederlande werden vorgenannte Delinquenten verurteilt, für ihre Missetat durch das Schwert gestraft zu werden, so daß der Tod darauf folgt. Die Exekution findet am Tage der Verkündigung des Urteils statt!"

Tiefe Stille breitete sich über das Fort, nachdem das letzte Wort verklungen war. Man vernahm das Rauschen der Brandung auf den Bänken von Nusaniva, oder — war es das eigene Blut? Als Tauben jäh aufflatterten, schrak Van Speult zusammen. Hatte man richtig gehandelt? War das Urteil gerecht? Mehr noch — war es klug? Und welche Folgen würde es haben — für ihn selbst, für die Compagnie, für Europa? Er seufzte bedrückt. „Captain Towerson, habt Ihr noch etwas vorzubringen?"

Towerson hob den Blick, in dem nun Van Speult eine Spur melancholischen Spottes wahrzunehmen vermeinte. „Ich bin ohne Schuld an einer Sache, die mir mit Recht zur Last gelegt wird."

Dieser rätselhafte Ausspruch gab nicht nur dem Gouverneur von Amboina zu denken, sondern zu einem späteren Zeitpunkt auch dem Generalgouverneur Coen und nicht zuletzt den Herren Generalstaaten daheim. Die letzte Schuld an den blutigen Vorgängen auf dieser weltentlegenen Insel sollte ihre eigentlichen Urheber, die den Blicken der Akteure jetzt noch verborgen waren, Jahre später treffen, als die Gebeine der Opfer längst wieder zu Erde geworden.

Vorboten des Sturmes

Der kommissarische Generalgouverneur ließ Mijnheer Specx zu sich bitten. Als Jacques Specx den Amtsraum Seiner Exzellenz betrat, fiel ihm auf, daß De Carpentiers Züge heute nicht so glatt und blühend wirkten wie sonst. Seit Specx aus Japan zurück war, gehörte er dem Hohen Rat von Indien an; nebenher betätigte er sich als Aufseher in Handelssachen. Seine reiche Erfahrung, sein wohlwollendes, leutseliges Wesen hatten ihm nun auch in Batavia viele Freunde gewonnen. Man sah ihm sogar nach, daß er in einer höchst unmoralischen Gemeinschaft mit einer japanischen Dame lebte, die er aus Firando mitgebracht. Der anrüchigen Verbindung entstammte ein Kind. Ebenso hübsch und liebreizend wie voll mutwilligen Eigensinns, brachte es durch seine Streiche selbst die verknöchertsten Junggesellen noch zum Schmunzeln. Man sah der kleinen Sarah so manches nach, um ihres Vaters willen, durfte doch ein jeder bei Mijnheer Jacques auf ehrlichen Rat und ermutigenden Zuspruch rechnen. Und dies war es wohl, was den weltgewandten, im Grunde aber verschlossenen und von Ehrgeiz geplagten De Carpentier zu dem Ratsherren zog.

„Comps macht mir Sorgen!" begrüßte Seine Exzellenz den Rat. „Seit Ihr Japan verlassen habt, lieber Jacques, gibt's dort nur Schwierigkeiten. Glaubt Ihr wirklich, daß Lenaert Comps der rechte Mann für Firando ist?"

Specx hob die Schultern, lachte. „Wer kann das sagen? Unser Freund Coen hat mich hundertmal beschuldigt, faul, nachlässig, ja geradezu leichtfertig in meinen Obliegenheiten zu sein. Wären wir nicht so alte Kameraden, er hätte mich, glaub' ich, längst gemaßregelt oder gar aus dem Dienst gejagt. Die Wahrheit ist, man muß mit den Wölfen heulen! Die Japaner sind nette Leute, solange man sich in ihre Art zu leben fügt. Das lernt sich nicht an einem Tag, auch nicht in vier Wochen oder in einem Jahr. Wer sich am Kaiserhof zu Jedo richtig bewegen, wer dort Einfluß gewinnen und ihn behalten will, braucht eine lange und harte Lehre. Auch ich habe immer wieder Fehler gemacht. Warten wir's ab, Pieter! Geduld mag in den Augen der Herren Bewindhebber eine kostspielige Tugend sein, aber am Ende zahlt sie sich aus."

„Ich wollt', ich hätt' Eure Ruhe, Jacques! Die Sache mit Mataram... Die gefällt mir noch weniger. Man sagt, ein Thronwechsel bereite sich dort vor. Pah —! Der Panembahan zieht Truppen zusammen. vorgeblich, um Madura anzugreifen.

Er kann es aber auch auf uns abgesehen haben. Wir müssen jemanden nach Karta schicken, eine Person von Rang, die mit den Leuten dort umzuspringen weiß — unbedingt! Ich habe an Jan Vos gedacht."

„Wir hätten schon längst eine Gesandtschaft in Karta unterhalten sollen!"

„Ja — und dann ist da noch Bantam..." setzte De Carpentier hastig hinzu, wie um dem Rat nicht das Wort zu lassen. „Rana Manggala verliert beständig an Einfluß und Autorität. Mir scheint, es ist nur eine Frage der Zeit, wann Prinz Abdul Kadir die Regierung übernimmt. Ob uns das nützen wird, mag der Himmel wissen!" Er seufzte. „Auch Lefebvre auf Ternate klagt... Sultan Modafar wird alt; er kann sich gegen seine Höflinge nicht mehr so recht behaupten. Früher oder später muß uns dies in eine schwierige Lage bringen. Die Unzufriedenheit auf den Molukken wächst..."

„Und mit Recht, Pieter!"

„Wer ist stets dagegen gewesen, daß die Compagnie den Kleinhandel im Archipel selbst betreibt? — ich! Ohnedies schaut nicht viel dabei heraus. Das bißchen Gewinn wird teuer erkauft mit dem Groll der Eingeborenen. Was Wunder, wenn sie wütend sind? Bezahlen wir doch ihre Nelken mit minderwertigem Tuch oder mit ebenso minderwertigem Reis. Briten, Makassaren und Spanier hingegen bieten ihnen gutes Gold. Wie Coen und Van der Haghen meine auch ich, der Binnenhandel müsse den Hiesigen überlassen bleiben, mögen sie braun sein oder weiß."

„Ja, ja —!" brummte De Carpentier ungeduldig. Specx

blickte ihn, ein wenig erstaunt zunächst, dann mit verstehendem Lächeln an.

„Ihr habt mich doch nicht rufen lassen, um mir diese Lappalien mitzuteilen?"

„Nein!" sagte der Generalgouverneur verdrossen. Jäh schoß ihm Röte in die Wangen. „Was haltet Ihr von der Schweinerei auf Amboina? Ihr habt doch längst davon gehört?"

„Nur dummes Geschwätz —, was man sich so am Hafen erzählt!"

De Carpentier erhob sich, trat ans Fenster. Sein Blick umfaßte den Horizont zwischen Ost und West, die blauen, von Rauchgewölk überlagerten Berge Salak und Gede, das weite, mit Buschwerk und hohen breitwipfligen Bäumen bestandene Land, die gelbbraunen Strohdächer der Stadt Djakatra, das lehmfarbene, in Palmenhaine gebettete Band des Tji Liwong. Er senkte den Kopf und betrachtete die mächtigen Wälle der Bastionen PAREL und DIAMANT zu beiden Seiten des Südtores. Hier war tüchtige Arbeit geleistet worden. Von der javanischen Bootswerft her klangen Hammerschläge. Und auf dem Paradeplatz zwischen den Kasernen zog soeben die ablösende Wache auf. Kinder und Frauen der Soldaten, chinesische Krämer, javanische Bauern — sie mochten Gemüse und Hühner ins Fort geliefert haben — sammelten sich, um der Vergatterung zuzusehen. Mit ärgerlichem Ruck wandte sich der Generalgouverneur nach dem Rastherren um.

„Gerüchte... Pah! Ganz Indien ist in Aufruhr, wir aber schlafen den Schlaf der Gerechten. Van Speult muß ja wohl verrückt geworden sein, weil er dergleichen tut, ohne uns zu verständigen."

„Die armen Briten..." spottete Specx.

„Die Briten? Ha — ja, dürfte ich sie doch allesamt so behandeln, wie Van Speult es für gut befunden hat! Leider darf ich's nicht. Gott weiß, was aus der Sache noch werden mag. Glaubt Ihr, die englische Majestät wird das schlucken? Glaubt Ihr, die Generalstaaten werden sich vor uns stellen? Hätten wir Coen doch hier! Diese Briten werden von Tag zu Tag unerträglicher. Immer wieder höre ich Klagen aus der Stadt über ihr dummes, anmaßendes Benehmen. Aber auf uns fällt's zurück, wenn es Streit gibt. Wir kämen mit Rana Manggala zurecht oder mit Marta Pura, streuten sie nicht fortwährend Gift in die Suppe. Ich begreife Van Speult, wäre auch nur zur Hälfte wahr, was ich gehört. Aber — wir dürfen nicht nach unseren Gefühlen handeln. Besitz verpflichtet zur Vorsicht, Jacques! Habenichtse dürfen kühn sein, wir nicht."

Ein Beben erschütterte die Luft, die schwer und feucht und voll aromatischer Düfte durchs Fenster hereinwogte — ein Kanonenschuß! Die Batterie auf Bastion ROBYN antwortete; die Butzenscheiben erklirrten in ihren Bleifassungen. Gleich darauf näherten sich eilende Schritte. Der Offizier vom Dienst, ein Leutnant, meldete, die EENHOORN sei, von VIKTORIA kommend, auf der Reede vor Onrust zu Anker gegangen.

Specx wandte sich zum Gehen, aber De Carpentier hielt ihn zurück. „Es wird Arbeit geben. Kein Augenblick ist zu verlieren. Der Rat muß, sobald die beiden Gefangenen und die Prozeßakten von Bord sind, zusammentreten... Ahnte ich's nicht?" unterbrach er sich. „Chefcommis Brown! Wie eilig er's hat... Wetten, daß es jetzt Schereien gibt? Bitte, Jacques, verständigt doch Dedel. Houtman und Sonck. Ich erwarte die Herren sobald ich diesen Brown erst abgewimmelt habe. Die Gefangenen laßt sogleich ins Fort bringen."

„Mister Brown!" grinste Specx, der unter der Tür mit dem englischen Kaufmann fast zusammenprallte. „Schau an, welche Ehre!"

Der Commis murmelte eine Erwiderung. Es schien ihm in der Tat zu eilen. Lächelnd schlenderte Specx davon. Daß die Menschen doch nie aus ihren Fehlern lernten. Dieser Brown war ja lange genug in Batavia, um einen De Carpentier richtig einschätzen zu können; warum machte er sich lächerlich? Noch auf der Treppe hörte man die heftig hervorgestoßenen englischen Worte und De Carpentiers höflich gemessene Entgegnung.

„Die EENHOORN ist eingelaufen!" rief Brown erregt.
„Ich weiß —!" nickte De Carpentier.
Brown gab seiner Stimme einen schärferen Klang. Sein Präsident, Captain Fustland, habe erfahren, zwei Engländer aus Amboina befänden sich als Häftlinge an Bord. Captain Fustland ersuche Seine Exzellenz, ihm die beiden Personen samt allen ihren Büchern und Papieren ohne Verzug ausfolgen zu wollen, wenn nicht anders ein großer Skandal daraus entstehen solle.
Verbindlich lächelnd hörte De Carpentier den Kaufmann an. Danach entgegnete er, die Angelegenheit, über die ihm Näheres noch nicht bekannt geworden sei, müsse zunächst durch den Hohen Rat von Indien geprüft werden; er selbst wolle alles in seiner Macht Stehende tun, um den Herren Präsidenten zufriedenzustellen.
Hiermit mußte Master Brown sich bescheiden. Seinen Mißmut kaum verbergend, kehrte der Commis zu seinem Boot zurück, um sich auf das andere Flußufer übersetzen zu lassen. Die englische Faktorei befand sich nun wieder an eben dem Ort, wo früher das alte Englische Haus gestanden hatte — den Niederländern ein beständiges Ärgernis. Sie machten auch kein Hehl daraus, wie sehr sie das Abkommen vom 17. Juli 1619 verwünschten, schmälerte es doch ihre Rechte,. ohne ihnen das mindeste einzutragen. Eben wollte der Bootsmann ablegen lassen, da vernahm Brown hinter sich Geschrei, sah einen Mann, verfolgt von niederländischen Schildwachen, aus dem Südtor hervorstürzen, mit langen Sätzen die Brücke überqueren und sich ihm zuwenden. Was bedeutete das? „Wartet!" gebot Brown den Ruderern.
Während der Commis noch beim Generalgouverneur geweilt, waren die beiden Häftlinge, John Beaumont und Edward Collins, an Land gebracht worden. Mister Beaumont mußte in einem Stuhl getragen werden, war er doch schon auf Amboina, wo er dem englischen Kontor in Luhu vorgestanden hatte, ernstlich krank gewesen. Dies und die Bereitwilligkeit, mit der er ausgesagt, hatten ihn vor dem Tode bewahrt. Auch hatte Van Speult sich für ihn

verwendet, daß man ihn nicht peinige noch strafe, sondern als Zeugen für die Geschehnisse an den Hohen Rat nach Batavia überstelle. Collins hingegen dankte sein Leben dem Zufall, oder, will man so, seinem guten Glück. Das Los, mit dem der zweite Zeuge ermittelt werden sollte, war auf ihn gefallen. Allerdings hatte Collins, obschon nur um Haaresbreite schimpflichem Tode entronnen, sich keineswegs mit der Aussicht abgefunden, den Rest seines Lebens in niederländischen Kerkern zu verbringen. Solange Flucht ihm nicht möglich erschien, hatte er sich schwach und verzagt gestellt; so war es ihm gelungen, die Wachsamkeit seiner Wächter einzuschläfern und niemand gab, während man dem gebrechlichen Beaumont aus dem Boot half, auf Collins acht. „Jetzt oder nie!" dachte er. So sehr ihn die Haft entkräftet hatte, Angst und Wut verliehen ihm jetzt Flügel. Zwei Soldaten rannte er über den Haufen. Ehe man sich besann, war er auf und davon. Klug genug, die aussichtslose Flucht am Strande hin oder durch die Sümpfe im Osten gar nicht erst zu versuchen, rannte er durch das Seetor in die Festung hinein, quer über den mit exerzierenden Soldaten besetzten Paradeplatz und durch das Südtor, das sich zur Stadt hin öffnete, wieder hinaus. Niemand fand Zeit, ihn aufzuhalten. Man hätte ihn dennoch bald eingeholt, aber da sah er den an seiner Kleidung als Engländer kenntlichen Brown, der soeben das Boot bestieg. Collins sprang, um Hilfe rufend, zum Ufer hinab. Schweiß brannte ihm in den Augen. Dicht hinter sich vernahm er das Geschrei der Soldaten, klappernde Schritte. Vor Erschöpfung taumelnd erreichte er das Boot. Brown zog ihn hinein, während der Mandur der Ruderer das Fahrzeug ins tiefere Wasser stieß. Auf der Bastion DIAMANT wurde ein Musketenschuß abgefeuert. Die Kugel pfiff hoch über ihre Köpfe hin. „Gott sei Lob — und Euch nicht weniger!" keuchte Collins, um Atem ringend. Kaum gerettet, dachte er schon mit neuem Schrecken daran, was ihm blühte, wenn die Rolle, die er auf Amboina gespielt, seinen Landsleuten bekannt werden würde. „Was nützt es, daß ich entronnen bin?" rief er erbittert aus.

„Dieser Feigling, der Beaumont... Ihr sollt sehen, Sir, er plaudert alles aus! Wie ist er doch den niederländischen Schuften um den Bart gegangen, während wir übrigen auf der Peinbank so stumm wie die Fische geblieben sind. Er wußte, warum! Kein Haar haben sie ihm gekrümmt. Wir jedoch... Fraß für die Geier wäre ich jetzt, hätt' ich das Glückslos nicht erwischt. Ihr dürft sicher sein, Sir, daß sich diese Memme auch hier nicht lange bitten läßt. Aber ich werd' meine Stimme erheben, verlaßt Euch darauf; an mich sollen die Mordbuben auf Ambon denken..."

Schier sprachlos vor Entrüstung hörten Fustland und seine Herren den Bericht des verschlagenen Collins an. Ob sie über die Vorgeschichte des Anschlages unterrichtet waren oder nicht, sie riefen Gott zum Zeugen, daß solches Unrecht nicht ohne Ahndung bleiben solle. Collins Aussage, die der Präsident nach England weiterleitete, ließ Towerson und dessen Leidensgefährten im Lichte schuldlosen Märtyrertums erscheinen; ihre Wirkung war ungeheuer. Das Volk rottete sich auf Londons Straßen zusammen, jagte ein paar Niederländer aus ihren Quartieren und hätte in seiner blinden Wut ums Haar zwei Deutsche erschlagen. Die Regierung Seiner Majestät sah sich zu einem Schritt gegen die Vereinigten Provinzen gedrängt. Es hieß nun, die Anklage gegen Towerson sei nur ersonnen worden, um die Engländer von den Molukken zu vertreiben; man habe Towerson und die übrigen durch ungesetzliche Mittel zu Geständnissen gezwungen, die den beabsichtigten Mord rechtfertigen sollten. Die Empörung war so groß und so allgemein, daß zu London kein Niederländer seine Wohnung verlassen durfte, wollte er nicht Gefahr laufen, auf offener Straße gesteinigt zu werden.

Die Bewindhebber der O.I.C. wehrten die schweren Anschuldigungen mit dem Bemerken ab, sie oder sonst jemand unter ihrem Kommando hätten es bei Gott nicht nötig gehabt, eine so gottlose Freveltat zu begehen, hätte man doch die Briten auch ohne viel Blutvergießen aus Ambon verdrängen können; da stünden ihnen ganz andere und wirksamere Mittel zu Gebote. Weder Van Speult noch die übrigen Richter dürften freilich Vorteil oder Ehre von solcher Art Rechtspflege erwarten — im Gegenteil, kehrten sie nach Europa zurück — entsprechende Anordnungen seien bereits ergangen — so erwarte sie ein strenges Verfahren, wenn nicht gar Strafe an Gut und Leben. Beaumonts Ausage vor dem Indienrat, die der Wahrheit einigermaßen nahe kam, wog dagegen nicht allzu viel. Vielmehr wurde ihm der Umstand, daß er geschont worden war, allerseits zu seinen Ungunsten ausgelegt und die gerechte Behandlung, die De Carpentier ihm hatte angedeihen lassen, machte die Sache nicht besser.

Fustland, der diesen Sturm gesät, hielt sich in Batavia klüglich zurück. Nach wenigen Tagen bereits war Beaumont von den Niederländern freigelassen worden. Man trug ihn, ehrenhalber eskortiert von Advokatfiskal Strobanus und zwei weiteren Ratsherren, nach der englischen Loge hinüber, wo der Ärmste nicht eben herzlich empfangen wurde. Richard Fustland betrachtete ihn mit schlecht verhehlter Abneigung, kratzte sich hinter dem Ohr und sagte: „Der Herr Generalgouverneur hätte alle senden sollen. Meiner Meinung nach wäre das besser gewesen. Aber es ist nur meine Meinung und die gilt ja nichts!"

Die Macht hinter den Dingen

Jan Pieterszoon Coen lag im Bett. Mißgestimmt starrte er auf zu dem blauseidenen Baldachin, der von vier gedrechselten und vergoldeten Säulen getragen wurde. Eine neue Welle des Fiebers kündigte sich mit Frostschauern an. Er fühlte, wie das Blut in den Adern zu prickeln begann, wie Kälte sich über Stirn und Schläfen verbreitete. Gerade jetzt mußte ihm das geschehen! Draußen schneite es. Flocken wirbelten immer dichter vom grauverhangenen Himmel. Auf den Fensterbänken wölbten sich weiße Polster. Und der geschmackvoll eingerichtete Raum erhielt durch das fahle Licht ein unwirtliches, frostiges Aussehen.

Mancherlei Bilder traten dem Fiebernden ungewollt vor die Augen. Seine Kammer im Kastell BATAVIA sah er deutlich vor sich, jede Einzelheit. Sie war ärmlich gewesen, gemessen an der ihn hier umgebenden Pracht; nur Tisch, Stuhl, Stehpult, Bettschragen sowie ein paar verschließbare Kisten, mehr hatte es dort nicht gegeben. Aber er dachte voll Sehnsucht an sie zurück. Ob der große zahme Toket wohl noch im Gebälk unter der Decke auf Moskitos lauerte? Jeden Abend war die Eidechse aus ihrem Schlupfwinkel hervorgekrochen, pünktlich wie eine Uhr. Sicherlich blühten eben jetzt die Dap-Dap Bäume. Das leuchtende Rot der Hibisken säumte Hecken und Wege. Grillen und Zikaden warfen ihr tausendfältiges monotones Sirren wie einen Schleier von Tönen über das Land. Daran gewöhnte man sich. Zum Schluß hörte man nicht mehr hin und merkte erst auf, wenn es jäh verstummte. Kalongs hingen, von ihren Schwingen umhüllt, gleich Lederbeuteln im Gezweig der Djati und Waringin. Warm und sacht fächerte Wind durch die dürren Glahgahhalme am Liwongufer, harfte raschelnd in den Palmenrispen. Dunkelhäutige Tanis stapften gebückt unter ihren großen kegelförmigen Basthüten durch blinkende Reisfelder, über denen Libellen schillernd, mit klirrenden Flügeln schwebten. Weshalb entsann man sich solch unnützer Dinge und nicht der Menschen, die man gelenkt, beherrscht, bekämpft oder sich unterworfen hatte? Entsprach es den Tatsachen, daß das Gedächtnis nur das Wichtigste bewahrt, so war man damals an dem wahrhaft Bedeutsamen achtlos vorübergegangen, hatte seine Zeit vergeudet und vertan. Ach, Unsinn! Im Fieber verwirrten sich anscheinend die Begriffe. Gott, Vaterland, Compagnie, Karriere —, das war das Wirkliche; daran hatte man sich zu halten. Alles andere war Hirngespinst, Phantasterei, eines Venthorst würdig. Dennoch drückte ihn die selbsterwählte Pflicht.

Wie stand es um Mataram? Der Panembahan mußte als nächster in die Knie gezwungen werden. Sein Einfluß auf die Fürsten Javas war bedeutend, seine Machtfülle gefährlich; er bedrohte ernstlich die Sicherheit der Compagnie. Ob Pieter de Carpentier sich dieser Gefahr bewußt war? Es schien nicht so; seine Briefe klangen allzu zuversichtlich. Und dann diese Geschichte auf Amboina... Ein empfindlicher Schlag für die Compagnie! Aber — was half's? Bewies sie doch nur, wie sehr man mit den zahllosen Mahnungen, Warnungen, Vorstellungen recht gehabt hatte. Zwei Hechte im Karpfenteich, das taugte nicht. Dies unmögliche Bündnis mit England, das auf beiden Seiten als hemmend und entehrend empfunden wurde, früher oder später mußte es ein Ende mit Schrecken nehmen. Also — wiederum Brand, Mord, Krieg, der Teufelskreis menschlicher Narrheit! Welch' ein Leben, welch' eine Raserei! Unerfreulich... Ermüdend... Doch mußte es wohl nach Gottes unerforschlichem Ratschluß durchgestanden werden. Der Krieg, das unablässige Ringen um Besitz und Leben gehörte nun einmal zum Wesen der Welt; sogar Venthorst hatte das zugegeben und an Beispielen aus der Natur erklärt. Entwicklung und Fortschritt beruhten auf Kampf. Wer sich zum Schaf macht, den fressen die Wölfe, nicht wahr? Nur der Stärkste, der Mutigste, der Widerstandsfähigste überdauerte. Ein Tor, wer an andere Zwecke und Ziele des Daseins glaubt.

Stöhnend wälzte sich Jan Pieterszoon auf die Seite. Vis

war ins Zimmer getreten; auf Zehenspitzen näherte er sich dem Bett. Dieser Mensch kam sich wahrhaftig schon unentbehrlich vor. Nun, man war ja keineswegs auf ihn angewiesen, mochte er Weintje freigeben oder nicht. Man hatte sich eben anderweitig getröstet... Ha-ha, das mochte kein schlechter Schreck für den Burschen gewesen sein; er hatte auch gar zu fest auf gewisse Empfindungen seines Herrn gebaut. „Was gibt's?" herrschte Jan Pieterszoon den Diener an. „Ich will ungestört bleiben!"

„Mijnheer Pauw, Exzellenz!" meldete Vis, ohne mit der Wimper zu zucken. Seine flinken Hände feuchteten ein Tuch in kaltem Wasser an und legten es dem Fiebernden auf die Stirn. „Läßt sich nicht abweisen, Euer Hochwohlgeboren!"

„Also gut, laß ihn ein!"

Reinier Pauw stand bereits unter der Tür. Sein Gesicht fügte sich wie ein Rembrandt'sches Porträt in den Rahmen, ein großflächiges, schlagflüssiges Antlitz unter ergrauender Mähne. Der Patrizier hatte etwas von einem Löwen an sich —, die durchdringend blickenden Augen unter der buckligen Stirn, die burgunderfarbene Knollennase, der harte trockenlippige Mund... Beim ersten Blick mochte man seine Würde mit Gutherzigkeit verwechseln. Großmut und Brutalität, Weitblick und Beschränktheit fanden sich seltsam gemengt in seinen Zügen.

„Ihr seid ernstlich krank gewesen, Jan Pieterszoon!" brummte Seine Magnifizenz, ohne sich mit wohlfeilen Begrüßungsphrasen aufzuhalten. „Eure Ärzte versichern mir indes, daß es Euch besser gehe. Mit Eurer baldigen Wiederherstellung ist zu rechnen. Sehr wünschenswert — im gegenwärtigen Augenblick! Hier hab' ich Euch etwas mitgebracht, zu Eurer Erheiterung..." Er ließ eine Broschüre auf die Bettdecke fallen. Jan Pieterszoon nahm sie mit seinen gelben knochigen Fingern so behutsam auf, als handele es sich um ein giftiges Reptil, überflog, die Stirn furchend, den Titel: „Waerachtig verhael van de tijdinge gekommen uit Oostindie."

„In der Tat —!" murmelte er.

Pauw lachte grunzend: „Fein, was? Sir Dudley Carleton schäumt vor Wut. Die Compagnie soll zahlen! Im übrigen hat er geäußert, dieser Bericht über die Vorgänge auf Amboina könne nur von Euch stammen. Nun, die Generalstaaten finden schon einen Sündenbock, der nicht gerade Coen heißt. Aber — was haltet Ihr davon? Carleton hat gestern den Herren Generalstaaten ein neues Memorandum überreicht... Um es kurz zu machen, Seine Majestät König Jakob verbietet Euch die Rückkehr nach Indien!"

Coen hob sich mit einem Ruck aus dem Kissen, starrte Pauw aus verkniffenen Augen an. Der aber lachte grimmig; sein ansehnlicher Bauch erbebte unter dem Brokat.

„Nur mit der Ruhe, Jan Pieterszoon! Die Briten bilden sich ein, mit uns nach Belieben umspringen zu dürfen. Dabei sind sie, wo immer unsere Leute mit ihnen aneinander gerieten, schmählich verprügelt worden — nicht zuletzt von Euch. Und das wissen diese Seeräuber ganz genau. Coens Geist, so schwatzte Carleton, sei es, der jede Verständigung zwischen den beiden Compagnien unmöglich mache, wie er, fortwirkend, nun auch für den Ambon'schen Mord verantwortlich sei. Oh —, er legte Euch noch mehr zur Last — daß Ihr Banda habt von den Briten säubern lassen, daß Ihr die Englische Loge zu Djakatra verbrannt, daß Ihr englische Untertanen vor Gericht gezogen... Gestatte man Euch die Rückkehr nach Indien, erklärte er, müsse dies von Seiten seines Souveräns als ein Akt offener Feindseligkeit aufgefaßt werden. Wie findet Ihr das?"

Mühsam seine Gedanken sammelnd, erwiderte Jan Pieterszoon: „Da meine Dienste allein nur dem Wohle des Vaterlandes gegolten haben, sind meine Feinde ebenso auch die Feinde der Vereinigten Provinzen. Ich hoffe, die hochmögenden Herren Generalstaaten werden nicht auf den Rat des Gegners hören."

„Ja, wer von uns hofft das nicht! Die Hochmögenden sehen sich gegenwärtig genötigt, zwischen Szylla und Charybdis hindurchzusteuern — kein leichtes Beginnen, wie?"

„Hol's doch der Henker!" rief Coen aufgebracht. „Szylla... Charybdis... Ich begreife nicht, wie eine fremde Nation eine derartige Forderung überhaupt an die Generalstaaten stellen kann. Ich fürchte, jedes Zurückweichen, jedes Nachgeben wird dem Ansehen unseres Staates nicht wieder gut zu machenden Schaden tun. Welch einen überzeugenderen Beweis dafür, wie wichtig meine Anwesenheit in Indien ist, könnte es wohl geben als den von Furcht bestimmten Eifer, mit dem die Briten meine Rückkehr verhindern wollen?"

„Und wenn nun ein Krieg daraus entsteht?"

Rote Flecken zeichneten sich auf den Wangen des Kranken ab. Der Geist unbändiger Entschlossenheit, denen die Niederlande ein ganzes Reich zu danken gehabt, erwachte aufs neue in ihm. „Haben wir nicht erfahren, was Mut und Tatkraft mit Gottes Beistand vermögen? Soll aus erbärmlichem Kleinmut auf das so schwer Errungene verzichtet werden? Erkennen Euer Ehren denn nicht, daß der Krieg sich in keinem Falle vermeiden läßt, es sei, wir verzichten auf alle Einkünfte aus den indischen Besitzungen und Monopolen, überlassen wie rechte Feiglinge den Briten das Feld, das wir mit unserem Blut und Schweiß gedüngt, mit unserem Schwert gepflügt, mit dem Golde der Compagnie besät haben? Ein Schelmenstreich wär's, ein Verbrechen gegen die Nation wie gegen den Höchsten, dessen Hand uns geleitet und in allen Gefahren behütet hat!"

„Das habe ich hören wollen!" sagte Mijnheer Pauw zufrieden. „Wollten wir auch nachgeben, so sind wir hierzu doch längst nicht mehr in der Lage; der Besitz Indiens und unsere Existenz als Nation sind eines. Jan, mein Junge, wir beide werden den britischen Löwen ganz schön an der Nase führen!"

Heimliche Ausfahrt

Ein frischer Nordost hatte den Märzhimmel blank geputzt. Mit dem Duft des Marschgrases und frisch umbrochener Äcker strich er über die Zuyder Zee und warf kleine Wellen spielerisch gegen die Flut, die durch das Spanjards Gat mächtig hereindrängte. Noch war es Nacht, aber der Mond hatte sich bereits schlafen gelegt; die Sterne verblaßten vor dem fahlgrünen Schimmer am östlichen Himmelsrand. Ein klarer Frühlingstag kündigte sich an. Noch war es so dunkel, daß der Brückenwärter die Kutsche nur undeutlich wahrzunehmen vermochte. Der Schwager auf dem Bock schien ihm ein grober Patron. „Woher des Wegs, Bruder?" fragte er neugierig.

„Von Hoorn!"

„Und wohin soll die Reise gehen?"

„Den Helder!" Kein weiteres Wort ... Noch fester hüllte der Kutscher sich in seinen dunklen Tuchmantel. Überflackert vom Schein des Windlichtes, ähnelte er nun einer großen, mürrisch blinzelnden Eule. Die vier Pferde stampften voll Ungeduld, indes der Wärter seine Brücke herabließ. Von den Insassen des Gefährtes war nichts zu erblicken; Vorhänge verhüllten die Fenster. Nach der Menge und Beschaffenheit des mitgeführten Gepäcks zu schließen, handelte es sich um Personen von Stand. Und die Eile, mit der man nach Den Helder gelangen wollte, ließ nur den Schluß zu — Passagiere der Indienflotte, die zur Abfahrt bereit auf der Reede von Texel lag.

Die Brückenbohlen senkten sich polternd auf das jenseitige Kanalufer. Ohne Dank noch Gruß hieb der Schwager auf seine Gäule ein und die Karosse rollte rumpelnd davon. Der Wärter gewahrte nur noch, wie eines der Fenster herabgelassen wurde, hörte eine barsche Stimme rufen: „Heda, eil' dich; es wird ja schon Tag!" Dann war das geheimnisvolle Fahrzeug verschwunden. In dem schlichten Mann regte sich ein flüchtiges Gekränktsein und Verwundern. Wenig später — er hatte die Brücke erst zur Hälfte wieder hochgewunden, näherte sich eiliger Hufschlag von Hoorn her und ein Reiter verhielt das schweißnasse Tier, fragte nicht weniger grob, ob eine Karosse, blau und gold gemalt, hier vorübergekommen sei?

„Ja, gewiß", brummte der Wärter verdrießlich, das sei sie wohl und er habe die Mühe davon, wenn gewisse Leute unbedingt zu so früher Stunde reisen müßten.

„Was für Leute?" fragte der Reiter.

„Vornehme Leute, Mijnheer! Wer's nun war, das weiß Gott!"

„Esel!" Der Reiter gab seinem Tier die Sporen. Obwohl er, des sich verdichtenden Nebels nicht achtend, wie ein Verrückter ritt, erreichte er Den Helder doch zu spät. Die Kutsche hielt vor dem Hoorn'schen Tor auf der Straße. Der Schwager hatte seine Rosse getränkt und war eben dabei, ihnen die Hafersäcke umzuhängen. Die Türen des Gefährtes standen offen. Von den Insassen sah der Reiter keine Spur. Er band sein Pferd an einen Pfahl und eilte über die Groden zum Wasser. Dort fand er nur Fischer, die Netze und Reusen in ihre Kähne stauten. Ob sie Fremde gesehen hatten, vornehme Herrschaften mit viel Gepäck?

Ja, das hätten sie, erwiderte einer von ihnen, nicht gar so maulfaul wie die übrigen; ein Herr mit zwei reizenden jungen Damen, ein Diener dazu, ein Zöfchen und eine Magd...

Der Reiter strich sich den schwarzen Bart. „Wo sind sie? Was ist aus ihnen geworden?" Seine Stimme klang heiser vor Erregung.

Grienend deutete der Fischersmann auf die Reede hinaus. Zahlreiche Schiffe ankerten in dem breiten Fahrwasser zwischen Texel und Den Helder. Der Wind, hier spürbarer als im Land, fegte Nebelschwaden über das Wasser hin. Die schwarzen Umrisse der Rahschiffe schienen sich zu bewegen. Es sah so aus, als trieben sie mit großer Geschwindigkeit gen Osten, obwohl sie noch fest und sicher vor Anker lagen. Eine Möwe strich mit klagendem Schrei dicht über die Hüte der Männer. Jählings leuchtete sie rosig auf und im selben Augenblick ergoß sich eine

Flut kupferroten Lichtes über die Wasserfläche. Abgesondert von den übrigen Fahrzeugen, lag eine Flotte von neun großen Indienfahrern weiter nach See hinaus. Dorthin deutete der Fischer. Soeben wurden auf jenen Schiffen die Bramsegel gelöst. Schimmernd sank das Tuch von den Rahen, entfaltete, füllte sich. Es blitzte an Bord des Flaggschiffes auf; die Luft erbebte. Sogleich wurde der Salut von der Batterie Den Helders erwidert. Schuß um Schuß grollte durch die Morgenstille. Die Kajen der Stadt, die Hafendämme und nahegelegenen Dünen bedeckten sich mit einem Gewimmel von Gaffern, die dem Auslaufen der Indienflotte zusehen wollten. Schaluppen und Schuten kehrten zum Lande zurück, während ein Schiff nach dem anderen seinen Bug der offenen See zuwandte.

Der Reiter machte mit einer Verwünschung kehrt. Er fand sein Roß an der Straße, nicht aber die Kutsche; die war mittlerweile davongefahren. Den Zügel vom Pfosten lösend, klopfte er dem Tier Hals und Flanken und begab sich dann zu Fuß nach einem kleinen Anwesen dicht unter den Wällen der Stadt. Hier schien der Reiter bekannt zu sein. Ein Knecht nahm ihm das Pferd ab und führte es in den Stall. Er betrat das niedere, mit Ried gedeckte Haus.

„Ah —, Señor Valdez!" sagte der Bauer, vom Hof hereinkommend, beflissen, jedoch ohne Herzlichkeit. „Ihr seid früh auf dem Weg für einen Spanier."

Valdez zog drohend die Brauen zusammen. „Du sollst mich nicht bei Namen nennen, Jan! Wenn es einer hörte... Die Leute sind recht empfindlich geworden."

„Was Wunder auch! Kann ich Euch dienen?"

„Eine Taube — rasch!"

Der Bauer nickte, schob sich auf klappernden Pantinen aus der Tür. Man hörte, wie er nach dem Knecht rief. Als er mit dem Tierchen zurückkehrte, glänzten drei Goldstücke auf dem Tisch. Señor Valdez hockte am Fenster und kritzelte Wort um Wort auf ein Blättchen hauchzarten Papiers. Seine Miene war so düster wie ein Siebentageregen. Dann rollte er den winzigen Zettel zusammen und befestigte ihn mit einem Seidenfaden am Vogelbein. „Die Flotte ist also fort!" sagte er brummig.

Der Bauer kratzte sich hinter dem Ohr. „Gottlob! Stiehlt mir doch das Schiffsvolk die Hühner von der Stange und aus der Kammer die Mägde. Nur Diebe und Seeräuber... Was ist's mit der Flotte?"

Valdez setzte den Vogel in seinen Korb zurück; er atmete beklommen. „Täusch' ich mich nicht, so ist der größte Räuber heut' früh mit in See gegangen. Kein Mensch hatte eine Ahnung davon. Und so kommt auch meine Meldung wieder mal zu spät. Käm' sie zur rechten Zeit, Jan, ich wär' ein gemachter Mann; ich könnt' dies dreckige Metier an den Nagel hängen. Aber — der Schuft ist in Indien, ehe man sich zu London besonnen hat."

Der Knecht kam herein und nahm die Taube an sich. „Sind nur mehr zwei, Mijnheer!"

„Vielleicht war's die letzte..." murmelte Valdez.

Keinem Menschen fiel auf, daß sich kurz danach eine Taube aus der Ulenflucht unter dem Giebel schwang, einige Male den Hof umkreiste und dann in südwestlicher Richtung davonflog, so als kenne sie ihr Ziel genau.

Unterdes hatte die Flotte das offene Meer gewonnen. Voran segelte die Sechshunderttonnenbark UTRECHT. Ihr folgten in Kiellinie VYANEN, WAPEN VAN HOORN, die LEEUWIN, TEXEL, der CEMPHAEN und der GALIAS. Ein wenig mehr luvwärts hielten sich die kleineren, aber schnellen und wendigen Frachtfluyten BRUYNVIS und HUYS VAN NASSAUWEN. In der Großen Kajüte des GALIAS herrschte noch ein entmutigendes Durcheinander. Koffer und Truhen standen halbgeöffnet umher. Ihr Inhalt, Hemden, Röcke, Strümpfe, Laken, tausenderlei Krimskrams, lag über Tische, Stühle und Betten verstreut. Jan Pieterszoon betrachtete verärgert das Chaos, das sich unter den Händen der Frauen nur immer weiter auszubreiten schien. Die Miene des allgegenwärtigen Vis reizte ihn. Der Bursche zog ein Gesicht, als habe er Dutzende von Sajangschoten verschluckt. Und Antje tat das ihrige, ihn noch heftiger aufzubringen. Unter all ihrer Demut und vorgespiegelten Fügsamkeit war die Zofe ein mutwilliges, unberechenbares Geschöpf. Man mußte Eva gelegentlich darauf hinweisen, damit sie ein Auge auf das Meisje hielt. An Bord eines Schiffes, das so viele Monate unterwegs blieb, war die Versuchung nicht eben gering. Die Versuchung! Fester preßten seine Lippen sich aufeinander. Er fühlte sich unfrei, gehemmt, bedrängt durch das Aufkeimen noch unbestimmter Wünsche. Es war nicht eben klug von Eva gewesen, Lijsbeth mit nach Indien zu nehmen. Ursprünglich stammte diese Idee von ihm selbst, aber Eva hatte sie mit der ihr eigenen Unbekümmertheit aufgegriffen und hartnäckig daran festgehalten. Er vermied es, die Schwägerin anzusehen. Ob Eva nicht seine Gedanken erriet? Sie war so klug; es konnte ihr ja einfach nicht verborgen bleiben, wie sehr ihn Lijsbeths frische Natürlichkeit anzog.

„Evchen..." sagte er matt, „ich wünsche, daß ihr euch nicht an Deck blicken laßt, sobald ein Schiff, ein fremdes oder eines der unseren, in der Nähe ist!"

„Das versteht sich von selbst!" erwiderte Mevrouw Coen. Seit sie vor knapp einem Jahr getraut worden waren, litt er unter ihrem kühlen, unnahbaren Wesen. Er liebe sie, sagte er sich immer wieder. Um nichts auf der Welt hätte er sich von ihr trennen mögen. Es war indes eine recht sonderbare Liebe, nicht zu vergleichen mit dem, was er für Saro Sangi gefühlt oder für Weintje Gris, und was er — dessen war er sicher — für Lijsbeth Ment würde empfinden können.

Lijsbeth lachte hell auf und warf der Zofe ein Kleid über den Kopf. Eva blickte sie verweisend an: „Hör' auf damit, Lijs, Du solltest wissen, was du unserer Stellung schuldest!"

Errötend senkte das Mädchen den Blick; das mutwillige Lachen wich noch immer nicht ganz von ihren Lippen.

„Nun, nun", brummte Jan Pieterszoon, peinlich berührt, „ihr bleibt ja Zeit, sich daran zu gewöhnen..."

„Das ist meine Sache!"

„Gewiß! Ich denke nur, die Fahrt währt noch lange."

„Lange —? Für wen? Ich meine, wir alle haben noch einiges vorzubereiten — auch du. Wie gedenkst du überhaupt, deinen Willen in Batavia durchzusetzen? Die Genehmigung für den freien Handel ist zurückgezogen... Pauw sagte es. Eine Schlappe für dich! Aber das macht nichts. Sind wir erst mal in Indien, so will ich schon auf Mittel und Wege sinnen..."

„Ich glaube, dies ist meine Sache!" fiel er Mevrouw mit einiger Schärfe ins Wort. Eva verstummt mit einem Achselzucken. Hatte der Einwurf zu heftig geklungen? Verärgert wandte er sich dem Heckfenster zu und stützte die Ellenbogen auf die Brüstung. Der frische Nordwest kühlte ihm die Stirn,. ohne die Mattigkeit fortzublasen, die ihm Gedanken und Glieder lähmte. Wie anders war diese Ausfahrt als jene vor fünfzehn Jahren. Damals hatte er sich vor einer fast übermenschlichen Aufgabe gesehen, hatte ein hohes Ziel vor Augen gehabt. Das Titanische seines Beginnens, der Glaube an seine Sendung hatten ihm Kraft verliehen. Des Menschen Wille könne Berge versetzen; er — Jan Pieterszoon Coen — vermöge es, die Welt zu verwandeln — welch ein Wahn! Zwar hatte er die Welt ein wenig geändert, kein Zweifel, aber die Menschen nicht. Wie einst Calvin, mußte auch er begreifen lernen, daß die Natur mächtiger ist als alle nüchterne Vernunft eines Menschenhirnes. Ein Werkzeug war er gewesen in den Händen derer, die er hatte entmachten wollen. Nach und nach hatten sie ihn zu einem der ihrigen gemacht. Seine Erwartungen waren getäuscht, seine großartigen Pläne verwässert worden. Noch galt er in den Augen der Welt als der unerbittliche, nicht zu entmutigende Kämpfer, als „Tiger Coen". Im Innersten jedoch wußte er, dies war nicht länger so. Glut und Wärme des Glaubens hatten ihn verlassen. Übrig blieb die Erfahrenheit, die Gewohnheit so langen Dienens, den Enthusiasmus der Jugend konnte sie nicht ersetzen, noch vermochte sie dem sich selbst verzehrenden Feuer neue Nahrung zu geben. Bei allem war es ein Trost, daß De Carpentier sich im großen und ganzen an seine Weisungen gehalten hatte. Batavia schien ja jetzt in gutem Stande zu sein. Man hatte dort eine kommunale Verwaltung aufgebaut, hatte Gerichte eingesetzt und mit der Anpflanzung von Reis und Kokospalmen begonnen. Das Gesundheitswesen der Stadt war streng geregelt worden und ein Rathaus gebaut. Jan Pieterszoon war nicht wenig gespannt darauf, wie er das neuerrichtete Kastell vorfinden werde. Nach den Bauzeichnungen, die den Siebzehn — er gehörte ja nun auch zu ihnen — vorgelegen hatten, erschienen die Außenwerke noch immer nicht stark genug. Früher oder später mußte mit einer Feuerprobe gerechnet werden, denn der Thronwechsel in Bantam wie auch der in Mataram hatten zwar neue Männer an die Spitze der beiden Staaten gebracht, keineswegs aber die Ziele der javanischen Politik verändern können. Diesem Umstand war unbedingt Rechnung zu tragen. Heute und hier ließ sich noch nicht beurteilen, ob es auch ferner gelingen werde, Bantam gegen Mataram auszuspielen. Lange und mit Erfolg hatte sich De Carpentier dieser Methode bedient. Die Behandlung jedoch, die Jan Vos vor Jahresfrist in Karta zuteil geworden, ließ für die Zukunft wenig Gutes erhoffen. Vos war ein ruhiger Mann, überlegen und klug; an ihm konnte es also wohl kaum gelegen haben. Ein Gerücht wollte wissen, Raden Mas Rangsang, der erst dreiundzwanzig Jahre alte Panembahan, Saro Sangis Liebling, leide an Größenwahn. Nicht nur, daß er sich, nachdem er seinen jüngeren Bruder beseitigt, mit „Susuhunan" — Seine Heiligkeit — ansprechen ließ, er hatte zudem auch Gesichte wie ein echter Prophet. Seine Visionen waren ebenso lächerlich wie gefahrdrohend, glaubte er doch und machte sein Volk es glauben, daß er ganz Java unterwerfen, die Orang blanda vertreiben und auch die noch halsstarrig ihren alten Gottheiten anhängenden Hindus dem Islam gewinnen werde. Derartige Gerüchte — vermutlich waren sie übertrieben und entstellt — hatten De Carpentier in Aufregung versetzt und kaum weniger auch die Herren Bewindhebber im Collegium. Daß Java sich vereint gegen die Compagnie erheben könne, war ihnen eine schrecklichere Vorstellung als selbst ein Krieg mit dem englischen Königreich. Gegen England ließ sich die volle Macht der Nation ins Feld führen, gegen Mataram nur die schwache, zersplitterte Kraft der Compagnie.

Jan Pieterszoon lachte unfroh in sich hinein. Da also lag der Hund begraben — man brauchte ihn! Ein Wachhund war er, den man im Notfall von der Kette ließ. Ob es den Herrschaften gelingen würde, ihn wieder einzufangen? Jäh aufschießender Zorn übermannte ihn schier. Das gleißende Meer verdunkelte sich vor seinen Augen; seine Zähne knirschten aufeinander. Er spürte fast körperlich, wie neue Kräfte sich in ihm regten. Daß es keine guten Kräfte waren, kein edler Impuls, sondern die Glut des Hasses, wurde ihm nicht bewußt.

Am 15. April 1627 erreichte das Geschwader Madeira. Als die Schiffe in der schönen Bucht dicht beieinander zu Anker gingen, wurde von Mund zu Mund als schier unglaubliche Kunde weitergegeben, Tiger Coen befinde sich an Bord der GALIAS. Weder der Kommandeur des Geschwaders, noch Musa Beg, der persische Gesandte, der auf der UTRECHT fuhr, hatten auch nur das mindeste davon geahnt. Es währte daher eine Weile, bevor das Gerücht beim Schiffsvolk Glauben fand. Doch dann holte man auf der UTRECHT die Kommandeursflagge ein, um sie wenig später an der Großmarsstenge des GALIAS zu setzen.

Unbeschreiblicher Jubel erhob sich da auf den Schiffen — ein Jubel, der — wog man es recht — jeglichen Grundes entbehrte. Coen — das bedeutete Strenge, Unnachsichtigkeit, Arbeit und Kampf, Krieg ohne Ende! Aber wer dachte so weit? Tiger Coen war an Bord. Unter seiner Flagge winkten Not und Tod, aber auch Gewinn und Ruhm.

Nur der Mensch vergeht

Jan Pieterszoon reichte Eva das Teleskop: „Nun, wie gefällt es dir?"

„Ich weiß nicht recht. Jan!"

Grell fiel das Licht aus dem tiefen Himmel. Schleier von Licht verhüllten die Berge. Grüngrau, flach und ihrer wuchernden Vegetation ungeachtet in trostloser Öde hoben sich die Inseln und hinter ihnen das niedere Land von Java aus der glitzernden Flut. Vor Onrust ankerten ein Dutzend Indienfahrer. Die meisten kannte Jan Pieterszoon. Eines der Schiffe war gottlob die UTRECHT. Sie hatte sich während der Überfahrt vom Geschwader getrennt. Überhaupt war das ein noch ungelöstes Problem — diese Überfahrt vom Kap der Guten Hoffnung nach Java. Einen festen Stützpunkt am Kap zu errichten, diese Notwendigkeit drängte sich jedem auf, der weiterblickte. Wie durfte man den Kurs der mit wertvollen Gütern beladenen Schiffe nur einfach dem Zufall überlassen oder dem Glück ihrer Piloten? Die Karten von diesem Meeresteil taugten nicht. Das war ihm am 5. September eindringlich vor Augen geführt worden. Südlicher Winde wegen hatte das Geschwader Kap Bona Speranza nicht zu runden vermocht. Man war deshalb weit nach Südwesten ausgewichen. Gegen Mittag jenes Tages wurde vom GALIAS auf 28,5 Grad südlicher Breite Land ausgemacht... Abermals, wie so oft in den vergangenen Wochen, sann er jenem Erlebnis nach. Ein grauer Tag war es gewesen, über einer grauen See. Brecher zerschäumten müde an schwärzlichen Korallenriffen. Und dann schälte sich plötzlich über Ost eine hohe Küste aus dem Dunst, eine Küste, von der die beiden Steuerleute der GALIAS nicht zu sagen wußten, welchem Lande sie zugehöre, noch wie sie dorthin geraten sei. Ob es die sagenumwobene TERRA AUSTRALIS gewesen war, von der Jan Carstensz in seinen Berichten sprach? Vor einiger Zeit hatte De Carpentier die Yachten PERA und ARNHEM unter dem Kommando des erfahrenen Piloten Carstensz nach Neuguinea geschickt. Carstensz hatte auf jener Reise ein weites, unbekanntes, offenbar nicht bevölkertes Land entdeckt. War es das unbekannte Südland, nach dem so viele Seefahrer vergeblich gefahndet hatten? Die Sache mußte im Auge behalten werden!

Unter gekürzten Segeln schoben sich GALIAS und TEXEL an die UTRECHT heran. Ein Geschütz wurde abgefeuert. Die Kanonen der Batterie auf Onrust schossen Salut. Man hatte also die Gouverneursflagge im Großtopp des GALIAS erkannt. Ob De Carpentier sich wohl freuen würde? Der gute Junge! Er hatte getan, was in seinen Kräften stand. Aber aus seinen Briefen blickte nur allzu deutlich der Wunsch, der Verantwortung ledig zu sein.

„Schau' mal, schau'!" rief Lijs und hüpfte, Eva bemerkte es stirnrunzelnd, in heller Begeisterung an der Reling auf und ab. „Diese niedlichen Boote — wie reizend! Und die Männer... Du, Eva, die sind ja alle ganz nackt!"

Einer der Matrosen, die soeben das Besansegel bargen, verschluckte sich, hustete; andere lachten ungehemmt. Mevrouw Coen errötete vor Ärger. „Lijs!" sagte sie streng; aber das half ihr hier wenig. Lijsbeth war ganz einfach außer sich beim Anblick all des Neuen. Da gab es Bäume, die sie sich nicht einmal im Traum hätte vorstellen können, seltsame bunte Vögel, braunhäutige Menschen, die in merkwürdigen Fahrzeugen die Schiffe umschwärmten und fremdartige Dinge zum Kauf anboten. Anders als ihre Schwester nahm Lijs die farbenfrohen bewegten Bilder und Szenen mit offenem Herzen auf. Eine Traumwelt erschloß sich ihr, wurde unvermittelt zur Wirklichkeit — nachgerade überwältigend nach den langen, öden, oftmals bedrückenden Monaten der Reise. Vierzehn Mann waren allein auf dem GALIAS gestorben, an Fieber, Skorbut, Dysenterie. Einer war aus dem Mast gefallen. Zwei andere hatte in dunkler, stürmischer Nacht eine haushohe See von Bord gewaschen. Unwahrscheinlich kam es ihr vor, nach all dem Elend in solch ein Paradies zu gelangen, in diesen Garten Eden, wo alles so schön war, wo die Farben nahezu glühten, wo die Formen sich in seltener Harmonie zueinander fanden. Die Menschen, die hier geboren wurden, konnten gewiß nicht böse sein. Alles sträubte sich in ihr, diese sanftmütig dreinblickenden, anmutigen Geschöpfe für hinterlistige, mörderische Wilde zu halten, wie es Jan Pieterszoon ihr hatte weismachen wollen. Hatte sie nicht während der vergangenen Monate die harte, engherzige, mißtrauische Wesensart des berühmten Schwagers an sich selbst erfahren? Vielleicht begriff er diese Menschen nur nicht? Sie jedenfalls wußte bereits hier und jetzt, in diesem Wunderland Java würde sie glücklich sein, aus eigenem Willen würde sie es niemals wieder verlassen wollen.

„Eine Ruderyacht, Exzellenz!" meldete der Offizier vom Dienst und fügte hinzu, sie führe den Stander des Generalgouverneurs. De Carpentier ließ es sich also nicht nehmen, als erster den zurückkehrenden Freund zu begrüßen. Begleitet von den Herren Dedel und Specx stieg er an Bord — nicht so frisch und fröhlich, wie er sich vier Jahre zuvor von Coen verabschiedet hatte, aber ehrlich erfreut, so schien es. Auch Specx begrüßte den alten Kameraden unter herzlichem Lachen, während Dedel, sauertöpfisch wie nur je, sich im Hintergrund hielt.

„Hab' schon auf der UTRECHT gehört, daß die Damen an Bord sind", sagte De Carpentier und betrachtete Eva mit Achtung, Lijsbeth mit sichtlichem Wohlgefallen. „Herzlich willkommen! Fahren wir doch alle miteinander an Land; die Quartiere sind vorbereitet. Allerdings..." wandte er sich an Mevrouw Coen, „bei uns geht's einfach her. Ihr müßt mit unserer Ärmlichkeit vorlieb nehmen."

„Das wird sich bald ändern!" entgegnete Eva kühl.

De Carpentier fühlte sich ein wenig gekränkt, wenn er es auch nicht zeigte. „Gott ist mein Zeuge, Mevrouw, wir haben bisher wichtigere Dinge zu bedenken gehabt. Batavia ist ein belagertes Fort. Unsere kleine Garnison — nur dreihundert Mann, davon die Hälfte krank — reicht bei weitem nicht hin. Die Heiden schwärmen im Lande umher; wehren können wir's ihnen nicht. Vor kurzem erst haben sie fast unter den Kanonen von Onrust eine Parahu gekapert, die Fischer getötet und ihre Köpfe nach Bantam geschickt..."

„Nach Bantam —?" Coens Frage drückte Befremden aus.

„Nach Bantam — ja! In Abdul Kadir haben wir uns getäuscht. Der ist noch ärger als es Djajanagara oder Rana Manggala je gewesen sind. Warum er so wütet? Weil wir die Bantamer Reede blockieren, weil wir ihm, in aller Freundschaft, die Luft abschnüren. Zum Glück fehlt's ihm an Geld. Seine Kasse ist leer; alles für Waffen und Pulver draufgegangen. Deshalb schickt er jetzt Partisanen ins Land."

„Aber, da muß doch..."

De Carpentier hob mit ungutem Blick die Hand. „Nein, nein, nicht notwendig! Da ist nämlich dieser Lim Co, ein Renegat, aber Chinese genug, um stets auf seine Kosten zu kommen. Der hat Seine Hoheit überzeugt, Krieg sei eine Sache, Handel die andere. Abdul Kadir mußte den Chinesen gestatten, daß sie wie bisher Pfeffer und Reis an uns verkaufen — gegen Beteiligung Seiner Hoheit, versteht sich. Und so sind wir alle nicht einmal unzufrieden mit dem Stand der Dinge."

„Ja, aber..." Jan Pieterszoons Stirn rötete sich.

„Wir sind auf diesen Handel angewiesen, Jan! Auch mir ging es anfangs gegen den Strich, jedoch — uns fehlt es an Nahrungsmitteln im Fort. Eine Festung ohne Hinterland, das ist wie ein Grashalm in der Wüste. Solange sich dies nicht ändert..."

Die Herern blickten einander mit verhaltenem Lächeln an, einem Augurenlächeln. Das Boot glitt durch die Balkensperre vor der Flußmündung. „Ja, gewiß", murmelte Jan Pieterszoon unter den ihn bedrängenden Gedanken, „da habt Ihr schon recht; eine Festung ist nur das Mittel, niemals der Zweck. Das Land müssen wir haben, das Land!"

Befriedigt sah er, was hier in den wenigen Jahren geleistet worden war. Das Kastell ähnelte nunmehr einer zyklopischen Zwingburg mit seinen mächtigen, von kurzem Gras überwachsenen Erdwällen, mit seinen Redouten,

Bastionen, Eskarpen und Contreskarpen aus gebrochenem Stein. Nur die Seeseite war noch durch eine zwar hohe und feste, keineswegs aber dauerhafte Holzpalisade gesichert. Die Bastionen RUBIN und DIAMANT glichen einander in Größe und Form; sie wuchsen aus der tiefen Gracht empor, die das Fort an allen Seiten umschloß. Ein kampfgewohntes, mit allen Mitteln moderner Kriegstechnik ausgerüstetes Heer gehörte nunmehr dazu, diese Festung zu nehmen. Ein Versuch solcher Art stand freilich zu erwarten. Auch De Carpentier schien davon fest überzeugt zu sein. Viel war getan, aber noch mehr mußte unternommen werden. Man durfte De Carpentier nichts vorwerfen; er hatte ja durchaus nicht auf der Bärenhaut gelegen. Aber dennoch war manches versäumt worden. Warum hatte De Carpentier den Augenblick nicht genutzt, als der Susuhunan durch seinen Feldzug gegen Madura gebunden war? Auch hätte man auf das Angebot einer gegen Bantam gerichteten Allianz zum Schein eingehen sollen. War Bantam erledigt, so war das durch die Kämpfe geschwächte Heer von Mataram kein ernst zu nehmender Gegner mehr. Daß De Carpentier dies unterlassen hatte, war ganz einfach nicht zu fassen. Schuld traf hier wieder einmal die Compagnie, die so lächerlich wenige Soldaten nach Indien schickte und sich einbildete, mit diesem Häuflein könne ein Riesenreich erobert werden. Vom Standpunkt des Susuhunan war und blieb Batavia der strategisch wie auch politisch wichtigste Punkt. Wollte Raden Mas Rangsang Bantam mit Krieg überziehen, so mußte er sich entweder mit den Niederländern verbünden oder er mußte das Fort in seine Gewalt bringen; etwas anderes gab es da nicht. Daß Abdul Kadir dies nicht einsah, zeugte von seiner Unerfahrenheit. Überdies schien er recht schlecht beraten zu sein. Bestätigte sich, daß man in Karta zum Kriege rüstete, dann mußte dem jungen Abdul Kadir die Lage unmißverständlich klar gemacht werden. Er würde sich zu entscheiden haben, was wünschenswerter sei: Anerkennung der Oberhoheit von Mataram oder ein Bündnis mit der Compagnie. Kaum zweifelhaft, wie seine

Wahl ausfallen würde; Man mußte ihn dann mit Versprechungen und Zugeständnissen bei der Stange halten — so lange jedenfalls, bis die aus Europa zu erwartenden Truppen hier eingetroffen waren...

Mijnheer Anthonie van Diemen, Obercommis und Rat von Indien, hatte die Garnison zur Begrüßung antreten lassen. Soldaten, Schreiber, Packer, Seeleute und Handwerker, jene ausgenommen, die den unerläßlichsten Wachtdienst versehen mußten, drängten sich auf dem Paradeplatz zwischen den beiden Kasernen und dem Verwaltungsgebäude. Fahnen flatterten. Die Trommler bearbeiteten ihre Kalbsfelle mit Hingabe. Und als nun Coen mit seinem Gefolge unter dem Seetor erschien, brandeten Hurrarufe und begeistertes Jubelgeschrei zum Himmel.

Der festliche Empfang, so anregend und ermutigend er wirkte, konnte nicht über die formalen Schwierigkeiten hinweghelfen, die einer sofortigen Übernahme der Regierungsgewalt im Wege standen. Vermochte doch Coen, da er ja heimlich und überraschend aus den Niederlanden abgereist war, eine offizielle Beglaubigung nicht vorzuweisen. Der Hohe Rat von Indien, vertreten durch die Herren Specx, Dedel, Van Diemen, De Meester und Van Duynen, fürchtete nicht zu Unrecht die Folgen, die durch die Wiedereinsetzung Coens in Europa ausgelöst werden mochten. Im Grunde war wohl ein jeder der Herren, Jacques Specx allerdings mit gewissen Vorbehalten, durchaus bereit, sich dem eisernen Coen zu unterstellen, vorausgesetzt, es erwachse einem hieraus keinerlei Verantwortlichkeit. Eine entsprechende Resolution an das Collegium der Siebzehn und die Herren Generalstaaten wurde noch am selben Tage aufgesetzt. De Carpentier drängte darauf, daß die Übergabe des Amtes so bald wie nur möglich vollzogen werde.

Nachdem die Beratungen ein vorläufiges Ende gefunden, begab man sich zu Tisch, um Coens Ankunft mit einem Bankett zu feiern. Auch die Damen nahmen an der Festlichkeit teil. Während Kerzen entzündet wurden, weißgekleidete Djongos die Speisen auftrugen und der

Wein in geschliffenen Gläsern schillerte, mußte Jan Pieterszoon daran denken, wie anders es noch vor wenigen Jahren hier zugegangen war. Er entdeckte in sich eine sündhafte Neigung zu Glanz und Pracht. Noch schaute zwar hinter dem Prunk allerorten die Armut hervor, die Kargheit des Pionierdaseins, aber schon die Toiletten der Damen, die Staatsröcke der Herren, das Betragen der wohlgeschulten Diener bewiesen, wie sehr sich die Verhältnisse geändert hatten. Mevrouw Coen nahm an der Stirnseite der langen Tafel zwischen den beiden Exzellenzen Platz. Sie trug eine weiße Atlasrobe nach dem neuesten Pariser Schnitt, der seit kurzem auch den Geschmack der Amtserdamer Gesellschaft beeinflußte. Eine funkelnde Diamantagraffe hielt die Spitzen des Brüsseler Kragens über ihrer Brust zusammen. Die kräftige Rundung ihres Halses wurde durch eine einfache, aber doch sehr kostbare Perlenkette hervorgehoben. Perlen schimmerten matt in ihrem kastanienbraunen Haar, das sich angenehm vom kühlen Grüngrau der ein wenig streng blickenden Augen abzeichnete. Und auch die gepufften Ärmel waren der Länge nach mit Reihen kleinerer Perlen besetzt.

In Amsterdam freilich hätte dieses Kostüm ein wenig provinziell gewirkt, hier indes überstrahlte es die Schlichtheit, die den Damen der hohen Beamten durch die Umstände geboten war. Selbst Lijsbeth vermochte, was Putz und Staat betraf, gegen sie nicht aufzukommen. Es befriedigte Eva ungemein, daß auch De Carpentier für den Zauber ihrer Erscheinung keineswegs unempfindlich zu sein schien. Herablassend lauschte sie seinen lebhaften Schilderungen der Abenteuer, die er hier in Indien bestanden hatte. Reichte er auch an ihren Gemahl in keiner Hinsicht heran, so könne Jan Pieterszoon, fand sie, ein wenig von der gewandten Weltläufigkeit de Carpentiers nichts schaden. Lijsbeths unbekümmertes Lachen ließ sie stirnrunzelnd aufblicken. Ihr Schwesterchen unterhielt sich, schien es, ausgezeichnet mit einem blutjungen Meisje von seltsam fremdartiger Schönheit. Das Jüngferlein konnte keine reinblütige Holländerin sein. Nicht allein ihr elfenbeinfarbener Teint und das schwarze, bläulich glänzende Haar sprachen dagegen, sondern mehr noch der Schnitt des feinen, kindhaft zarten Gesichtes, die dunklen, mandelförmigen Augen.

„Sarah Specx!" flüsterte De Carpentier, der Mevrouw Coens Blick bemerkt und gedeutet hatte. Die Stimme noch mehr herabdämpfend, denn der Vater des Kindes saß nicht weit entfernt, berichtete er unter Lächeln von dem skandalösen Verhältnis, dem es das Dasein verdankte. „Es liegt an der Compagnie", sagte er, ohne auf Frau Evas eisige Miene achtzugeben, „einerseits verbieten die Herren Bewindhebber ihren Dienern, einheimische Frauen zu ehelichen, zum anderen versäumen sie, geeignete Damen hierher zu senden. Viele Niederländer heiraten deshalb auf landesübliche Weise — unter dem Klapperbaum, wie es die Javaner nennen. Wir haben uns so ziemlich an diesen Zustand gewöhnt. Ein Mann ohne Weib ist wie ein Schwert ohne Scheide. Selbst ich..."

„Bitte —!" unterbrach Mevrouw Coen ihn, „keine Bekenntnisse, Mijnheer! Was jenen Brauch betrifft, so wird er in meiner Umgebung künftig nicht geduldet werden. Ich bin in christlicher Zucht herangewachsen und ich erwarte selbstverständlich, daß die Grundsätze unserer Religion auch hier geachtet werden.

„Ah-hm!" räusperte De Carpentier sich verwirrt. Danach begann er, von seiner bevorstehenden Abreise zu sprechen.

Der Abend verlief so förmlich, wie er begonnen hatte. Eine Kühle schien über der Gesellschaft zu liegen, ein Unbehagen, das Herzenswärme und Vertraulichkeiten nicht aufkommen ließ. Einige Herren, die unter dem Einfluß des Weines ein wenig aus sich herausgingen, wurden durch Van Diemen ebenso höflich wie nachdrücklich in die Schranken verwiesen — es gehe nicht an, sich unter den Augen vornehmer Damen wie Kannibalen aufzuführen!

Jan Pieterszoon, der bis vor kurzem noch Sittenstrenge, Mäßigkeit und Selbstzucht nicht nur selbst geübt, sondern auch von seiner Umgebung grundsätzlich gefordert hatte, stellte mit Befremden fest, daß ihm die ungezügelte Rauheit der hier sonst üblichen Umgangsformen zu fehlen begann. „Großer Gott", dachte er bei sich, „werde ich alt? Dies alles langweilt mich!" Hier gab es nichts mehr zu tadeln, zu erziehen, zu belehren oder zu bekehren. Das Fort war ja beinahe zum Kloster geworden. Kein Widerspruch erhob sich, kein Widerstand, an dem er die eigene Kraft hätte messen können. Man hing an seinen Lippen, als sei jedes seiner Worte eine Offenbarung. Ehedem hatte er sich durchsetzen, tausend Einwände entkräften, halsstarrige Gegner niederringen müssen; nun aber unterwarfen sich die alten Rauhbeine bedingungslos. Die Wölfe hatten sich in wahre Lämmer verwandelt. Sogar Specx schien seine unpassenden Späße vergessen zu haben. Ödnis breitete sich um ihn her. Es verdroß ihn sehr. Braucht nicht auch der Blitz Baum, Turm oder Haus, um in vollem Glanze aufzuflammen? Frühzeitig verließ er die Tafel und ging, jede Begleitung ablehnend, auf den Wall hinaus. Einen Reitermantel hatte er um die Schultern geschlagen, der ihn völlig einhüllte. Auf Bastion DIAMANT rief ihn ein Posten an. Aber er wußte die Parole nicht.

„Schon gut", sagte der Soldat, „ich hör's an Eurer Stimme, daß Ihr einer der unseren seid. Ihr seid mit Seiner Exzellenz angekommen?"

„Ja, das bin ich!" erwiderte Jan Pieterszoon.

„Wußtet Ihr nichts besseres als hierher zu reisen?"

„Ein jeder tut, wozu Gott ihn bestimmt!"

„Ja — hm!" brummte der Soldat, nicht recht überzeugt.

„Ihr seid ja doch auch hier, nicht wahr?"

„Aus Dummheit, Mijnheer! Aus purer Dummheit... Aus Not, um genau zu sein. Unsereins muß schon sehen, wo er sein Brot findet. Wie steht's denn daheim? Man gönnt uns ja dort das Leben nicht. Hat's doch wiederum Blutvergießen zu Amsterdam gegeben, wie die Matrosen erzählen. Packer und Leinweber — die armen Teufel! Seht, Mijnheer, wir alle hätten doch auf der Erde Platz — oder nicht? Wir könnten in Frieden und Wohlstand leben, stieße einer dem anderen nicht das Brot aus dem Mund. So, wie's steht, gibt's nur Arme und Reiche, Knechte und Herren. Solange wir trachten nach des Nächsten Gut, ist auch des Kämpfens und Tötens kein Ende..."

„Aber, aber —", murmelte Jan Pieterszoon, „mich dünkt, Freund, so ist's von Gott gewollt! Gibt es nicht Faule wie Fleißige, Dumme wie Kluge? Würde die Erde, würden ihre Güter heute neu verteilt, morgen schon hätten wir wieder Arme und Reiche wie ehedem."

Der Soldat entgegnete nichts. Sein träger Verstand trachtete, den Gedankengang zu erfassen. Was der Herr da gesagt hatte, erschien ihm einleuchtend; dennoch wurde er das Gefühl nich los, irgendwie übers Ohr gehauen zu sein. Wo aber der Fehler lag, vermochte er nicht zu ergründen.

Jan Pieterszoon trat in das Dunkel zurück. Schwarz und finster lag das fremde Land am Rande der glitzernden See — befriedet, dem Anschein nach, in Wahrheit unbezwungen. Tiger durchstreiften den Rimbu. Im Grün der Gräser lauerten giftige Schlangen. Und unter der dünnen Erdrinde brodelten glühende Lavaströme. Jeden Augenblick mochte die wilde Gewalt der Natur sich Bahn brechen, mochte zerstören, was Menschen geschaffen hatten. Wozu alle Mühe? Wozu die Opfer, die Plagen? Behielt Venthorst am Ende recht, wenn er den äußeren Erfolg für nichts achtete, wenn er den Leib für ein unwertes Gefäß der Seele hielt? Man sollte ja doch wohl zu ergründen suchen, was die Heiden glaubten. Daß sie sich bewahrten auf dieser Erde, daß sie Heimsuchungen aller Art zu erdulden vermochten und überlebten, wo der Weiße Mann sich aufrieb, wo er versagte und zugrunde ging, verriet es nicht eine innere Kraft, die ihnen aus geheimem Wissen um das wahre Wesen der Dinge kommen mochte? Wie eng und armselig war da ein Glaube, der das Unfaßliche, den lebendigen Gottesgeist in Stein zu bannen trachtete, in Dogmen und Satzungen, und dies in einer Welt, die bis ins kleinste schon von ihm durchdrungen und geordnet war? Wo steckte der Doktor überhaupt? Man mußte Van Loon danach fragen; er würde es wissen. Ob Venthorst noch immer in jenem elenden Fischernest Tana arah lebte? Wie konnte ein vernünftiger Mensch Gefallen daran finden, sich aller Annehmlichkeiten einer höheren Zivilisation zu entäußern und unter elenden Wilden in einer ärmlichen Hütte zu hausen? Was erhoffte er sich davon? Was erwartete er vom Leben? Unvermittelt kam Jan Pieterszoon da ein Wort in den Sinn, wie es malaiische Seefahrer bisweilen im Munde führen; es beunruhigte ihn zutiefst: „Die Koralle wächst, die Palme gedeiht, nur der Mensch vergeht!"

Das Janusgesicht der Macht

Coen hatte soeben den Bericht abgeschlossen, den er De Carpentier für die Herren Bewindhebber mitzugeben gedachte, da trat Van Diemen herein und meldete die Ankunft von fünf großen, mit Reis beladenen Tingans —; Lim Co habe sie geschickt. „Um die Wahrheit zu sagen", fügte der Ratsherr nachdenklich hinzu, „ich hatte nicht erwartet, daß Eure Schritte bei der Krone von Bantam Erfolg haben würden. Die Katze läßt das Mausen nicht, mein' ich. Diese Mohren sind nur allzu bereit, ihre eigenen Missetaten zu vergessen, nicht aber die geringste Unbill, die wir ihnen zugefügt..."

„Nun, mich überrascht das nicht!"

„Gewiß, Abdul Kadir ist auf uns angewiesen, wenn er sich gegen Mataram behaupten will. Darauf baut Ihr, nicht wahr? Nur, fürcht' ich, er wird sich eines anderen besinnen, sobald wir die geringste Schwäche zeigen."

„Auch das hab' ich bedacht!"

„Gut", sagte Van Diemen, „mehr wollt' ich nicht wissen!"

Nachdem der Ratsherr gegangen war, starrte Jan Pieterszoon unschlüssig auf das eng beschriebene Papier. Draußen heulte der Selong über Wälle und Dächer. Die Luft war so feucht, so warm, daß das Atmen zur Qual wurde. Schweißtropfen rannen ihm von der Stirn. Alles trieb auf einen Krieg mit Mataram zu. Dieser Kampf mußte bestanden werden. Ob es der letzte war — endlich, endlich der letzte? Für eine Auseinandersetzung auf Leben und Tod erschien ihm die Zeit noch nicht reif. Keine der unumgänglichen Vorbereitungen war abgeschlossen. Auch durfte auf Hilfe aus dem Vaterland vorerst kaum gerechnet werden. Das kleine Staatsschiff der Vereinigten Niederlande schwankte bedenklich auf den Wogen des Sturmes, von dem Europa gegenwärtig erschüttert wurde. Seit Karl I. vor zwei Jahren König von England geworden war und als Gemahl einer französischen Prinzessin den Katholizismus offen begünstigte, schien die ohnedies fragwürdige Freundschaft zwischen den beiden rivalisierenden Mächten immer sichtbarere Sprünge aufzuweisen. Und dies nicht zuletzt deswegen, weil der Republik die kundige Hand des unerschütterlichen Steuermannes fehlte. Johann van Oldenbarnevelt war am 13. Mai 1619 enthauptet worden, Prinz Moritz sechs Jahren später gestorben. Prinz Frederick Hendrick, sein Nachfolger, hatte die in ihn gesetzten Erwartungen leider nicht erfüllt. Nein, die Zukunft sah keineswegs rosig aus. Die Dinge nahmen ihren Lauf; sie entwickelten sich nach Gesetzen, deren Ausmaße und Wirkungen zu überschauen, dem Menschen nicht gegeben ist.

Unmutig warf Jan Pieterszoon die Feder aufs Pult und nahm den Hut vom Ständer, um ins Freie zu gehen. Man mußte sie sich einmal ansehen, die Leute, die den Reis gebracht hatten. Eine unverständliche Geste übrigens, die Abdul Kadir sich da erlaubte! Irgendeine Teufelei mochte dahinterstecken. Alle fünf Tingans hatte man durch die Balkensperre, die den Fluß sicherte, in den kleinen Hafen unterhalb der westlichen Umwallung verholt. Nun lagen sie an der Kaje. Man sah das Schiffsvolk Reissäcke an Land tragen — an die vierzig Mann, sehnige, kraftvolle Gestalten. Sie bewegten sich mit einer Geschmeidigkeit, die Jan Pieterszoons Aufmerksamkeit erregte. Bevor jedoch ein noch unbestimmter Verdacht in ihm Gestalt annahm, wurde er abberufen — ein Orang blanda, begleitet von zwei Chinesen, sei ins Fort gekommen; er begehre mit Seiner Exzellenz zu reden...

„Ein Orang blanda — ein weißer Mann?"

Die Ordonnanz, ein japanischer Fähnrich, vermied es, dem Generalgouverneur ins Auge zu sehen. „Jawohl, ein weißer Herr aus Bantam! Nein, kein Engländer! Daz zwei Leute aus Kataha.

Coen begab sich eilends nach der Kommandantur.

„Doktor — Ihr?" Erstaunen, ja, ein Anflug von Mißbilligung mischten sich in die spontane Freudigkeit des Ausrufes. Jan Pieterszoon schloß die Tür, denn in der Eingangshalle waren Djongos und Soldaten neugierig zusammengelaufen. Venthorst sah auch gar zu absonderlich aus. Er trug das lange gelbe Gewand eines Adjar und in der Rechten eine Art Hirtenstab. Tiefbraun und zerfurcht das Gesicht, umrahmt von wirrem, schlohweiß erbleichtem Haar, stand er in der nüchternen Kahlheit des Kontors wie ein Bote aus einer anderen Welt. Borkig, altem Wurzelholz ähnelnd, schauten seine unbeschuhten Füße unter den Rockfalten hervor. Ein undeutbarer Audruck lag in seinen Augen.

„Ja — ich!" nickte er. „Weiß der Himmel, ein beschwerlicher Weg, den ich deinethalben unternommen habe. Hier, unser Freund Lim Co, wird's bestätigen."

Jan Pieterszoon schickte einen Diener nach Wein und Früchten. Dann fragte er: „Meinetwegen? Woher wußtet Ihr, daß ich wieder im Lande bin?"

„Chabar angin, Jan — ein Gerücht!"

„Eines Gerüchtes wegen reitet man nicht sechzig Meilen."

„Ich bin zu Fuß gegangen..."

„Das begreife, wer kann!"

„Ich mag weder Mensch noch Tier für meine Bequemlichkeit nutzen."

„Es gibt Ärgeres, Doktor!" lächelte Jan Pieterszoon, im Zweifel, ob Venthorst nicht scherze. „Desgleichen hab' ich noch nie gehört. Doch weiter — Ihr seid also meinetwegen hierhergekommen?"

Der Arzt senkte bestätigend den Kopf. Umständlich erklärte er, wie der jugendliche Abdul Kadir ohne Wunsch noch Absicht sozusagen zwischen drei Feuer geraten sei und nun keinen Ausweg aus solch gefährlicher Lage wisse. „Die Briten bedrohen ihn. Unsere Schiffe blockieren den Hafen. Und die Orang Kjai am Hofe zu Bantam bereiten einen Aufstand gegen ihn vor..."

„Na, und?" sagte Jan Pieterszoon gereizt. „Was geht es mich an? Soll etwa ich für Abdul Kadir die Amme spielen? Das fehlte noch, daß wir uns um die Sorgen der hinterlistigen Mohren bekümmern!"

„Vergiß nicht, ich bin deinetwegen hier — um dich zu

warnen. Ich habe Lim Co mitgebracht, damit du mir glaubst."

Der Chinese verneigte sich abermals mit dem ausdruckslosen und doch so vieldeutigen Lächeln, das den Söhnen Katahas eigen ist.

„Also gut, redet, Doktor! Was mag der bedauernswerte Abdul Kadir im Schilde führen, daß Ihr meint, mich vor ihm warnen zu müssen? Bei diesen Heiden bin ich ja stets auf eine Tücke gefaßt."

„Tücke aus Furcht!" versetzte Venthorst beschwichtigend und berichtete, was ihm über die Absichten des Sultans zugetragen worden war, oftmals bestätigt durch Lim Co's eifriges Nicken.

Coens blasse Stirn rötete sich, während er, seinen Ohren kaum trauend, dem Doktor zuhörte. Nur mit Mühe bezwang er die in ihm aufwallende Ungeduld. Entsprach der Wahrheit, was er da vernahm, so war sein Leben tatsächlich in Gefahr gewesen, war es noch.

„Und so bitte ich dich", schloß der Doktor kummervoll, „triff deine Maßnahmen, aber trag' ihm die Sache nicht nach. Sei großmütig. Erwidere Arglist mit Aufrichtigkeit, Niedertracht mit Nachsicht, denn — nicht durch Haß wird Haß überwunden, durch Nichthassen wird der Haß überwunden; das ist ein ewiges Gesetz!"

Jan Pieterszoon gelang es, Ruhe zu bewahren. „Lassen wir die Philosophie aus dem Spiel", sagte er frostig, „sie gehört nicht hierher. Krieg und Handel haben nichts mit Moral zu tun. Ich werde auf meine Art mit dem Bantamer Raubgesindel verfahren — auf die einzige Art, die es begreift. Das soll ganz Java zur Warnung dienen. Eure gute Absicht in Ehren, Doktor, Ihr wißt so viel mehr von diesem Volk als ich, aber — umgehen mit ihm, das kann ich wohl besser.

Mich niederstechen... Was verspricht Abdul Kadir sich von meinem Tod? Andere werden an meine Stelle treten. Gottes Wille erfüllt sich auf jeden Fall. Den Susuhunan versöhnen... Lächerlich! Weiß der Schwachkopf denn nicht, daß es eben dies Fort BATAVIA ist, was ihm bislang Herrschaft und Leben erhalten hat? Diese Javaner graben sich selbst ihr Grab."

„Ja —", seufzte der Doktor, „aber der Anlaß sind wir!"

Unverzüglich ließ Coen die Wachen verdoppeln. Er entsann sich nun auch, was ihm an den vermeintlichen Schiffern drunten an der Kaje aufgefallen war — sie hatten etwas Besonderes an sich. Krieger waren es! Wo hatte er nur seine Augen gehabt? Es beruhigte ihn jetzt, Venthorst in der Nähe zu wissen. Nur gut, wenn der Doktor vorläufig im Fort bleiben wollte. Eine sonderbare Schrulle übrigens, die Venthorst sich da in den Kopf gesetzt — zu Fuß gehen, nur um einem Tier Mühsale zu ersparen... Zum Lachen! Er versuchte es, aber das Lachen gelang ihm nicht.

Es dunkelte bereits, da wurde plötzlich Alarm geblasen. Geschrei, Verwünschungen, Musketenschüsse schreckten Jan Pieterszoon von seiner Arbeit auf. Eine Trommel begann zu rasseln. Die Wache trat unter Gewehr. Des Doktors Warnung schien sich zu bestätigen. Hauptmann Jansz trat unangemeldet ein. Sein grobes, ausdrucksloses Gesicht war dunkel vor Zorn. „Die verdammten... Wollte sagen — die Heiden, Exzellenz! Wußte ich's doch, daß es noch Ärger geben würde mit der Bande. Sie sind ausgebrochen, Exzellenz! Vier Japanesen verwundet..."

„Die Wache hat also nicht aufgepaßt?"

„Hat aufgepaßt, Exzellenz, jawohl! Kamen ganz unversehens aus ihren Schiffen hervor, Krise im Maul... Einer erschossen!"

„Gut!" sagte Coen. „Wo sind sie jetzt?"

„In der Stadt, Exzellenz! Patrouille wurde sofort ausgeschickt..."

Jan Pieterszoon zuckte die Achseln. Jansz stand noch immer wie festgewachsen. Vermutlich trachtete er, den Mangel an Verstand durch stramme Haltung zu ersetzen. Die Patrouille war Unsinn; man machte sich vor der Bevölkerung nur lächerlich.

„Es ist gut, Capteijn! Berichtet mir von Zeit zu Zeit, wie die Dinge stehen. Dies wird nur der Anfang gewesen sein."

„Sehr wohl, Exzellenz!" Klirrend stapfte Jansz aus der Tür. Jan Pieterszoon schneuzte die Kerzen. Heute würde er nicht mehr dazu kommen, das Gespräch mit Venthorst fortzusetzen, obwohl ihn danach verlangte. Mancherlei laufende Arbeiten waren zu erledigen; unter keinen Umständen durften sie aufgeschoben werden. Mißmutig betrachtete er den Stapel von Briefen, die er noch durchlesen und unterzeichnen mußte. Man würde sich also wieder einmal eine Nacht um die Ohren schlagen. Woher der Doktor wohl die Idee mit den Tieren hatte? Verrückt, doch zog sie sein Denken unwiderstehlich an. Wahrscheinlich war es nur eine dieser heidnischen Verschrobenheiten — nichts von Bedeutung. Aber merkwürdig war es eben doch. Unlängst hatte er einen Hindu beobachtet, der, obschon selbst halb verhungert, nichts besseres zu tun wußte als eine Raupe vom Boden zu heben, damit sie nicht zertreten werde.

Als der Morgen herandämmerte, streckte Jan Pieterszoon sich auf seinem Feldbett aus, um noch ein wenig zu ruhen. Jedoch nicht lange und er wurde von neuem aufgestört. Eine andere Bande von Bantamern, nicht ganz so zahlreich wie die erste, war in Booten vor der Balkensperre angelangt. Als man sie festnehmen und entwaffnen wollte, setzten sie sich wütend zur Wehr. Abermals wurden mehrere niederländische Soldaten verwundet und zwei getötet. Noch war die Rauferei im Gange, da kam ein Fischer ins Fort, bleich vor Schrecken und kaum imstande zu reden. Er berichtete, vierzig Tingans mit etwa zweitausend Bewaffneten seien bei einem Flüßchen unweit vom Ontong Djava gelandet. Eine dritte Rotte, hieß es wenig später, mache das Buschfeld um die Stadt unsicher. Eine Hiobsbotschaft folgte der anderen. Eine Menge Bantamscher Schiffe, mit Kriegsvolk besetzt, kreuzten draußen vor der Tji Liwong Mündung. Diese Nachrichten gelangten — es ließ sich nicht hindern — auch in die Stadt, wo sie Angst und Schrecken unter den Einwohnern verbreiteten. Vor allem die Chinesen gebärdeten sich, als habe der Feind sie bereits beim Schopf. Beladen mit Sack und Pack, drängten sie ins Kastell. Es brauchte viele Worte und zuletzt sanfte Gewalt, um sie zur Rückkehr in ihre Häuser zu bewegen.

Grimmig überdachte Jan Pieterszoon die Geschehnisse. Auf einen Krieg mit Mataram war er gefaßt gewesen; statt dessen schien sich nun Abdul Kadir zum Angriff entschlossen zu haben. Bezeichnend für seinen Charakter, daß er den Kampf mit einem feigen Meuchelmord hatte eröffnen wollen. Wäre Venthorst nur einen Tag später eingetroffen, würde der Anschlag wahrscheinlich gelungen sein. Zumindest hätte er einigen Niederländern mehr als nur jenen, die in der Stadt von den Bantamern überrascht und niedergemacht worden waren, das Leben gekostet.

Coens Zorn, seine gerechte Empörung wurden indes durch ein tiefes Verwundern gedämpft —, was ging nur in den Hirnen dieser Heiden vor? Begriffen sie nicht, daß ihnen die Herrschaft der Niederländer als Buße für ihre Sünden auferlegt worden war — und dies ohne Zweifel zu ihrem eigenen Besten? Verlangte er Gehorsam, so gab er ihnen dafür Ordnung und Sicherheit. An die Stelle ihres trägen Müßigganges trat zwar der Zwang zum Tätigsein, zugleich aber wurden ihnen dadurch auch die Errungenschaften einer überlegenen Zivilisation zuteil. Vor allem aber sei es das Licht des gereinigten Evangeliums, das den Verlust der fragwürdigen Freiheit wettmache, indem es die Nacht ihrer abergläubischen Vorstellungen erhelle — dachte er. Unbegreiflich, daß sie in ihm nicht den Verkünder einer neuen besseren Zeit erblicken wollten, sondern nur den Erzfeind, dem zu wehren, jegliches Mittel recht erschien. Und wenn auch die Compagnie zur Zeit noch einen ungerecht hohen Nutzen aus dem Lande zog, so war es den Javanen vordem doch wohl kaum besser ergangen. Nach Gottes Ratschluß wurden die einen zum Dienen, die anderen zum Herrschen geboren. Venthorst freilich würde wahrscheinlich behaupten, es komme nur darauf an, alleweil gerecht und gut zu handeln. Aber Venthorst war ja ein Narr ohne Sinn für die Wirklichkeit, ein Ketzer zudem; in Genf hätte man ihn gewiß verbrannt.

Sehr bedauerlich, daß Gouverneur Sonck inzwischen verschieden war. Martin Sonck wäre der Mann gewesen, mit diesem Pack von Halsabschneidern und Rebellen aufzuräumen. Leider schien die Generation harter Kampfnaturen, der er noch angehört hatte, nach und nach auszusterben, während Weichlinge und Intriganten vom Schlage eines Specx sich bester Gesundheit erfreuten. Was mochte nur daraus werden? Siegte der Geist des Arminius, den er mit Reael und Van der Haghen aus Indien verbannt zu haben meinte, am Ende doch? Das durfte unter keinen Umständen geduldet werden, schon gar nicht im gegenwärtigen Augenblick, wo sich düstere Gewitterwolken am politischen Horizont aufzutürmen begannen.

In seiner Abgeschlossenheit fühlte sich Jan Pieterszoon verlassen und ohne Halt. Van Diemen war kein Ersatz für den scheidenden Carpentier. Mit Specx verband ihn nur das Erinnern an gemeinsame Erlebnisse in der Verhoeff Flotte. Van Duynen wie auch De Meester zeigten sich fähig und dienstbeflissen, doch hielten sie sich ihm fern, ob aus Hochmut, ob aus Ehrerbietung — Gott allein wußte es. Jedenfalls schoben sie alle Verantwortlichkeit geschickt auf ihn ab, wichen jeder eigenen Entscheidung klüglich aus. Er regierte hier in Indien mit einer Machtvollkommenheit wie sonst kein Herrscher auf Erden, aber — froh wurde er dessen nicht.

Für den Sergeanten Van der Voorde war es ein Unglück, daß ihm das Mißgeschick mit den Kühen eben jetzt zustieß. Er war mit sechs Mann zum Schutze der Hirten abkommandiert worden, die die Rinderherde des Kastells in dem östlich der Stadt gelegenen Buschfeld weideten. Die Vorgänge im Fort blieben dem Sergeanten unbekannt, weil dort niemand daran gedacht hatte, ihn zu verständigen. Ein Grund zu besonderer Wachsamkeit bestand seiner Meinung nach nicht, war doch seit geraumer Zeit nichts Besorgniserregendes vorgefallen. Man führte daher in dem abgelegenen kleinen Lager ein recht angenehmes Leben, schlief bis in den lichten Tag, trank, spielte Karten oder vergnügte sich auf andere Weise. Einen geruhsameren

Posten gab es nicht weit und breit. In diese Idylle brach unversehens ein Trupp der Bantamschen Marodeure ein. Zwei der Soldaten sowie mehrere eingeborene Hirten wurden auf der Stelle umgebracht. Das Vieh wurde fortgetrieben. Van der Voorde rettete sich nur, indem er geistesgegenwärtig Muskete und Säbel fortwarf und das Weite suchte. Die Räuber bekam er kaum zu Gesicht.

Der Sergeant erreichte unangefochten das Fort und wurde Seiner Exzellenz vorgeführt. Coen sah ihn lange durchdringend an — ohne ein Wort; dann nickte er. Dies blaßgelbe, aufgeschwemmte Gesicht erzählte vom Suff, von durchfeierten Nächten; der scheue Blick verriet Feigheit und Schuldgefühl, die schlaffe Haltung Mangel an Disziplin. Sahen so die neuen Herren aus? Gehörte diese Kreatur zu den Menschen, für die und mit denen er seinen Staat hatte errichten wollen? Ekel erfüllte ihn... Was kam es schon auf ein paar Kühe an? Ja, nicht einmal die drei oder vier Erschlagenen fielen hier ins Gewicht. Aber unerträglich schier dünkte ihn, daß das Volk, das man aus der Heimat hierherschickte, mit jedem Transport minderwertiger zu werden schien. Ein Exempel mußte statuiert werden. Wenn nicht aus freiem Willen, dann aus Furcht sollten die Niederländer ihre Kraft beweisen, jene Kraft des Glaubens und Wollens, die allein vor der Geschichte zählt.

Van der Voorde wurde vor ein Kriegsgericht gestellt und — auf Antrag des Generalgouverneurs — wegen Feigheit vor dem Feind zum Tode verurteilt. Gnadengesuche, Einwände bezüglich der Statthaftigkeit des Verfahrens oder humane Vorstellungen, wie sie von einigen Herren Seiner Exzellenz unterbreitet wurden, fanden kein Gehör. „Denn —", so sagte Coen kalt, während draußen vor den Wällen die Salve des Hinrichtungskommandos krachte, „wir leben in einer Welt, die keine Gnade kennt. Wir haben einen Auftrag des allmächtigen Gottes zu erfüllen. Wer dies vergißt, sei es auch nur für einen Atemzug, begeht eine große Sünde; er verdient das Leben nicht, um das wir gemeinsam ringen."

Zum Nachtmahl fand Doktor Venthorst sich überraschend an der Gouverneurstafel ein. Jan Pieterszoon bemerkte es mit Genugtuung und hatte dabei doch das Gefühl eines Lehrjungen, dessen Gewissen nicht ohne Flecken ist. Mißtrauisch beobachtete er den Doktor, der sich wie ein Krebs in der Schale hinter dem Panzer seiner Gleichmütigkeit verschanzte. Was ihm besonders mißfiel, war das Verhältnis gegenseitigen Zutrauens, das sich zwischen Lijsbeth Ment und dem Alten herausgebildet hatte. Es grenzte an Hexerei, wie Venthorst kindliche Gemüter an sich zog, wie er sie mit seinen Reden zu fesseln, ihnen seine Gedanken nahezubringen wußte. Lijs wie auch Sarah Specx, nicht erst zu reden von den Pagen und Fähnrichen, hingen mit den Blicken an seinen Lippen, als sei ein jegliches seiner Worte ein Evangelium.

War es Unmut, gab es der Teufel ihm ein, Jan Pieterszoon wandte sich an Venthorst und fragte: „Nun, Doktor, verurteilt auch Ihr meine Härte, wie unser ehrenwerter Mijnheer Van Diemen? Oder begreift Ihr die Notwendigkeit, aus der ich mich so und nicht anders habe entscheiden müssen?"

„Verurteilen —?" entgegnete der Doktor erstaunt. „O nein, wer bin ich, daß ich einen Mitmenschen verurteilen dürfte? Sind wir doch allesamt beständig Irrtümern unterworfen. Oft glauben wir der Vernunft gemäß zu handeln und folgen im Grunde doch nur unseren Trieben. Allerdings, ich möchte sagen, es gibt keine Notwendigkeit, die uns zwingen kann, Unrecht zu tun."

„Hm —, Doktor, Ihr mögt so denken! Wer aber ein Herrscheramt übt, darf sich durch Gefühle oder gar Vorurteile nicht leiten lassen. Das Ziel zwingt einem auch die Mittel auf."

„Und wenn das Ziel unerreichbar, wenn es ein Wahnbild ist?"

Jan Pieterszoon schluckte. Zornröte stieg ihm in die Stirn. Er schluckte abermals, drängte mit Mühe die scharfen Worte zurück, die ihm über die Zunge wollten. Statt dessen flüchtete er sich in ein freudloses Lachen. „Ihr solltet mich nicht zu verwirren suchen, lieber Freund! Wer mich kennt, wer weiß, was ich hier in Indien bewirkt und geleistet habe, der wird wohl kaum annehmen, ich unterläge irgendeinem Wahn. Meine Ziele sind allen klar. Einem Hirten gleiche ich, der seine Schäfchen auf eine fette Weide führen will. Doch selbst der beste Hirte kommt nicht ganz ohne Stecken und Hunde aus..."

Eine Weile verharrte der Doktor im Schweigen, dann entgegnete er: „Meine chinesischen Freunde verehren einen Weisen, Konfutse mit Namen. Er lebte vor zweitausend Jahren, glaub' ich. Von ihm stammt das Wort: Wenn einer die Menschen durch Gewalt bezwingt, ergeben sie sich ihm nicht im Herzen. Sie ergeben sich, weil ihre Kraft nicht ausreicht zum Widerstand. Wenn einer die Menschen aber durch Edelmut bezwingt, sind sie im Grunde ihres Herzens froh und ergeben sich wahrhaft. Ist der höchste Edelmut euer Schmuck, wird euch die ganze Welt nachfolgen!"

Es war so still geworden in dem hohen Raum, man hörte die Zikaden vor den Fenstern sirren und das Säuseln des Windes in den Palmenkronen. Jan Pieterszoon wußte, ohne aufzuschauen, alle starrten ihn an. „Ein schönes Wort!" meinte er leichthin. „Nur wurde es vor zweitausend Jahren gesagt."

Venthorst lächelte nachsichtig. „Zweitausend Jahre oder nur ein Tag — Wahrheit wird immer Wahrheit sein!"

Ein Anschlag

Wieder einmal hatte der Selong ausgeweht. Gleich einem geschlagenen Heer waren die letzten Wolken davongezogen. Nun spannte sich ein tiefblauer Tropenhimmel über der im Sonnenglanz funkelnden See und dem grünen, durchfeuchteten Land. Jan Pieterszoon war von der Helle und Frische des Sommermorgens ins Freie gelockt worden, bedrückt von einem Gefühl, wie es ihn nun immer häufiger überkam — der Furcht nämlich, über Konten, Akten und Briefen versäume man etwas Unwiederbringliches. Möglicherweise trug der Umgang mit Venthorst, dem er sich weder entziehen konnte noch wollte, dazu bei, daß ihm Leben und Menschen in einem ganz neuen Licht erschienen. Über die Brustwehr geneigt, schaute er auf das bunte Gewühl des Marktes nieder. Großer Gott, welch ein Durcheinander von Farben, Formen und Szenen! Trächtig wie der Pflanzenwuchs dieser heißen Erde, brodelte das Gewoge aus menschlichen Leibern zu seinen Füßen. Fast meinte er, den Schweiß zu riechen, die tausendfältigen Düfte und Dünste des blutvollen Lebens. Aus allen vier Weltgegenden strömte es hier im Basar zusammen. Auf den Tischen der Warungs häuften sich Pfefferkörner, Melonen, Muskatnüsse, Nelken, Tabakblätter, Zimmetstangen, Bananen. Chinesen in langen Gewändern, in der Linken den Datjin, den Wiegestock, feilschten grinsend mit Makassaren, Guzeratten, Persern oder Mohren von den Küsten Arabiens. Zierliche Javanerinnen, Frauen und Mädchen, in gebatikte Sarongs oder Kains gehüllt, das blauschwarze Haar zum Kondehknoten geschlungen, hockten regungslos, kunstvollen Schnitzwerken ähnelnd, hinter den mit Betelblättern, Arekanüssen und Kalkhäufchen bedeckten Tüchern, die sie, keiner Ordnung achtend, auf den Boden gebreitet hatten. Ihre Zähne waren schwarz gefärbt und poliert, so daß sie glänzten wie Gold — ein barbarisch fremdartiger Schmuck in den vom Betelkauen tiefroten Mündern. Anderswo wurden in Bastkörben Kampfhähne, Hühner, Enten, Tauben,

Cabriten und Papageien feilgeboten — erregtes Geflatter verwirrend bunter Federschweife und Schwingen. Das Lachen und Kreischen, das Johlen, Brüllen, Grölen so vieler Stimmen einte sich hier oben zu einem dünnen eintönigen Summen; es schwoll und klang ab mit dem Atmen des Windes.

Vor vierzehn Tagen war das Große Fest „al'id al-kabir" oder, wie es bei den Javanen hieß, „Garebeg besar" gefeiert worden; — Raserei der Lebenslust, Überschäumen sinnlicher Begierden, ein Aufschrei des an seine Irdischkeit gefesselten Menschenwesens, ein nachgerade höllisches Bacchanal, dessen Zuchtlosigkeit selbst die kaltblütigeren Nordländer mitgerissen hatte. Nicht leicht war es gewesen, die Zügel in der Hand zu behalten. Der sonst so korrekte Van Diemen hatte erklärt, solch ein Ausbruch allzu menschlicher Leidenschaften sei notwendig, um den Druck der überkommenen Sitten, der strengen Gesetze und unnachsichtigen Tabus erträglich zu machen. Er hatte dabei auf den Karneval von Rom und Lissabon verwiesen. Jan Pieterszoon rieb sich die Hände. Nur zu, ihr Toren! Man konnte ja nun gewisse Verfehlungen zum Anlaß nehmen und die schon bestehenden Vorschriften verschärfen. In Zukunft würde man noch härtere Strafen über Leichtfertige oder Unbotmäßige verhängen lassen. So unglaublich es war, die an den Pranger gestellten Frauen wurden nicht etwa ihrer Sittenlosigkeit wegen verachtet, wie es erwünscht gewesen wäre — nein, die jungen Herren der Compagnie scherzten und lachten mit ihnen, verspotteten obendrein die Wachtposten, was die Wertschätzung jener Frauenspersonen erhöhte, als hätten sie ihre Eignung zum Eheweib unter Beweis gestellt. Angesichts dieser Zustände hätte er das Zuzugsgesuch, das Weintje Gris taktloserweise an ihn persönlich gerichtet hatte, am liebsten abschlägig beschieden. Aber da war er bei Eva schlecht angekommen. Was das heißen sollte, hatte sie gefragt, die einzige begabte Putzmacherin sei es weit und breit; Mevrouw Vis könne recht gut die Unterweisung der jüngeren Damen in die Hand nehmen und am Ende sogar dem Mädchenpensionat vorstehen, das sie einzurichten gedenke; es handele sich, habe man ihr berichtet, um eine sehr kluge, energische und sittenreine Person.

Lachen schüttelte ihn, sobald er nur daran dachte. Haha, welch ein Witz! Weintje, diese überaus sittenreine Person, würde fortan in seinem Hause aus und ein gehen dürfen. Er würde sie beständig vor Augen haben, würde an so manche Liebesnacht erinnert werden. Allmächtiger! Sie würde ihn gegen die fortschreitende Verwahrlosung der Sitten wettern hören, würde auf ihre spöttische Art verhalten lächeln und sich ihr Teil denken dabei. Leider war gegen Eva nicht aufzukommen; sie setzte ja stets ihren Willen durch. Wo sie erschien, erstarben Gelächter und Scherz vor ihrer Untadeligkeit.

Ein Schuß, von Onrust her über das Meer rollend, ließ ihn aufschauen. Die weite Reede zwischen den Eilanden war mit rostfarbenen Mattensegeln bedeckt. Fünf Dutzend Fahrzeuge zählte er — Dschunken, Parahus und Balange. Sie sammelten sich und lagen dann beigedreht, während ein kleineres Auslegerboot, ein Vliegher, sich aus dem Geschwader löste und auf die Flußmündung zustrebte. Der Offizier vom Dienst ließ eben die Wache unter Gewehr treten. Im Laufschritt eilten die Männer auf die Bastionen. Seit dem Anschlag, den die Krone von Bantam vor nunmehr sechs Monaten gegen den Generalgouverneur hatte verüben lassen, war man in Batavia auf der Hut. Kaum anzunehmen, daß so viele Fahrzeuge nur zufällig hier zusammengetroffen waren. Brachten sie Nahrungsmittel, woran es der Festung seit einiger Zeit gebrach, mochten sie willkommen sein; waren es aber Feinde, so sollten sie dementsprechend und so nachdrücklich wie möglich empfangen werden. Mit Genugtuung bemerkte Jan Pieterszoon, wie rasch die Geschütze gerichtet und klar zum Feuern waren — eine lobenswerte Leistung der Kanoniere, das Ergebnis der strengen Manneszucht, die er eingeführt hatte.

Das Auslegerboot war durch die Pfahlsperre geschlüpft und machte im Binnenhafen fest. Unter den javanischen

Herren, die dort unten an Land stiegen, erkannte Jan Pieterszoon Kjai Ronggo, den Tumenggung von Tagal, und wunderte sich. Der General war mit den Jahren am Hofe von Karta zu Ansehen und Einfluß gelangt. Gedankenvoll schob er das Teleskop zusammen. Sein Gefühl sagte ihm: es ist so weit! Die Entscheidung nahte. Ein Ausweichen, ein Hinauszögern gab es nicht länger.

Schon einmal, im April, war Kjai Ronggo mit vierzehn Schiffslasten Reis vor Batavia erschienen und hatte dem Indienrat nahegelegt, eine Gesandtschaft nach Karta zu entsenden und dem Susuhunan Hilfeleistung gegen Bantam anzubieten. Die Herren hatten jenes Ansinnen zurückgewiesen. Zwar hatte Coen die Ablehnung ein wenig zu mildern versucht, indem er versprach, die Sache nochmals überdenken zu wollen. Was die Gesandtschaft nach Karta betreffe, müsse man davon abstehen, solange Tumenggung Bahuraksa das Ohr Seiner Heiligkeit besitze. Kein Zweifel am Hofe von Mataram hatte man begriffen, daß die Orang blanda keine Gimpel waren. Um so erstaunlicher dieser neue Besuch Kjai Ronggos. Selbst ein weniger zum Argwohn neigender Mann als Jan Pieterszoon hätte hier Verdacht geschöpft.

Mit der herablassenden Vornehmheit, die ein javanischer Edelmann bei solcher Gelegenheit zu zeigen versteht, begrüßte der Kjai den Generalgouverneur. Sein glattes bronzefarbenes Gesicht verriet nicht die Gedanken hinter seiner Stirn. Jan Pieterszoon meinte indes, es sei verschattet von einer verhohlenen Trauer. Sollte das Schicksal sie nun vollends zu Gegnern machen? In seinen Augen war Kjai Ronggo unlöslich verbunden mit diesem Land. Gerne entsann er sich jener Tage, da sie — viele Jahre lag es zurück — miteinander über den Karang geritten waren. Wäre Kjai Ronggo doch ein Europäer oder auch nur ein Mohr gewesen, man würde sich dann im Laufe der Zeit gewiß recht nahe gekommen sein. Aber — der Kjai war ein Javane. Man wußte niemals so recht, was er dachte, was er empfand. Mochte er sich nur immer zum Islam bekennen, in seinem Blute spukten die alten Götter.

Hundertfünfzig Rinder sowie hundertzwanzig Lasten Reis solle er im Auftrag des Tumenggung Bahuraksa überbringen, da man zu Karta vernommen habe, wie schlecht es im Fort BATAVIA um die Versorgung stehe, sagte der Kjai, auf dessen Gesicht jener unsichere, bekümmerte Ausdruck gleich einer Wolke lag. Sein Herr, der Susuhunan, hoffe, Seiner Exzellenz damit gedient zu haben. Jan Pieterszoon sprach, während er den Gast ins Gouverneurshaus führte, seinen Dank mit höflichen, wohlüberlegten Worten aus. Unter den üblichen Schmeichelreden dachte er freilich bei sich, solche Unverschämtheit sei doch kaum noch zu überbieten. Bahuraksa war es gewesen, der seit dem Tage, an dem das Ersuchen der Krone von Mataram abgelehnt worden war, sämtliche Proviantbransporte nach Batavia hatte unterbinden lassen. Allein, es wäre unklug gewesen, die Gabe jetzt zurückzuweisen. So gab er Order, das Vieh unverzüglich auszuladen. Insgeheim gebot er seinen Truppen höchste Wachsamkeit.

Kjai Ronggo lehnte es ab, als Gast im Fort zu verweilen. Er schützte dringende Geschäfte in der Stadt vor und verabschiedete sich mit verdachterregender Eile. Die Fahrzeuge wurden nach und nach in den Binnenhafen verholt, hier in aller Hast gelöscht und wieder hinaus auf die Reede geschleppt, den heftigen Protesten ihrer Besatzungen zum Trotz.

Zwei Tage später — noch waren diese Arbeiten nicht beendet — langten sieben große, mit viel Volk besetzte Parahus vor Onrust an. Sie seien nach Malakka bestimmt, hieß es.

Jan Pieterszoon gab sich den Anschein, als schenke er dieser Erklärung Glauben. Bei Anbruch der Nacht aber ließ er die Balkensperre schließen, die Wachen verdoppeln. Auch wurde jeder Verkehr zwischen den bereits entladenen und den neu eingetroffenen Schiffen durch Patrouillenboote unterbunden.

„Ich begreife nicht, wozu das dienen soll?" wandte Van Diemen ein. „Ist Verrat beabsichtigt, so sind wir auch ohnedies darauf vorbereitet. Ist's kein Verrat, wozu dann solch überflüssige Schikanen? Ich finde es nur natürlich, wenn Landsleute miteinander verkehren wollen."

Jan Pieterszoon zuckte die Achseln. Politik, meinte er, habe mit moralischen Erwägungen nichts zu schaffen; im Gegenteil, das eine schließe das andere aus. Da die Menschen seit undenklichen Zeiten nach den politischen Notwendigkeiten gehandelt hätten, anstatt der Stimme des Gewissens zu folgen, werde dies sich auch wohl in Zukunft kaum ändern.

Gegen Mitternacht gab es Alarm. Schüsse krachten am Binnenhafen und vor dem Südtor. Im Laufschritt eilten die Einsatzkommandos auf ihre Stationen. An den Toren loderten bereitgestellte Pechpfannen auf. Und beim düsterrot lohenden Flammenschein gewahrte der Generalgouverneur — er hatte sich sogleich nach dem Bollwerk RUBIN begeben — ein wüstes Getümmel auf dem Markt. Fähnrich Cortenhoeff meldete atemlos, die am Vortage angelangten Schiffe hätten sich mit den auf der Reede liegenden zu vereinigen gesucht; während das Patrouillenboot sie noch daran zu hindern getrachtet, seien die Männer von den binnen liegenden Parahus plötzlich über die Wache am Südtor hergefallen, aber zurückgeschlagen worden.

„Gut!" sagte Coen. „Kommandeur De Meester unternimmt einen Ausfall, und zwar sofort! Die Unsrigen werden sonst aufgerieben."

„Sehr wohl, Exzellenz!" Cortenhoeff rannte davon.

In der Tat war das schwache niederländische Wachtkommando inzwischen von den Javanen auf das Tor zurückgedrängt worden. Jan Pieterszoon nahm entrüstet wahr, wie in der Verwirrung Gehorsam und Zucht verlorengingen. Den Wachthabenden mußte man sich vornehmen; ähnelte doch das Ganze einer Wirtshausschlägerei eher als einem geordneten Rückzug. Regellos feuerten die Soldaten, soweit sie dies noch vermochten, auf die nackten, ölbeschmierten Gestalten, die sie von allen Seiten her bedrängten. Andere stießen und schlugen mit den Kolben ihrer Musketen um sich. Sie hatten insofern noch Glück, als die Angreifer nur mit Krisen oder Klewangs bewaffnet waren. Ihre unzulängliche Bewaffnung wurde indes durch die tierische Wut wettgemacht, mit der sie sich immer wieder auf die Niederländer stürzten. Jan Pieterszoons Augen verengten sich. Das war keiner der üblichen Zwischenfälle. Plan und Absicht blickten unverkennbar aus dem Vorgehen der Javanen. Hoffentlich brachte De Meester sein Ersatzkommando rasch genug heran! Die Niederländer kämpften bereits mit dem Rücken zum Tor. Er eilte die Rampe hinab, drängte sich durch den Haufen verstörter, nur mit Handwaffen versehener Schreiber und Packer. Hinter sich vernahm er auf dem Hofplatz De Meesters tiefe Stimme, das Trappeln eisenbeschlagener Stiefel. Na also, gottlob! Den Degen ziehend, rief er: „Öffnet das Tor!"

Die Riegel wurden gelockert, die schweren Torflügel einen Spalt geöffnet.

„Gebt acht, nicht so weit!" warnte Coen. Die des Kampfes ungewohnten Schreiber indes hielten dem Anprall der Bedrängten nicht stand; sie wankten, wurden durch das jäh aufberstende Tor zu Boden geschleudert. Ein Schwall von Leibern quoll durch die Öffnung herein. Doch nun war De Meester mit seinen Männern zur Stelle. Johlend fielen sie über die eingedrungenen Javanen her, hackten, schlugen, stachen, warfen die Torflügel ins Schloß und schoben die eisernen Riegel vor. Ein wüstes Getümmel, überflakkert vom düsteren Flammenschein der Pechpfannen, welcher die Schatten der Kämpfenden vervielfacht auf den Mauern tanzen ließ.

Während dies beim Südtor geschah, knatterten Salven an der Nordseite des Forts. Die Javanen von den auf Reede liegenden Schiffen waren an Land gewatet. Sie versuchten, das Bollwerk PEARL, das noch keine Mauer besaß, durch Überraschung zu nehmen. Zugleich erfolgte ein Sturm auf die Schanze RUBIN. Nun begannen die Stücke auf RUBIN und DIAMANT zu spielen. Die Nacht, eine ungewöhnlich finstere Nacht, wurde von grellen Blitzen durchzuckt. In den Donner der Geschütze mengten sich

Musketenkrachen und zorniges Geschrei. Der Befehlshaber auf RUBIN hielt seine Leute fest in der Hand. Er hatte drei Gruppen bilden lassen, welche abwechselnd feuerten, reinigten, luden. Pausenlos grollten ihre Salven. Die ungeordneten Haufen der Eingeborenen hatten nicht die mindeste Aussicht gegen eine so disziplinierte Truppe; dennoch kämpften sie mit verzweifelter, wahnwitzig anmutender Tapferkeit, bis der Morgen grau über den Sümpfen und Bergen zu dämmern begann. Beim ersten Schimmer des Lichtes zogen sich die Javanen auf ihre Parahus zurück. Der Angriff war abgeschlagen.

Aufatmend begab sich Jan Pieterszoon auf einen Rundgang über die Wälle. Verwundete und Tote lagen auf den grasbewachsenen Hängen umher oder trieben im Brakwasser der Gracht. Schmerzenslaute, verzweifeltes Klagen und Stöhnen, klangen an sein Ohr, doch er achtete dessen nicht; Wichtigeres war zu bedenken. Man hatte die Schufte mit blutigen Köpfen heimgeschickt — soweit gut! Aber — was nun? Der Überfall war sorgsam vorbereitet gewesen, von langer Hand geplant; man durfte sicher sein, daß sich ähnliches wiederholen würde. Wie stand es um die Verproviantierung des Forts, um Munitionsvorräte und Waffen? Notfalls konnte man das Büropersonal und die Packmeister zu Soldaten machen. Ihr Kampfwert würde freilich nicht bedeutend sein, immerhin — ein Niederländer nahm es mit einem Dutzend Heiden auf, besonders, wenn es um Kopf und Kragen ging. Daß eben jetzt die Schiffe in alle Winde zerstreut sein mußten! Natürlich hatte Bahuraksa den für ihn günstigsten Zeitpunkt gewählt, doch bestand kein Anlaß, besorgt zu sein. Im Gegenteil! Gelang es, dem Tumenggung eine Niederlage beizubringen, mußte dies auch auf Abdul Kadir und dessen Ratgeber eine heilsame Wirkung üben. Kjai Ronggo... Der Gedanke an den Edelmann erboste ihn und doch empfand er zugleich ein schmerzliches Bedauern. Warum hatte gerade Kjai Ronggo sich zu einem so schändlichen Bubenstück hergegeben?

Auf DIAMANT traf er mit Van Diemen zusammen, der

den Zustand der Schanze in Augenschein nahm. Jan Pieterszoon verbarg das spöttische Zucken seiner Lippen hinter einer nur angedeuteten Verneigung. Der gute Van Diemen hatte leider, leider ein allzu weiches Herz unter der rauhen Schale. „Nun, Mijnheer Anthonie —" meinte er beiläufig, „der Sturm scheint vorüber. Was sagt Ihr jetzt? Meine Schikanen sind glänzend gerechtfertigt, findet Ihr nicht?"

Van Diemen hob seinen ernsten Blick, ließ ihn forschend auf Coens Zügen verweilen. „Ich weiß nicht recht, Exzellenz! Mir ist nicht wohl dabei. Ich meine, man sollte sich in seinem Tun nicht nach dem Gegner richten, im Guten nicht wie im Bösen. Er räusperte sich, denn Lijsbeth Ment nahte, begleitet von mehreren mit Körben und Krügen beladenen Mägden. Sie selbst trug einen Pack Leinwand unter dem Arm.

„Was habt Ihr vor, Jungfer Lijs?" Unangenehm scharf klang Jan Pieterszoons Frage. Nächstenliebe war hier seiner Meinung nach nicht am Platz. Obendrein gewahrte er unter dem Verbandszeug einige seiner älteren Hemden. Dies mehr als der Umstand, daß Lijs den verwundeten Feinden Hilfe zu leisten gedachte, erregte sein Mißfallen. Schließlich war ja Hemdenstoff teuer und hier so gut wie überhaupt nicht zu haben. Javanen hingegen gab es wie Sand am Meer; auf einige mehr oder weniger kam es gewiß nicht an. Ein Widersinn dünkte es ihn, wenn man Feinde erst erbarmungslos zusammenschoß, um sie danach gesundzupflegen. Im übrigen war die Frage an Lijs nur Ausdruck seines allgemeinen Unmutes.

Ihr freier Arm beschrieb einen Halbkreis über die Festungswerke, so als umfasse sie mit dieser einen Bewegung die ganze Welt. Ohne das offenkundige Mißfallen des Schwagers zu beachten, seufzte sie kindhaft eifernd: „Die armen Menschen! Warum tut Ihr das, Jan?" Sie wandte sich, begann nach einem Durchgang zur Gracht zu spähen.

Jan Pieterszoons Brauen zogen sich finster zusammen: „Du bleibst hier!"

„Aber nein!" sagte Lijs unbefangen.

Van Diemen lächelte still vor sich hin. „Geben wir der Jungfer eine Bedeckung mit. Sie hat recht mit dem, was sie tut, es ist Christenpflicht. Überdies dürfte es auch einen guten Eindruck auf die Javanen machen. Das brauchen wir jetzt!"

„Wie Ihr meint!" versetzte Jan Pieterszoon barsch. Man durfte sich solcher Lappalie wegen nicht mit dem Ratsherrn überwerfen. Van Diemen verfügte hier über Einfluß, daheim über weitreichende Verbindungen. Zuinnerst war Jan Pieterszoon überzeugt, dieses fortwährende Verquicken von humanitären Idealen mit Handelsinteressen und Politik könne zu nichts Gutem führen, zunächst einmal müsse der Grund gefestigt werden, mit welchen Mitteln auch immer. War dies getan, war die Herrschaft gesichert, dann ließen sich auch die christlichen Wunschbilder ohne Gefahr für den Bestand des Staates verwirklichen. Verärgert blickte er der davonschreitenden Schwägerin nach. Mit einiger Bestürzung stellte er fest, daß die Frauen, die er doch selbst erst ins Land gerufen, sich auf geheimnisvolle, nicht zu fassende Weise durchzusetzen begannen, nicht zuletzt in seinem eigenen Hauswesen. Wo die Männer sich vor ihm duckten, wo sie seine Überlegenheit ohne Widerspruch anerkannten, traf er bei manchen Frauen auf unerwartete, höchst hinderliche Halsstarrigkeit. Groll im Herzen, suchte er seine Kammer auf, um noch ein Auge voll Schlaf zu nehmen.

Die erste Schlacht um Batavia

Vor Tag, die Sterne verblaßten eben, strömten die niederländischen Freibürger, die eingeborenen Tanis und die chinesischen Krämer aus der Umgegend in das Kastell. Während Coen sich mit Hilfe des Dieners ankleidete, erreichte ihn die Kunde von dem, was die Menschen zur Flucht bewogen hatte — Bahuraksa stand mit einem mächtigen Heer vor der Stadt! Tausende von Mataram'schen Kriegern, verstärkt durch Truppen aus den Preanger Landschaften Sumadang und Ukur, schlossen sich wie ein eiserner Ring um Fort BATAVIA. Der Ruf, der dem betagten Heerführer voranging, reichte hin, die Chinesen in Todesfurcht zu versetzen. Vornehme Javanen, die sich der niederländischen Herrschaft unterworfen hatten, ließen ihre Besitzungen im Stich, flüchtete mit Weib, Kind und Gesinde in Dschunken oder Parahus auf das Meer hinaus, nur um den dort kreuzenden Tingans des Susuhunan zur Beute zu fallen.

Jan Pieterszoon sah von der Schanze RUBIN den Flüchtlingsstrom sich in das Fort ergießen. Rinder brüllten. Unter den Hufen der Schafe und Ziegen wirbelte Staub in gelben Wolken auf. Karren, mit Hausrat übermäßig beladen, schoben sich schwankend durch das Getümmel. Vor der Waffenkammer harrten dicht gedrängt Männer aller Hautfarben und jeden Alters. Angst um das nackte Leben war es, was selbst Greise und Kinder zur Waffe greifen ließ. Bahuraksa war dafür berüchtigt, daß er keine Gnade walten ließ. Bei der Eroberung Maduras hatte er vierzigtausend Menschen hinschlachten lassen.

Der Kriegsrat trat zusammen. Coen schlug den Ratsherren und Obercommis Jacques Lefebvre zum Feldobristen der niederländischen Truppen vor. Lefebvre war zur Zeit der einzige im Rat, der sich gründlich in der Truppenführung und Strategie auskannte — ein hagerer, galliger Mann von gelblicher Hautfarbe und mürrischem Wesen. Er hielt sich auch nicht lange mit theoretischen

Erwägungen auf, sondern verlangte, ehe man Entschlüsse fasse, die Stellungen des Feindes zu besichtigen, soweit dies noch möglich sei. Dieser Vorschlag wurde einstimmig gutgeheißen. Während Van Diemen die Aufsicht über das Fort übernahm, wurden Pferde gesattelt und den Herren vorgeführt. Wenig später sprengten Coen, Lefebvre und De Meester unter Bedeckung aus dem Tor.

In der Stadt sah es aus, als habe sie der Feind bereits geplündert. Herrenloses Vieh streifte durch die Gärten. Häuser und Hütten standen offen. Geborstene Kisten, zerschelltes Porzellangeschirr, Schlafmatten, Kleiderfetzen lagen auf den Wegen verstreut. Dem Gegner wäre es nicht schwergefallen, bis unter die Mauern des Kastells vorzudringen. Daß er es nicht getan, mochte seiner Unkenntnis der wirklichen Verhältnisse zuzuschreiben sein. Jedenfalls hatte Bahuraksa seine Streitkräfte noch nicht über den Fluß geworfen. Ein Glück! Noch war es also möglich, die Stadt vor der völligen Einschließung zu bewahren. Jan Pieterszoon überließ sich, während er sein Kudu unter den Palmen am Flußufer verhielt, seiner Mißstimmung, einem Gefühl von Unmut und Ungeduld. Warum mußte das Geschick ihm immer aufs neue Steine in den Weg rollen? Nie zuvor hatte er das Fliehen der Jahre so deutlich empfunden wie eben jetzt. Er entsann sich der Zeit, da er jeden sich bietenden Kampf mit Begeisterung angenommen, ihn als männliches Spiel betrachtet und genossen hatte, ohne einen Gedanken daran, ob man siegen werde oder nicht. Das war längst vorbei. Woran lag es nur, daß ihn nun Sorgen bedrückten, Ärger, Überdruß, Ungeduld? Das Altern allein konnte doch wohl kaum die Ursache sein. Vielleicht rührte es daher, daß man inzwischen die Grenzen der eigenen Kraft erkannt hatte, sich der stets gegenwärtigen Gefahr menschlichen Versagens bewußt geworden war?

Lefebvre wandte sich im Sattel. „Die Häuser und Gärten dort... Wir müssen sie opfern, um die Stadt zu retten!"

Jan Pieterszoon nickte: „Ich bedachte es eben!"

Der Obrist gab die notwendigen Befehle. Zwei Kompagnien besetzten den Stadtteil, der sich in den Bogen des Flusses schmiegte. Die Soldaten begannen Bambushütten niederzubrennen, Kokospalmen und Obstbäume zu fällen, Büsche abzuhacken, so daß die Geschütze auf den Redouten freies Schußfeld erhielten. Unterdes suchte der Generalgouverneur sich mit Hilfe des Fernrohres einen Überblick über die Lage beim Feind zu verschaffen. Im Grün der ziemlich dicht stehenden Büsche und Sträucher, die das jenseitige Flußufer bedeckten und sich allmählich in düsteren Wäldern verloren, gewahrte er eine große Zahl weißer Zelte. Rauch kräuselte sich von verdeckt liegenden Lagerfeuern zum Himmel. Farbenprächtige Fahnen, Banner, Standarten, besticke Wimpel wehten über einem Gewimmel von Menschen und Tieren.

Elefanten, Kamele, Rosse und Rinder wurden zum Fluß geführt und getränkt.

Kanonenrohre blinkten zwischen dunklem Laub. Das Sonnenlicht entzündete ein tausendfältiges Funkeln auf den Spitzen der Lanzen, Speere und Hellebarden, die vor den Zelten im Erdreich staken.

Offenbar hatte der Qualm, der von den brennenden Hütten aufstieg, das Augenmerk des Gegners auf sich gezogen. Eine Gruppe von Anführern näherte sich dem Ufer. Die Javanen verhielten dort und starrten herüber. Unter ihnen stand ein hochgewachsener, graubärtiger Mann, in einen weißseidenen arabischen Mantel gehüllt — der Tumenggung. Jan Pieterszoon betrachtete ihn voller Grimm und Abneigung. Bahuraksa war es gewesen, der eine Annäherung zwischen der Krone von Mataram und der Compagnie seit jeher hintertrieben hatte. Im Grunde hatte er ja recht, wenn er jede Berührung mit den Orang blanda ablehnte und sich allein auf die Macht der Waffen verließ; das Schicksal Javas jedoch würde auch er nicht zu wenden vermögen. Einen souveränen Staat durfte die Compagnie, selbst wenn sie im Archipel und an den Küsten die uneingeschränkte Macht besaß, unter keinen Umständen im Inneren Javas dulden. Die Reiche Mataram und Bantam samt ihren Vasallenstaaten mußten verschwinden, ausgelöscht werden, sollte die niederländische Herrschaft von Dauer sein.

Eine Abteilung des Gegners hatte im Südosten, gedeckt durch Palmenhaine, den Fluß überschritten. Allem Anschein nach wurden dort Geschütze in Stellung gebracht und Laufgräben ausgehoben. Diese Stellung bedrohte die Stadt von der Flanke her. Gelang es Bahuraksa obendrein, eine Schiffsbrücke über den Tji Liwong zu schlagen, so mußte man sich in das Kastell zurückziehen, ohne die Möglichkeit, den Feind an seiner schwächsten Stelle treffen zu können. Lefebvre erfaßte die Gefahr mit einem Blick. Sein Vorschlag, den Brückenkopf unverzüglich anzugreifen, fand Coens Zustimmung. De Meester hingegen meinte, man solle abwarten, was der Feind beginnen werde, habe doch seinerzeit Van den Broeck nur durch sein Zögern die Voraussetzung für den endlichen Sieg geschaffen.

„Angriff ist die beste Verteidigung!" belehrte Coen ihn unwillig. „Damals, als Van den Broeck das Fort verteidigen sollte, lagen die Dinge anders. Damals durfte die Besatzung auf Entsatz durch eine mächtige Flotte rechnen... Heute und hier stehen wir allein. Die Zeit ist gegen uns. Jede unnütz verwartete Stunde schwächt unsere Kraft und stärkt den Feind. Lange genug bin ich der Entscheidung ausgewichen. Die Stunde schlägt; es darf für uns kein bängliches Schwanken geben. Wer als Sieger hervorgeht aus diesem Kampf, dem fällt Java zu, der ganze Osten. Gott wird uns beistehen, hoffe ich!"

Lefebvre selbst leitete den Angriff. Drei aus Berufssoldaten und bewaffneten Freibürgern gebildete Kompagnien stürmten in der Abenddämmerung die Mataramsche Stellung. Die Javanen wurden, obschon sie sich tapfer wehrten, in den Fluß geworfen. In jener Stunde des blauen Lichtes haftete dem Kampf etwas unsagbar Unwirkliches, Gespenstisches an. Auf beiden Seiten focht man heldenhaft; aber kaum einer unter den Kämpfenden war sich noch des eigentlichen Zweckes bewußt. Urhaften Trieben gehorchend, stachen und hieben sie, Weiße wie Braune, aufeinander ein, brüllend vor Wut und Haß, trunken vom

Blutdurst gleich den Geschöpfen des Rimbu, der aufbrausend mit seinen ungezählten wilden Stimmen sein Lied dazu sang.

Scheinbar gelassen nahm Bahuraksa den Rückschlag hin, verfügte er doch, wie er wähnte, über unerschöpfliche Reserven an Menschen und Material. Zeit spielte, nach Art der Javanen, keine Rolle bei ihm. Die Niederländer geboten ja nicht über genügend Schiffe, um sich samt ihren Gütern in Sicherheit bringen zu können; sie saßen im Fort BATAVIA fest wie die Maus in der Falle. Nach sorgfältigen Vorbereitungen überschritt in der Nacht vom 10. zum 11. September das Mataramsche Heer auf breiter Front den Fluß, schlug die weit auseinandergezogenen Posten der Niederländer nach kurzen, heftigen Gefechten in die Flucht und schob seine Spitzen bis auf Büchsenschußweite gegen die Stadtmauer vor. Abermals brach unter den Chinesen eine Panik aus. Viele Familien hatten, da man sah, daß auch die Mataramer nicht so gefährlich waren, wie der Ruf erwarten ließ, der ihnen vorausging, ihre Häuser wieder bezogen; um so größer waren jetzt Angst und Schrecken. Coen gab Befehl, einen Ausfall, wenn auch mit nur schwachen Kräften, zu unternehmen, damit die Geängstigten sehen sollten, daß etwas zu ihrem Schutze geschah. Außerdem hoffte er, Genaueres über Stärke und Absicht des Gegners zu erfahren.

Der Angriff hatte ungeahnten Erfolg. Nur wenige Niederländer waren es, die, überraschend vorstoßend, die feindliche Front durchbrachen und sie der ganzen Länge nach aufrollten, so daß das Kampfgetümmel schließlich zu einem fluchtartigen Rückzug der Javanen wurde. Nun eilten auch die Chinesen herbei. Brüllend und kreischend, in blinder Wut warfen sich ihre führerlosen Horden auf den weichenden Feind. Keine Schonung übten sie, kannten kein Erbarmen. Mordlust hatte sie ergriffen wie ein Rausch, die rasende Verwegenheit des Feigherzigen.

Bei dieser Gelegenheit zeichnete sich der sechzehnjährige Fähnrich Cortenhoeff aus. Er war der erste gewesen, der mit seiner Fahne in die feindliche Stellung einbrach und den Nachfolgenden die Richtung wies. Er hatte seines Vaters Beherztheit geerbt. Was ihn jedoch ganz besonders anfeuerte, war der Wunsch, sich vor Sarah Specx auszuzeichnen. Für sie focht er und unter ihren Augen. Sein Herz brannte vor Verlangen, ihr Held, ihr Retter zu sein. Gleichsam trunken warf er sich gegen die Krise der Javanen, wie im Traum drang er durch das Getümmel vor, den Namen des Mädchens auf den Lippen. Die Sonnenglut dieses Tropenlandes hatte ihn entflammt. Ein Knabe noch, den Jahren nach, war er in der rohen Gemeinschaft mit Söldnern und Abenteurern früh zum Mann gereift.

Wortlos betrachtete Jan Pieterszoon das Schlachtfeld, als alles vorüber war. Es sah so aus, als habe eines Riesen Sense die Menschen dahingerafft. Freund wie Feind lagen beieinander im zertretenen Gras. Noch war das Blut nicht getrocknet und schon wuchsen neue Halme über den Erschlagenen zusammen. Schwärme von Geiern kreisten heiser krächzend über dieser Todesstätte. Wahrlich, all das glich wenig der Vorstellung von dem, was er einst erträumt. Der bängliche Gedanke beschlich ihn, jeder Tropfen vergossenen Blutes vermöge einen neuen Feind zu erzeugen, könne zu einer Drachensaat werden, die eines fernen Tages schrecklich aufgehen mochte. Gewaltsam verdrängte er solche Wahngespinste. Die ihn begleiteten, sahen nur den schweigsamen, strengen Mann, den unerschütterlichen Tiger Coen, der auch diesen Sturm, wie schon so manchen, überdauern und meistern würde.

Es dunkelte. Die dreiundzwanzig Soldaten der Redoute HOLLANDIA kehrten ermattet, aber zufrieden mit ihrem Tagewerk, in die Verschanzung zurück. Des Nachts pflegten die Javanen gewöhnlich nicht anzugreifen. Ein Glück, denn dieser Tag war heiß und trocken, erfüllt von Mühsalen und Gefahren gewesen. Keiner der Niederländer, ja, selbst Coen nicht, ahnte im Entferntesten., wie bedrohlich sich die Lage für den Tumenggung Bahuraksa zugespitzt hatte. Solange der General am Hofe zu Karta geweilt, war ihm das Vertrauen seines Herren sicher gewesen. Klug hatte er es verstanden, Hochmut und Überheblichkeit, den Hang zu mystischem Schicksalsglauben bei Raden Mas Rangsang zu nutzen. Ihm war es zuzuschreiben, wenn der Fürst sich einbildete, Allah habe ihn auserwählt, das Reich Mataram über ganz Java und die benachbarten Inseln auszudehnen. Auch hierin ähnelte der Susuhunan Coen —, zuversichtlich glaubte er, seinen Völkern Glück und Segen bringen zu können; mußte nicht Wohlstand für alle die Folge seiner Eroberung sein und ewiger Frieden? Das Land von den erpresserischen Orang blanda zu befreien, die es bereits wie mit Polypenarmen umklammert hielten, galt ihm nur als ein Schritt auf dem Wege. Mit jener Einseitigkeit, die eine Voraussetzung des Erfolges zu sein scheint, war er überzeugt, seine Regierung, welche Opfer sie auch immer fordern mochte, werde vom Volke nicht als Bedrückung empfunden werden. Als ob es den Bauern oder Fischern nicht gleichgültig gewesen wäre, in wessen Taschen der größere Teil ihres sauer erworbenen Lohnes floß.

Nun hatte der Susuhunan vor kurzem ein Gesicht gehabt. Vier seiner Pangerane, so hatte ihm geträumt, müßten dahingeschieden sein, ehe seinen ehrgeizigen Wünschen Erfüllung werde. Jene Vision hing gleich einem Damoklesschwert auch über Bahuraksas Haupt. Der Krieg, den er selbst befürwortet, geplant und vorbereitet, durfte ihn am Ende nur als Sieger sehen. Kehrte er geschlagen zurück, so war ihm der Goldene Kris gewiß, jenes fürstliche Geschenk, das nur eine einzige Deutung zuließ. Bahuraksa, wie alle Generäle vor und nach ihm, war auf den Krieg angewiesen, wenn er existieren wollte. Seine Tatkraft und Tapferkeit entsprangen zum guten Teil der Furcht, einmal nicht mehr gebraucht zu werden. Daher gab es für ihn auch hier nur das eine: Sieg oder Tod!

Der Posten auf dem Wall der Redoute HOLLANDIA lauschte in die Nacht. Welch ein Wispern und Raunen! Das dürre Schilf am Kanalufer raschelte unter den unsichtbaren Händen des Windes. Eine Raubkatze röchelte im Sumpf. Hin und wieder brach der Mond durch ziehendes Gewölk. Der Schrei einer Nachtschwalbe ließ den Soldaten zusammenzucken. Da —, was war das? Leises Brechen, Knistern, Rascheln im Buschwerk, schleichende Tritte, gedämpftes Klirren... Dort, wo die Dunkelheit das blanke Spiegeln des Wasser auslöschte, plätscherte es; ein Zittern wie von verlaufenden Wellchen rann über die blinkende Fläche hin. Ein Krokodil vielleicht, ein Buaja oder ein Reh, das zur Tränke ging, oder ein Tiger? Unversehens klangen Stimmen auf, verhalten zwar, aber deutlich vernehmbar. „Awas, Tuan!"

Als Antwort ein zornig gezischtes: „Diam dibelakang!"

Der Posten hob den Kolben an die Schulter, zielte ins Dunkel, riß den Abzug durch. Blitz und Knall... Die Nacht brüllte auf, gellend, aus tausend Kehlen. Fackeln loderten. Licht um Licht entzündete sich, bis das ganze Weideland jenseits der Gracht in Flammen zu stehen schien. Horden von Javanen wateten oder schwammen durch das Wasser zur Mauer. Die aus dem Schlaf geschreckten Niederländer feuerten, was die Rohre hergeben wollten. Auch von den übrigen Außenwerken klang jetzt Muketengeknatter. Das dumpfe Grollen der Geschütze vom Fort mengte sich hinein. Stinktöpfe, brennende Pechkränze flogen über die Palisaden.

Der Tumenggung schien einen Generalangriff befohlen zu haben. Hoffte er, mit einer einzigen gewaltsamen Anstrengung die Belagerten zu überrennen? Die Niederländer kämpften tapfer und zäh. Vielleicht hätte der oder jener angesichts einer so gewaltigen Übermacht entmutigt die Waffen gestreckt, doch wußte ein jeder, was ihn in der Gewalt des Feindes erwartete. Bahuraksa erntete nun die Früchte seiner Grausamkeit. So hielten die Niederländer stand. Sie taten damit nur, was die Umstände von ihnen forderten. Die Schicksalsträchtigkeit dieser Nachtstunden wurde ihnen nicht bewußt. Dort, wo sie ganz allein auf sich gestellt waren, trieb blasse Furcht sie, standhaft zu sein. Im Kastell war es der eiserne Wille, die unnachsichtige Strenge des Generalgouverneurs. Gegen Morgen wurde auf Schanze HOLLANDIA das Pulver knapp. Von Augenblick zu Augenblick hoffte man auf Entsatz, aber die im Fort hatten wohl mit sich selber genug zu tun, darauf ließ das fast pausenlose Krachen und Dröhnen der Kanonen schließen. Unbegreiflich erschien die Hartnäckigkeit, mit der die Javanen immer von neuem angriffen. Hätten sie Leitern gehabt, Sturmböcke oder auch nur einen Feldherren, der sich auf das Belagerungswesen verstand, die Redoute wäre schon längst gefallen. Sie durfte aber nicht fallen! Die Scharen der Feinde würden sich wie ein Termitenschwarm über die Stadt ergießen, würden das Kastell umschließen, würden es von der Außenwelt absperren, bis es aus Pulvermangel und Hunger endlich die Flagge strich, — das wußten die Männer auf HOLLANDIA. Ein Sergeant erbot sich deshalb, die Meldung ins Fort zu überbringen. Als der Feind wieder einmal die Schanze berannte, ließ sich der Sergeant an einer vom Flammenschein nicht erhellten Stelle über die Brustwehr hinab. Nicht der Stadt, deren Wege und Gärten bereits von Mataramschen Parteigängern durchstreift wurden, wandte er sich zu, sondern dem als unwegsam verschrieenen Moor im Osten, das sich bis zur Küste breitete. Wie von Engeln geleitet, entging er den Sumpflöchern und wilden Tieren. gelangte ans Meer und danach am Strande hin unter die Wälle der Festung.

Lefebvre schlug sich, als der Mann ihm zugeführt wurde, die Hand vor die Stirn. „Himmel, euch hab' ich ganz vergessen, rief er bestürzt. Dreihundert Reguläre und hundert Freiwillige wurden sogleich nach HOLLANDIA geworfen. Der Sergeant sah sie durch das Tor ziehen, gefolgt von einer Horde Chinesen, und ahnte nicht, daß es seine Tat gewesen war, die das Schicksal Javas auf Jahrhunderte hin entschied. Der Himmel im Osten färbte sich bereits grün, und noch immer tobte die Schlacht.

„Was meint Ihr, Mijnheer Anthonie, das Feuer wird schwächer, findet Ihr nicht?" De Meesters Stimme verriet, wie sehr hier sein Wunsch der Vater des Gedankens war. Van Diemen warf einen Blick auf den stumm, wie erstarrt an der Brüstung stehenden Generalgouverneur.

In der Tat, die Heftigkeit der Gefechte schien nachzulassen. Da und dort flammte das Gewehrfeuer plötzlich mit frischer Wut auf, doch glich es dem Verflackern eines erlöschenden Brandes. Der Feind zog sich offenbar zurück.

Und so war es auch. Jene vierhundert Mann, die Lefebvre nach HOLLANDIA geschickt, hatten die Schanze entsetzt und waren dann, ohne einen Befehl abzuwarten, gegen die Linien Bahuraksas vorgegangen. Ihr Angriff erfolgte so unvermittelt und mit solchem Ungestüm, daß die Javanen völlig überrumpelt wurden, waren sie doch der Meinung gewesen, das Kastell sei genommen oder sein Fall stehe nahe bevor. Es war ihnen auch keineswegs entgangen, daß die Besatzung der Schanze unter Mangel an Pulver litt. Der plötzliche Ausfall verwandelte daher ihre Zuversicht in blankes Entsetzen. Bevor ein Stück zweimal feuern kann, wurden sie aus ihren Gräben und Verhauen geworfen. „Hurra —!" johlten die Niederländer. Schrill klang das Wutgekreisch der Chinesen auf. Die Javanen wichen. Hals über Kopf stürzten sie sich in den Fluß und rissen auch die noch Widerstand leistenden Krieger mit. Der Tumenggung sah sich gezwungen, die Front in voller Breite zurückzunehmen. Dies war mehr als nur ein taktischer Rückzug; es war die Niederlage! Alle Kräfte hatte Bahuraksa für diesen entscheidenden Vorstoß zusammengerafft, und nun war sein Angriff, dem Anschein nach ohne Mühe und ohne schwere Verluste, abgeschlagen worden. Vor allem galt es für ihn, jetzt Zeit zu gewinnen. Das Heer mußte neu geordnet, die Manneszucht wiederhergestellt werden. Auch mußte bedacht werden, wie die Niederlage Seiner Heiligkeit gegenüber zu beschönigen sei; man mußte Schuldige finden. Bahuraksa sah mit Schrecken, wie der Krieg, den nach eigenem Willen zu lenken ihm gar leicht erschienen war, nunmehr einen höchst unerwünschten Verlauf zu nehmen drohte.

Die zweite Schlacht

Während er das Schreiben der Tumenggung abermals überflog, fragte Coen sich mit einiger Betroffenheit, in wie weit die darin gegen ihn erhobenen Vorwürfe berechtigt seien. „Ich weiß nicht, was Du denkst" — hieß es — „noch was in Deinem Herzen ist. Aber siehst Du denn nicht, daß Du Unrecht tust, wenn Du dich eines Landes mit Gewalt bemächtigst, daß Allah Dir und den Deinen nicht gegeben hat? Während ich bestrebt bin, das alte ererbte Recht meines Herren wiederherzustellen und mit dem ewigen Bruderkrieg in diesem Lande ein Ende zu machen, leiten Dich nur Habsucht, Machtgier und Eitelkeit. Was bist Du für ein Mensch, daß Du dich nicht schämst vor dem Auge des Allgerechten? Aber so seid ihr Orang blanda alle, — eure Lippen fließen über von Honigreden, im Herzen jedoch tragt ihr nur Gewaltsamkeit und Tücke..."

Was bist du für ein Mensch? Diese Frage war es, die Jan Pieterszoon traf. Hatte er sie sich jemals selbst gestellt? Früher vielleicht... Aber das lag schon weit zurück. Ehedem war es ein Traumbild gewesen, die Vision eines reineren besseren Lebens, was seine Tatkraft angefeuert, ihn über alle Hindernisse hinweg vorwärts getrieben und nach oben getragen hatte. Nach und nach aber, unmerklich, war er zum Knecht seines Werkes geworden, zum Büttel seiner selbstsüchtigen Wünsche und Taten. Das Werk war gewachsen, seinen Händen, seinem Willen entwachsen. Nicht er hatte ihm Gestalt verliehen; es formte sich selbst und ihn. Nicht er lenkte es, es schrieb ihm die Marschrichtung vor. Entsetzlicher Gedanke — mit Herz und Hirn an diesen Moloch gefesselt zu sein, der Hekatomben von Menschen verschlang. Und Gott —? Wo war Gott, dem er doch hatte dienen wollen? Wie fern... Wie fern... Die Erde war näher; allzu nahe war sie ihm mit ihrem Haß und Streit, mit dem unstillbaren Verlangen ihrer Götter nach Menschenblut. Doch — halt! Er zwang sich zu ruhigerem Überlegen. Er hatte etwas schaffen wollen, das ihm ehemals in voller Klarheit vor der Seele gestanden. Warum hatte er es schaffen wollen — um den Menschen zu helfen? Gewiß, auch das! Warum hatte er den Menschen helfen wollen — aus Mitleid? Nein! Um ihres Dankes willen? Um sich durch sie bestätigt zu sehen? Ruhmsucht also — Machtgier? War es das? Nein, auch das war es letztlich wohl nicht. Der prometheische Drang war es, etwas zu bewirken, dem Chaos Gestalt zu geben, die Wirrnis zu ordnen. Das Titanische im Menschen war es, das Dämonium in diesem Geschöpf zweier Sphären, die Sehnsucht in diesem Leibe aus Dreck und Staub, ein Schöpfer, ein Gott zu sein!

Für Augenblicke verharrte er in seiner Niedergeschlagenheit, doch dann durchbebte ihn jählings ungestümer Trotz — sollte, durfte man sein Unvermögen eingestehen? Sollte man sich der Übermacht des Geschickes beugen? Nein, nimmermehr! Und wenn sich das Reich des Friedens auf dieser Welt nicht verwirklichen ließ, so gewiß doch das Reich der Macht. Fort mit den zweiflerischen Gedanken — sie lähmten nur. Die Tat befreite; sie vernichtete, schuf ... Verächtlich warf er Bahuraksas Brief auf das Pult, drückte mit dem Daumen die Kerzenflamme aus. „Vis!" rief er.

Verschlafen blinzelnd trat der Lakai ins Zimmer: „Exzellenz?"

„Laß die Herren Van Diemen, Jansz, Lefebvre, Van Gorcum, Vlack und Blocq Martensz wecken. Der Rat tritt noch heute Nacht zusammen!" Er horchte den sich eilig entfernenden Schritten des Dieners nach. Vis war ein Schleicher, immerhin nützlich — auf seine Weise. Wäre er daheim geblieben, er hätte es noch weit genug bringen können; seinesgleichen wurde in den Kanzleien und Kontoren der Compagnie gebraucht. Wie unvollkommen war die Erde, wie unzulänglich der Mensch! Jan Pieterszoon brummte gereizt. Das Dasein erschien ihm als immerwährender Kampf gegen die Unzulänglichkeit. Dieser Hohe Rat von Indien zum Beispiel ... So, wie er gegenwärtig beschaffen war, gab es in ihm nur zwei Persönlichkeiten von Gewicht — Blocq Martensz und Van Diemen. Seitdem die Herren Van Duynen und De Meester dem Fieber erlegen waren — die Belagerer hatten es eingeschleppt — und Specx sich auf dem Wege nach Europa befand, durfte man die Ratsversammlung kaum noch beschlußfähig nennen. Lefebvre war ebenfalls krank; er verlangte heim. Alle übrigen waren Ja-Sager ohne Verstand und Urteilskraft. Jede Entscheidung fiel daher nur ihm allein zur Last. Oft war das angenehm; es vereinfachte die Dinge. Bisweilen jedoch wollte ihn eine Art Schwindel befallen. Man vergaß sich ja allzu leicht, behandelte die Herren Commisen en canaille und führte sich auf wie ein asiatischer Despot. Machtfülle verführt zu Überheblichkeit. Aber sie selbst trugen ja daran Schuld; ihr würdeloses Betragen forderte Strenge heraus. Freiheit ohne Selbstzucht, was war sie anderes als Anarchie: Venthorst allerdings würde behaupten, dies sei nur ein Vorwand, die Menschen zu knechten und auszubeuten; er pflegte ja auch ganz offen die Compagnie einen blutsaugerischen Kraken zu nennen. Aber der Doktor war einer der wenigen, die für sich selbst zu denken und zu handeln vermochten. Im übrigen nahm er nicht ungern die Brocken, die für ihn abfielen vom Tische der Compagnie.

Der Rat beschloß den Generalangriff auf die beiden befestigten Lager, in denen sich Bahuraksa mit seinen Scharen verschanzt hatte. Alle verfügbaren Truppen wurden unauffällig im Kastell zusammengezogen. Man entblößte die Inseln Purmerend und Onrust von ihren Besatzungen, reihte selbst die Mannschaften der Schiffe dem Heere ein. Wer noch eben zu kriechen vermochte, wurde zum Kriegsdienst herangezogen. Alles in allem belief sich die Streitmacht der Niederländer nunmehr auf zweitausendachthundert Mann. Das besagte nicht viel, gab es doch zahllose Sieche darunter oder auch notorische Feiglinge, Trunkenbolde, Drückeberger und gegen ihren Willen Gezwungene. Jan Pieterszoon, obschon er sich mit einer so schwachen Truppe einer zwanzigfachen Übermacht gegenübersah, blieb dennoch zuversichtlich gestimmt. Nicht ohne Grund, freilich! Seuche und Hungersnot wüteten unter den Belagerern. Bahuraksas Hilfstruppen, die Leute von Sumadang und Uhur, die enge Beziehungen zum Volk von Djakatra unterhielten und nur mit Gewalt zur Teilnahme am Krieg gezwungen worden waren, drohten zu meutern. Der General — verlautete — habe nach Karta um Verstärkung gesandt.

Der 21. Oktober dämmerte heran, da öffnete sich das Südtor des Kastells. Geräuschlos, ohne Lichter, ohne Fahnen schob ein Heerwurm schattenhafter Gestalten seinen Kopf ins Freie. Keine Trommel wurde gerührt, keine Trompete geblasen. Kompagnie hinter Kompagnie marschierte stumm durch die Stadt, der südlichen Biegung des Flusses zu. Nur das Schlürfen der Schritte war zu vernehmen, dumpfer Hufschlag, das Klirren von Steigbügeln und Sporen, als die Reiterei über den Steg trabte, dann und wann ein geflüsterter Befehl, ein gedämpftes Lachen. Jan Pieterszoon, an der Spitze reitend, sah, wie der Himmel sich jenseits des Moores über den Wäldern und Bergen zu lichten begann. Der Tag war nahe. Was würde er bringen? Fiel heute die Entscheidung nicht, so bedeutete das Niederlage, wenn nicht Untergang. Papageien flatterten kreischend in den Wipfeln auf. Schwarz wie Scherenschnitte standen Palmenkronen vor dem smaragdenen Himmel.

Unweit der Redoute HOLLANDIA war während der Nacht eine Floßbrücke über den Kanal geschlagen worden. Hier teilte das Heer sich; jeder der beiden Stoßkeile nahm Richtung auf ein feindliches Lager. Bislang war das Vordringen unentdeckt geblieben, doch nun begannen auf der anderen Seite des Flusses Pauken und Gongs zu dröhnen. Die ersten Schüsse schreckten Schwärme von Vögeln auf. Kommandos gellten.

Jan Pieterszoon verhielt seinen Gaul. Im matten Dämmerlicht — grau und trübe kroch es über die Wiesen hin — gewahrte er Erdwälle und Gräben, dunkle Palisadenzäune, dahinter das fahle Weiß der Zelte. Schmetterndes Trompeten von Elefanten übertönte den aufrauschenden

Lärm menschlicher Stimmen und das erregte Wiehern der Rosse. Langsam hob er die Hand, so als zaudere er vor der letzten Entscheidung, dann senkte er sie mit einem Ruck. Der Trompeter setzte sein Instrument an den Mund: Zur Attacke! Krachend entluden sich die mitgeführten Feldschlangen. Trommelbuben ließen ihre Schlegel wirbeln. Fahnen wurden entrollt, flatterten, knatterten in der Morgenbrise. Im nächsten Augenblick riß eine Woge menschlicher Leiber den Gouverneur und dessen Gefolge mit sich. Ungestüm wirbelten Federhüte dahin, blinkende Lanzenspitzen, Musketenläufe, geschwungene Säbelklingen. Über Wall und Graben schäumte dieser Strom, über Zelte und Pferche, über Kanonen und Kriegsgerät. Der Lärm, das Getöse, sie wurden aufgesogen oder doch gedämpft durch den Nebel, der aus den Sümpfen stieg. Verzerrte Gesichter, jäh emportauchend aus Qualm, Rauch und Pulverdampf; gebleckte Zähne; schattenhafte Gestalten; irres Gelächter; Flüche... Unvermittelt fuhr es Jan Pieterszoon durch den Sinn, der goldene Ehrendegen, den er schwang, sei nicht halb so viel wert wie die alte schlichte Toledanerklinge; zu schwer lag er in der Hand, oder — war es das Gewicht der Verantwortlichkeit? Sein Kuda strauchelte, bäumte sich, scheute vor der Spitze eines Speeres. Er verlor Sitz und Bügel. Ihm war, als falle er, falle und falle, sinke mitten hinein in die Unendlichkeit...

Die Sonne brannte ihm ins Gesicht, als er wieder zu Bewußtsein kam. Lefebvre beugte sich über ihn, wußte die bange Frage in seinem Blick zu deuten. „Sieg!" sagte der Feldobrist trocken. „Sieg auf der ganzen Linie, Exzellenz!"

„Und Bahuraksa —, wurde er festgenommen?"

„Tot, Exzellenz! Tot wie ein Pfahl samt seinen Weibern und seiner Brut. Viele sind umgekommen. Tausende fliehen noch in den Wald. Die Orang Kjai von Sumadang und Ukur haben dem Susuhunan abgeschworen. Eben jetzt führen sie ihr Volk ins Gebirge zurück."

Jan Pieterszoon erhob sich mühsam. Lefebvre stützte ihn. Ein Leutnant klopfte ihm Staub und Halme vom Rock. Verwirrt blickte er umher. Da trugen Japaner und Chinesen die Erschlagenen zusammen. Ein paar Trunkene wurden von Stockknechten abgeführt. Andere wühlten im Schutt unter den noch glimmenden Zelten. Es wirkte ernüchternd und lächerlich, wie der Jan Hagel sich mit Geschmeide und Seide behängt hatte, unwürdig des Sieges, den Gott verliehen. Noch taumelnd vom Rausch des Mordens, scharten sich die Soldaten um ihre Predikanten und knieten nieder zum Dankgebet.

Nur wenige Niederländer waren gefallen. Der Sieg war vollkommen. Jan Pieterszoon winkte dem allzu beflissenen Leutnant ab. Man hatte gesiegt... Warum blieb es in ihm so leer? Wo war die Freude, die er hätte fühlen müssen? Er betraf sich dabei, wie er kühl, ja, fast gleichgültig erwog, was als nächstes zu tun sei. Auf den toten, durch eine Schwertwunde entstellten Tumenggung warf er kaum einen Blick. Der Krieg war gewonnen; der Krieg würde weitergehen. In düsteres Sinnen versunken, ritt der Generalgouverneur nach dem Kastell zurück. Jubel und Siegsgeschrei der allzu Gedankenlosen klangen ihm mißtönig in den Ohren. Der Krieg würde weitergehen... Den Häuptern der Hydra gleich wuchsen für jeden getöteten Feind deren zehn heran. Raden Mas Rangsang war nicht der Mann, der sich nach einer Niederlage geschlagen gab, noch würde er sich je versöhnen lassen.

Am zweiten, dem Siege folgenden Tag kehrte eine Abteilung niederländischer Soldaten, die den Auftrag gehabt hatte, die im Süden der Stadt gelegenen Verschanzungen des Feindes zu zerstören, vorzeitig zurück. Ihr Kommandant meldete, man sei auf eine große Menge Javanen gestoßen. Unverzüglich ausgesandte Späher stellten fest, es handele sich hier um die Vorhut eines zweiten Heeres — größer als das erste und dem Augenschein nach weit besser ausgerüstet.

Voller Mißmut, jedoch keineswegs überrascht, nahm Jan Pieterszoon diese Meldung entgegen. Sollte der Unfug denn niemals enden? Kaum waren die Gegner zu zählen, die er besiegt, vernichtet oder aus dem Lande getrieben hatte. Aber selbst der Arm eines Herakles mußte schließlich ermatten gegenüber einer solchen Unerschöpflichkeit. Je ungestümer er vorwärts strebte, desto weiter entfernte sich das Ziel, zerfloß einer Fata Morgana gleich unter seinem Griff. Müde stützte er das Kinn in die Hand. Hatte man das Leben an einen Wahn verschwendet? Lefebvre stürmte, ohne anzuklopfen, herein. „Mein Gott!" rief er, um Atem ringend. „Kommt, kommt rasch, Exzellenz! Der Feind ... Er dringt in die Stadt!"

Wie jene erste Abteilung am Flußufer, waren auch an die fünfhundert Chinesen sowie hundertfünfzig Leibeigene der Compagnie unter Bedeckung von sieben Kompagnien Soldaten damit beschäftigt gewesen, das Vorfeld der Schanze HOLLANDIA von Buschwerk und Baumstümpfen zu säubern. Außerdem lagen noch zwei, mit Feldschlangen bestückte Sampans in der Gracht, die das Stadtgebiet gegen die Wiesen und Moore im Osten abgrenzte. Die Offiziere, die dies Kommando befehligten, hatten erfahren, der Gegner sammle sich auf dem Weideland, das dem Ratsherrn Specx gehörte. Sie beschlossen, da sie ja von der Herkunft und Zahl der javanischen Krieger keinerlei Vorstellung hatten, auch ohne Befehl gegen diesen Haufen vermeintlicher Flüchtlinge vorzugehen. Der Ruhm De Meesters und Lefebvres stachelte ihren Ehrgeiz an. Hatte Seine Exzellenz, der Eiserne Coen, nicht wieder und wieder erklärt, in kritischer Lage entscheide die rasche entschlossene Tat? Zwei Gruppen wurden gebildet. Die chinesischen Kulis blieben bei der Schanze zurück; sie weigerten sich, an dem Abenteuer teilzunehmen, wären sie doch zur Arbeit bestellt, nicht um zu kämpfen. Auch hätten sie keine Waffen, gaben sie vor. Wirklich wurde der Feind überrascht, im ersten Anlauf über den Haufen geworfen. Aber noch immer ahnten die übermütigen Offiziere nicht, mit wem sie es hier zu tun hatten.

Tumenggung Sura Ngalogo, ein dürftiger kleiner Mann mit einem Affengesicht, hatte seinen Vorgänger Bahuraksa glühend beneidet und gehaßt. Vielleicht war dies einer der Gründe dafür, daß Raden Mas Rangsang ihn an zweiter Stelle im Oberkommando des Heeres von Mataram duldete, obwohl er nicht wie sein Rivale zu jenen gehörte, die Schmach und Bedrohung des Exils mit seiner Heiligkeit geteilt. Der Susuhunan verließ sich mehr auf den Ehrgeiz und Neid seiner Generäle als auf ihre Treue. Neid war bei Sura Ngalogo die Ursache seines Hasses gewesen, Ehrgeiz die Triebfeder seiner Kriegstaten. Nun, Bahuraksa war tot... Er, Sura Ngalogo würde hinfort der Oberbefehlshaber aller Streitkräfte sein. Dies genügte ihm jedoch nicht. Höher hinauf drängte es ihn, zu neuen Ehren, zu größerem Ruhm. Ihn verlangte nach Macht. Mit der Blindheit des geborenen Soldaten machte er sich nicht klar, wie wenig Titel, Würden, Ehrenzeichen den Mächtigen bedeuten; nur Tand sind sie ihnen, leicht gegeben, leicht genommen. Er verkannte, daß auch er nur ein Werkzeug war, dessen der Susuhunan sich lächelnd bediente, um sich seiner zu entledigen, sobald er unbequem oder gar bedrohlich wurde.

Nicht ohne Grund hatte Raden Mas Rangsang das zweite Heer schon nach Batavia in Marsch gesetzt, bevor die Kunde von Bahuraksas Niederlage und Tod in Karta eingetroffen war, dachte er doch, seinen General, indem er ihm den Nebenbuhler an die Seite stellte, zu größerem Eifer anzuspornen. Die Hilfe kam nun freilich zu spät. Bestürzt und von unbestimmten Ängsten erfüllt, vernahm Sura Ngalogo, was sich zugetragen. Er, nicht anders als die ihm unterstellten Kjais Adipati Manduro Redjo und Hupo Sonto, begriff, hier hieß es siegen oder zu Grunde gehen. Das erschütternde Beispiel Bahuraksas vor Augen, überdies bedroht durch die Ungnade ihres Herren, waren sie verzweifelt entschlossen, den Kampf zu bestehen. Vor der Stadt angelangt, sandte Sura Ngalogo eine Vorhut aus, eben jene Schar von Plänklern, die von dem niederländischen Arbeitskommando überrascht und vertrieben wurde, und zog in Eile seine Truppen zusammen — an die zehntausend Mann, darunter dreihundert Berittene. Dies geschah, nicht weit vom chinesischen Friedhof, im Schutze eines mit niederem Buschwerk durchwachsenen Kokoshaines.

Aus dem Schatten der Bäume tretend, sah die kleine Schar Niederländer sich unvermittelt der weit auseinandergezogenen, zu einem Halbmond gekrümmten Phalanx des Feindes gegenüber und wurde von Entsetzen erfaßt. Aufschreiend wich man unter die Bäume zurück. Die ihr Pulver in den vorherigen Scharmützeln verschossen hatten, warfen Musketen und Handrohre fort. Am unsinnigsten gebärdeten sich die Sklaven. Als das Dröhnen der Kentongans ihnen entgegenbrandete, drängten sie sich unter gellendem Angstgekreisch unter die noch fest geschlossenen Kompagnien. Ein Wirrwarr entstand. Rosse scheuten, stiegen, traten die im Wege Stehenden unter die Hufe und jagten aufwiehernd davon. Die Disziplin zerbrach. Und da der Tumenggung, als er die Unordnung bei den Orang blanda wahrnahm, ihre Ursache jedoch nicht erkannte, zur Attacke blasen ließ, lösten sich die letzten Bande der Manneszucht. Als ungeordneter Haufen flutete die Abteilung auf den Kanal zurück. Viele wurden von ihren eigenen Kameraden überrannt, niedergetrampelt, von Rossen zerstampft. Andere ertranken in der Gracht. Die Geschütze auf HOLLANDIA und auch die auf den Sampans feuerten mit Eisenschrott in das Kampfgetümmel, so daß noch manch ein Niederländer unter den eigenen Geschossen fiel. „Es war", berichtete Fähnrich Cortenhoeff, der mit einem blauen Auge und einer Schramme am Hintern glücklich davonkam, „als seien die Fanfaren von Jericho erklungen, nicht die Pauken von Mataram!"

Der Generalgouverneur selbst hielt Musterung über die dem Unheil Entronnenen. Coens Gesicht war bleich und starr. Kein Mensch außer ihm vermochte zu ermessen, wie gefahrvoll die Lage für das Fort und für die Compagnie war. Die Stadt lag schutzlos da, dem Feinde offen. Das Volk auf den soeben erst eingetroffenen Schiffen war noch nicht an Land gebracht. Man brauchte nur die verstörten Mienen der Geflüchteten anzuschauen, um zu wissen, wie wenig sich von ihnen erwarten ließ.

Ein Glück, daß Sura Ngalogo nicht ahnte, welche Gelegenheit sich ihm hier bot. Er mißtraute den Orang blanda; er überschätzte sie in dem Maße wie Bahuraksa sie verachtet hatte. Womöglich war dieser Rückzug nichts anderes als eine vorbedachte List? Im übrigen wurde er auch durch die Geschütze auf den Wällen HOLLANDIAS und auf den Sampans, deren Anzahl und Feuerkraft er nicht kannte, zunächst in Schach gehalten.

Geringschätzig blickte Jan Pieterszoon die traurigen Gestalten an, die auf dem Hofplatz im Schatten der Kaserne angetreten waren. Nein, mit diesen Männern, welche Mut und Selbstvertrauen sichtlich verloren hatten, ließ sich die Scharte nicht auswetzen. Zweihundert Musketen, dazu Pieken, Harnische, Helme sowie andere Waffen und Geräte waren an den Feind verloren, sechsundfünfzig Soldaten und vier Freibürger gefallen. „Na, wartet nur", knirschte er, „ich mache Soldaten aus euch!" Abermals schwankte das Schicksal der Compagnie auf des Messers Schneide. Was würde der Tumenggung jetzt tun: Drang er mit seinen Truppen in die Stadt, so war das Fort verloren. Alle Mühen und Opfer waren dann umsonst gewesen. Niemand bemerkte, was in Coen vorging. Stumm und reglos stand er da, ein wenig geduckt, mit verkniffenen Augen, ein grimmiges Lächeln auf den schmalen Lippen — Tiger Coen! „Ich mache Soldaten aus euch!" fremd und kalt hallten die Worte über den Platz.

Die für das Unheil verantwortlichen Offiziere wurden nicht füsiliert. Sie hätten es gewiß verdient gehabt. Man entkleidete sie nur ihres Ranges, reihte sie in die Truppe ein. Hier und jetzt zählte jeder Mann. Jan Pieterszoon befahl, Frauen und Kinder auf die Schiffe zu bringen. Nicht wenige weigerten sich, ihre Männer zu verlassen. Mevrouw Coen erklärte, sie gedenke auszuharren auf ihrem Platz, Lijsbeth, sie sei im Lazarett nicht zu entbehren. Aber alle beherrschte die bange Frage: Was würde Tumenggung Ngalogo tun?

Er unternahm nichts. Seine Truppen hielten auf der erreichten Linie. Dort begannen sie, Bahuraksas zerstörte Schanzen wieder instand zu setzen.

Jan Pieterszoon atmete auf — Zeit war gewonnnen.

Ach, ihr Männer mit den blutigen Händen!

Der Feind zog ab. Mit Rossen, Wagen, Elefanten, Kamelen und Ochsen wälzte sich das Heer den düsteren Wäldern zu. Jan Pieterszoon war, kaum daß er die unglaubhaft anmutende Meldung erhalten hatte, in den Sattel gestiegen und nach der Flußkrümmung geritten. Nun spähte er durch das Rohr und sah die letzten Krieger des Susuhunan im Laubmeer des Rimbu untertauchen. Geier schwärmten um die verlassenen Lagerstätten, stießen dann und wann nieder, um sich mit trägem Flügelschlag wieder zu erheben.

Gab Sura Ngalogo den Kampf verloren? Oder trachtete er, die Niederländer in Sicherheit zu wiegen? Jan Pieterszoon versuchte, die Lage mit den Augen des Gegners zu sehen. Nein, wohl kaum! Der Tumenggung konnte damit nichts gewinnen. Vielleicht war sein Heer durch die Seuche geschwächt und er befürchtete nun, auch die Reste seiner Kriegsmacht noch einzubüßen? Die vergangenen Monate waren hart gewesen. Jan Pieterszoon fühlte die Müdigkeit als körperliche Qual. Wie mit Zentnerlasten drückte die feuchtwarme Treibhausluft dieser Jahreszeit auf Herz und Lungen. Ein feiner, kaum spürbarer, durch seine Beständigkeit aber ungemein lästiger Schmerz in der Magengrube verursachte ihm Übelkeit und machte ihn oftmals unduldsam. Man mußte Venthorst nun doch einmal zu Rate ziehen.

Vor einigen Tagen war Weintje Gris ihm unter der Tür des Gouverneurshauses begegnet. Sie hatte mit höflichem, keineswegs unterwürfigem Nicken vorübergehen wollen; unvermittelt aber hatte sie halt gemacht, ihn forschend angestarrt und mit lächerlicher Strenge gesagt: „Ihr seht bleich aus, Jan! Ist Euch nicht wohl?"

„Ich bin müde!" hatte er verdrießlich geantwortet.

„Ihr solltet Euch mehr an Eure Familie halten..."

„Meine Familie —!" war es ihm mit ungewollter Bitterkeit entfahren.

Weintjes noch immer hübsches, nun aber ein wenig

hartliniges Gesicht hatte einen freundlicheren Ausdruck angenommen, einen Ausdruck, der ihn an ihre einstige Lieblichkeit erinnerte.

„Tut es... Gönnt Euch ein wenig Ruhe und Frieden!" hatte sie gesagt und war mit einem flüchtigen, mädchenhaften Knicks weitergegangen.

Das Gespräch, so kurz es gewährt hatte, beschäftigte ihn mehr als er sich eingestehen mochte. Wie lange hatte er nicht mehr in einen Spiegel geschaut? Als er sich nun in dem fleckigen, halb erblindeten Glas betrachtete, erschrak er sehr. Stirn und Wangen waren fahl, von einem krankhaften grünlichen Gelb. Noch ärger dünkte ihn der starre, verhärtete, grausam anmutende Zug, der seinem Gesicht ein nachgerade mongolisches Aussehen verlieh. Das Antlitz eines Eroberers blickte ihn aus dem Spiegel an, die Fratze des Tyrannen.

Ein Seufzen unterdrückend, schob er das Teleskop zusammen, wandte sich im Sattel nach seinem Gefolge um. Da hockten sie auf ihren Kudas, Lefebvre und Blocq Martensz, Van Gorcum, Oberst Anthoniesz, schweigend, devot, eines Wortes von ihm gewärtig... Ähnelten sie nicht Marionetten? Seine Gegenwart bedrückte sie sichtlich, verschloß ihnen die Lippen. Wollten sie doch nur einmal aufbegehren. sich als freie, selbstbewußte Männer erweisen! Hatte denn er aus ihnen gemacht, was sie waren? Waren sie selbst es nicht gewesen, die ihm diese verhaßte Rolle aufgezwungen? Wie oft hatte er sich das schon gefragt. Verärgert zuckte er die Achseln, deutete über den Fluß: „Sehen wir, was es dort drüben gibt!"

Gemächlich ritten sie über die Schiffsbrücke, die eben jetzt von den Chinesen wiederhergestellt wurde. Indem sein Blick die lachenden, munter schwatzenden Kulis streifte, die sich einen Spaß aus der schweren Arbeit zu machen schienen, wünschte er fast, einer der ihren zu sein, ohne Ehrgeiz, ohne Verpflichtungen. Am jenseitigen Ufer wandte sich die Kavalkade flußauf, wo hinter einem lichten Kokospalmenhain das Hauptquartier Sura Ngalogos gelegen hatte. Da und dort in den Sumpfwiesen grasten entlaufene Pferde oder Rinder. Der zwischen den Bäumen silbern blinkenden Fluß bot einen lieblichen Anblick. Jan Pieterszoon beschloß, dieses Stück Land für sich registrieren zu lassen. War einmal Frieden, würde man hier, an dieser Stelle, ein hübsches Haus erbauen, dazu Scheunen und Ställe; all das sollte schön, praktisch und vor allem im Einklang mit der Landschaft erstehen. Deutlich sah er es vor sich. Doch kam ihm nun unvermittelt und schmerzlich zu Bewußtsein — noch war ja nicht Frieden. Man durfte wohl kaum auf eine friedliche Zukunft hoffen, es sei denn, man gäbe sich mit dem Erreichten zufrieden, man verzichtete feig auf die Verwirklichung aller Träume. Grimmig wies er die versucherischen Gedanken von sich.

Hinter dem Palmenwald breitete sich ein weiter, grüner Plan. Bestürzt verhielten die Herren ihre Tiere. Schon unter den Bäumen war ihnen ein süßlicher, ekelerregender Geruch in die Nasen gedrungen. Geier hüpften, flatterten — zahllose Geier. Sie erhoben sich widerstrebend von den vielen hundert Leichen, die weit verstreut zwischen Schutt, Gerümpel und verglommenen Feuerstellen umherlagen. „Was ist das?" sagte Blocq Martensz heiser. „Allmächtiger, was bedeutet das?"

Miriaden feuerroter oder smaragdgrün schillernder Schmeißfliegen surrten auf, als Coen sein schnaubendes, steigendes Kuda zwischen die Toten trieb. Der pestilenzialische Gestank benahm einem den Atem. Nackt, mit Blut und Kot besudelt, lagen die Leiber da, einzeln oder in Haufen, so wie sie gefallen waren. Seit Mijnheer Martensz seinen Ausruf getan, hatte noch keiner der Herren ein Wort über die Zunge gebracht. Allzu gräßlich war der Anblick. Grausen beschlich sie. Um so schrecklicher war es, weil die Sonne soeben den Dunst durchbrach, weil Himmel und Erde sich in wundersamer fremdartiger Schönheit einten.

Beim ersten Blick meinte Jan Pieterszoon, hier sei kein lebendes Wesen zu finden außer den Geiern, den Fliegen und den Libellen. Dann aber gewahrte er inmitten des Leichenfeldes zwei Menschen — einen javanischen Sklaven, der einen der landesüblichen großen Sonnenschirme hielt, und ein Weib. In einen weißen, wie es schien, recht kostbaren Kain gehüllt, kauerte es neben dem Körper eines jungen Mannes. Langsam näherten sich die Niederländer der Gruppe. Leib und Glieder des Toten waren von makellosem Ebenmaß. In seinem Gesicht, auf dem wie festgefroren noch ein kindhaftes Staunen lag, vereinigten sich javanische und europäische Züge auf das glücklichste. Auch schien die Farbe der samtglatten Haut ein wenig heller als die der Eingeborenen. Irgend etwas an dem Toten rührte Jan Pieterszoon so sehr, daß sein Herz sich wie im Krampf zusammenzog. Jählings aufwallender Schmerz preßte ihm ein Stöhnen über die Lippen. Kein Mitleid war es, auch nicht ein allgemeines menschliches Empfinden — nein, ein ganz persönlicher Schmerz erschütterte ihn, das Gefühl, einen unersetzlichen Verlust erlitten zu haben.

Lefebvre drängte sein Roß neben ihn; auch er bleich bis an die Stirn. Mit bebender Hand deutete er auf den Toten nieder. Er schlang und würgte, als müsse er an der Frage ersticken: „Findet Ihr nicht, daß er Euch gleicht? Eine erstaunliche Ähnlichkeit! Um Vergebung — ich meine ja nur..." Er verstummte.

Coen wandte wie träumend den Kopf, starrte den Obristen mit tödlicher Kälte an, blickte gleichsam durch ihn hindurch. „Was Ihr denkt, Mijnheer, interessiert mich nicht!"

Blocq Martensz winkte dem Sklaven. „Was bedeutet das?" wiederholte er seine vorherige Frage. In seiner Stimme grollte bereits der aufwallende Zorn.

Der Sklave berichtete, stockend, als erzähle er eine halb vergessene Sage, wie Sura Ngalogo sich nach dem zweiten mißglückten Sturm auf die Redoute HOLLANDIA die Haare gerauft, wie er an seine Brust geschlagen habe und in äußerster Verzweiflung ausgerufen: „Wie soll ich meinem Herrn unter die Augen treten?" Die Kjais Adipati Maduro Redjo und Adipati Hupo Sonto, die den Angriff geleitet hatten, waren dann samt allen ihren Angehörigen, Gefolgsleuten und Dienern ergriffen und entwaffnet worden. Der Tumenggung sei außer sich gewesen, sagte der Sklave. Hunger und Pest wütteten unter seinem Heer. An jedem Tag desertierten Hunderte; ebenso viele starben. Er sah sich zum Rückzug genötigt, wollte er nicht das ganze Heer vor Djakatra begraben. Auch ihm drohte nun der Goldene Kris. Ein Sündenbock mußte gefunden werden, eine Tat verübt, die den Zorn des Susuhunan von ihm ablenken würde. Kurz vor dem Abmarsch ließ er deshalb die beiden Kjais und alle, die zu ihnen gehört hatten, auf diese Wiese führen und sie — siebenhundertvierundvierzig Menschen jeden Alters, gleich ob Weib, ob Mann, durch seine Leibwächter niederstechen. So hatte es sich zugetragen.

Da lagen sie, die unglücklichen Opfer eines Wahnwitzigen, und gaben Zeugnis, wie weit sich die Unmenschlichkeit des Krieges verirren kann. Nur wenige waren durch Zufall entronnen. Und so würde es weitergehen: Mord zeugte Mord, Haß gebar Haß, der Fluch böser Taten wirkte fort und fort. Das javanische Wort: „Wer den Bruder schlägt, schlägt sich selbst!" schien vergessen; vergessen auch die Lehre des Erleuchteten: „Nicht in den Fernen des unermeßlichen Himmels, nicht in des Meeres Mitte, nicht in den Tiefen der Bergesklüfte findest du eine Stätte, wo du den Folgen deines bösen Tuns entrinnen könntest!"

Den Wunsch zu sofortiger Flucht mit Mühe bezwingend, fragte Jan Pieterszoon, indem er sich vorneigte, ungewohnt zart: „Er war dein Sohn?"

Das Weib hob den Blick. Das weiße Kopftuch glitt ihr von der Stirn, die Hälfte des Gesichts enthüllend. Unbeweglich saß der Generalgouverneur im Sattel. Er rührte kein Glied; kein Muskel an ihm zuckte. Blocq Martensz indes bekundete später, er habe den Eindruck gehabt, Seine Exzellenz sei in jenem Augenblick erstarrt, verdorrt, zu Stein geworden, gleich dem Weibe Lots. Alles Blut wich aus seinen Wangen, seinen Händen; die Finger, die die Zügel hielten, wurden weiß. Er saß im Sattel und stierte nieder auf die Frau. Und die Frau, eine sehr schöne und sicherlich vornehme javanische Dame, schaute ebenso versteinert zu ihm auf. Außer den beiden schien es nichts anderes auf der Welt zu geben. Der tote Jüngling lag zwischen ihnen. Aber mehr noch trennte sie der Strom der Zeit — achtzehn bittere, an das Leben verlorene Jahre.

„Ach, du..." sagte Saro Sangi endlich, „was willst du von mir? Geh —! Bist du gekommen, dein Kind zu begraben? Überlaß es mir. Geh' nur, ich mag dich nicht sehen. Deine Hände sind rot von Blut. Was Sura Ngalogo mir tat, das tatest du schon so vielen Müttern. Ich vergebe euch — ihm und dir. Mein Mitleid gehört euch, ihr Männer mit den blutigen Händen; trachtet ihr doch, da ihr vom irdischen Wahn verblendet seid, nach Dingen, die ihren Wert nur in eurer Einbildung haben, die euch mehr Schmerz als Genuß gewähren. Ja, ihr schätzt hoch, was nichtig und eitel ist. Was kann euer Leben anderes sein als eine endlose Kette unerfüllbarer Wünsche, Trugbilder und Enttäuschungen? Geh' nur, Jan Pieterszoon — geh'!"

Schweigend, wie zuvor, wandte der Generalgouverneur sein Tier und ritt im Schritt davon.

Enttäuschung

"Haß ist allemal die Frucht des Sieges, weil der Besiegte die Last des Unglücks fühlt!" sagte Venthorst nachdenklich. "Nur dem, der weder Sieger noch Besiegter sein will, werden Glück und Seelenruhe zuteil —, so steht's im Dhammapada geschrieben. Ich fürchte, Jan, wir verstehen einander nicht. Einmal glaubte ich, dich begriffen zu haben — es ist lange her! Damals stand ich dir mit all meinen Wünschen bei, hoffte und betete, daß du siegen mögest. Heute, ich sag's dir ehrlich, wünsche ich deinen Sieg nicht! Ich fürchte ihn... Es wird kein Sieg des Edelmutes über die Niedrigkeit sein, nicht ein Sieg der Gesittung über die Barbarei, sondern ein Sieg der roheren Gewalt, der besseren Kanonen. Du meinst, die Umstände geben dir ein Recht... Ich aber, der ich gewohnt bin, den Lauf der Welt zu bedenken, sage dir: nichts wird vergessen werden, nicht das Gute, nicht das Schlechte; unser Tun wird sich an denen rächen, die nach uns kommen. Auch du wirst ein Kind haben, hörte ich. Wie wird es sich seines Vaters erinnern?"

Jan Pieterszoon entgegnete nichts. Er wandte Venthorst den Rücken zu und blickte zum Fenster hinaus. Hatte der Doktor nicht recht? Bitter schmeckten die Früchte des Sieges; man mochte sich daran den Magen verderben. Er sah Adriaen Anthonisz, den Kommandanten der Garnison, über den Platz gehen. Rasch und energisch schritt der Mann aus —, ein guter Soldat! Sein Betragen indes gab häufig zu Ärgernis und Entrüstung Anlaß. Woran lag es nur, daß nun, da der Feind geschlagen war, fast alle Niederländer dem Müßiggang, dem Trunk sowie noch anderen scheußlichen Lastern verfielen? Ging es denn über ihre Begriffe, welche Verantwortung sie trugen, welche Aufgabe ihnen von der Vorsehung zugewiesen worden war? Warum regte sich in ihnen nicht das Bedürfnis, ihre besten Kräfte an ein edles Werk zu setzen?

Ach, ja —, auch dieser Sieg war ein Pyrrhussieg gewesen. Der Feind war keineswegs vernichtet, nur geschlagen;

er sann auf Rache. Anders war die Tatsache nicht zu erklären, daß Raden Mas Rangsang — er wurde nun allerorten Sultan Ageng der Große genannt — in Tagal wie auch an den Flüssen Pamanukan und Krawang und bei Cheribon Proviantdepots mit Reisvorräten und anderen Lebensmitteln anlegen ließ. Man mußte diese Sache im Auge behalten! Besorgniserregender war jedoch das offenbare Versagen der eigenen Landsleute. Gottloses Reden und Fluchen, Trunkenheit, Völlerei, Unzucht, Unbotmäßigkeiten gegen Vorgesetzte waren jetzt an der Tagesordnung. Dem mußte mit aller Strenge gesteuert werden! Auch die Zahl der an den Betstunden Teilnehmenden verringere sich von Tag zu Tag, klagte Ehrwürden Heurnius. Wer seinem Herrgott nicht freiwillig dienen wollte, der mußte eben mit Gewalt dazu gezwungen werden. Andere wiederum taten des Guten zuviel, indem sie in aller Öffentlichkeit religiöse Fragen erörterten und dadurch Anlaß zu Unruhe und Aufruhr gaben. Dies war zu verbieten!

So unglaublich es anmutete, manch einen gab es, der verriet seinen Christenglauben; er lief zum Feinde über und ließ sich beschneiden. Schuld daran trugen zum Teil das üble Beispiel, die oft haarsträubende Unwissenheit und Gewissenlosigkeit der Prediger; sie befehdeten einander mit Haarspaltereien, mischten sich in alle Angelegenheiten, selbst in die öffentliche Verwaltung, trachteten nach politischem Einfluß, anstatt, wie es von ihnen mit Fug und Recht erwartet werden durfte, Gottes Wort zu leben und zu lehren. Räubereien und Diebstähle nahmen beim gemeinen Volk überhand. Selbst die strengsten Verordnungen halfen da nichts; die sie anwenden sollten, waren ja zumeist kaum besser als die kleinen Diebe, wenn auch ihr Rauben und Stehlen im Schutz der Gesetze geschah. Und nicht zuletzt blieb da auch noch die Frage der Freibürger... Jan Pieterszoon atmete heftig und tief. Seit jenem Tag vor so vielen Jahren, da Admiral Verhoeff auf Neira ermordet worden war, hatte er anderes nicht im Sinne gehabt als diese Inseln, die goldenen Wiesen, zu einer neuen Heimstatt für das allzu sehr eingeengte niederländische Volk zu machen. Nun, wo dieser Plan nach so großen Opfern an Gut und Blut seiner Verwirklichung entgegenzureifen schien, erwies sich, daß er Unwürdigen zugute kommen würde. Diese Freibürger, einstige Diener der Compagnie, aber auch Auswanderer niedrigsten Standes, stellten wahrhaftig die Hefe des Volkes dar. Männer wie Van Loon, der sich auf seinem Landlos gerade gegenüber dem Kastell angesiedelt und sich durch Tüchtigkeit und Redlichkeit hervorragend bewährt hatte, bildeten leider eine Ausnahme. Die meisten Freibürger verkamen mit der Zeit im Suff oder in den Armen eingeborener Weiber. Es war ein Kreuz!

Noch immer schaute er aus dem Fenster. Der Abend sank. Das Meer erstrahlte noch einmal in einem Geflimmer von Blau und Gold. Vogelschwärme zogen dem Lande zu, mit ihnen die farbenfrohen Bastsegel der Fischerparahus. Schon begannen die Kalongs zu flattern. Alle Blüten öffneten sich, verströmten betäubende Düfte. Ja, dieses Land Java war von herzbezwingender Schönheit, unerschöpflich fruchtbar, aber — fremd. Man blieb ein Fremder. Vielleicht waren hier wirklich nur Glück und Ruhe zu finden, wenn man — der Doktor behauptete es jedenfalls — weder Knecht noch Herr sein wollte, wenn man sich fügte?

„Ich gehe jetzt..." murmelte Venthorst, sich aus dem Gestühl erhebend. „Ich habe, brauchtest du mich, niemals mit meinem Rat hinter dem Berg gehalten. Aber — ich bin kein Pillendoktor, Jan! Ich glaube, jede Krankheit ist im Grunde eine Krankheit der Seele. Und nur so habe ich meine Pflicht als Arzt aufgefaßt. Du vertrautest mir nicht. Du bist in die Irre gegangen, Jan! Was kann ich tun? Ich kann nur rufen: Halt' ein! Ob du hören willst, steht bei dir."

Als Coen noch immer nichts entgegnete, fügte er hinzu: „Jedenfalls dank' ich dir für das Land, das du mir zugewiesen hast. Ich werde dort ein Krankenhaus für die Eingeborenen bauen. Ich vermag nicht zu heilen, was ihnen von uns Christen geschehen ist; ich kann nur ein wenig guten Willen zeigen. Das ist alles, was mir bleibt in einer Welt, die Macht und Gewinn zu ihren Götzen erhoben hat, die Nichtigkeit zum Inhalt des Lebens... Tingal, Jan Pieterszoon!" Er glitt, ein gelbgewandeter Schemen, aus dem Raum, der sich mit zunehmender Dunkelheit füllte. Der Generalgouverneur blieb mit seinen Gedanken allein. Auf dem Hof hatte ein Dalang, ein Schattenspieler, seinen Bildschirm aufgeschlagen. Lachen und Johlen, bisweilen jäh aufrauschend, unterbrach die Klänge des Gamelan. Es klang roh, gemein. Es paßte so wenig zu den zarten Pastellfarben, in die zu dieser Stunde alle Dinge sich hüllten.

Jan Pieterszoon litt schwer unter seiner Vereinsamung. Nun war auch Venthorst gegangen — für immer; er fühlte es. Sein Herz war leer, ein verlassenes Haus. Wie hatte Venthorst gesagt? Wir sind in jedem Augenblick unseres Lebens nur das, was wir selbst aus uns gemacht haben; wir genießen und leiden nur, was wir uns verdienten! Traf es zu? So wäre denn alle Mühe vergebens gewesen? Nein, das durfte nicht sein — niemals! Seine Finger krampften sich ineinander. Wiederum durchzuckte ihn dieser lähmende, beängstigende Schmerz.

Jan Pieterszoon war im Begriff, in seine Wohnung hinüberzugehen, als Vis erschien, gefolgt von zwei Sklaven, die brennende Leuchter in den Händen trugen. „Euer Hochwohlgeboren..." begann der Lakai und verstummte. Seine Stimme hatte nicht ganz so leierig geklungen wie sonst. Ein geheimer Triumph bebte in ihr, eine hysterische Erregtheit, die seinen Herren aufhorchen ließ.

„Was gibt's?"

„Die Jungfer Specx..." brachte Vis stockend, an seiner Schadenfreude würgend, hervor. „Jungfer Sarah... Fähnrich Cortenhoeff... Seht nur selbst, Exzellenz! Ich..." Unvermittelt begann er zu lachen, laut und respektlos, in erregten Tönen. Das war unerhört. Es wirkte so überraschend, daß Jan Pieterszoon zusammenzuckte. Im nächsten Augenblick hatte er sich gefaßt. Allmächtiger, welch ein Verdacht! Vor kurzem erst hatte ja Eva von der Neigung zwischen den beiden jungen Leuten gesprochen. Er packte Vis beim Arm, stieß ihn zur Tür. „Vorwärts — leuchte mir!"

Sie eilten den langen finsteren Gang entlang, vorüber an bestürzten Sklaven und Bediensteten, an den Wachtposten, die vor den Privatgemächern Seiner Exzellenz Tag und Nacht Dienst taten, eine Treppe hinan und nach dem Saal, in dem die jungen Mädchen schliefen, die der Aufsicht Mevrouws anvertraut waren — Waisenkinder zumeist, aus gutem Hause. Die Herren Generalstaaten pflegten sie neuerdings, den Wünschen Coens entsprechend, nach Indien zu schicken, damit ein Gemahl sich hier für sie finde. Die Fäuste vor die Brust pressend, verhielt Jan Pieterszoon einen Atemzug lang, bevor er die Tür aufstieß. So als treffe ihn ein Schlag, blieb er auf der Schwelle stehen. Vierzehn Betten befanden sich in dem Gemach, das durch nur eine Öllampe kärglich erleuchtet wurde. Der fahle Schein hob ein Dutzend lachender Mädchengesichter aus dem Schatten. Die jungen Damen hatten sich um eines der Betten geschart. Und als sie, die Röte sinnlichen Entzückens noch auf den Wangen, beim Eintritt der Männer erschreckt auseinanderstoben, gewahrte er auf dem Lager zwei Leiber in selbstvergessener Umarmung.

Dies allein hätte genügt, ihn von Sinnen zu bringen; das hingebende, gelöste Lächeln auf Sarahs kindlichen Zügen, ein Lächeln wunschloser Glückseligkeit, versetzte ihn in hemmungslosen Zorn. Vergeblich tastete seine Rechte nach der Waffe, die er für gewöhnlich bei sich zu tragen pflegte. War das die Frucht von tausend Reden und Ermahnungen, das Ergebnis der eigenen vorbildlichen Lebensführung? Waren die Menschen denn nichts anderes als Vieh, unterworfen der Leidenschaft des Blutes, ihrer zum Tierischen drängenden Leiblichkeit? Ja. Meister Calvin hatte es schon gelehrt: „Selbst die besten Dinge, die aus uns entstehen, sind noch immer verseucht und lasterhaft gemacht durch die Unreine des Fleisches und mit Schmutz vermengt..." Aus dem Geiste der „Institutio" hatte er Damm um Damm errichtet gegen die Flut des triebhaften, blutvoll hinstürmenden Lebens. Strenge und Kühle hatte er der verzehrenden Glut entgegengesetzt. Sein Reich sollte eine reine Insel sein im schmutzigen Wirbel der Welt, eine Vorbereitung auf das Ewige Leben. Aber die Sintflut des Unreinen stieg, über seine Schwelle quoll sie bereits, schwoll bis unter sein eigenes Dach. Er fühlte sich geschlagen, beleidigt, lächerlich gemacht durch zwei Kinder. Was nützten da Gebote und Predigten oder bewaffnete Wächter? Die Menschen nahmen sich, was sie für ihr Recht erachteten; sie ließen sich nicht bändigen durch ihn, mochte er auch — wie er wähnte — seinen Auftrag von Gott dem Allmächtigen selbst empfangen haben. Und doch — er ließ sich nicht zum Narren erniedrigen. Ihm lag ob, zu kämpfen gegen den Geist der Finsternis, wieder die Verderbnis des Menschengeschlechtes. Jede Rücksichtnahme war da von Übel. Wer sich ihm nicht beugte, der lästerte Gott —; darauf stand Tod.

Blindwütig stürzte er sich auf das Lager, packte den Übeltäter, riß ihn empor und schmetterte ihn auf die Dielen. Doch jäh hielt er inne, ehe es zu noch Schlimmerem kam. Ein heftiger, atemberaubender Schmerz stieß wie ein Schwert durch sein Gedärm — einmal, zweimal, und verging. Er drückte, während Schweiß ihm in kalten Tropfen von der Stirn perlte, die flachgespreizte Rechte vor den Magen und starrte blicklos auf das Mädchen hin, das sein Gesicht aufschluchzend in den Laken barg. Behutsam, wie um den Schmerz nicht aufs neue herbeizurufen, wandte er den Kopf. Da standen sie, drängten sich dicht bei dicht an der Tür, verstört, lüstern, Entrüstung heuchelnd. Frau Eva erschien; dicht hinter ihr der allzu gelassen sich gebende Van Diemen. Jan Pieterszoon schüttelte sich, so als rinne ihm ein giftiger Trank die Kehle hinab. Und dann rief er mit der kalten, unerbittlichen Entschlossenheit, die jeden Widerstand auf der Stelle brach: „Kommandeur Anthoniesz!"

Die Minuten, während derer der Kommandeur herbeigeholt wurde, dehnten sich allen Awesenden zu schier unendlicher Länge. Gott im Himmel, man wagte das Atmen kaum! Cortenhoeff lag noch immer, wie Coens Faust ihn hingeschleudert hatte. Mijnheer Van Diemen empfand Teilnahme für die Kinder sowie auch Scham, des würdelosen, gewalttätigen Auftrittes wegen, und nicht zuletzt Groll gegen den, der seine vorgefaßten engherzigen Anschauungen zum Maß für alle machen wollte. Was hatte Oberst Anthoniesz hier zu suchen? Ein Zeuge mehr? Das Unheil war geschehen, was ließ sich daran ändern? Schließlich hätte Mevrouw Coen die Augen ja besser aufhalten können. Das Peinliche an der Sache war, daß es im Hause Seiner Exzellenz hatte geschehen müssen und daß es sich bei dem Meisje um die Tochter eines hohen Beamten handelte. Auch Cortenhoeffs Vater war ein bewährter Diener der Compagnie gewesen, hatte als Offizier auf den Molukken gedient und bis zu seinem unlängst erfolgten Hinscheiden als Oberkaufmann dem Kontor in Arrakan, einem weltentlegenen, aber wichtigen Platz am Golf von Bengalen, vorgestanden.

Der Standortkommandant eilte klirrenden Schrittes herbei. Immerhin war es Jan Pieterszoon mittlerweile gelungen seinen Zorn soweit zu zügeln, daß ihm die Erregung kaum noch anzumerken war. Der Wechsel der Farben auf seinen Wangen, die roten Flecken auf der Stirn, die tiefen Schatten unter den Augen, das krampfhafte Zittern, das seinen Körper hin und wieder durchrann, verrieten dem aufmerksamen Van Diemen indes, wie es um den Generalgouverneur stand.

„Mijnheer Anthoniesz, laßt ein Schaffot im Hof errichten — sofort!"

Dem Offizier wollten die Augen aus dem Schädel treten. Auf seinen Zügen malten sich Bestürzung, Ungewißheit und Staunen. „Sehr wohl, Exzellenz! Jedoch..."

Ein Aufatmen ging durch die Versammelten. Mijnheer Martensz sog die Luft pfeifend ein. Er schien etwas äußern zu wollen, unterließ es dann aber. Immer mehr Leute sammelten sich draußen im Gang und an der Tür. Den im Saal Zugegenen wurde angst. Obwohl Jan Pieterszoon still und stumm noch immer zwischen den Betten stand, sprang doch sein krankhaft übersteigertes Gespanntsein auf alle über. Eine gewittrige Atmosphäre herrschte im Raum; jeden Augenblick mochte der Blitz niederzucken. Man hatte das Gefühl, mit einem wilden Tier eingeschlossen zu sein, ohne Aussicht auf Beistand oder Befreiung. Nie zuvor war es den hier Anwesenden so klar bewußt geworden, wie sehr Coen den Beinamen „Der Tiger" verdiente. Ihr Instinkt hinderte sie, sein Augenmerk auf sich zu lenken. Kaum wagte man, einen Finger zu bewegen. Es war so still, man hörte das Pochen des Holzwurmes im Gebälk. Und noch etwas erfühlten die in den Abgrund des Schweigens Gebannten unbewußt: Dieser Coen war nicht länger einer der Ihrigen, war kein Mensch wie sie! Irgendwo, irgendwie war er von anderer Art. Diese Fremdheit, die sie eher ahnend empfanden als mit dem Verstand erfaßten, war es, was sie vor ihm zurückschrecken ließ.

Mijnheer Vlack, Mitglied des Indienrates und Fiskal, faßte sich, von seinem Gewissen gedrängt, ein Herz. Er trat zögernd vor die übrigen, wagte jedoch nicht, den Blick auf Coen zu richten. Seine Stimme zitterte. „So geht es nicht, Exzellenz!" protestierte er schwach. „Ich meine, laut Resolution der hochmögenden Herren Generalstaaten vom..." Er suchte nach dem Datum, das ihm entfallen war, und verstummte kläglich.

„Strafe an Leib und Leben ohne Gerichtsbeschluß ist Mord!" sagte da Van Diemen ungewohnt schroff und laut.

Jan Pieterszoon betrachtete die Herren. Ein Lächeln erschien auf seinen Lippen, eine hohnvolle, gefahrverheißende, nahezu irre Heiterkeit. Er ließ den Blick zwischen Cortenhoeff und Van Diemen hin und her wandern, ohne doch den Kopf zu bewegen; danach wandte er sich wie wortlos fragend seiner Gemahlin zu. Mevrouw Eva, die bislang kein Wort gesprochen hatte, krauste unwillig abweisend die Stirn — unwillig, weil man nun ihr die Verantwortung aufzubürden gedachte. Jan Pieterszoon verstand die kaum merkbare Geste recht gut. Zornröte überflammte sein bleiches Gesicht. „Ein Gericht wird selbstverständlich zusammentreten; — Dank für den Hinweis,

Mijnheer Van Diemen! Die Richter werden wissen, wie sie zu urteilen haben. Es gilt nicht allein die öffentliche Ordnung zu verteidigen, unsere christliche Sittsamkeit und Moral; es gilt auch die Ehre meines Hauses, die auf so unerhörte Weise geschändet wurde."

„Die beiden ersten Punkte —", entgegnete Van Diemen, „erkenne ich an. Aber darauf steht nicht der Tod, zumal es sich bei den Missetätern um minderjährige Personen handelt..."

Doch selbst dem Ratsherren gefror das Wort auf den Lippen und er verfärbte sich, als der Generalgouverneur ihn vom Kopf bis zu den Füßen maß. Dieser Blick war nicht der eines Gesunden. Die in seinen grüngrauen Augen flackernde Wut stand in keinem Verhältnis zu dem Vergehen, durch das sie ausgelöst worden war.

„Gehört auch Ihr zu diesem Gesindel?" schrie Coen hemmungslos, bebend am ganzen Leib. „Oh, welch ein Lumpenpack! Möge doch der allmächtige Gott Pech und Schwefel auf euch regnen lassen! Ein neues Jerusalem habe ich euch bereiten wollen, ein neues Sodom ist daraus geworden. Ihr, Mijnheer Van Diemen, wagt es und sprecht mir von Recht und Gericht? Ich bestimme, was Recht ist; das Gericht bin ich! — Hinfort gibt es nur einen Willen hier", setzte er, sich gewaltsam mäßigend, hinzu, „und nur eine Strafe... Nur ein Gesetz für uns alle — das gereinigte Evangelium!" Er winkte dem Kommandeur.

Pieter Jacobsz Cortenhoeff wie auch Sarah Specx wurden in dem Zustand, in dem man sie betroffen hatte, abgeführt. Jan Pieterszoon begab sich in seine Kanzlei zurück. Dort blieb er die Nacht hinter verriegelter Tür, ohne Trank und Speise anzurühren.

Ein Bluturteil

Gegen Mitternacht wachte Venthorst auf. Er ruhte in seinem kleinen, aus gespaltetem Bambus errichteten Bungalow, nach Eingeborenenweise auf einer einfachen Bastmatte ausgestreckt. Das Mondlicht malte das helle Rechteck des Fensters auf die schmucklose, aus Rotan geflochtene Wand. Schritte näherten sich. Er vernahm das Knirschen des Korallensandes durch das Rauschen von Brandung und Palmenlaub, sah Fackelschein rötlich hinflackern über Wände und Dachgebälk. Und dann rief jemand: „Doktor — hallo!" Van Diemens Stimme ...

Der Ratsherr fingerte erregt an seinem Bart. In die Hütte treten wollte er nicht. Hilflos und ohne den gewohnten Gleichmut, verharrte er zu Füßen der Treppe, eine wuchtige Gestalt im wechselnden Spiel von Schatten, Licht und Rauch. „Etwas Furchtbares ist geschehen, Doktor!" sagte er und berichtete von der Verfehlung Cortenhoeffs und welche Wirkung sie auf den Generalgouverneur geübt. „Ihr müßt kommen — sofort! Es geht ja nicht nur um die beiden jungen Leute; es geht auch um Coen. Denkt nur, was daraus entstehen muß, wenn er seine Absicht in die Tat umsetzt. Der Schaden für uns, für die Compagnie, ja selbst für das Vaterland wäre nicht abzusehen..."

„Und ich —? Was soll ich dabei tun?"

„Er ist außer sich. Er rast. Ihr, Doktor, seid der einzige, der ihn zur Vernunft bringen, der ihn vor sich selber schützen kann."

„Und wie steht's mit Mevrouw Coen?"

Van Diemen schnaubte erzürnt. „Mevrouw ... Sie stachelt ihn eher noch an. Sie hat kein Herz. Sie denkt nur an sich, an ihre ehrgeizigen Pläne. Ihr ist's in erster Linie um die Rolle zu tun, die sie ihm zugedacht hat. Erspart es mir, darüber zu reden."

„Gut", brummte Venthorst nach kurzem Besinnen, „ich komme. Nutzen wird es nicht bringen, fürcht' ich. Wer dieser Art Wahn verfallen ist, dem hilft niemand mehr. Hab' das in meinem Leben oft genug mit ansehen müssen.

— Sonderbare Geschöpfe sind wir!" setzte er, nachdem sie das Haus verlassen hatten, grüblerisch hinzu. „Wir wissen, wie kurz unser Dasein währt, aber wir richten uns hier auf Erden ein wie für die Ewigkeit."

Der Fackelschein irrlichterte über den Weg, kletterte die gerillten Palmenstämme hinan, huschte über das bizarre Blattwerk der Sträucher und Farne. Schlangen verkrochen sich unter den Büschen. Surrend schossen große, seltsam geformte Insekten vorüber — Käfer, Falter, Fliegen; sie suchten die Flammen und sanken mit verbrannten Flügeln zur Erde. Schwarz breitete sich das Land jenseits des Flusses. Dunkel und ungemein drohend ragten die hohen Mauern des Kastells über den Wipfeln auf. Wie ein Fremdkörper lag es da, ein erratischer Block. Aber der Himmel darüber war hoch und weit, unendlich, funkelnd von ungezählten Sternen. Irgendwo in den Morästen fauchte ein Tiger.

Van Diemen senkte den Blick. Fast erblindet vom Glanz des Himmels, betrachtete er den greisen Arzt, der, in das gelbe Gewand der Hindupriester gehüllt, rüstig neben ihm ausschritt. Etwas an diesem Mann berührte ihn zutiefst. Er fühlte eine Gemeinsamkeit zwischen ihm und sich, ohne sie näher bezeichnen zu können. Er wußte, sie verstanden einander, doch ließ sich ein solches Verstehen in Worte nicht fassen. „Wenn der Hahn kräht, tritt das Gericht zusammen", begann er von neuem. „Eilen wir! Pieter Vlack wagt keinen Widerspruch. Im Grunde sind wir alle ja einer Meinung, nur ist der Respekt vor Coen noch größer als der Sinn für Gerechtigkeit."

„Viele Menschen werden durch Angst und Furcht gehindert, nach besserer Einsicht zu handeln!"

Van Diemen nickte. „Blocq Martensz ist zu sehr Soldat; Autorität ist sein Gott, Gehorsam seine Tugend. Auch von ihm dürfen wir Einspruch nicht erwarten. Begreift Ihr, Doktor, was Coen in solchen Zorn versetzt?"

Venthorst schwieg eine Weile, dann sagte er: „Ich glaube — ja! Die Erkenntnis, das alles, was er sich vorgenommen, undurchführbar ist. Der Trotz des Titanen, der lieber sich selbst und die ganze Welt zerstört als daß er die Übermacht der Umstände anerkennt. Lebt doch in jedem von uns ein gefallener Engel, die tolle Begierde, dem Höchsten gleich zu sein. Wer sich aus Nichtwissen nach außen statt nach innen wendet, wie könnte er das Welt- und Menschheitsrätsel erfassen, die Wahrheit der Dinge durchschauen? Die Buddhisten lehren, man solle sich lösen vom Tun. Sie meinen damit nicht, man solle in völliger Untätigkeit verharren, sondern nur, die der Selbstsucht entspringende Tat unterlassen. Jan Pieterszoon ist den falschen Weg gegangen. Aus Irrtum und Verblendung kann nichts Gutes entstehen..."

„Und dennoch —, ich fass' es nicht, Doktor! Ich bin wohl zu sehr verwirrt. Wir müssen einmal in Ruhe darüber reden."

Sie erreichten den Fluß und fanden endlich den Fährmann, einen Chinesen, der in seinem Sampan schlummerte. Über den Wäldern und Bergen im Osten verblichen die Sterne.

Als an jenem Junimorgen die Gipfel des Salak und Gede sich röteten, hatten nicht nur die beiden Sünder eine Nacht ohne Schlaf verbracht, sondern auch Coen und die Herren des Hohen Gerichtes. Gerüchte von dem Skandal waren bereits über die Mauern des Forts hinausgedrungen und der Fall, der unter anderen Umständen eine lächerliche Bagatelle gewesen wäre, fing an, die Gemüter zu erhitzen, die Geister zu scheiden. Selbst die Briten, die das frivole Treiben der neuen Landesherren mit begreiflichem Zorn und wohlfeilem Spott verfolgt hatten, wetteten nun voller Schadenfreude, ob der eiserne Coen es wagen werde, seinen Willen mit Gewalt durchzusetzen oder nicht. Javanen und Chinesen begriffen überhaupt nicht, um was es ging, denn Liebe und Sinnenlust gehörten so selbstverständlich zu ihrem Dasein wie Regen oder Sonnenschein. Sie konnten im Verhalten Cortenhoeffs nichts Verwerfliches erblicken; der Begriff „Sünde" war ihnen unbekannt.

Unterschiedlicher war die Auswirkung auf die Niederländer selbst. Einige ließen sich bei der Beurteilung des Falles nur durch Gefühle leiten; andere bedachten, welche Folgen allzu große Strenge hier haben möge. Die Herren, die das Urteil zu sprechen hatten, entsannen sich schaudernd, welche Empörung der „Ambonsche Mord" damals ausgelöst und wie teuer die Sache Van Speult und De Bruijn zu stehen gekommen war. Man hatte die beiden in Batavia vor Gericht stellen müssen, hatte sie heimgeschickt und aus dem Dienst der Compagnie entlassen. Was geschah nun hier aber, wenn der Herr Generalgouverneur plötzlich verstarb, wenn Jacques Specx aus der Heimat zurückkehrte, wenn die Herren Bewindhebber sich gezwungen sahen, der mit Sicherheit zu erwartenden allgemeinen Entrüstung nachzugehen?

Ratlosigkeit, Groll und Besorgnis verbargen sich hinter den ernsten, blassen Mienen der achtbaren Herren, die bald nach dem ersten Hahnenschrei den Großen Saal betraten, um ein Urteil zu finden über die beiden Unglücklichen, denen keine andere Schuld zur Last gelegt werden konnte, als daß sie der Stimme des Blutes gefolgt waren. Auf dem Platz vor dem Gouvernementsgebäude hatte sich bereits eine buntgemischte Menge angesammelt. Ungeduldig harrte man der Verkündung des Urteils, das gewissermaßen auch jeden einzelnen in dieser Masse betraf. Nicht nur Worte der Bewunderung oder Achtung für Coen waren es, die da und dort im Gedränge laut wurden; auch Flüche, Verwünschungen, Drohrufe mischten sich schon hinein. Sollte dem Christen verboten sein, was der Heide seit dem ersten Schöpfungstag ungestraft tat? Man lebte nur einmal; ohnehin blickte einem der Knochenmann hier allezeit drohend über die Schulter. Wie kam ein Einzelner dazu, sich Gewalt anzumaßen über Sitte und Recht — und war's auch hundertmal Tiger Coen? Hatte man daheim die Inquisition bekämpft, die Spanier zum Teufel gejagt, war man der Ausbeutung durch die Patrizier entronnen und in dies fremde, gefährliche Land gekommen, nur um desto härter geknechtet zu werden? „Freiheit!" brüllten die einen, „Gerechtigkeit!" die anderen. Es sprach sich herum:

Van Diemen hatte sich geweigert, das Todesurteil zu unterschreiben. „Van Diemen... Van Diemen... Van Diemen..." heulte die Menge. Und abermals: „Gerechtigkeit... Freiheit!"

Die Schatten waren bereits kurz geworden, da trat der Profos auf das Podest der Freitreppe hinaus, entrollte das Pergament und verlas den Spruch, der gegen den Fähnrich Pieter Jacobsz Cortenhoeff von Arrakan und Sarah Specx, Staatstochter von Seiner Exzellenz Gemahlin, durch den achtbaren Rat — nach reiflicher Überlegung, wie hervorgehoben wurde — gefällt worden war: „Und also verfügen wir, daß gemeldeter Pieter Jacobsz Cortenhoeff bei Konfiskation all seiner Güter durch das Schwert soll gerichtet werden, so daß der Tod nachfolgt. Hingegen soll Sarah Specx im Stadthaus bei offenen Türen strenge gegeißelt, danach in Gewahrsam gehalten werden; selbige Prozedur wird am folgenden Tag wiederholt..."

Dieses Urteil nahm die Volksmenge mit verdammendem Schweigen hin. Stumm schaute man zu, wie das Blutgerüst aufgeschlagen wurde. Im Großen Saal ging es unterdes durchaus nicht so ruhig her. Van Diemen lehnte es nach wie vor ab, seinen Namen unter das Urteil zu setzen. „Denn —", so erklärte er in seiner gemessenen Art, „mir erscheint eine so harte Strafe für ein solches Delikt nicht nur nicht angebracht, ich halte sie auch keineswegs für klug. Manche unter uns — ich will keine Namen nennen — haben dies und noch Ärgeres begangen, aber man hat es ihnen nachgesehen — nicht aus Menschlichkeit, sondern weil sie über einflußreiche Verwandte, mächtige Freunde und Gönner verfügen. Dies ist bei Pieter Cortenhoeff nicht der Fall. Sein Vater ist gestorben — im Dienste der Compagnie. Um so eher sollte man seine Verfehlung als die Folge seiner Jugend ansehen, nicht als todeswürdiges Verbrechen. Im übrigen möchte ich auch auf die juristische Unrechtmäßigkeit des Verfahrens hinweisen, dem ich schon aus diesem Grunde meine Zustimmung versagen muß. Es könnte der Eindruck entstehen, hier sei ein Racheakt an Hilflosen verübt, nicht aber Recht gesprochen worden. Gerechtigkeit, meine Herren, ist der Pfeiler, auf dem jede Herrschaft ruht!"

Das war eine kühne Herausforderung. Seit Jahren hatte kein Amtsträger der Compagnie gewagt, dem Generalgouverneur so offen, so furchtlos entgegenzutreten. Am allerwenigsten hätte man dies von dem stets besonnenen Van Diemen erwartet. Jedermann im Saal, Sekretäre und Schreiber mit einbegriffen, hielt den Atem an, voller Erwartung, den Blitzstrahl niederfahren zu sehen. Man wurde enttäuscht. Es geschah nichts. Coen tat, als sei ein Antonies van Diemen überhaupt nicht vorhanden. Nachdem das Urteil durch Vlack und die übrigen Richter, wenn auch sichtlich mit Widerstreben, unterzeichnet und somit rechtskräftig geworden war, führte man die Delinquenten herein, um es ihnen vorzulesen.

Sarah weinte. Man erlaubte ihr nicht, um Gnade zu bitten. Cortenhoeff stand steif und wie betäubt vor dem Richtertisch. Allzu früh hatte er die Wildheit und Fülle des Lebens erfahren müssen, hatte Freude wie Bitternis gekostet im Übermaß. Das Ungebändigte der Natur, die ihn umgab, Liederlichkeit und Mangel an Verantwortungsbewußtsein, wie sie ihm durch die korrupten Diener der Compagnie tagtäglich vor Augen geführt wurden, hatten ihn jedes Maß für Ordnung und Recht verlieren lassen. So war es das Beispiel der Erwachsenen gewesen, das ihn geformt und geleitet hatte; ihre Schuld führte ihn auf das Schaffot. Ein Staunen lag in seinen blauen Augen, ein Nichtbegreifenkönnen, eine verachtende Gleichgültigkeit der Welt und den Menschen gegenüber, die den Generalgouverneur tiefer beunruhigte als es selbst die Worte Van Diemens vermocht hatten.

Zornerfüllt verließ Jan Pieterszoon den Saal und kehrte, ohne sich weiter um die Vollstreckung des Urteils zu kümmern, in seine Kanzlei zurück. Dort traf er zu seiner Bestürzung Doktor Venthorst an. „Ich mag nichts hören", schrie er, bevor der Arzt den Mund hätte auftun können, „— nichts, kein Wort! Ich weiß, was Ihr mir sagen wollt ... Das Urteil ist endgültig; es wird vollstreckt. Dieser Augiasstall wird ausgefegt, sollte auch der Himmel darüber in Scherben gehen. Ich werde dem Willen des Höchsten Geltung verschaffen; nicht zögern werde ich, hart zu sein, hart wie Granit — ist es doch das, was der Allmächtige von mir verlangt... Hinaus!" Er wies auf die Tür und Venthorst wandte sich, den Kopf schüttelnd, zum Gehen.

„Du weißt nicht, was du tust, Jan!" sagte der Arzt betrübt. „Gibt es einen Gott, wie du ihn dir vorstellst, so kann sein Wesen ja doch nur Güte, Gnade, Barmherzigkeit sein!"

Aber Jan Pieterszoon tat, als höre er nicht.

Schatten des Todes

Seit jenem Tag, an dem er das Haupt des Fähnrichs in den Sand hatte rollen sehen, spürte Jan Pieterszoon die geheime Gegnerschaft der Menschen, über die er gebot. War es Einbildung, war es der Argwohn des in all seiner Machtfülle Vereinsamten, er wähnte sich von Verrätern und Feinden umgeben. Sein vom Mißtrauen geschärfter Blick gewahrte überall nur heuchlerisch niedergeschlagene Augen, in falschherziger Demut geneigte Köpfe, verstohlenes Tuscheln hinter vorgehaltenen Händen, widersinnige Befolgung seiner Anordnungen, eine Sittsamkeit, die allzu sichtbar zur Schau getragen wurde, als daß man ihr hätte trauen dürfen. Bei wichtigen Entscheidungen trat der Indienrat zwar noch, wie gesetzlich vorgeschrieben, zusammen, dies aber nur, um seine Vorschläge entgegenzunehmen und durch Unterschrift zu bestätigen. Je leerer er sich zuinnerst fühlte, desto ungestümer stürzte er sich in die Arbeit. Binnen dreier Monate wurden die Gracht am Ostrand der Stadt vertieft, die Umwallung vervollständigt, das Kastell so stark befestigt, daß es nach menschlichem Ermessen uneinnehmbar war. Auf der Reede zwischen den Inseln wiegten sich mehrere große Schiffe — die LEYDEN, das WAPEN VAN ENKHUYSEN, LANTS MAURITIUS. Vor kurzem erst waren GROOT MAURITIUS mit hundertfünfundfünfzig Lasten Reis und dreitausenddreihundert Pikol Sappenholz von Siam eingelangt, CAMEL von Arrakan und WAPEN VAN HOORN von Koromandel.

Weit dehnte sich der Handel jetzt aus, ein Spinnennetz, dessen Fäden von Firando und Teiwan bis nach Ceylon, von Aden bis nach Madagaskar reichten. Niederländische Schiffe befuhren alle Meere des Großen Ostens, zeigten die Farben Oraniens und der Vereinigten Provinzen im entlegensten Hafennest. Jeder Tag brachte neuen Zuwachs an Macht und Ansehen, vermehrte den Reichtum der Aktionäre, nahm den Völkern, die dem Einfluß der Compagnie erlegen waren, einiges von ihrer Kraft und Freiheit. Die Galeonen des Königs von Spanien wurden wie Wachteln von den flinken niederländischen Fregatten gejagt. Engländer wie auch Dänen kamen mit ihrem Handel nicht länger auf gegen die straffe Organisation, die Coen mit Hilfe wohlüberlegter Verordnungen und Gesetze aufgebaut hatte. Seine unnachsichtige Strenge, seine unbeirrbare Zielstrebigkeit, nicht zuletzt die Macht seiner Kanonen ließen weit und breit die Menschen erzittern. Sie ahnten ja nicht, daß sie nur vor einem Schatten der Macht zu Kreuze krochen, daß der Despot auf dem Oberlandvogtsthron nichts anderes war als eine leere Hülle, von innen her verzehrt und ausgebrannt durch seinen frevlerischen Ehrgeiz, schon angefressen vom Wurme heimlichen Zweifels, uneingestandener Schuld. Seine Betriebsamkeit war die Hitze des Fiebernden, der sich zu betäuben, der vor den Erynnien des Gewissens zu fliehen sucht. Je strahlender sein Ruhm über Länder und Meere hin bis nach Europa drang, desto mehr ähnelte das Gebäude seiner Macht einem Kartenhaus; jeder Wind konnte es verwehen.

Ein äußerer Anlaß für den Eifer, mit dem Jan Pieterszoon die Befestigung der Stadt verstärkte, hatte sich im April 1629 ergeben. Da war eine Gesandtschaft des Susuhunan in Batavia eingetroffen, geführt von Adipati Warga und Kjai Ronggo. Der Adipati überreichte dem Generalgouverneur ein schriftliches Friedensangebot Seiner Heiligkeit, das in überaus demütigem Ton gehalten war. Obendrein bestätigte Kjai Warga mündlich: „Radja Mataram, minta ampun! — Der Fürst von Mataram bittet Dich um Vergebung!"

Solche Unterwürfigkeit war viel zu dick aufgetragen, als daß man ihr hätte vertrauen dürfen. Jan Pieterszoon ließ Kjai Ronggo unter einem Vorwand zu sich bitten. Lange Zeit schwieg der Javane auf die Frage, was dies zu bedeuten habe. Dann sagte er: „Entsinnst du dich jener Tage, da wir über den Karang ritten? Damals bin ich dein Freund geworden; ich weiß nicht, warum! Allah oder die Götter haben mir dies so bestimmt. Damals glaubte ich, hoffte ich, du wärest gesandt, das Unabänderliche meinem Volke leicht zu machen, wußte ich doch von Anbeginn, daß wir Javanen eurer Kraft nicht gewachsen sind. Allah akbar! Mein Herz ist zerrissen... Wie habe ich mich getäuscht. Du hast dich im Laufe der Jahre gewandelt —, du bist verwandelt worden durch die Macht. Deine Härte hat Haß und wieder nur Haß gezeugt. Inschallah, wer kann wissen, wozu es dient? Ich darf keine Antwort geben auf das, was du mich fragst; dringe nicht länger in mich... Du hast den dornigen Pfad gewählt; der Friede, den du erstrebst, kann dein Los nicht sein!"

Das unaufhörliche dumpfe Dröhnen der Geschütze rollte in bebenden Wellen über die Stadt Batavia. Es ließ die bleigefaßten Butzenscheiben im Gouvernementshaus erklirren, die Leuchter auf der Konsole, in der Vitrine das chinesische Porzellan. Jan Pieterszoon warf die Feder hin, tastete ächzend nach der Magengrube. Da war wieder dieser Schmerz, dieses zuckende Stechen, das seinen Leib wie mit Messern zerschnitt. Er atmete tief, um der Übelkeit Herr zu werden, die ihn plötzlich befallen hatte. Allmächtiger! Was war das nur? Tropfen perlten ihm von der Stirn. Schauer um Schauer rann über seinen Rücken nieder. Für Augenblicke ließ er den Kopf auf das Pult sinken. Ob man nicht doch Doktor Venthorst rufen ließ? Bontius mochte ja ein ganz brauchbarer Arzt sein, als Menschen schätzte er ihn nicht sonderlich. Auch hatte Venthorst wohl in gewisser Hinsicht recht, jede Krankheit nahm ihren Anfang im Inneren, in der Seele oder wie man das nennen wollte. Wo der innere Widerstand fehlte, da hatten die Krankheitskeime leichtes Spiel. Man würde sich nun endlich einmal Ruhe gönnen, Abstand zu den Dingen gewinnen müssen; aber — nein, nicht jetzt, nicht jetzt! Ihm wurde ein wenig leichter. Er lauschte auf das Feuer der Batterien. Abermals ging es ums Ganze. Sultan Ageng, der Susuhunan, mußte geschlagen, sein Heer vernichtet, das Reich Mataram unterworfen werden, dann fiel ganz Java den Niederländern zu, dann endlich durfte man mit dem Aufbau des neuen Staates beginnen. Deutlich schwebte ihm dies in allen Einzelheiten vor und es lag nun nicht mehr in unerreichbarer Ferne.

Nachdem Kjai Ronggo ihn unlängst durch sein Schweigen gewarnt, war er nicht müßig gewesen. Er hatte ein dichtes Netz von Spähern über das Land geworfen und hierdurch zur rechten Zeit erfahren, wo und wie viele Depots der Susuhunan zwischen Karta und Batavia anlegen ließ. Abdul Kadir in Bantam schien ebenfalls Unrat gewittert zu haben; jedenfalls hatte Seine Hoheit ohne ersichtlichen Grund plötzlich um Frieden nachgesucht. Seither waren die Beziehungen zwischen Bantam und der Compagnie recht gut, ja, man durfte fast sagen — freundschaftlich geworden.

Jan Pieterszoons düstere Miene heiterte sich ein wenig auf, als er an Tagal dachte. Tagal hatte dem Susuhunan als Stützpunkt und Ausfallhafen für seine Flotte dienen sollen. Nun, man war ihm zuvorgekommen, hatte den Gegner gleich mit dem ersten Zug matt gesetzt. Der große Erfolg des überraschenden Angriffes auf Tagal war in erster Linie Kommandeur Wagensveld zu danken. Wagensveld und Blocq Martensz waren mit zwei Yachten nach Tagal gesegelt, hatten die Stadt im Sturm genommen, ihre Vorratshäuser und Magazine in Brand gesteckt und danach auch noch die Proviantlager von Gabang und Cheribon gleich mit vernichtet. Die an jenen Orten aufgestapelten Lebensmittel waren für die Verpflegung des Heeres bestimmt gewesen, das der Susuhunan heimlich über Pekalongan nach Batavia in Marsch gesetzt hatte. Wie gewaltig dieses Heer war, sah man ja nun, da es die Stadt wie mit stählernen Zangen umklammert hielt. Unmutig schlug Jan Pieterszoon das Hauptbuch zu, griff nach Mantel und Hut. Er wollte einen Gang über die Wälle tun. Niemand durfte wissen, wie es um ihn stand. Vielleicht, so hoffte er, werde ihm ein wenig wohler in der frischen Luft. Mochte der Feind auch noch so stark sein, man hatte vorgesorgt, Pulver und Kugeln waren in ausreichender Menge vorhanden, die Umwallungen fertiggestellt. Sultan Ageng mochte sich nur immer die Zähne daran ausbeißen. Die Menge seiner Soldaten — sie sollte sich auf fünfzigtausend Mann belaufen — seine Reiterei und die vielen Kriegselefanten nützten ihm hier wenig. Ganz im Gegenteil! Da es ihm an Lebensmitteln gebrach und der Nachschub sich als schwierig, wenn nicht gar als unmöglich erwies, stellten sie eine mit jedem Tag spürbarere Belastung dar.

Dennoch — Jan Pieterszoon wünschte fast, diese letzte entscheidende Auseinandersetzung hätte sich vermeiden lassen. Ärger stieg in ihm auf, die ganze Bitterkeit enttäuschter Hoffnungen. War es nicht, als narre ihn das Geschick? Sein Glaube an Gott, an diesen strengen, kalten, unnahbaren Gott Calvins, geriet allgemach ins Wanken. Wenn ER so allmächtig war, wie die Evangelisten lehrten, warum half ER nicht seinem Knecht, der sich so sehr mühte? Oder — gab es IHN nicht? War alles nur Wahn? Schauer überrieselten ihn. Er schüttelte sich, schlang den Mantel fester um die Schultern, während er an den salutierenden Posten vorbei über die Brücke schritt. Ketzerei! Venthorst's Reden wirkten in ihm wie schleichendes Gift. So entschieden er solche frevlerischen Gedanken auch von sich wies, ein Rest des Zweifels blieb, ein lästiges Bohren und Nagen in der Brust, eine tief wurzelnde, unergründbare Furcht.

Er gelangte auf den Wall, der die Stadt gegen Osten hin schirmte und zur Redoute HOLLANDIA führte. Hier faßte der Wind ihn mit Macht. Er taumelte. Glücklicherweise gab es in weitem Umkreis keinen, der seine Schwäche sah. Blaugraue Wolken wirbelten unter dem Himmel dahin. Das Meer hinter dem giftgrün leuchtenden Mangrovesaum der Küste schimmerte in düsterer Kobaltfarbe. Trostlos öde und verlassen breitete sich zur Linken das Moor, eine Brutstätte für Moskitos und Tiger. Jene Sümpfe trockenzulegen, sie zu kultivieren, das würde eine Aufgabe für Generationen sein. Generationen fleißiger Niederländer würden einen blühenden Garten aus dieser Wildnis machen. Ein Tor war Venthorst, wenn er die Kolonisation für verwerflichen Diebstahl hielt. Man nahm den Javanen ja nichts. In Jahrhunderten hatten sie nichts erschaffen, nichts hervorgebracht. Nun endlich würde man sie zu ernsthafter, gottgefälliger Tätigkeit anhalten. Künftig durfte es für dies Volk keine Bürgerkriege mehr geben, keine Unordnung, keinen Leichtsinn. Die gegenwärtig noch periodisch auftretenden Hungersnöte und Seuchen würden durch eine straffe, vorausschauende Regierung beseitigt oder verhindert werden. Und was gaben die Javanen dafür — ihre Freiheit? Pah — welch ein schillerndes Wort, je nach Gutdünken auszulegen! Jede Freiheit trug ja schon die Verpflichtung zu neuer Dienstbarkeit in sich, waltete doch selbst der Allmächtige nicht willkürlich.

Eine Stückkugel zog mit orgelndem Sausen über ihn hinweg, senkte sich in flachem Bogen auf die Stadt und schlug krachend in ein Gehöft. Sie schossen nicht übel, die mataramschen Kanoniere. Aber was nützte das Seiner Heiligkeit? Handelte es sich doch um die letzten Zuckungen eines sterbenden, wie Sand im Sturm der Seuche zerstiebenden Heeres. Die Zeit arbeitete gegen Raden Mas Rangsang.

Auf dem Saillant der Redoute sah Jan Pieterszoon Blocq Martensz stehen. Er versagte es sich, den Kommandanten anzusprechen. Erst vorgestern war man hart aneinander geraten. Mit Groll dachte er an jene Auseinandersetzung zurück. Der Anlaß war ganz einfach lächerlich gewesen. Mas Rangsangs Krieger hatten ihre alten Stellungen am Rande des Chinesischen Friedhofes wieder besetzt. Von dort aus vermochten sie in die Stadt zu schießen und richteten in der Tat beträchtlichen Schaden an. Da verstand es sich doch von selbst, daß man etwas unternehmen mußte? Er hatte deshalb Van Diemen ersucht, einen Ausfall gegen die Batterien des Feindes zu führen. Blocq Martensz, mit der Verteidigung der Stadt betraut, war unbegreiflicherweise schier außer sich geraten; von unnötigem Blutvergießen hatte er gefaselt, den Plan als leichtfertigen Unfug bezeichnet — vermutlich, weil er seinem Amtskollegen einen militärischen Erfolg mißgönnte. Jedenfalls hatte er angedeutet, Van Diemen werde absichtlich ins

Feuer geschickt. Eine derartige Unverschämtheit durfte man sich nicht bieten lassen. Mijnheer Martensz hatte seine Meriten — gewiß! Aber es grenzte ja doch wohl an Hochverrat, seinem Vorgesetzten Mordabsichten zu unterstellen. Übrigens gab es ja andere Mittel, um Van Diemen in die Schranken zu weisen. War der Krieg erst gewonnen, würde man andere Seiten aufziehen müssen; ohne Gehorsam, ohne Zucht blieb jede Regierung ein reines Possenspiel.

Aufmerksam schaute er den Kanonieren zu. Eifrig hantierten sie, zeitweise von Schwaden schwefligen Pulverdampfes umhüllt, mit Richtkegeln, Stellkeilen, Wischstöcken und Putzlappen an den Vierundzwanzigpfündern. Heiser klangen die Flüche der Konstabler durch das Getöse. Ein Hagel von Eisenschrot prasselte gegen das Glacis. Jan Pieterszoon duckte sich unwillkürlich. Querschläger und Steinsplitter surrten bis zu ihm herüber. Wiederum durchfuhr ihn der Schmerz — so heftig, er mußte sich gegen die Mauer lehnen. Mit flüchtigem, durch Qual schon verdunkeltem Blick sah er Männer zusammenbrechen, sah sie in ihrem Blute sterben. Fast mochte man sie beneiden um solchen Tod. Sie litten — nun ja! Doch sie litten wie Tiere, ohne Wissen um Zukunft oder Vergangenheit. Die Angst alles Lebendigen war in ihnen, die Angst, zu vergehen. Was aber bedeutete solch kurzer Augenblick der Angst, gemessen an der Furcht, die mehr und mehr von ihm selbst Besitz ergriff, dieser verzweifelten Furcht, umsonst gelebt, das Dasein an einen Traum verloren zu haben? Nicht die Waffen des Feindes bedrohten sein Werk, auch nicht das Chaos, welches entstehen mußte, wenn er hier plötzlich verschied. Nein, tiefer, viel tiefer lagen die Ursachen seiner Angst; dumpf ahnte ihm, daß Leben Wandel ist... Kein Damm war fest, keine Mauer hoch genug gegen das ewige panta rhei der Natur. Aus fernster Vergangenheit kam ihm der Drang, Dämme aufzurichten wider das unablässige Fluten und Strömen der See, ein Verlangen nach Sicherheit und Beständigkeit, zugleich aber auch ein banges Ahnen, daß alles unnütz ist. Alles umsonst? Herr im Himmel, das durfte nicht sein! Noch einmal riß ihn sein übermenschlicher Wille empor. Stöhnend, die Zähne in die Lippen grabend, richtete er sich an dem feuchten Gemäuer auf. Sein Kopf erdröhnte im Donner der Kanonenschläge. Wie mit glühenden Krallen zerfleischte Schmerz ihm die Eingeweide, preßte das Herz zusammen. Er fühlte, wie Eiseskälte sich über die Stirn, über Schläfen und Nacken verbreitete. „Heim!" schrie es in ihm; und: „Mutter, Mutter!" Die Mutter aber hatte er niemals gekannt; sie war früh gestorben. Ein blasser Schemen war sie ihm, nicht mehr als ein goldgerahmtes, vom Rauch vieler Jahre verdunkeltes Bild. Und doch verlangte ihn jetzt nach ihr. Aber da war ja noch Eva... An sich bedeutete sie ihm nicht eben viel — nicht so viel jedenfalls, wie Weintje oder Saro Sangi ihm einst bedeutet hatten. Indes, sie hatte ihm nun ein Kind geboren, ein Mädchen... Ehrwürden Justus Heurnius sollte es am kommenden Sonntag auf den Namen „Maria" taufen.

Maria —! Warum denn Maria? Hinter den purpurnen Schleiern, die der Schmerz vor seinen Augen aufwallen ließ, formte sich ein schmales bräunliches Kindergesicht, das sich an die rauhe graue Wange eines römischen Steinbildes schmiegte. Maria —! Auch an diesem Glück war er einst achtlos vorübergegangen, hatte sie verraten, im Stich gelassen, seinem Ehrgeiz und Hochmut zum Opfer gebracht. Wie weit lag alles zurück — die Jugend, Rom, die Hoffnungen, die Träume...

Gehilfen des Feldschers trugen einen Verwundeten vorüber. Jan Pieterszoon nahm sich zusammen, grüßte stumm. Warum starrten die Kerle ihn so sonderbar an? Langsam, die Wiederkehr des Schmerzes fürchtend, schritt er dem Hause zu. Hier wurde man nicht gebraucht. Die Verteidigung der Stadt schien ja bei Blocq Martensz in guten Händen zu liegen. Allerdings, Adriaen Anthoniesz wäre ihm als Kommandant doch noch lieber gewesen, aber der Oberst lag mit zerschmettertem Knie zu Bett; es war recht zweifelhaft, ob er je wieder Dienst würde tun können.

Ja, Blut und Gut, Glück und Kraft fraß dieses Land, dafür spie es blanke Gulden aus ... Ein jeder hier hoffte, an dem goldenen Segen teilzuhaben, raffte, stahl, raubte mit gierigen, befleckten Händen. Jeder? Ach, nein! Venthorst zum Beispiel, der tat es nicht. Aber Venthorst war eben ein Narr.

Nur ein Narr konnte die Verwegenheit aufbringen und seine Tätigkeit unter den Augen des Feindes fortsetzen. Erstaunlicherweise hatte der Susuhunan den Alten bisher geschont. Sein Siechenhaus war von den mataramschen Mordbrennern nicht angetastet worden. Ja, hieß es doch sogar, Sultan Ageng lasse Schwerverwundete, an deren Leben ihm gelegen sei, dort behandeln. War das nicht Hohn auf den Krieg? Da gab es nur eines, das Siechenhaus mußte zerstört, der Doktor — wenn nicht anders, so mit Gewalt — ins Fort verbracht werden. Allein, ein Gefühl, das sich in Worte nicht fassen ließ, hatte ihn immer wieder gehindert, entsprechende Maßnahmen anzuordnen. Wohlmeinenden Vorstellungen erwies sich Venthorst als unzugänglich; er hatte sich rundweg geweigert, sein Werk im Stich zu lassen. „Dieser Krieg ist nicht mein Krieg!" hatte er zu entgegnen gewagt. „Mein Beruf ist's, Leiden zu lindern, wo immer und bei wem ich sie finde. Für mich gibt es weder Freund noch Feind, sondern nur Menschen — Brüder, die meiner Hilfe bedürfen!" Irrsinn, natürlich, lachhaft, töricht, obendrein nicht ohne Gefahr.

Schritt um Schritt schleppte sich Jan Pieterszoon ins Fort zurück. Gar zu gern hätte er ein wenig geruht, doch scheute er Evas höflich erstaunten Blick, das mißbilligende Runzeln ihrer Brauen. In ihrer Gegenwart durfte man keine Schwäche zeigen. Ihr Mut, ihre Umsicht, ihre Kraft waren nachgerade bewundernswert; weithin wurden sie gerühmt. Damals schon, als Sura Ngalogo drauf und dran gewesen war, die Stadt zu erobern, war sie den verängstigten Beamtenfrauen nicht auf das Schiff gefolgt, sondern hatte es für ihre Pflicht gehalten, an seiner Seite auszuharren. Aus eigenem Antrieb hatte sie den Bau einer neuen Kirche ins Werk gesetzt und sah nun mit Strenge darauf, daß die vorgeschriebenen Betstunden von jedermann eingehalten wurden. Sie hatte sogar angeregt, darüber Buch zu führen, wer seinen Pflichten gegen Gott nachkomme und wer nicht. Und nun hatte sie ihm auch noch ein Kind geschenkt... Wie ein belebender Strom quoll es ihm zum Herzen. Dünn und blaß war sie ja, die kleine Maria, allzu zart. Aber er fühlte beglückt, er vermöge dies zerbrechliche Geschöpf zu lieben. Nun gab es also doch etwas, das ihn rührte, das Kälte und Leere aus seinem Herzen vertrieb.

Der Tiger stirbt

Gegen Abend ballte sich ein Gewitter über den Bergen zusammen. Schwarzes Gewölk quirlte und brodelte um die verhangenen Gipfel. Der Wind fauchte heiß und trocken über das Meer, beugte die Palmenkronen, schüttelte sie, so daß die großen grünen Nüsse wie Kanonenkugeln auf den Boden schlugen. Als es zu dunkeln begann, zackten Blitze von Horizont zu Horizont; ihr Licht flammte grell zwischen den Bäumen. Seevögel trieben kreischend im Sturm. Vor der umdunsteten Weite stand fahl ein Segel.

Venthorst trat auf die Veranda hinaus. Er genoß das Schauspiel, das die aufbegehrende Natur ihm bot. Wie liebte er doch dies Land, in dem Gewaltsamkeit und Sanftmut sich einten, Zartheit und Brutalität, schmerzendes Licht und gedämpfte Farben, dies Land des Übermaßes! Keine Einseitigkeit duldete es, kein behagliches Trägesein, aber auch keine Fesseln; das ganze Leben war hier von dramatischer Spannung erfüllt. Dumpf grollte Donner. Die Kanonen schwiegen. Jetzt hatte der Himmel das Wort. Vor dem düsteren Fort erhob sich die Silhouette einer fein gezeichneten Palmengruppe. Und während die Landschaft urplötzlich im Silbergrau einer heranjagenden Regenwand ertrank, flammten noch grell und blutigrot die Blüten der Dap-dap Bäume. Sein Blick haftete am Kastell. Coen würde auch dieses Mal siegen. Er hatte immer gesiegt. Ein ungewöhnlicher Mann! Aber die Natur duldete auf die Dauer das Außerordentliche nicht. Wer sich ihren Gesetzen nicht fügte, wer ihr seinen Willen aufzuzwingen versuchte, auf den schlug sie unversehens zurück. So wild, so verworren das Wachstum dieser Erde auch erschien, es unterlag — darin glaubte er sich nicht zu täuschen — dennoch bestimmten Regeln. Für den Menschen, der hier leben wollte, galt es, diese physischen, geistigen und moralischen Gesetzmäßigkeiten zu erfassen und ihnen gehorsam zu sein. Nur wenige Europäer vermochten das; am wenigsten Coen.

Jan Pieterszoon würde, siegte er, einen luziferischen

Kampf beginnen, gewaltiger als alle, die er je bestanden hatte. Anstelle der verschlungenen Wildpfade würde er schnurgerade Straßen ziehen, würde die Moräste in Reisfelder und Zuckerrohrplantagen verwandeln, würde die Bambushütten der Eingeborenen niederreißen und dafür steinerne Kasernen bauen. Er würde die Flüsse begradigen, die unermeßlichen Wälder roden lassen. Nashorn und Tiger, die wundersamen Geschöpfte der Wildnis, würden seinen Jägern zum Opfer fallen. Was aber das Ärgste war, er würde des Volkes Seele wandeln wollen, würde diese verspielten, kindhaften, in Traumvorstellungen befangenen Menschen die Furcht des Herren lehren. Gingen nicht schon Prediger wie Dankaert und Heurnius darauf aus, den javanischen Weibern christliche Sittenstrenge beizubringen? Sie, die nicht wußten, weshalb sie sich schämen sollten, da alles an ihnen schön, reinlich und wohlgeraten war, durften neuerdings das Fort nur noch mit verhülltem Busen betreten. Blieb Coen Zeit, so würde es bald keine rituellen Tänze mehr geben, keine Gamelan Musik, keine Wajang Spiele. Die Mythen und Mären, welche der Penglipur Lara heute noch dem Volke erzählte, die der Dalang mit seinen Puppen auf dem Bildschirm zum Leben erweckte, würden den blutrünstigen Geschichten des Alten Testamentes weichen müssen. Ein Reif würde sich wie Mehltau über die Inseln breiten. Gewiß, mit den ewigen Zwistigkeiten wäre es aus und vorbei; aber die erzwungene Ruhe würde die Ruhe des Orkus sein, ein Frieden ohne Glück, eine freudlose öde Stille.

Venthorst fragte sich, während er so stand und grübelte, woher ihm dergleichen Gedanken wohl kämen? War es die sonderbare Spannung in der Luft, was sein Herz bänglicher schlagen ließ? War es ein feineres Gefühl, ein Mitschwingen in der rätselhaften Verflochtenheit der Dinge, was ihn wie ein Hauch aus dem Jenseits anrührte? Er hielt die hageren braunen Hände auf der Brust verschränkt und starrte in das sich langsam verfinsternde Grau des Regens, als harre er einem Unabwendlichen entgegen.

Ein Mann, gefolgt von zwei japanischen Soldaten, kam

eilig den Pfad herauf. Venthorst erkannte ihn — Fähnrich Loods! Der Junge war blaß bis in die Ohren; er atmete heftig. Offenbar hatte er den ganzen Weg im Laufschritt zurückgelegt.

„Seine Exzellenz, der Herr Generalgouverneur — er stirbt!" keuchte er, kaum sich Zeit für eine Verneigung nehmend.

Einen Herzschlag lang blieb Venthorst stumm. Ein halb betroffener, halb zweifelnder Ausdruck erschien auf seinem Gesicht. „Ich hab' ihn doch heute noch durch die Stadt gehen sehen", sagte er stockend, so als brauche er Zeit, das Ungeheuerliche zu fassen. „Wer schickt dich, Junge?"

„Der Herr Generalfiskal, Mijnheer Vlack!"

Also mochte es doch wohl ernst um Coen stehen. Der Doktor hatte es oft genug erlebt, wie rasch der Tod zuschlagen kann. Aber — Coen? Diese Kraft sollte aus der Welt scheiden, dieser unbeugsame Wille vergehen? Und dies eben jetzt —, auf der Schwelle der neuen Zeit, die durch ihn vorbereitet, im voraus geformt, gestaltet worden war? Oder waltete auch hier die geheimnisvolle Folgerichtigkeit der Natur, über die er soeben noch nachgegrübelt hatte? „Ein Unglücksfall, Mijnheer Loods?"

Der Fähnrich schüttelte verstört den Kopf. Tränen blinkten in seinen Augen. Warum eigentlich? Er hatte Coen ja keineswegs nahegestanden, hatte ihm nichts zu danken, war niemals von ihm ausgezeichnet oder befördert worden. Warum also? War „Tiger Coen" für den Jungen so etwas wie ein Vorbild, ein Idol gewesen? Venthorst zuckte die Achseln. Es hatte kaum Zweck, nach dem Wie und Warum zu fragen. Loods wußte sicher nichts.

„Gut", sagte der Doktor, „ich komme; wart' nur ein wenig!" Er stülpte sich eine der geschlitzten Bastmatten über den Kopf wie sie von den Eingeborenen bei Regen getragen werden. Dann unterwies er seine javanischen Gehilfen kurz und machte sich mit dem Fähnrich auf den Weg.

Loods berichtete, wie Seine Exzellenz noch an der gemeinsamen Abendtafel gesessen habe, ein wenig wortkarg zwar und sehr bleich. Man habe dies jedoch den Sorgen zugeschrieben, an denen er vor allen anderen trug. Nachdem Mevrouw Coen die Tafel aufgehoben, habe der Herr Generalgouverneur schwankend einige Schritte getan und sei dann zu Boden gestürzt. Im selben Augenblick sei ein Windstoß durch die Fenster gefahren, habe die Tür mit lautem Krachen ins Schloß geworfen und drei oder vier Kerzen ausgelöscht. Nun liege Seine Exzellenz zum Sterben. Man erwarte den Herrn Specx, der am Nachmittag mit seinem Geschwader aus der Heimat eingetroffen sei, aber des Sturmes wegen noch an Bord bleiben müsse...

Venthorst nickte stumm. Es machte ihm Mühe, durch den Schlamm zu waten. Die Wege des Marschlandes waren vom Regen aufgeweicht. Wie sonderbar! Was hatte die Ankunft von Jacques Specx mit dem Zusammenbruch Coens zu tun. Oder sprach aus den Worten des Jungen ein unbewußtes Ahnen tieferer Zusammenhänge? Sie erreichten den Fluß, der schwarz wie der Styx durch die Finsternis schillerte. Drüben angelangt, beschleunigte Venthorst seine Schritte, bis er, fast laufend, das Tor der Festung erreichte.

Jan Pieterszoon ruhte auf dem großen geschnitzten Bett, dessen Vorhänge zurückgeschlagen worden waren. Sein Blick schien dem Faltenwurf der lichtblauen Seide zu folgen, doch sah er in Wahrheit ganz andere Dinge. Das Vergangene kehrte mit zahllosen Bildern und Szenen wieder —, vor allem die Erlebnisse jener ersten Ankunft vor nunmehr zwanzig Jahren. Mit erstaunlicher Klarheit traten sie vor ihn hin —, die bunten Mattensegel der Fischerparahus, die lieblichen Eilande in der Straße von Sunda Kalapa, jener Morgen, den er an der Seite Kjai Ronggos auf der Bergeshöhe zugebracht... Taufrisch, wie am ersten Schöpfungstag, hatte das Land Java zu seinen Füßen gelegen, anmutig und überwältigend in der Fülle seiner unerschöpflichen Lebenskraft. Damals war er jung gewesen, begeisterungsfähig, voller Mut und Zuversicht... Die Farben verblaßten, die Konturen verschwammen.

Schmerz riß und knetete unter seinem Herzen. Er wandte stöhnend den Kopf.

Eva beugte sich zu ihm nieder, hob ein Glas mit Wasser versetzten Weines an seine Lippen. Dankbar schluckte er, tastete, gleichsam Halt und Tröstung suchend, nach ihrer Hand. Diese Hand war kühl und glatt wie Wachs. Vergeblich suchte er in den Augen seines Weibes, was er bei Weintje oder Saro Sangi noch stets gefunden — Herzenswärme, Verstehen. Sein Blick irrte ab von diesem höflich besorgten Gesicht. War denn kein Freund in der Nähe, kein Gefährte, niemand, der ihm nahe stand? Er gewahrte, wie hinter farbigen Nebeln, die Ratsherren Van Diemen, Blocq Martensz, Vlack, die Predikanten Heurnius und Dankaert. Raemburch trat eben mit Maseyck und Van der Burch zur Tür herein. Doktor Bontius war mit pflichtschuldiger Geschäftigkeit um ihn bemüht; einer lästigen Fliege gleich summte und brummte dieser Wanst um das Bett. Ob ihn niemand verscheuchen wollte? Was hatten die Kerle hier zu suchen? Weideten sie sich an seiner Ohnmacht, warteten sie auf sein Ende? Die betrübten Mienen, die sie zur Schau trugen, täuschten ihn nicht. Venthorst —! Wo blieb denn der Alte nur? Er war doch sonst immer zur Stelle gewesen, wenn man seiner bedurfte?

„Venthorst!" flüsterte der Sterbende.

Bontius nickte mit saurem Lächeln: „Wurde bereits verständigt, Exzellenz!"

Jan Pieterszoon sah den Doktor noch deutlich auf dem Schanzdeck der guten alten NIEUWE HOORN. Schon damals war Venthorst ihm unsagbar alt und weise, wenn auch nicht greisenhaft vorgekommen. Ein absonderlicher Kauz! Allzu augenfällig hatte er sich von den übrigen Herren der Verhoeff Flotte abgehoben. Verhoeff! Nun, auch der war ja tot. Und Wittert? Auch Francoise Wittert ruhte seit achtzehn Jahren auf dem Meeresgrund. Maerten —? Appelenbosch —? Bourgonje —? Steuermann Hein? Ach, ja, gewiß — Piet Pieterszoon Hein hatte es mittlerweile zum Admiral gebracht. Hinz und Kunz kannten seinen Namen, seit er im Vorjahr die spanische Silberflotte erobert und vernichtet hatte. Hein war gewiß kein Heiliger, kein Idealist — warum liebten die Menschen ihn? Was hatte er zu ihrem Nutzen vollbracht? Wiederum entglitten Jan Pieterszoon die Gedanken, flossen dahin wie Nebelschwaden oder wie Rauch, verschlangen sich, strebten auseinander. Der ganze wirre Trubel seines Lebens zog an ihm vorüber — sonderbare, nicht immer erfreuliche Gestalten, seltsame Szenerien, Klänge, Düfte, Farben... Wie unendlich war ihm das Leben einst erschienen und wie kurz war der Weg, schaute man zurück. Da oder dort hätte man sich anders entscheiden sollen... Flammen, Blut, Waffenlärm, Tränen... Und im Herzen die bohrende Bitternis: Versäumt, vertan! All das hatte ja doch nur Vorbereitung sein sollen. Strahlender denn je schuf seine Sehnsucht das große Werk; reiner und hehrer stand es ihm vor Augen. Zugleich aber ward er dessen inne, daß er fehlgegangen. Sein Weg hatte ihn nicht hinangeführt, sondern hinab, was immer die Kurzsichtigen, die Beschränkten sagen mochten. Die Umstände hatten es so mit sich gebracht. Ob ein Venthorst den Anfechtungen besser standgehalten hätte?

Die purpurnen Nebel teilten sich vor einem gelb umwallten Antlitz. Zerfurchte Züge. Struppiges weißes Haar, eine kluge Stirn... Gütige Augen von unauslotbarer Tiefe... Das Antlitz d e s Menschen neigte sich über ihn. Er wußte, es war Venthorst, und doch nicht der Venthorst, den er gekannt zu haben vermeinte. Leiden prägte sich aus in den Runen jenes Angesichts, Kummer, Furcht, Freude, aber auch Ruhe, die Gelassenheit dessen, der begriffen hat, daß die kurze Spanne des Erdenwandels nur eine Prüfung ist, vorübergehend wie Sturm und Stille.

Venthorst sprach kein Wort. Sein Blick schien zu sagen: „Ich weiß, was du denkst, Jan Pieterszoon! Gräme dich nicht; tu' von dir die Furcht. Dein Leib ist ja nur ein leicht abzulegendes Kleid; es hat keinen Wert ohne den Geist, dem es zur Hülle diente. Was du erstrebtest, war Trugbild und Traum. Das wirkliche Ziel, dem wir alle zuwandern, der Friede der Seele, liegt jenseits von Gut und

Böse, von Freude und Leid, jenseits auch irdischen Denkens und jeglicher menschlichen Vorstellung.

Jan Pieterszoon hob den Kopf. Er winkte dem Generalfiskal, befahl ihm die Sorge für Frau und Kind. Danach verlangte er den Predikanten Heurnius, dem er den Namen dessen ins Ohr flüsterte, der an seiner Statt über Indien herrschen sollte. Heurnius zuckte betroffen zurück; dann schrieb er den Namen nieder, faltete das Blatt, siegelte es. Die Herren des Hohen Rates — Vlack, Van Diemen, Raemburch — traten an das Bett, um den letzten Willen des Scheidenden zu vernehmen. Jan Pieterszoon erkannte sie schon nicht mehr. Sein Kopf sank zurück in die Kissen, eine starre Maske, wie aus Bronze getrieben. Unter so vielen Menschen schied „Tiger Coen" in großer Verlassenheit. Ihm war, als entgleite er sacht über ein mattsilbernes Meer, tauchte ein in graues Dämmerlicht. Sein Nachen — oder waren es Schwingen — schwebte sanft dahin, während unbeschreiblich liebliche Klänge in ihm und um ihn ertönten. Die Spannung, unter der er so lange gelitten hatte, fiel von ihm ab, der eherne Zwang der Pflichten, Wünsche und Begierden. Alles war gut. Nun endlich fühlte er sich frei. Weiter und weiter flog er, löste sich in dem tönenden Grau... Und schon war die Erde vergessen.

Und das Leben währt fort

Am 22. September 1629 wurde Jan Pieterszoon Coen, Generalgouverneur von Indien, Bewindhebber der Ostindischen Compagnie, Mitglied des Collegiums der Siebzehn, der Gründer Batavias, unter großartigem Gepränge zu Grabe getragen.

Die Batterien der auf Reede liegenden Schiffe, die Kartaunen auf den Wällen des Forts schossen Trauersalut. Auf Halbmast wehten die Flaggen. Ein jeder, der dem Sarge folgte, trug eine betrübte Miene zur Schau. Es waren sehr viele, die sich aus diesem Anlaß eingefunden hatten — chinesische Kaufherren, arabische Kapitäne, der englische Faktor. Ja, selbst Seine Heiligkeit, Sultan Ageng, hatte einen Gesandten geschickt. Der Krieg war zu einer Angelegenheit ohne Bedeutung geworden.

Schweigend umstanden die Leidtragenden die offene Gruft, während Heurnius Gebet und Gotteswort sprach. Aber nur e i n Mensch vergoß Tränen an Coens Grab — eine etwas fragwürdige Frauensperson. In Samt und Seide rauschte sie, stattlich wie eine Fregatte unter Vollzeug, heran, drängte sich durch den Ring der Honoratioren, kniete im Staube nieder und weinte. Niemand wußte — warum!

Unter den gerührten oder von Zukunftsängsten beunruhigten Gaffern stand einer mit trockenen Augen und spöttisch verzogenem Mund, ein würdevoller, fahlhäutiger Lakai. „Was soll das Geplärre!" sagte er abweisend. „Gut war er nicht. Nein, das kann keiner behaupten! Gerecht war er auch nicht oder gar fromm... Ein großer Mann war er! Nun waschen sie ihm den Pelz, wollen ein Schaf aus dem Tiger machen... Nur zu! Mag Weintje nur immer heulen, i c h hab' beizeiten auf meinen Vorteil gesehen, kann also nicht klagen, Mijnheer. Gott befohlen!"

Als Venthorst sich eben anschickte, nach seinem Spital zurückzugehen, landete Mijnheer Specx in dem kleinen Hafen beim Fort. Specx — so wußte schon ein Gerücht — werde der neue Generalgouverneur von Indien sein, so

habe es das Collegium der Siebzehn bestimmt. Coens Wünsche in dieser Sache hatten nun keinerlei Gewicht mehr. Während der Doktor dahinschritt über das grüne Land, sann er wieder einmal dem Zweck und Sinn des Lebens nach, dem Rätsel der menschlichen Existenz. Mußten Menschen wie Coen gelebt haben, damit sie ein Beispiel gaben, selbst wenn dies Beispiel zu verwerfen war? Jegliches Tun zieht seine Kreise, bald kleinere, bald größere... Die endliche Wirkung eines Geschehens, einer Tat, ist im Augenblick, da es sich begibt, nicht abzusehen. Manch ein Ereignis gewinnt erst in der Rückschau faßbaren Sinn. So mochte es sich mit Coen verhalten...
Er war dahingegangen über die Erde wie ein Gewittersturm. Er hatte ihr ein neues Aussehen verliehen. Ihm selbst aber hatte sein Tun kein Glück gebracht, noch denen, für deren Glück und Zukunft er gestritten. Blind und taub war er dahingegangen — eine Naturgewalt. Und schon begannen jene, die ihn bei seinen Lebzeiten gehaßt und gefürchtet hatten, sein Bildnis umzufälschen, ihm, der so groß gewesen war — auf seine Weise, den falschen Glanz einer erlogenen Glorie zu verleihen: Le roi est mort, vive le roi! Der Krieg würde seinen Fortgang nehmen, dieser tolle Karneval von Habsucht, Niedertracht, Betrug und Mord — und das auf dem Rücken der wirklichen Welt, die man erfühlen und anschauen muß, um ihrer Herrlichkeiten recht inne zu werden. Der eine sieht es, der andere nicht; es hängt wohl von dem Grad der inneren Reife ab. Aber nichts würde verlorengehen; der Blickwinkel, aus dem die Menschen Welt und Leben betrachten, würde sich — das hoffte er zuversichtlich — im Laufe der Zeiten ändern...
Venthorst gelangte ans Meer. Der Selong kämmte die Palmenwipfel. Brandung donnerte über das Riff. Zwei Menschen lagerten dort im weißen Sand — ein Liebespaar! Beide hüllenlos, wie die Natur sie erschaffen hatte. Ihre braunen ebenmäßigen Leiber waren eines mit Wasser, Erde und Wind. Sie hielten einander umschlungen und summten ein Lied. Die Worte des Liedes unterschied man

nicht; Wind- und Wogenbrausen verschlangen sie. Der Doktor blieb stehen und schüttelte lächelnd den Kopf. Jene beiden gehörten sich und der Welt; die Zukunft, das Leben gehörte ihnen. Sie waren glücklich und wußten es nicht.

Quellenverzeichnis

D'Ailly, A. E.: Historische Gids van Amsterdam; C. V. Allert de Lange, Amsterdam 1949
Bowbow, Violet: Capitalism in Amsterdam in the 17.century. Baltimore, USA o. J.
Brakel, S. van: De Hollandsche Handelscompagnie der 17. eeuw; hun outstan, hunne einrichting. Mart. Nijhoff, s'Gravenhage 1908
Brugmans, Prof. Dr. H.: Opkomst en Bloei van Amsterdam. Nederlandsche Historische Bibliothek. o. J.
Calvin, Joh.: Institutio religionis Christianae. Genf 1535
Colenbrander, Prof.: J. P. Coen — Bescheiden omtrent zijn bedrijf in Indie. Band I—V. Amsterdam 1919—1923
Craemer, H. A.: 5000 Jahre Segelschiffahrt J. F. Lehmann, München 1938
Emundson, Rev. G.: Anglo-Dutch Rivalry during the first half of the 17. century. Clarendon Press, Oxford 1911
Engelbracht, W. A.: De Wereldkaart van Willem Janszoon (Blaeu) van 1618. Maritiem Museum „Prins Hendrik", Rotterdam 1948
Facts and figures about the Dutch East Indies, o. V. Buitenzorg 1924
Farquhar, J. N.: An Outline of the Religious Literature of India, Oxford 1920
Fruin-Mees, W.: Geschiedenis van Java, Band I und II. Weltevreden 1925
Giran, E.: Sebastien Castellion et la Reforme Calviniste. Paris 1914
Gosses en Japikse: Handboek tot de Staatenkundige Geschiedenis van Nederland. Mart. Nijhoff, s'Gravenhage 1947
Hambruch, P.: Malaische Märchen. Eugen Diederichs, Jena 1927
Haring, C. H.: Trade and navigation between Spain and Indies in the time of Habsburg. Cambridge 1918
Houtmann, Cornelis de: Premier livre de l'histoire de la navigation aux Indes. Amsterdam 1609
Helbig, K.: Indonesiens Tropenwelt; Franckh'sche Verlagsanst. Stuttgart 1947
Helbig, K.: Südostasiatische Inselwelt; Franckh'sche Verlagsanstalt. Stuttgart 1949
Helbig. K.: Paradies in Licht und Schatten; Vieweg Verlag, 1949
De Jonge: De Opkomst van het Nederlandsche gezag in Oost-Indien 1595—1610, Band I—IV. Mart. Nijhoff, s'Gravenhage und Frederick Müller, Amsterdam 1812
Kessler, K.: Die Entwicklung der Niederländischen Kolonialmacht. Solinger Realgymnasium, Solingen 1893
Khan, Shafaat Ahmad: The East-Indian-trade in the 17. century in its Political and economic aspects. London 1923
Klerk de Reuss, G. C.: Geschichtlicher Überblick der administrativen, rechtlichen und finanziellen Entwicklung der Niederländisch-Ostindischen Compagnie. Albrecht u. Rusche, Batavia. Mart. Nijhoff, s'Gravenhage 1894
Klerck, E. S. de: History of the Netherlands East Indies, vol. I/II. Rotterdam 1938

Krom, N. J.: Hindoe-javansche geschiedenis. Den Haag 1931
Le Long, Isaak: De Koophandel van Amsterdam nown alle gewesten des werelds. Rotterdam 1753
Linschoten Vereeniging: De eerste Schipvaart der Nederlanders naar Oost-Indie. Band I—III. Mart. Nijhoff, s'Gravenhage 1925
Meursen, Th.: Holland — geistige Länderkunde. Glock und Lutz, Nürnberg 1956
Mjöberg. E.: In der Wildnis des tropischen Urwaldes. Vlg. Brockhaus, Leipzig 1930
Motley, J.: The life and death of John of Barnevelt, Bd. I/II. 1874/75
Schnittger, M.: Schönes Indonesien; Franckh'sche Verlagshandlung, Stuttgart. o. J.
Stapel, Dr. F. W.: Geschiedenis van Nederlandsch Indien, Bd. I/V. Joost van den Vondel, Amsterdam 1939
Subhadra Bhikschu: Buddhistischer Katechismus; Vlg. Max Altmann, Leipzig 1908
Veeth, Prof. P. J.: Java, Band I—IV. De Erven F. Bohn, Haarlem 1898
Vlekke, B. M. H.: Geschiedenis van den Indischen archipel. Roermund 1947

Geschichtliche Daten

1571		Francoise Wittert zu Rotterdam geboren.
1582		Jacques l'Hermite zu Antwerpen geboren.
1587	8. Jan	Jan Pieterszoon C o e n zu Hoorn geboren.
1588		Pieter de Carpentier zu Antwerpen geboren.
1595	2. Apr.	Cornelius de Houtmann führt erste Van Verre Flotte nach Ostindien.
1596		Maulana Muahamad, gen. Seda ning Rana, Fürst von Bantam, fällt im Krieg gegen Palembang, hinterläßt seinen im Jan. d. J. gebornen Sohn Abdul Kadir. Dessen Oheim Djajanagara übernimmt als Ki Patih die Regierung in Bantam.
1599	1. Sept.	De Houtman wird auf der Reede von Oleh-leh in Atjeh ermordet.
1600		Sir James Lancaster führt erste Expedition der neu gegründeten East Indian Company nach Ostindien.
1602	20. März	Gründung der Niederl. Ostindischen Compagnie auf Betreiben des Landesadvokaten Johan van Oldenbarnevelt und des Prinzen Moritz.
1603		Frederick de Houtman veröffentlicht das erste Wörterbuch der malaischen Sprache.
1604		Seda Krapjak erobert Demak, verbannt seinen Bruder Puger nach Kudus, übergibt seinem zweiten Bruder Djagaraga, dem Amba Raja von Panaraga, die Regentschaft Demak.
1607		Jacques l'Hermite wird Präsident der Loge Bantam.
1607	22. Dez.	Pieter Willemsz Verhoeff segelt mit 13 Schiffen nach Indien; auf der NIEUWE HOORN fährt Jan Pieterszoon Coen als Untercommis.
1609	15. Febr.	Verhoeffs Flotte trifft vor Bantam ein.
1609	22. Mai	Verhoeff wird mit 46 Mann auf Banda Neira ermordet. Simon Jansz Hoen wird sein Nachfolger, erobert Neira, vollendet Fort NASSAU. Friede und neuer Vertrag mit den Bandanesen.
1609	Okt.	Djajanagara wird durch Prinzenpartei ermordet. Bürgerkrieg in Bantam. Rana Manggala übernimmt die Regierung.
1610		L'Hermite, von Rana Manggala zurückgewiesen, schließt Vertrag mit Amba Raja von Djakatra u. gründet dort eine Faktorei. Collegium der 17 ernennt Pieter Both zum Oberlandvogt von Indien.
	Nov.	L'Hermite erhält vom Amba Raja die Erlaubnis, in Djakatra ein steinernes Packhaus zu bauen. Seda Krapjak besiegt die Fürsten von Kediri, Kertasana und Wirasaba.

	19. Dez.	Both trifft mit seiner Flotte vor Bantam ein. Bantam soll Kolonie, Sitz der O. I. C. Verwaltung und Zentrum des indischen Handels werden.
1611	Jan.	Both segelt nach Djakatra. Der Amba Raja verbietet Bau einer Festung, weist jedoch Platz für die niederl. Faktorei an. Coen kehrt auf seinem Schiff n. d. Niederlanden zurück.
1612	12. Mai	Coen geht als Obercommis mit 2 Schiffen nach Java in See.
1613	9. Febr.	Coen trifft in Bantam ein. Both ernennt Coen zum Generalbuchhalter- um der Korruption der O.I.C.-Beamten zu steuern.
	Aug.	Seda Krapjak greift Grisse und Djoratan an, zerstört beide Städte und die niederl. Loge, erlaubt den Niederländern jedoch den Bau einer neuen Loge in Djapara.
	8. Okt.	Seda Krapjak stirbt an der Seuche. Streit um die Thronfolge. Raden Mas Rangsang Prabu Pandita Tjakra Kusuma wird von seinem jüngeren Bruder Marta Pura beiseite geschoben. Wirren in Bantam. Coen wird von Both zum Generaldirekteur des gesamten Indienhandels vorgeschlagen.
1614	Sept.	Blutige Schlacht zwischen dem Heer von Mataram und dem der gegen Mataram verbündeten Fürsten unentschieden. Gegnerschaft zwischen Coen und Rana Manggala.
	5. Nov.	Gerard Reynst trifft in Banda ein, bringt Bestallung Coens zum Generaldirekteur aller Kontore in Indien.
	6.	Reynst übernimmt von Both das Amt des Generalgouverneurs.
1615		Priesterfürst von Giri, Nachfolger des Kawis Guwa, führt die Heere der Regenten von Lasem, Tuban, Djapara, Wirasaba, Pasuruan, Arosbaja und Surabaja gegen Mataram; er wird vom Panembahan besiegt. Coen vernichtet auf Amboina die Siedlung der East Indian Companie, nimmt die Briten gefangen und läßt sie hinrichten. Ambonscher Mord. König Jakob I. von England droht mit Vergeltung. Briten bauen zu Djakatra, gegenüber der Niederländischen Loge, eine Faktorei, das Englische Haus.
1616		Rana Manggala sucht Niederländer gegen Engländer auszuspielen. Gespannte Lage in Bantam. Coen verlegt Hauptkontor nach Djakatra, läßt dort ein steinernes Packhaus bauen. De Carpentier geht als Obercommis nach Java.
1617		Collegium der 17 bestimmt Coen zum Nachfolger Generalgouverneur Reaels.

1618		Schlechter Zustand der niederl. Finanzen. Generalstaaten sind auf Einkünfte der O. I. C. angewiesen. Bankrotte in Amsterdam; Aufstände. Zwei englische Schiffe bei Banda von den Niederländern gekapert.
	März	Lams Angriff auf Lonthor mißglückt.
	Juni	Reael sendet Cornelisz van Maseyck nach Karta, weckt hierdurch Argwohn in Bantam u. Djakatra. Coen erfährt inoffiziell seine Ernennung zum Generalgouverneur.
		Der Panembahan von Mataram besiegt den Amba Raja von Padjang.
	10. Juli	Coen legt eine Garnison nach Djakatra. Der Amba Raja von Djakatra versucht die Niederländer gegen die Engländer auszuspielen.
	8. Aug.	Maseyck wird durch den Raja von Djapara gefangengesetzt. Faktorei überfallen. 3 Niederländer getötet.
1618	20. Aug.	Coen vereitelt Anschlag Rana Manggalas auf die Faktorei Djakatra; sein Festungsplan wird bekannt. Lage gespannt.
	22. Okt.	Festungsbau in Djakatra wird gewaltsam vorangetrieben.
	8. Nov.	Arent Maertsen segelt mit 4 Schiffen nach Djapara, erobert und zerstört die Stadt.
	14. Dez.	Sir Thomas Dale erscheint mit seiner Flotte vor Bantam, kapert den SWARTE LEEUW.
	22. Dez.	Fort Djakatra wird von den Engländern und Javanen belagert.
	23. Dez.	Amba Raja läßt das niederl. Fort beschießen.
	28. Dez.	Englische Flotte versegelt von Bantam nach Djakatra.
	30. Dez.	Coen beschließt Angriff auf das Englische Haus, vertraut Festung Van den Broeck an, segelt mit De Carpentier nach den Molukken, um Hilfe herbeizuholen.
1619		Synode von Dordrecht verdammt Arminianismus.
	2. Jan.	Coen liefert Briten unentschiedenes Seegefecht.
	16. Jan.	Van den Broeck schließt mit Amba Raja Übergabevertrag, wird gefangengenommen.
	1. Febr.	Niederländer willigen zu Djakatra in zweiten Übergabevertrag. Van Raay Nachfolger Van den Broecks
	2. Febr.	Heer Rana Manggalas erscheint vor Djakatra, verhindert Übergabe des Forts.
	4. Febr.	Coen trifft bei Ft. VIKTORIA auf Amboina ein.
	27. Febr.	Engländer und Bantamer einigen sich über Djakatra. Niederländer beschließen durchzuhalten.
	12. März	Van Raay gibt Festung Djakatra den Namen BATAVIA.
	20. März	Coen sammelt Molukkenflotte bei Amboina, übernimmt das Amt des Generalgouverneurs v. Reael.

	13. Mai	Oldenbarnevelt wird in Den Haag enthauptet.
	Mai	Coen verwüstet Djapara.
	28. Mai	Coen trifft mit 18 Schiffen vor Djakatra ein.
	30. Mai	Coen erstürmt mit 1000 Mann Djakatra, brennt die Stadt nieder.
	Juni	Coen segelt mit der Flotte nach Bantam, schließt Frieden mit dem Ki Patih, teilt die Flotte und vertreibt die Engländer aus dem Archipel.
	2. Aug.	Reael kehrt nach Europa zurück. Friedensschluß zwischen East India Company und O. I. C.
	7. Aug.	Van der Haghen kehrt nach Europa zurück.
	Dez.	O. I. C. und East India Comp. beschließen gemeinsamen Verteidigungsrat.
1620		Engländer lassen sich wieder in Djakatra nieder, erregen Mißstimmung. Aufbau der Kolonie durch Coen.
	27. März	Coen erhält Kenntnis vom Abkommen zwischen beiden Compagnien.
1621	21. Jan.	Coen segelt mit 12 Schiffen nach Banda, vertreibt die Engländer von dort.
	4. März	Generalstaaten verfügen: das neue Djakatra erhält den Namen BATAVIA.
1622	Jan.	Ein Anschlag auf Coens Leben wird vereitelt .
1622	1. Apr.	Generalstaaten verbieten Ausfuhr von Kriegskonterbanden in die feindlichen Länder.
1623	23. Jan.	Coen denkt an Heimkehr, schlägt De Carpentier zu seinem Nachfolger vor.
	1. Febr.	De Carpentier übernimmt das Amt des Generalgouverneurs. Coen segelt mit einer Retourflotte nach Europa ab.
	März	Ereignet sich der Ambonsche Mord unter Gouverneur van Speult.
	29. Apr.	L/Hermite geht mit 11 Schiffen von Texel nach Indien in See.
	Mai	Jan Carstensz erreicht mit den Yachten PERA und ARNHEM Australien. De Carpentier führt in Batavia neue Kirchenordnung ein.
	19. Sept.	Coen trifft mit seiner Flotte vor Texel ein.
	22. Sept.	Coen hält Vortrag vor dem Collegium der 17 und wird hochgeehrt; er bietet der O. I. C. Reformvorschläge an.
1624		Schlechte Wirtschaftslage in Amsterdam. Erhöhung der Butterpreise verursacht Revolten.
	2. Juni	L,Hermite stirbt in Callao de Lima.
	26. Juni	Van der Haghen stirbt zu Utrecht.
	17. Sept.	Der engl. Gesandte Charleton protestiert des Ambonschen Mordes wegen in Den Haag.
	20. Sept.	Isaak Le Maire stirbt in Egmond.

	Okt.	De Carpentier läßt auf Taiwan das Ft. ZEELANDIA errichten.
1625		Die Engländer versuchen auf Pulu Legundi in d. Sundastraße ein Anti-Batavia zu gründen. Fehlschlag infolge zu hoher Sterblichkeit. Sie verlassen Batavia und lassen sich zu Bantam nieder.
	28. Febr.	Carleton fordert Bestrafung Coens wegen Urheberschaft am Ambonschen Mord.
	März	Coen nimmt neue Berufung zum Generalgouverneur von Indien an.
		Carleton überreicht in Den Haag ein Memorandum, in dem König Jakob I. die Rückkehr Coens nach Indien verbietet.
	8. Apr.	Coen ehelicht zu Hoorn die neunzehnjährige Eva Ment.
	23. Apr.	Prinz Moritz von Oranien stirbt, sein Bruder Prinz Frederik Hendrik übernimmt die Stadthalterschaft.
1626	29. März	Collegium der 17 stellt Forderung Coens nach freiem Handel in Indien vorerst zurück.
		Van Speult und Van Gorcum nehmen mit Hilfe der bei Ambon eintreffenden Nassauischen Flotte Luhu auf Süd-Ceram, lassen dort 65000 Muskatbäume umhacken.
	Sept.	De Carpentier schickt Gesandschaft nach Karta; sie wird vom Susuhunan nicht empfangen.
1627		Tod Frederick de Houtmans.
	19. März	Coen und seine Frau segeln inkognito mit sechs Schiffen nach Java ab.
	25. März	Carleton richtet an die Generalstaaten eine Anfrage nach dem Verbleib Coens.
	5. Sept.	Coens Flotte gerät unter die Küste Australiens.
	27. Sept.	Coen langt vor Batavia an.
1627	30. Sept.	De Carpentier übergibt das Generalgouverneursamt an Coen.
	12. Nov.	De Carpentier reist nach den Niederlanden ab.
		Jacques Specx reist nach den Niederlanden ab.
1628	Apr.	Gesandtschaft des neuen Panembahan von Mataram, des Susuhunan Rama Mas Rangsang, bietet in Batavia ein Bündnis gegen Bantam an. Von Coen abgewiesen, entschließt sich der Susuhunan zum Krieg gegen die Niederländer.
	13. Apr.	13 Mataramsche Parahus greifen Batavia an.
	22. Aug.	59 Maratamsche Schiffe erscheinen vor Batavia; ihr Angriff mißglückt.
	26. Aug.	Ein Mataramsches Heer unter Bahuraksa schließt Batavia ein.
	11. Sept.	Erster Ausfall der Niederländer aus dem Fort.
	21. Okt.	Coen greift die Belagerer an, schlägt das Mataramsche Heer. Bahuraksa wird getötet.
	23. Okt.	Neues Mataramsches Heer von 25000 Mann unter Sura Ngalogo erscheint vor Batavia.

	3. Dez.	Das durch Hunger und Seuche geschwächte Heer Sura Ngalogos gibt die Belagerung auf.
1629		Der Verkehr zwischen Bantam und Batavia wird wieder aufgenommen.
	16. Apr.	Der Susuhunan läßt durch Kjai Warga ein Friedensangebot übermitteln.
		Coen wird durch den Amba Raja von Cheribon gewarnt.
	20. Juni	Coen läßt die Proviantdepots des Susuhunan in Tagal und Cheribon vernichten.
	21. Juni	Vorhut eines neuen Mataramschen Heeres von 100 000 Mann erscheint vor Batavia.
	15. Sept.	Coen besichtigt die Verschanzung des Feindes, erste Anzeichen seiner Erkrankung.
	16. Sept.	Coen wird eine Tochter (Maria) geboren.
	20. Sept.	Coen stirbt in der Nacht zum 21. Sept. an Cholera.
	22. Sept.	Coen wird im Stadthaus beigesetzt.
	24. Sept.	Der Indienrat wählt Jacques Specx zum Nachfolger Coens.
	Dez.	Eva Coen reist mit ihrem Töchterchen nach den Niederlanden ab. Das Kind stirbt während der Überfahrt.
1630		Das Collegium der Siebzehn verbietet die weitere Zulassung von Freibürgern auf Java.
1637		Dr. Reael stirbt in Amsterdam.
1638		Abdul Kadir besteigt in Bantam unter dem Namen Abu/l Mofachir Muhamad Abdul Kadir den Thron.
1659		Pieter De Carpentier stirbt zu Amsterdam.

Drei Jahrhunderte sollten indes noch vergehen, bevor es den Niederländern gelang, die volle Herrschaft über Java und ganz Indonesien zu erringen. 1755 wurde das Reich Mataram in die Regentschaften Surakarta, Djogjakarta und Maugkunagara aufgeteilt und erst im ersten Weltkrieg dehnten die Niederlande ihre Herrschaft über das ganze indonesische Inselgebiet aus, um es knapp vier Jahrzehnte später unwiderruflich zu verlieren. Haben sich Not und Tod, die hohen Opfer an Gut und Blut in Wahrheit gelohnt?

Karl F. Kohlenberg

Der Eiserne Mann
Jan Pieterszoon Coen gründet das Kolonialreich der Niederlande

JAN PIETERSZOON COEN, später „der Tiger" genannt oder „der eiserne Jan", segelte A. D. 1607 als junger, unbekannter Beamter der Niederländisch-Ostindischen Compagnie nach Java, den Kopf voll weitgespannter Pläne, im Herzen den Traum von einem Gottesreich des Friedens und Glückes für alle redlichen Menschen, die in der argen, von Kriegen erschütterten, durch religiöse Vorurteile entzweiten und von gewinnsüchtigen Kaufleuten und Bankiers bedrückten Welt des Abendlandes keine Daseinsmöglichkeit mehr sahen.
Bald erkannte er jedoch, daß auch auf den paradiesischen Inseln der Sunda-See die menschliche Unzulänglichkeit mit Trug, Haß und Gewalt regierte, daß Wohlwollen und Vernunft nicht hinreichten, die Habsucht und Bosheit des Menschen im Zaum zu halten. Unmerklich, in unablässigen blutigen Kämpfen gegen Spanier und Briten, unter hartnäckigem Ringen gegen Korruption und Verrat in den eigenen Reihen und gegen die Intrigen einheimischer Fürsten, wandelte er sich zum strengen, gefürchteten Zuchtmeister, zum allmächtigen Diktator, der keine menschliche Schwäche bei sich selbst wie bei anderen gelten läßt, der auf Freundschaft und Liebe verzichtet um der Verwirklichung seines Traumes willen. Unbeirrt Stein um Stein aneinanderfügend, legte er den Grund zu dem mächtigen Bau des Niederländischen Kolonialreiches in Ostindien.
Und so wird er ungewollt zum Werkzeug jener, die für das Unheil in der Welt verantwortlich und seine eigentlichen Feinde sind. Da er als Generalgouverneur der O. I. C. den höchsten Rang, die größte Machtfülle erlangt, sieht er sich weiter denn je von seinem ersehnten Ziel entfernt — eine der tragischsten Gestalten der Weltgeschichte, in der sich die widerstreitenden Kräfte der kolonialen Expansion Europas spiegeln, so wie sie mit Mord und Brand die lieblichen Eilande Insulindes verheerten.

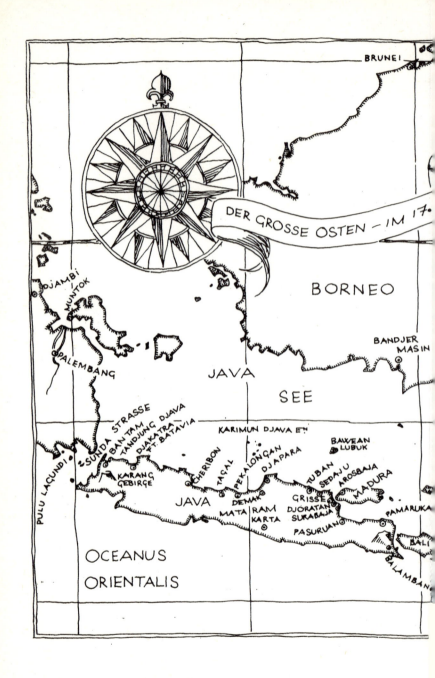